Herrad Schenk

Freie Liebe – wilde Ehe

Herrad Schenk

Freie Liebe – wilde Ehe

Über die allmähliche Auflösung der Ehe
durch die Liebe

Verlag C. H. Beck München

CIP-Kurztitelaufnahme der Deutschen Bibliothek

Schenk, Herrad:
Freie Liebe – wilde Ehe : üb. d. allmähl. Auflösung d. Ehe
durch d. Liebe / Herrad Schenk. – München : Beck, 1987.
    ISBN 3 406 32362 6

ISBN 3 406 32362 6

Umschlagentwurf: Bruno Schachtner, Dachau
Umschlagbild: Wolfgang Mattheuer, Liebespaar (1970),
Staatliche Museen, Schwerin
© C. H. Beck'sche Verlagsbuchhandlung (Oscar Beck), München 1987
Gesamtherstellung: C. H. Beck'sche Buchdruckerei, Nördlingen
Printed in Germany

Für Werner,
mit dem ich viele Ideen dieses Buchs
gemeinsam gedacht und gelebt habe

Wenn wir ein Ding lebend haben wollen, müssen wir ihm eine gewisse Freiheit einräumen, und wenn die Freiheit selbst eine gewisse Gefahr mit sich brächte. Wenn wir alle Freiheit und alle Gefahr ausschließen wollen, dann können wir auch nur eine Mumie und die tote Schale des Dinges haben.

Edward Carpenter,
Love's coming of age (1896)

Die Ehe aber ist unser pathetischer Versuch, eine Einsamkeit zu überwinden, von der wir wissen, daß sie endgültig ist.

Klaus Mann,
Nicht gehaltene Rede beim Hochzeitsessen einer Freundin (1930)

Inhalt

Einleitung: Die „wahre" und die „wilde" Ehe

Noch vor zwei Jahrzehnten hatten Paare, die unverheiratet zusammenlebten, große Schwierigkeiten. Es gab Probleme bei der Wohnungssuche, die Nachbarschaft munkelte, Eltern und Verwandte, eventuell auch die Arbeitgeber, übten einen mehr oder minder starken Druck in Richtung auf eine baldige Heirat aus. Damals waren „wilde Ehen" oder „Konkubinate" Randgruppenphänomene, behaftet mit dem Geruch unordentlicher oder gar asozialer Verhältnisse: In den „Onkelehen" und „Bratkartoffelverhältnissen" der Nachkriegszeit lebten Studenten, die noch nicht imstande waren, eine Familie zu ernähren; ältere Menschen, die ihre Rentenansprüche nicht aufs Spiel setzen wollten; Frauen, die mit Ausländern liiert waren und die Nachteile eines fremden Eherechts fürchteten; anderweitig verheiratete Männer und Frauen, die sich nicht scheiden lassen konnten oder wollten; Angehörige der Boheme, die sich über die bürgerlichen Konventionen hinwegsetzten; allerlei Bindungsscheue und Gescheiterte, die aus der sozialen Ordnung gefallen waren.

In den siebziger Jahren hat sich diese Situation grundlegend verändert. Man spricht jetzt, neutraler, von „Ehen ohne Trauschein" oder von „nichtehelichen Lebensgemeinschaften". Die Zahl solcher Verbindungen hat sprunghaft zugenommen; sie sind nicht mehr nur in den Randzonen der bürgerlichen Gesellschaft zu finden, sondern auch in den Mittelschichten ein alltägliches Phänomen geworden. 1982 gab es in der Bundesrepublik Deutschland mehr als eine Million Paare, die unverheiratet zusammenlebten; ihre Zahl hatte sich seit 1972 verdreifacht, und sie steigt weiter. Dabei sind in dieser Zahl nur die konventionellen Paarstrukturen berücksichtigt: nämlich ein Mann und eine Frau, die in einem gemeinsamen Haushalt leben. Nicht mitgezählt sind z. B. Paare, die in Wohngemeinschaften leben, gleichgeschlechtliche Liebes- und Lebensbeziehungen oder Alleinlebende mit dauerhafter Paarbeziehung, die zwar ihren jeweils eigenen Haushalt haben, aber abwechselnd in der einen oder anderen Wohnung leben.[1]

Eine Zunahme der nichtehelichen Lebensgemeinschaften ist nicht nur bei uns zu verzeichnen, sondern in allen westlichen Industrieländern, am ausgeprägtesten in Skandinavien, wo die Entwicklung auch am frühesten einsetzte. Nur die süd- und osteuropäischen Länder scheinen bisher kaum tangiert. Unverheiratete Paare sind besonders unter den 18- bis 35jährigen verbreitet; sie finden sich seltener auf dem Land als in den Städten, vor allem den Großstädten. Frauen und Männer, die ohne Trauschein zusammenleben, sind eher konfessionslos oder evangelisch als katholisch. Sie haben in der Mehrzahl keine Kinder – obwohl auch der Anteil der nichtehelichen Familien ständig wächst. Entgegen verbreiteten Vorstellungen sind die „Ehen ohne Trauschein" nicht nur im studentischen und akademischen Milieu anzutreffen, sondern finden sich inzwischen in allen sozialen Schichten.[2]

Erstaunlich ist nicht nur die Verbreitung dieser Lebensform, sondern vor allem die Tatsache, daß sie weithin sozial gebilligt ist. Bereits 1976 tolerierten zwei Drittel der erwachsenen Bundesbürger und Bundesbürgerinnen eine „Ehe ohne Trauschein", und mehr als zwei Drittel der unter Dreißigjährigen hielten es für denkbar, auch selber unverheiratet zusammenzuleben.[3] „. . . was noch vor 20 Jahren unter massivem Verdikt war, ist es heute kaum noch, ist ‚salonfähig'".[4] Die Verbreitung und die soziale Akzeptanz nichtehelicher Lebensgemeinschaften sind in den siebziger Jahren offenbar Hand in Hand gegangen und haben sich gegenseitig verstärkt.

Eine solche Entwicklung hatte in den fünfziger und sechziger Jahren, als die Verheiratetenquote bei uns größer war denn je, niemand vorausgesehen. Erst im 20. Jahrhundert waren die meisten gesetzlichen und sozialen Ehehindernisse ausgeräumt, die im späten Mittelalter und der Neuzeit die Ehe zum Privileg gemacht hatten; endlich war die Ehe für alle Heiratswilligen erreichbar geworden. Es scheint paradox, daß gerade in einer Zeit, da alle Menschen, die heiraten wollen, auch heiraten können, eine zunehmende Zahl die Ehe abzulehnen beginnt.

In zeitgenössischen Stellungnahmen wird die Zunahme der nichtehelichen Lebensgemeinschaften häufig als ein Symptom für die Krise der Ehe gesehen. Auch hier begegnen wir einem merkwürdigen Widerspruch: Während die Ehe einerseits ein hochbewertetes kulturelles Gut, ein von der Mehrzahl der Bevölkerung angestrebtes Ziel darstellt, mehren sich andererseits die Symptome für eine Krise der Ehe, als deren erstes und wichtigstes die gestiegene Scheidungsziffer gilt. Auch die wachsende Zahl der Alleinlebenden („Singles") wird als Krisenzeichen gedeutet.

In den späten sechziger und den siebziger Jahren gab es in der

Bundesrepublik – wie in den USA und in anderen europäischen Ländern – eine verstärkte Auseinandersetzung um die Ehe, eine Phase heftiger Ehekritik, die unter dem Einfluß der antiautoritären, der Studenten- und schließlich der Frauenbewegung stand. Die herkömmlichen Formen des Zusammenlebens, Ehe und Kleinfamilie, wurden in Frage gestellt, und vor allem in studentischen und bürgerlich-akademischen Kreisen wurde mit neuen Formen experimentiert. Vor allem die Isolation des Paars, die repressive Sexualmoral, die geschlechtsspezifische Aufgabenzuweisung und Rollenprägung, die autoritäre Kindererziehung wurden an der traditionellen Ehe und Familie kritisiert. Die meisten radikalen Experimente in Kommunen und Wohngemeinschaften blieben kurzlebige Versuche. Doch weniger spektakuläre Varianten wurden nach und nach alltägliche Erscheinungen, wenn auch kaum als Alternativen zu Ehe und Familie – wie sie ursprünglich gemeint waren –, sondern eher als Ergänzungen. So haben selbstorganisierte Eltern-Kind-Initiativen, Kindergruppen und -läden, natürlich mit etwas modifizierter pädagogischer Konzeption, ihren selbstverständlichen Platz in der Kindererziehung der Mittelschicht gefunden, und ähnlich selbstverständlich haben sich Wohngemeinschaften als eine beliebte und anerkannte Wohnform für einen bestimmten Lebensabschnitt, die Spätadoleszenz, etabliert. Im selben Zeitraum entwickelte sich auch das nichteheliche Zusammenleben von Männern und Frauen zu einer verbreiteten und akzeptierten Lebensform, teils als voreheliche Lebensgemeinschaft, teils als dauerhafte Alternative zur Ehe.

Obwohl die gesellschaftspolitische Atmosphäre in der Bundesrepublik der achtziger Jahre von restaurativen Tendenzen in vielen Bereichen gekennzeichnet ist, gibt es keine Anzeichen dafür, daß die nichtehelichen Lebensgemeinschaften an Attraktivität verlieren. Es wird immer deutlicher, daß sie mehr als ein Modephänomen, mehr als der Lebensstil einer bestimmten Generation oder Subkultur sind. Vor allem den Politikern und den Juristen, aber auch den Kirchenleuten und Moralisten bereiten sie als eine nicht mehr zu übersehende soziale Tatsache zunehmend Kopfzerbrechen.

„Ehe und Familie stehen unter dem besonderen Schutz der staatlichen Ordnung", heißt es in Art. 6, Abs. 1 des Grundgesetzes der Bundesrepublik Deutschland, ähnlich wie in den Verfassungen der meisten Länder. Der Staat, somit zum Schutzherrn von Ehe und Familie benannt, steht vor dem Problem, wie mit nichtehelichen Lebensgemeinschaften politisch und juristisch zu verfahren ist. Einerseits ist das Recht auf die selbstbestimmte Lebensform als Teil der „freien Entfaltung der Persönlichkeit" aufzufassen, die ebenfalls grundgesetzlich (Art. 2,1) garantiert ist. Demnach dürften nichteheliche Lebensgemeinschaften nicht diskriminiert werden. Andererseits ist zu fragen, ob eine weitgehende Gleichbehandlung dieser Lebensform nicht im Widerspruch zu dem „besonderen Schutz" steht, der laut Verfassungsauftrag eben nur der legalen Ehe und Familie zukommen soll.

Während in anderen Ländern zum Teil bereits Gesetze geschaffen worden sind, die der Existenz der nichtehelichen Lebensgemeinschaften Rechnung tragen,[5] werden sie bei uns vom Staat noch weitgehend ignoriert. Je größer die Zahl der unverheiratet Zusammenlebenden, desto dringender wird aber die Notwendigkeit, sich mit ihnen auseinanderzusetzen, zumal die Rechtsprechung in der Praxis zunehmend auch mit ihnen befaßt ist und immer wieder vor der Frage steht, ob das Eherecht analog angewandt werden soll oder nicht.

Einstweilen ist nur klar, daß die Familien- und Sozialpolitik durch die nichtehelichen Lebensgemeinschaften komplizierter wird. Der Familienstand, früher eine wichtige demographische Variable, verliert immer mehr an Bedeutung. Kann man steuerliche und sozialpolitische Maßnahmen mit dem Familienstand verknüpfen, wenn er keinerlei zuverlässige Schlüsse mehr auf die Lebensform und die Haushaltsstruktur des betreffenden Individuums zuläßt? Ledige, Geschiedene und Verwitwete können heute wie Verheiratete leben und sogar nichteheliche Familien gründen.

Vor allem der Zusammenhang zwischen der Zunahme der nichtehelichen Lebensgemeinschaften und der Geburtenentwicklung ist für den Staat von zentralem Interesse. Unverheiratet Zusammenlebende haben insgesamt seltener und weniger Kinder als verheiratete Paare derselben Altersgruppe. Sind also nichteheliche Lebensgemeinschaften in der Mehrzahl „Vorstufe" zur Ehe in dem Sinne, daß der Kinderwunsch hinausgeschoben wird bzw. daß geheiratet wird, sobald ein Kind unterwegs ist? Oder sind vielleicht die Vorbehalte der unverheiratet Zusammenlebenden gegenüber der Ehe identisch mit Vorbehalten gegenüber Kindern?

Diese und andere, zunehmend dringlicher werdende Fragen haben dazu geführt, daß die nichtehelichen Lebensgemeinschaften erst zum juristischen Gegenstand geworden und nun auch ins politische Blickfeld geraten sind.[6]

12

Nicht nur der Staat, auch die Kirchen, insbesondere die katholische Kirche, sind zentral davon betroffen, daß immer mehr Menschen ihre Liebes- und Lebensbeziehung als eine ganz persönliche Angelegenheit auffassen. Die christliche Kirche war sehr entscheidend an der Herausbildung unseres Eheideals beteiligt, das durch die verbreitete Existenz der nichtehelichen Lebensgemeinschaften noch stärker in Frage gestellt wird als durch die zunehmende Praxis der Scheidung. Die mittelalterliche Kirche hat die Konkubinate härter bekämpft als spontanen außer- und nebenehelichen Geschlechtsverkehr und sogar heftiger verdammt als die Prostitution. Für die katholische Kirche ist die Ehe ein Sakrament und das unverheiratete Zusammenleben eine Sünde, selbst wenn es sich um eine voreheliche Lebensgemeinschaft handelt, die in der festen Absicht zu heiraten eingegangen wird. Doch auch der evangelischen Kirche ist die weitgehende Billigung der nichtehelichen Lebensgemeinschaften in der Öffentlichkeit ein Dorn im Auge: Die sexuelle Beziehung ist nicht mit dem Gelöbnis der lebenslangen Treue verbunden; die enge Verbindung von Sexualität und Fortpflanzung wird bewußt durchbrochen.

So kritisieren die beiden großen Kirchen Bindungsunlust und Bindungsunfähigkeit, die sich für sie in dieser Lebensform manifestiert: die mangelnde Bereitschaft, die Verantwortung für andere Menschen, den Partner bzw. die Partnerin und vor allem für die kommende Generation zu übernehmen. Die Ursache für diese Bindungsunfähigkeit sehen sie in einem überzogenen Individualismus, einem Selbstverwirklichungsegoismus und in einer gelockerten, hedonistischen Sexualmoral.

Während die nichtehelichen Lebensgemeinschaften sich selbst und der Öffentlichkeit kein großes Problem sind, lösen sie bei all denen, die sich von Staats und von Rechts wegen oder im Namen der Kirche mit ihnen befassen, große Irritation aus. Allen scheint klar, daß sie keine kurzlebige Erscheinung, sondern Ausdruck einer sehr grundlegenden Veränderung in der Einstellung zur Ehe sind.

Eine Einschätzung der nichtehelichen Lebensgemeinschaften, die Beurteilung ihrer zukünftigen Entwicklung und der damit verbundenen Auswirkungen auf Ehe und Familie, auf die Bevölkerungsentwicklung und viele andere gesellschaftliche Bereiche ist ohne eine intensive Beschäftigung mit ihrem soziologischen und historischen Hintergrund nicht möglich. Ohne einen gründlichen Blick auf die Entwicklung der Ehe und die stets neben ihr existierenden anderen Formen von dauerhafteren Geschlechts- und Liebesbeziehungen werden die völlig veränderten Grundlagen der heutigen nichtehelichen Lebensgemeinschaften unverständlich bleiben.

Die nichtehelichen Lebensgemeinschaften der Gegenwart sind Ausdruck eines schon Jahrhunderte andauernden Individualisierungsprozesses, der Ehe und Familie tiefgreifend verändert hat. Sie sind nur ein Anzeichen dafür, daß unser historisch gewachsenes Eheverständnis in einem Wandlungsprozeß begriffen ist, der es erforderlich macht, unsere juristischen und unsere moralisch-ethischen Vorstellungen von der Ehe zu revidieren und sie aufs neue mit der Wirklichkeit der gelebten Paarbeziehungen in Einklang zu bringen.

Anders als ihre Vorläufer im Mittelalter und in der Antike – die Konkubinate und die „Ehen minderen Rechts", die „wilden Ehen" der Armen und die „Ehen zur Linken" der Adligen – sind die heutigen nichtehelichen Lebensgemeinschaften nicht dazu geeignet, die Institution Ehe zu festigen und in ihrer Substanz zu stärken. Im Gegenteil: sie belegen wie die gestiegenen Scheidungszahlen die zunehmende Relativierung des bürgerlich-christlichen Eheideals. Dabei bedeuten sie keineswegs, daß der Wunsch nach Bindung, nach einer auf Dauer angelegten Lebens- und Geschlechtsgemeinschaft geringer geworden wäre. Sie bedeuten nicht, daß die promiskuösen Bedürfnisse der Menschen gegenüber ihren Bedürfnissen nach Sicherheit und Geborgenheit die Oberhand gewonnen hätten und so alle sozialen Verbindlichkeiten sprengen würden. Die nicht-legalisierte „Zweierbeziehung" ist nichts anderes als eine notwendige Konsequenz der Liebesehe.

Für uns ist die Liebe als Grundlage, als Voraussetzung der Ehe inzwischen so selbstverständlich geworden, daß wir oft vergessen, wie historisch jung und einmalig dieses Phänomen ist. Mit der Entstehung der bürgerlichen Gesellschaft begann der Siegeszug der Liebesehe, die durch das Christentum vorbereitet wurde, sich aber erst auf dem Hintergrund neuzeitlicher Bedingungen entfalten konnte. Die Liebe als ein die ganze Person des oder der anderen meinendes, Sinnlichkeit und Seele einbegreifendes Gefühl verlangt nach einer Beziehung, die psychisch-individuell und nicht wirtschaftlich und juristisch begründet ist. Diese Variante der Liebe hatte es vorher im Abendland nur als außereheliche Liebe gegeben. Im Rahmen der bürgerlichen Ehe entstand der Anspruch, sie auch innerhalb der ehelichen Gemeinschaft zu verwirklichen.

Vom späten 18. Jahrhundert an geriet die Idee der Liebesehe in immer stärkeren Gegensatz zum institutionellen Rahmen der Ehe, den sie mehr und mehr schwächte. Denn auf Dauer ist die Liebesehe weder mit dem kirchlichen Sakraments- noch mit dem staatlichen Institutionengedanken der Ehe vereinbar. Sie kann nur Normen akzeptieren, die aus der Beziehung selbst, aus dem persönlichen Wechselspiel zwischen zwei Individuen hervorgehen oder zumindest im Einklang mit ihm stehen.

Der Unterschied zwischen der legalen Ehe und der nichtehelichen Lebensgemeinschaft heute ist kein grundsätzlicher, sondern nur noch ein gradueller. Beide Formen gleichen einander mehr als die heutige Ehe der bürgerlich-christlichen Hochehe gleicht, die im vorigen Jahrhundert in voller Blüte stand. Der formale Akt der Eheschließung hat heute eine pragmatische und eine symbolisch-psychische Komponente. Die pragmatische wird ein Anreiz zum Heiraten sein, je mehr materielle – etwa steuerliche – Vorteile mit der legalen Ehe verbunden sind; solche materiellen Anreize können die Ehe als solche aber nicht stabilisieren. Die Bedeutung der symbolischen Komponente der Hochzeit wird vielleicht um so größer werden, je weniger pragmatische Gründe es für eine Heirat gibt. Doch auch der symbolische Akt der Eheschließung ist kein magisches Ritual, das Stabilität gewährleistet, sondern kann bestenfalls Ausdruck eines Wunsches nach Dauer sein.

In diesem Buch will ich versuchen, einige der grundlegenden Entwicklungslinien in der Geschichte der Ehe – der formalen Ehe und der von ihr abweichenden informellen Ehevarianten – darzustellen. Im Mittelpunkt steht der Triumph der Liebesehe mit seinen dramatischen Auswirkungen auf unser Verständnis von auf Dauer angelegten Liebes- und Lebensgemeinschaften.

I. Soziologische und historische Grundlagen

1. Förmliche und formlose Ehen: die soziologische Definition der Ehe

Wenn wir heute von „nichtehelicher Lebensgemeinschaft" sprechen, dann grenzen wir diese Lebensform als Nicht-Ehe von der legalen „bürgerlichen" Ehe ab – der Ehe als Rechtsinstitut, wie sie im Bürgerlichen Gesetzbuch begründet ist und sich bei uns seit dem 19. Jahrhundert herausgebildet hat. Wenn wir dagegen die Bezeichnung „Ehe ohne Trauschein" verwenden, dann liegt dem offensichtlich ein breiterer, allgemeinerer Ehebegriff zugrunde, der sowohl die förmlich eingegangene als auch die formlos geführte Ehe umfaßt. Der Stempel des Standesbeamten ist erst in der jüngeren Vergangenheit zum Gültigkeitskriterium einer vollwertigen Ehe geworden; vorher galten kirchliche und staatliche Anerkennung als erforderlich, und davor war es mehrere Jahrhunderte lang ausschließlich die kirchliche Anerkennung. Wenn wir noch weiter in der mitteleuropäischen Geschichte zurückgehen, bis in die Zeit, bevor das Christentum die Vorstellung von der Ehe prägte, dann erscheint die Ehe als Lebensgemeinschaft von Mann und Frau, die durch die beiden miteinander in Verwandtschaftsbeziehungen tretenden Familienverbände, möglicherweise auch durch eine erweiterte soziale Öffentlichkeit (dörfliche Gemeinschaft oder Nachbarschaft) legitimiert wurde.

Definieren wir die Ehe im heute gebräuchlichen engeren Sinn als „eine (relativ) dauerhafte und rechtlich legitimierte Lebens- und Sexualgemeinschaft zweier (ehe-)mündiger verschiedengeschlechtlicher Partner",[1] dann kann die nichteheliche Lebensgemeinschaft keine Ehe sein, weil ihr als entscheidendes Kennzeichen die rechtliche Legitimation fehlt. Sehen wir aber – wie der Familiensoziologe René König – die Ehe lediglich als „eine auf gewisse Dauer angelegte Form des Zusammenlebens zweier Personen verschiedenen Geschlechts",[2] dann umfaßt diese allgemeinere Definition auch die heutigen „Ehen ohne Trauschein".

In der Geschichte der Menschheit gibt es eine große Variationsbreite von Eheformen. Sehr verschiedene Rituale, Sitten und Bräuche leiteten die Ehe ein; in manchen Gesellschaften spielt die Hochzeit eine wichtige Rolle, in anderen kann sie ganz fehlen. Wie das Zusammenleben von Mann und Frau im einzelnen aussieht und wie Sexualität und Fortpflanzung in der und durch die Ehe geregelt sind, ist von Kultur zu Kultur und oftmals auch innerhalb einer Gesellschaft zwischen sozialen Schichten oder geographischen Regionen sehr verschieden. Auch bestehen unterschiedliche Auffassungen darüber, was als „dauerhaft" anzusehen ist, ob und unter welchen Umständen die Beziehung wieder aufgelöst werden kann.

Nach unserem kulturellen Verständnis ist die Ehe monogam, das heißt eine Paarbeziehung zwischen einem Mann und einer Frau. Diese Form der Einehe ist weltweit am meisten verbreitet. Doch abgesehen von der Möglichkeit zu (nicht gleichwertigen) nebenehelichen Beziehungen gibt es auch Gesellschaften, in denen die Polygamie akzeptiert ist. In islamischen Ländern ist noch heute Polygynie – die gleichzeitige Ehe eines Mannes mit mehreren Frauen – gestattet. In der Regel können sie sich allerdings nur sehr vermögende Männer leisten. Polyandrie – die gleichzeitige Ehe einer Frau mit mehreren Männern – scheint immer seltener gewesen zu sein als die Polygynie, aber auch sie hat es vereinzelt in ursprünglichen Gesellschaften gegeben.

Unserem kulturellen Verständnis nach gehört zur Ehe die gemeinsame Lebensführung, das heißt also das grundsätzliche Zusammenleben von Frau und Mann – falls nicht besondere Umstände wie etwa Beruf, Nahrungserwerb oder Krieg eine vorübergehende Trennung erfordern. Doch es gibt Gesellschaften, in denen die Eheleute auch im Normalfall getrennt leben, etwa in Männer- und Frauenhäusern, und nur ab und zu zusammentreffen. Im alten Sparta beispielsweise wohnten die Männer bis zu ihrem 30. Lebensjahr mit den anderen Männern zusammen und statteten ihren Frauen und Kindern nur gelegentliche Besuche ab. In matrilinearen Kulturen, in denen die erwachsenen Frauen in ihrer Herkunftsfamilie unter der Autorität des Bruders verbleiben („Avunkulate"), gibt es die Institution der „Besuchsehe": Die Ehemänner, die ihrerseits bei ihren Schwestern leben, besuchen ihre Frauen und leiblichen Kinder – die ebenfalls der Autorität des Mutterbruders unterstehen – ab und an; sie arbeiten auf den Feldern ihrer Frauen oder bringen Geschenke als Gegenleistung für die Gewährung des Geschlechtsverkehrs. Auch das Zusammenleben eines verheirateten Paars in einem Haushalt, das sicher die am weitesten verbreitete Form ist, gestaltet sich seiner Struktur und Qualität nach in verschiedenen Gesellschaften ganz unterschiedlich, je nachdem ob das Paar bei der Familie des Mannes (patrilokal), bei der Familie der Frau (matrilokal), mit verheirateten Brüdern oder Schwestern (erweiterte Familie) oder mit seinen eigenen Kindern allein (neolokal) lebt, je nachdem auch, ob es sich um einen Verwandtenhaushalt oder einen Haushalt mit fremdem Gesinde handelt, wie groß die Kinderzahl ist und wie sehr die Paarbeziehung bzw. Kleinfamilie in übergeordnete soziale Strukturen (Sippe oder Clan, Stammes- oder Dorfgemeinschaft) integriert ist.

In allen Definitionen der Ehe spielt die Dimension der Dauer eine Rolle: Die Ehe ist die „relativ dauerhafte", die „auf Dauer angelegte", die „mit der Absicht der Dauer eingegangene" oder – so auch nach christlichem Verständnis – die „grundsätzlich lebenslange" Gemeinschaft zwischen Frau und Mann. Es gibt nur wenige Kulturen, in denen die Norm absoluter lebenslanger Monogamie gilt, ohne daß soziale Ventile und Schlupflöcher eingebaut wären, und meistens gilt sie für Frauen konsequenter als für Männer. Lebenslange Monogamie bedeutet nicht nur die prinzipielle Unscheidbarkeit der Ehe, sondern auch das Verbot der Wiederheirat beim Tode des Ehemannes (bzw. der Ehefrau); im Extremfall kann sie bedeuten, daß ein Ehegatte dem anderen in den Tod folgen muß – wie früher in Indien die Ehefrau ihrem verstorbenen Mann. In den meisten Gesellschaften sind Scheidung und eventuell auch Wiederverheiratung erlaubt, teils nur für Männer, teils für Frauen und Männer. Auch da, wo es offiziell keine Scheidung gibt, kennt man meist mehrere Gründe, im Nachhinein Ehen für ungültig oder nichtig zu erklären. So wurden im Mittelalter relativ häufig die Ehen der Reichen und Mächtigen – gegen entsprechende Bezahlung – von der Kirche für ungültig erklärt, meist aufgrund weitläufiger Verwandtschaftsbeziehungen (die zeitweise bis zum 7. Grad als Ehehindernis galten). Da, wo die Scheidung nicht erlaubt ist, kommt es häufig zu informellen Trennungen und zum Teil zur Gründung neuer, illegitimer Familien – so z. B. noch heute in einigen lateinamerikanischen Ländern. In der Regel entspricht der Schwierigkeitsgrad der Scheidung dem Grad der Ausgeformtheit des Hochzeitsritus: je aufwendiger die Hochzeitszeremonie, desto komplizierter eine spätere Scheidung.

Die Ehe ist eine Geschlechtsgemeinschaft. Mann und Frau sind für die Fortpflanzung aufeinander angewiesen, und die Ehe ist der soziale Ort legitimen Geschlechtsverkehrs. Doch es gibt häufig auch innerhalb der Ehe sexuelle Verbote (beispielsweise Enthaltsamkeit an bestimmten Tagen, in bestimmten Zeitspannen), und in vielen Gesellschaften gibt es auch außerhalb der Ehe erlaubte Geschlechtsbeziehungen. Häufig sind Männern (und gelegentlich auch Frauen) vor- oder auch nebeneheliche sexuelle Kontakte gestattet, manchmal sporadische, kurzfristige (Prostitution oder ritueller Beischlaf aus sakralen Gründen), manchmal auch länger andauernde Verhältnisse (mit Sklavinnen oder Dienerinnen, Mätressen oder Kurtisanen). – Das Wesen der Ehe erschöpft sich also keineswegs in der Regulierung der Geschlechtsbeziehungen.

Auch dann, wenn außerhalb der Ehe sexuelle Aktivitäten erlaubt sind, bleibt die Ehe aber die einzige Geschlechtsbeziehung, aus der legitime Nachkommen hervorgehen. Alle Gesellschaften, die Wert darauf legen, zwischen legitimem und illegitimem Nachwuchs zu unterscheiden, haben die Bedeutung der Ehe und ihren formalen Beginn, die Hochzeit, akzentuiert. Nicht alle Paarbeziehungen mit gemeinsamen Kindern galten als Familien; nur aus legitimen Ehen konnten legitime Familien hervorgehen. Nicht etwa die Dauer (oder der Wille zur Dauer) machte Paarbeziehungen zu richtigen Ehen, sondern allein die gesellschaftliche Anerkennung, das heißt die Legitimität der Beziehung: „Die soziale Legitimation zur Zeugung ist die Eheschließung."[3]

Die Legitimität der Ehe, ihre soziale Anerkennung durch die beteiligten Gruppen, hing früher eng mit der Beachtung vielfältiger und komplizierter Heiratsvorschriften zusammen. Bis in die jüngere Vergangenheit hinein existierten in fast allen Gesellschaften, in primitiven wie in Hochkulturen, mehr oder weniger ausgeprägte Heiratsverbote und Heiratsgebote, die den Kreis der Wählbaren einschränkten. Manchmal waren ganze soziale Gruppen vom Recht auf Heirat – d. h. auf legitime Fortpflanzung – ausgeschlossen, z. B. Sklaven, Dienstboten[4] oder Angehörige bestimmter Berufsgruppen wie Priester und Soldaten. Häufig gab es Vorschriften, innerhalb des eigenen sozialen Standes oder der eigenen sozialen Gruppe zu heiraten. (So mußten die Handwerkerswitwen im vorindustriellen Mitteleuropa einen Gesellen ihres Berufsstandes heiraten oder ihren Betrieb aufgeben, und Adlige, die keine standesgemäße Ehe eingingen, verloren ihre Privilegien.) In einigen Kulturen ziehen Endogamieregeln den Kreis der bevorzugten Ehepartner noch enger. (So galten beispielsweise in zahlreichen Primitivkulturen Ehen zwischen Kreuzvettern und -kusinen als besonders erwünscht, und in den Oberschichten mancher Gesellschaften fanden sich häufig Heiraten innerhalb der Verwandtschaft.)

Heiratsvorschriften, Endogamie- und Exogamieregeln machen deutlich, daß die soziale Funktion der Ehe eben nicht nur in der Fortpflanzung bestand, sondern daß sie darüber hinaus auch eine bündnisstiftende Funktion hatte. Der Geschlechtstrieb und die Notwendigkeit der Fortpflanzung wurden einem umfassenderen sozialen Zweck nutzbar gemacht und untergeordnet: der Schaffung von verwandtschaftlichen Beziehungen zwischen Familiengruppen, Sippen, Clans, die der gegenseitigen Sicherung von politischen und wirtschaftlichen Machtpositionen dienten. Legitim waren Ehen, die unter Berücksichtigung der Heiratsvorschriften auf Betreiben der Autoritäten in beiden Familien zustandekamen; die individuellen Bedürfnisse von Mann und Frau spielten dabei überhaupt keine oder nur eine sehr untergeordnete Rolle. Es gab Gesellschaften, in denen Braut und Bräutigam einander erst am Tag der Hochzeit zu Gesicht bekamen; manchmal waren sie einander von den Familien schon seit der Kindheit oder sogar bei der Geburt versprochen – diese Extremformen der elternarrangierten Ehe kennen wir aus dem alten China oder Indien, aber auch im europäischen Hochadel waren sie bis weit in die Neuzeit hinein noch üblich.

Die Hochzeit als Ritual zu Ehebeginn dient dazu, die Legitimität der neuen Geschlechts- und Lebensgemeinschaft einer (unterschiedlich großen) sozialen Öffentlichkeit sichtbar zu machen. Die Hochzeit hat dort ein besonders großes Gewicht, wo die Eheschließung von umfangreicheren Vermögens- oder Macht-Transfers zwischen den beteiligten Gruppen begleitet ist, also in reichen und mächtigen Familien, in den herrschenden Schichten. Darüber hinaus hat die Hochzeit auch da eine Bedeutung, wo aus kulturellen und religiösen Gründen großer Wert auf Legitimität gelegt wird, so beispielsweise in islamischen Ländern, in Süd- und Osteuropa, im Balkanraum. Es gibt offensichtlich einen engen Zusammenhang zwischen patrilinearen Familienstrukturen, die vom Ahnenkult geprägt sind, und der Bedeutung der Legitimität: Geschlechtsverkehr der Frauen vor und neben der Ehe wird als Beleidigung der Ahnengottheiten und Verstoß gegen die Familienehre gesehen, über die die männlichen Familienangehörigen wachen. Jede Form des außerehelichen Geschlechtsverkehrs hatte und hat hier noch schwere Sanktionen für die Frau (und gegebenenfalls das uneheliche Kind) zur Folge.[5]

Doch sowohl die Akzentuierung der Ehe im Familienzusammenhang als auch die rituelle Ausformung der Hochzeit scheint ein vergleichsweise junges Phänomen in der Geschichte der Menschheit zu sein. In den frühesten Gesellschaften, so z. B. in den Jäger-und-Sammlerinnen-Kulturen, wurde die Ehe im allgemeinen formlos, d. h. ohne ausgeprägte Hochzeitszeremonie eingegangen, was seine Entsprechung in einem ebenso formlosen Auseinandergehen beim Zusammenbruch der Ehe hatte.[6] „Die Eheinstitution", erklärt René König, „profiliert sich erst auf höherer Wirtschafts- und Kulturstufe mit der Zunahme der bei Gelegenheit der Eheschließung zwischen den Verwandtschaftsgruppen der Heiratenden getauschten Geschenke, die zunächst nicht als Kaufpreis, sondern vielmehr als symbolische Akte zum Ausdruck der Begründung von Beziehungen der Gegenseitigkeit anzusehen sind. Damit erst entwickelt sich das Zeremonial der Hochzeit, die dann im Laufe der Entwicklung eine immer reichere Ausgestaltung erfährt".[7]

Wenn kein Vermögen vorhanden ist, das bei einer Eheschließung eine Rolle spielen könnte, und wenn keine übergreifenden Familienverbände tangiert sind, deren Ehrvorstellungen formale Legitimität verlangen, entfallen oft Heiratszeremonie und Verträge ganz, und die Ehe wird formlos eingegangen. Solche formlosen faktischen Ehen oder auch „Ehen minderen Rechts" waren in den Unterschichten der archaischen und antiken Kulturen und auch im Mittelalter und in der Neuzeit nicht ungewöhnlich – vom „contubernium" der römischen Sklavinnen und Sklaven bis zur „wilden Ehe" der Proletarierinnen und Proletarier im 19. und beginnenden 20. Jahrhundert.

Die Ehe, verstanden als eine relativ dauerhafte Geschlechts- und Lebensgemeinschaft von Mann und Frau, ist offensichtlich eine universale menschliche Erscheinung, deren Wurzeln in der biologischen Natur des Menschen verankert sind: Vorstufen zur Ehe sind schon bei anderen höheren Lebewesen zu finden, die zu relativ stabiler Paarbildung neigen.

Wenn wir die Ehe als eine sozial legitimierte Geschlechts- und Lebensgemeinschaft definieren, müssen wir berücksichtigen, daß die Kriterien für Legitimität historisch, kulturell und regional differieren, daß sogar innerhalb einer Gesellschaft im gleichen Zeitraum verschiedene Kriterien nebeneinander gelten können. Ein solcher Zustand herrschte während des Mittelalters in Mitteleuropa: Während die christliche Kirche ihre Norm der Legitimität – die vor dem Pfarrer geschlossene Ehe – durchzusetzen versuchte, gab es in vielen Gegenden weiterhin formlos begründete gewohnheitsrechtliche Ehen (sog. „common law-Ehen"), die durch bloßes Zusammenleben auf Dauer zustandekamen.

Es gab auch die (ebenfalls von der Kirche bekämpften) „klandestinen", das heißt heimlich geschlossenen Ehen, die nur auf der Übereinkunft des Paares beruhten. – Auch als im Laufe der Neuzeit die Staaten nach und nach die Zivilehe zur Verpflichtung machten, kam es zu einer vorübergehenden oder längerdauernden Konkurrenz zwischen verschiedenen Legitimitätsnormen. Eine solche Situation bestand z. B. vor dem Ersten Weltkrieg in Italien, wo viele die Zivilehe ablehnten, Frauen vor allem aus alter Anhänglichkeit an den Kirchenstaat, Männer aber durchaus auch, weil die bloße kirchliche Trauung es ihnen ermöglichte, ihre Frauen und Kinder zu verlassen, ohne daß der Staat sie zu Unterhaltsleistungen verpflichten konnte – denn ihre Verbindungen galten als bloße „wilde Ehen" und ihre Kinder als „unehelich". Deshalb wurde den Priestern dort 1912 durch Staatsgesetz verboten, Ehen zu trauen, die nicht vorher amtlich geschlossen worden waren.[8]

Während die Legitimitätsnormen kirchlicher und staatlicher Anerkennung einander teils bekämpften, teils überlagerten, teils ablösten, existierten weiterhin im rechtlosen Zustand die faktischen Ehen der durch gesetzliche Heiratsverbote vom legalen Ehestand Ausgeschlossenen und die zahlreichen „wilden Ehen" der Armen. „Diese nur auf dem Konsens der Partner basierenden Lebensgemeinschaften sind in sogenannten ‚poverty cultures‘ eine häufige Erscheinung. ... Historisch sind dauerhafte Konkubinate ein Phänomen, das besonders in den Unterschichten und besonders in den Zeiten einer weitgehenden Pauperisierung auftritt."[9] Mit der Beseitigung der meisten formalen und sozialen Ehehindernisse zu Beginn des 20. Jahrhunderts verschwanden diese „wilden Ehen" fast vollständig. Die gegenwärtige Zunahme nichtehelicher Lebensgemeinschaften in verschiedenen Ländern Nord-, West- und Mitteleuropas sowie in den Vereinigten Staaten hat ganz gewiß nichts mit Massenarmut zu tun.

Auch heute handelt es sich um „... eine wenigstens auf eine gewisse Dauer angelegte Verbindung eines verschiedengeschlechtlichen Paares, das in einer Wohn- und Wirtschaftsgemeinschaft (Haushalt) in umfassender Lebens- und Geschlechtsgemeinschaft zusammenlebt, ohne daß die Beziehung durch eine Eheschließung offiziell legitimiert ist".[10] Wie die früheren „wilden Ehen" sind die heutigen nichtehelichen Lebensgemeinschaften außerhalb der staatlichen Ehegesetzgebung angesiedelt: Weder im Binnenverhältnis noch im Verhältnis des Paares nach außen findet das im Bürgerlichen Gesetzbuch niedergelegte Eherecht Anwendung. Doch im Unterschied zu den früheren wilden Ehen werden die unverheirateten Paare heute nicht von außen, durch den Staat oder materielle Not, daran gehindert, ihre Verbindung zu legalisieren, sondern sie verzichten – vorübergehend oder endgültig – von sich aus darauf.

Dabei kann die hohe Zustimmung, die diese Lebensform inzwischen bei uns in der Öffentlichkeit erfährt, durchaus als eine Form sozialer Anerkennung gewertet werden. Womöglich verbirgt sich dahinter eine neue informelle Legitimitätsnorm, die in Konkurrenz zur formalen staatlichen Anerkennung tritt. Bei einer Repräsentativuntersuchung des Allensbacher Institutes für Demoskopie antworteten auf die Frage: ,,Halten Sie die Einrichtung der Ehe grundsätzlich für notwendig oder überlebt?'' im Jahre 1963 noch 87% der Männer und 90% der Frauen zwischen 20 und 30 Jahren, sie sähen die Ehe als ,,notwendig'' an; 1978 waren es nur noch 40% der Männer und 42% der Frauen dieser Altersgruppe. 1976 tolerierten – laut Allensbach-Umfrage – zwei Drittel der Erwachsenen in der Bundesrepublik die ,,Ehe ohne Trauschein'', und zwei Drittel der unter Dreißigjährigen (70% der Frauen und 66% der Männer) hielten es für denkbar, selbst mit einem Partner oder einer Partnerin ohne Trauung zusammenzuleben.[11]

Die früher üblichen Bezeichnungen ,,wilde Ehe'' und ,,Konkubinat'' werden heute – außer vielleicht von Kirchenleuten und von Angehörigen der juristischen Zunft – kaum noch verwendet, vermutlich nicht nur, weil sie als abwertend empfunden werden, sondern auch aus dem Gespür oder der Erkenntnis heraus, daß es sich hier um ein neues, anderes Phänomen handelt, das deswegen auch eines anderen Namens bedarf. Die große Zahl der Begriffe, die in sozialwissenschaftlichen Untersuchungen geprägt oder umgangssprachlich verwendet werden, umschreibt zumeist den alten Ehebegriff, drückt Annäherung oder Abgrenzung aus: Ehe ohne Trauschein, Gewissensehe, freie Ehe, faktische Ehe, Ehe auf Probe, freie Lebensgemeinschaft, Lebensgefährtenverhältnis, unverheiratetes Zusammenleben, eheähnliches Verhältnis (analog im englisch-amerikanischen: nontraditional forms of marriage, marriage-like union, consensual union, unmarried married couples, cohabitation, nonpaper-marriage). Es ist vielleicht nicht zufällig, daß bei uns umgangssprachlich der Begriff ,,Ehe ohne Trauschein'' besonders häufig verwendet wird, der die Eheähnlichkeit akzentuiert, während Behörden und andere offizielle

Stellen bevorzugt den Begriff „nichteheliche Lebensgemeinschaft" verwenden, der die Abgrenzung von der legalen Ehe in den Vordergrund stellt.

Es gibt also heute bei uns wie in anderen fortgeschrittenen Industriegesellschaften zwei Ehevarianten nebeneinander: eine förmlich geschlossene und eine informelle, eine juristisch vorstrukturierte und eine, für die das Eherecht nicht gilt, eine durch den Staat materiell privilegierte und eine dadurch automatisch diskriminierte Variante. In der Öffentlichkeit ist die informelle Ehe weitgehend akzeptiert, die Kirchen verurteilen sie und der Staat ignoriert sie bzw. nimmt sie nur da zur Kenntnis, wo es für das unverheiratete Paar von Nachteil ist.[12]

Während man sich in anderen Ländern – vor allem in den skandinavischen – schon länger intensiv mit den soziologischen Hintergründen und den psychologischen und sozialen, den juristischen und politischen Implikationen befaßt, ist die Diskussion bei uns erst in den letzten Jahren angelaufen. Im Vordergrund steht hier das Interesse, die nichtehelichen Lebensgemeinschaften zu beschreiben und zu typisieren, die Motive für diese Lebensform und ihre Beziehung zur legalen Ehe zu erfassen. Dabei spielt der Versuch eine zentrale Rolle, zwischen „vorehelichen" Lebensgemeinschaften und als „dauerhafte Alternative zur Ehe" angelegten Lebensgemeinschaften zu unterscheiden, was äußerst problematisch ist. Ebenso schwierig ist die Abgrenzung nichtehelicher Lebensgemeinschaften von flüchtigen sexuellen Kontakten und kurzfristigen Liebesbeziehungen, von nebenehelichen Verhältnissen und rein pragmatischen oder von vornherein befristeten Wohngemeinschaften. Es wird darüber diskutiert, nach wieviel Wochen, Monaten oder Jahren ein unverheiratet zusammenlebendes Paar empirisch als „Lebensgemeinschaft" erfaßt werden kann; eine formal geschlossene Ehe ist vom ersten Tag an eine Ehe, eine nichteheliche Lebensgemeinschaft dagegen wird offenbar erst durch die gemeinsam gelebte Zeit zu einer solchen. Schwierigkeiten bei der statistischen Erfassung bereiten auch Paare, die sich als Lebensgemeinschaft verstehen, aber in getrennten Haushalten leben, mal zusammen im einen, mal zusammen im anderen und mal getrennt. Meistens werden gleichgeschlechtliche Paare, die zusammenleben, nicht ausdrücklich in die Gruppe der nichtehelichen Lebensgemeinschaften einbezogen, weil für sie, anders als für verschiedengeschlechtliche Paare, die gesetzliche Ehe keine mögliche Alternative zu ihrer Lebensform ist. Je mehr sich aber die Vorstellung verliert, daß die Ehe als dauerhafte Lebensgemeinschaft durch den Fortpflanzungszweck definiert ist – was durch die große Zahl der kinderlosen Ehen mit und die noch größere der kinderlosen Ehen ohne Trauschein belegt wird –, desto ungerechtfertigter erscheint es, die gleichgeschlechtlichen Lebensgemeinschaften aus der Betrachtung auszuschließen.[13]

Viele Überlegungen konzentrieren sich einseitig auf die nichtehelichen Lebensgemeinschaften, als seien sie ein soziales Phänomen, das unabhängig von der Ehe betrachtet werden könne. Doch die formal geschlossene Ehe ist keine feste soziale Größe, von der die nicht registrierten und offenbar sehr heterogenen nichtehelichen Lebensgemeinschaften sich als erklärungsbedürftig absetzen. Die ausschließlich an der Gegenwart orientierte Betrachtung verstellt den Blick auf die grundlegenden Veränderungen, die die Ehe selbst in den letzten zweihundert Jahren durchgemacht hat. Die nichtehelichen Lebensgemeinschaften sind auch ein Symptom für den völlig gewandelten Sozialcharakter der Ehe.

2. Ehe und Ehen minderen Rechts bei Griechen, Römern und Germanen

Während der letzten zweihundert Jahre, mit der Entstehung der bürgerlichen Gesellschaft, haben sich die sozialen Grundlagen der Ehe und ihre Bedeutung für das Individuum entscheidend verändert. Um diese Veränderungen im vollen Umfang zu begreifen, müssen wir in der Geschichte der Ehe weiter zurückgehen: Unsere abendländische Auffassung von der Ehe (wie auch der anderen neben ihr bestehenden dauerhaften Verbindungen zwischen Frau und Mann) hat sich aus einer Vermischung römischer und germanischer Traditionen entwickelt, die nach und nach von den christlichen Ideen der mittelalterlichen Kirche durchdrungen und entscheidend geprägt worden sind. Während des Mittelalters forcierte die christliche Kirche in Europa die lebenslange, monogame, vor dem Priester geschlossene Ehe als einzige erlaubte Form der Geschlechtsbeziehung von Mann und Frau. Dagegen hatte es bei den Germanen – wie auch bei den Römern und Griechen – mehrere legale Geschlechtsverbindungen, zum Teil sogar mehrere Ehevarianten nebeneinander gegeben.

In diesem Kapitel will ich einen kursorischen Überblick über die Vielfalt der Eheformen bei Griechen, Römern und Germanen geben, der illustrieren soll, unter welchen sozialen Voraussetzungen jeweils die strengeren, formalisierten oder die lockeren, informellen Beziehungen zwischen Mann und Frau eingegangen wurden und welche Folgen sie für das Paar und dessen Kinder hatten.

Obwohl die spartanischen Verhältnisse ohne Auswirkung auf die spätere Entwicklung der Ehe in Mitteleuropa blieben, will ich sie den athenischen aus Kontrastgründen voranstellen: Das dorische Sparta unterschied sich vom ionischen Athen und von Rom hinsichtlich der Bedeutung, die der patrilinearen Legitimität beigemessen wurde, und – eng damit verbunden – auch in der Freiheit, die die verheirateten Frauen hatten.

In Sparta war die Ehe relativ informell und locker. Männer wie Frauen heirateten gewöhnlich mit 18 Jahren, doch die Männer lebten bis zu ihrem 30. Lebensjahr mit den anderen waffentragenden Männern zusammen und besuchten ihre Ehefrauen nur gelegentlich in der Nacht, meist sogar heimlich. Ein Zweck der etwa ein Jahrzehnt dauernden Trennung bestand wahrscheinlich darin, das sexuelle Verlangen lange aufrechtzuerhalten und so die Fruchtbarkeit zu steigern. Wenn eine Frau nicht schwanger wurde, so konnte sie die Verbindung, die den Charakter einer „Ehe auf Probe" hatte, ohne weiteres von sich aus lösen und eine neue eingehen. Für den spartanischen Staat und für die Frauen selbst waren Kinder ein wichtiges Ziel. Dabei wurde zwischen ehelichen und nichtehelichen Kindern kein großer Unterschied gemacht. Wenn die Väter Spartaner waren, dann erhielten auch die Kinder spartanisches Bürgerrecht. Nur Geschlechtsbeziehungen der Spartanerinnen mit den Heloten, den unfreien Fremdarbeitern Spartas, waren illegitim. Aus der Zeit des 8. Jahrhunderts v. Chr. wird berichtet, daß viele Frauen während jahrelanger Abwesenheit der spartanischen Krieger mit Heloten verkehrten und daß diese Beziehungen auch geduldet wurden. Doch die aus ihnen hervorgehenden Sprößlinge nannte man „Kinder unverheirateter Mütter"; sie erhielten als Erwachsene keine spartanischen Bürgerrechte, sondern wurden ausgeschickt, eine neue Stadt, Tarent, zu gründen.[1] Davon abgesehen waren neboneheliche Beziehungen in Sparta keine Seltenheit, und Ehebruch wurde als nicht besonders gravierend angesehen. Es kam durchaus vor, daß ein Mann einem anderen befreundeten Mann gestattete, mit seiner Frau geschlechtlich zu verkehren; angesichts der freien Stellung der Spartanerin handelte es sich dabei wohl weniger um ein „Ausleihen" der Ehefrau, als um eine von ihr selbst gewünschte neboneheliche Beziehung, die sie mit Wissen und Billigung ihres Mannes einging.[2]

Die große Unabhängigkeit der Spartanerinnen hing einerseits mit der häufigen und langen kriegsbedingten Abwesenheit der Männer zusammen, mit dem jahrelang nach Geschlechtern getrennten Wohnsitz, der zur Folge hatte, daß die Frauen bei der Organisation ihres Alltags auf sich selbst und die Gruppe der Frauen angewiesen blieben, andererseits auch mit dem – im Vergleich zu sonstigen Völkern der Antike – recht hohen Heiratsalter der Spartanerinnen, die im allgemeinen nicht viel jünger waren als ihre Männer.

In Athen dagegen, wo das Verwandtschaftssystem patrilinear und die Ehe streng patriarchalisch angelegt war, heirateten die Frauen sehr jung, idealerweise mit 14 Jahren, während der Mann, der vor der Ehe seinen Militärdienst abgeleistet haben sollte, schon 30 Jahre alt war –

ein Altersabstand, der nicht ohne Auswirkung auf die Autoritäts-struktur in der Ehe bleiben konnte. Die jungen Mädchen wurden so früh verheiratet, weil man sie für besonders lüstern hielt und viel Wert darauf legte, daß sie jungfräulich in die Ehe gingen. Ein Athe-ner konnte eine vollgültige Ehe nur mit einer gebürtigen Athenerin eingehen; Nicht-Athenerinnen konnten nur Konkubinen werden.

Die Athenerin stand ihr Leben lang unter männlicher Vormund-schaft, zunächst unter der ihres Vaters bzw. des nächsten männli-chen Verwandten, und nach der Verheiratung unter der ihres Gat-ten. Wenn dieser verstarb, war ihr ältester Sohn ihr Vormund, und wenn sie keine männlichen Nachkommen hatte, dann trat wieder das männliche Oberhaupt der Herkunftsfamilie an die alte Stelle. Vater oder Vormund wählten für die Frau den passenden Ehemann und führten die Eheverhandlungen. Jede Athenerin mußte in die Ehe eine Mitgift einbringen; ohne sie war die Verbindung nicht rechtskräftig. Die Mitgift hatte die Funktion einer sozialen Siche-rung der Frau: Der Ehemann verwaltete sie, durfte sie aber nicht antasten und mußte die Zinsen dieses Kapitals für den Unterhalt seiner Frau verwenden. Im Falle einer Scheidung hatte er die Mit-gift an die Familie der Frau zurückzuerstatten oder ihr weiterhin die Zinsen zu zahlen. Die unangetastete Mitgift war für die geschiedene Frau wie für die Witwe die materielle Voraussetzung für eine zweite Ehe. Viele Athenerinnen heirateten mehrmals, denn Witwenschaft schon in frühem Alter war keine Seltenheit, und die Zahl der Frau-en war insgesamt in der klassischen Antike sehr viel niedriger als die der Männer.[3] Scheidungen ließen sich leicht herbeiführen, und sie galten für beide Teile nicht als unehrenhaft. Wünschte der Ehe-mann die Scheidung, so brauchte er seine Frau bloß aus dem Haus zu weisen; wollte die Ehefrau geschieden werden, so mußte sie al-lerdings ihren Vater oder einen anderen männlichen Verwandten bitten, ihren Wunsch dem Archon, dem höchsten Beamten im alten Athen, vorzutragen. Die Kinder galten in jedem Fall als der Familie ihres Vaters zugehörig und blieben dort.

Ehen wurden in Athen aufgrund wirschaftlicher und politischer Erwägungen geschlossen. Man heiratete relativ endogam: Ver-wandtenehen galten als besonders erstrebenswert, da auf diese Wei-se das Familienvermögen erhalten blieb. Sogar Ehen zwischen Halb-geschwistern waren erlaubt, wenn es sich um Kinder desselben Va-ters, aber verschiedener Mütter handelte. Zweck der Ehe war neben der Wahrung des Eigentums die Zeugung legitimer Nachkommen, vor allem von Söhnen.

Ehebruch galt als schweres Verbrechen. Für die Athenerin war jeder nebeneheliche sexuelle Kontakt Ehebruch; ein Athener dagegen beging nur Ehebruch, wenn er mit der Ehefrau eines anderen Mannes schlief. Wenn er die Frau verführt hatte, durfte der beleidigte Ehemann ihn töten, hatte er sie dagegen vergewaltigt, so konnte der Ehemann nur ein Bußgeld von ihm verlangen. In beiden Fällen war die Ehre der Frau unwiederbringlich verloren; ihr Mann war verpflichtet, sich von ihr zu trennen, und sie fand nie wieder einen anderen Ehemann.[4]

Männliche Athener dagegen konnten sexuelle Kontakte mit ihren Sklavinnen und Konkubinen, mit Prostituierten, mit Hetären und mit anderen Männern, freien wie unfreien, haben, ohne daß dies als Ehebruch galt. In den Bordellen arbeiteten Sklavinnen, auch Freigelassene oder freigeborene Nicht-Athenerinnen als Prostituierte. Nicht-Athenerinnen von vornehmer Herkunft, mit guter Erziehung und Bildung, wurden, wenn sie schön, geistreich und künstlerisch begabt waren, häufig Hetären (wörtlich: „Gefährtinnen der Männer"). Sie sorgten bei den Festen und Gastgelagen, wo die verheirateten Athenerinnen nie in Erscheinung traten, für die Unterhaltung, indem sie tanzten, sangen und mit den Männern Gespräche führten; sie genossen ein gewisses Ansehen und konnten sich, anders als die Ehefrauen, verhältnismäßig frei in der Öffentlichkeit bewegen. Sie konnten jedoch ebensowenig wie Sklavinnen und gewöhnliche Prostituierte legitime Ehefrauen werden.

Die Ehre der Athenerinnen, die allein athenische Staatsbürger gebären konnten, wurde dadurch gehütet, daß sie – als junge Mädchen wie als Ehefrauen – ganz abgeschlossen von der Öffentlichkeit in der Familie lebten. Verheiratete Frauen sahen außer ihrem Ehemann nur die Kinder und Sklavinnen, seltener Sklaven. Das soziale Leben der Männer spielte sich zum größten Teil außerhalb des Hauses ab, und auch die Liebeskultur war eine außereheliche, geprägt von Homosexualität, Hetärismus und Prostitution. Was den Geschlechtsverkehr innerhalb der Ehe anging, so hatte der Gesetzgeber Solon befunden, daß dreimaliger Verkehr im Monat ausreichend sei; wenn genügend legitime Nachkommen vorhanden waren, konnte auch darauf verzichtet werden.

Viele Athener hatten, vor allem wenn sie schon legitime Söhne aus einer vollgültigen Ehe besaßen, neben oder statt einer Ehefrau eine Konkubine. Perikles beispielsweise lebte viele Jahre lang mit der ehemaligen Hetäre Aspasia im Konkubinat. Äußerlich unterschied sich der Status der Konkubine nur wenig von dem der Ehefrau. Sexuelle Attraktion und individuelle Zuneigung spielten beim Zustandekommen solcher Beziehungen – jedenfalls auf seiten des Mannes – eine weitaus größere Rolle als bei der Wahl der Ehegattin. Die Konkubinen allerdings waren als Nicht-Athenerinnen, ohne Mitgift und ohne einen sie bevormundenden, aber in gewisser Weise auch über ihre Interessen wachenden Familienverband im Hintergrund, von ihren Männern noch abhängiger als die rechtmäßigen Ehefrauen. Außerdem bekamen ihre Kinder kein athenisches Bürgerrecht und hatten keinen gesetzlichen Anspruch auf das väterliche Erbe.

Das römische Eherecht hat für die Entwicklung der Ehe in Mitteleuropa eine große Bedeutung gehabt. Wie in Athen, so war auch in Rom die Familie patrilinear und patriarchalisch organisiert, und hier wie dort existierte neben der vollgültigen Ehe das Konkubinat als dauerhafte Geschlechtsverbindung. Doch in Rom entwickelten sich darüber hinaus verschiedene Varianten der vollgültigen Ehe, und das Konkubinat, ursprünglich eine Geschlechtsgemeinschaft ohne Rechtswirkungen, wurde im Laufe der Zeit der Ehe immer ähnlicher.

Grundsätzlich gab es in Rom zwei Formen der Ehe: die „manus"-Ehe und die „manus"-freie Ehe – je nachdem ob die Frau bei ihrer Verheiratung aus der väterlichen Gewalt in die Gewalt des Ehemannes überging oder nicht. Als unverheiratete Frau unterstand sie der Autorität des pater familias, des Vaters oder männlichen Familienoberhauptes, dessen Rechte sehr umfassend waren. Bei einer manus-Ehe schied die Frau aus der väterlichen Sippe aus und wurde Angehörige der Sippe ihres Mannes, was sich äußerlich darin ausdrückte, daß sie von nun an seine Hausgötter verehrte, statt die ihrer väterlichen Familie. Bei der manus-freien Ehe blieb die Frau Mitglied der väterlichen Sippe; sie war als „filia familias uxor" nicht der Gewalt ihres Gatten, sondern weiterhin der ihres Vaters oder Vormundes unterstellt, was de facto auf eine größere Freiheit hinauslief. „Sie unterstand der Autorität ihres Vaters oder Vormundes, die jedoch nicht in demselben Hause wohnten wie sie; ihr Gatte dagegen, dem es möglich gewesen wäre, sie Tag und Nacht zu kontrollieren, hatte offiziell keinerlei Gewalt über sie."[5] In den späten Tagen der römischen Republik lockerte

33

sich die Vormundschaft des pater familias über die erwachsene Frau ohnehin immer mehr und wurde zur bloßen Formalität. Die manus-freie Ehe hatte nicht nur Vorteile für die Frau, sondern auch für ihre väterliche Sippe, die bei dieser Ehevariante den Zugriff auf die Mitgift behielt. Sie setzte sich im Zeitverlauf gegen die manus-Ehe durch und wurde die gängigste Ehevariante. Die Frauen entwickelten schon früh ein Verfahren, mit dem sie sich der Vormundschaft ihres Gatten entziehen konnten: Sie schliefen einmal im Jahr für drei Tage im Hause ihres Vaters; die manus-Klausel konnte nämlich nur in Kraft treten, wenn sie mit ihrem Mann länger als ein Jahr ununterbrochen unter einem gemeinsamen Dach gelebt hatten.[6]

Es gab verschiedene Hochzeitszeremonien, die die Ehe einleiten konnten: zum Beispiel die „confarreatio", die von einem Priester in Gegenwart von mindestens zehn männlichen Zeugen zelebriert wurde. Braut und Bräutigam teilten und verzehrten dabei einen symbolischen Brautkuchen. Diese alte feierliche Form der Eheschließung war für die Inhaber der höchsten Priesterämter im römischen Staat obligatorisch; eine Scheidung („diffareatio") war bei dieser Form der Trauung sehr erschwert. Die „confarreatio" kam deswegen in der späten römischen Republik immer mehr aus der Mode; besonders die selbstbewußten und vermögenden Frauen lehnten sie ab. Eine andere Hochzeitszeremonie hieß „coemptio": Sie bestand in einem symbolischen Brautkauf. In Anwesenheit von fünf Zeugen zahlte der Bräutigam dem Brautvater oder -vormund einen symbolischen Brautpfennig und nahm im Gegenzug die Braut in Empfang. Eine bindende Zeremonie oder ein sonstiger Formalakt waren jedoch nicht vorgeschrieben.[7] Häufig kam die Ehe ganz ohne Zeremonie, nur durch das faktische Zusammenleben des Paares („usus") zustande. Zeitweise waren die „Usus"-Ehen nur schwer von Konkubinaten zu unterscheiden.

In der Spätzeit der römischen Republik waren Ehen häufig ein politisches Instrument. Die Männer benutzten ihre weiblichen Verwandten, um sich durch eheliche Verbindungen mit einflußreichen Familien politische Verbündete zu schaffen. In Rom galt ein Mädchen mit 12, ein Junge mit 14 Jahren als heiratsfähig; die Geschlechtsreife war die Voraussetzung für das Zustandekommen der Ehe. Das Eheversprechen (Verlöbnis) wurde zwischen dem Bräutigam (oder seinem Vater) und dem Vater oder Vormund der Braut ausgetauscht, die auch die Mitgift („dos") aushandelten. Je instabiler die politischen Verhältnisse in Rom waren, desto häufiger wurden aufgekündigte Verlöbnisse und

Scheidungen, auch Zweit- und Drittehen, bei denen die Frauen dann ein größeres Mitspracherecht hatten. Die Scheidung war leicht zu erreichen, Mann oder Frau konnten sie beantragen; die Frauen waren anfangs durch ihren Vormund vertreten, wurden aber im Zeitverlauf immer häufiger selber initiativ. Als Scheidungsgründe galten Kinderlosigkeit – für die immer die Frau verantwortlich gemacht wurde –, außerdem Ehebruch oder Alkoholgenuß der Frau. Die meisten Scheidungen aber hatten politische Ursachen, und es brauchten dafür keine besonderen Gründe angeführt zu werden.

Die hohe Scheidungshäufigkeit in der späten Republik und der frühen Kaiserzeit ist auf dem Hintergrund unserer heutigen Diskussion über die „Krise der Ehe" nicht uninteressant. In Rom hatte die Instabilität der Ehe – anders als bei uns – nichts mit überhöhten individuellen Erwartungen an die Beziehung, mit ihrem Scheitern auf der persönlichen Ebene zu tun, sondern sie war im Gegenteil das Ergebnis ihrer rücksichtslosen Einbindung in übergeordnete Familieninteressen. Ein besonders anschauliches Beispiel für diese Praxis ist die Geschichte des jüngeren Cato (95–46 v. Chr.). Er war in zweiter Ehe mit Marcia verheiratet. Der Konsul Q. Hortensius, ein Witwer Anfang 60 mit bereits erwachsenen Kindern, wollte sich mit Catos Familie verwandtschaftlich verbinden und bat um die Hand von Catos Tochter. Cato erwiderte ihm, daß diese bereits glücklich verheiratet sei. Daraufhin bat Hortensius um die Ehe mit Catos eigener Frau Marcia. Diesmal lautete die Antwort: Gern, wenn ihr Vater damit einverstanden ist. Cato ließ sich mit Einverständnis des Schwiegervaters von seiner Frau Marcia scheiden, mit der er bereits drei Kinder hatte, und spielte bei ihrer Hochzeit mit Hortensius den Brautvater. Die Ehe des Konsuls mit Marcia blieb kinderlos. Als Hortensius starb, kehrte Marcia, nunmehr mit doppeltem Vermögen, zu Cato zurück, der sie wieder heiratete.[8]

Ehebruch war in der späten römischen Republik relativ häufig. Wie in Athen galt die verheiratete Frau als Ehebrecherin, wenn sie mit einem anderen Mann als dem eigenen Gatten Verkehr hatte, ihre Sklaven eingeschlossen. Anders als die Athenerinnen waren die reichen Römerinnen von zahlreichen männlichen Sklaven umgeben, so daß sich ihnen reichlich Gelegenheit zu solchen Verhältnissen bot. Die römischen Ehemänner dagegen konnten sexuelle Kontakte mit ihren eigenen Sklavinnen, mit Prostituierten und Kurtisanen haben, ohne daß dies als Ehebruch galt. Es gab aber auch zunehmend ehebrecherische Verhältnisse zwischen verheirateten Männern und Frauen der

Oberschicht, eine wahrscheinlich unausbleibliche Folge des pragmatischen machtpolitischen Umgangs mit der Ehe. Augustus verschärfte die Ehegesetzgebung, erklärte den Ehebruch zu einem Verstoß gegen die öffentliche Ordnung, entzog ihn der Gerichtsbarkeit der Familien und verhängte schwere Strafen über die ehebrecherische Frau und ihren Liebhaber.[9] Nach seinen Ehegesetzen machten sich auch männliche Römer strafbar, wenn sie eine Geliebte hatten, die nicht ihre Leibeigene und auch keine Prostituierte war. Die Beziehungsmoral der Zeit wird daran deutlich, daß sich zahlreiche Frauen der Oberschicht als Prostituierte registrieren ließen, um weiter ihre Verhältnisse haben zu können.[10] Die Prostitution florierte in Rom auf allen Ebenen; im späten Kaiserreich gab es in der Stadt allein 45 Bordelle, die überwiegend von Männern aus der Unterschicht, vor allem Sklaven, besucht wurden; man hielt es aber für selbstverständlich, daß dort auch junge Männer aus besseren Familien ihre Erfahrungen sammelten. Die Prostituierten in den Bordellen waren Sklavinnen, ehemalige Sklavinnen oder Ausländerinnen.

Neben den einfachen Prostituierten gab es die Kurtisanen, Frauen von besserer Herkunft, die über gute Bildung und einen gewissen Lebensstil verfügten; häufig waren es Freigelassene, manchmal sogar gebürtige Römerinnen. Sie lebten in der Regel mit ihrer Mutter, einer Schwester oder einer „alten Amme"; wenn sie von reichen Männern ausgehalten wurden, hatten sie elegante Wohnungen und zahlreiche Dienstboten. Viele berühmte Römer verkehrten mit Kurtisanen, unter ihnen die Dichter Tibull, Properz und Ovid; Ovids berühmtes Buch über die „Liebeskunst" war für Kurtisanen geschrieben. Es war auch nicht ungewöhnlich, daß Männer aus gutem Haus mit einer Kurtisane im Konkubinat lebten.

Das Konkubinat war ursprünglich eine faktische Lebensgemeinschaft ohne rechtliche Auswirkungen; die Kinder der Konkubine galten als nichtehelich, das heißt, sie hatten wie ihre Mutter kein gesetzliches Erbrecht. Ob es sich bei einer Verbindung um eine Ehe oder ein Konkubinat handelte, war äußerlich nicht immer leicht auseinanderzuhalten, zumal ja auch die „usus"-Ehe verbreitet war, die durch das faktische Zusammenleben zustande kam, aber eine rechtsgültige Ehe wurde. Was die Ehe nach römischem Recht konstituierte, fand im Bewußtsein von Mann und Frau statt: Sie war gekennzeichnet durch die „eheliche Absicht" und die „ehelichen Empfindungen", die beim Konkubinat fehlten. Unter der Voraussetzung, daß keine gesetzlichen

Ehehindernisse bestanden, galten Mann und Frau, die ein Jahr lang zusammengelebt hatten, als verheiratet; wollten sie vermeiden, daß ihre Lebensgemeinschaft eine Ehe wurde, so mußten sie die Tatsache, daß sie im Konkubinat lebten, öffentlich bekunden.[11] In der Regel war die Entscheidung zwischen „matrimonium" und Konkubinat eine Vermögens- und Statusfrage. „Das Vorhandensein einer Mitgift unterschied die rechtmäßige Gattin am deutlichsten von einer Konkubine"[12] und dies wiederum signalisierte, daß die betreffende Frau aus einer vermögenden Familie kam; wer eine Mitgift für die Tochter oder Schwester aufbringen konnte, legte in der Regel Wert darauf, daß sie eine vollgültige Ehe einging, so daß ihre Kinder und sie unterhalts- und erbberechtigt waren.

In der späten Republik zogen es immer mehr junge Männer der Oberschicht vor, mit einer Konkubine zusammenzuleben, die sie selbst gewählt hatten, statt sich entsprechend den Interessen ihres Familienverbandes zu verheiraten. Die Frauen der Oberschicht heirateten zwar meist, aber sie bekamen mit zunehmender Selbständigkeit weniger Kinder. Die Ehegesetze von Kaiser Augustus sollten der Ehemüdigkeit der Männer und der Gebärunwilligkeit der Frauen entgegenwirken: Es war eines der ersten großangelegten bevölkerungspolitischen Programme in der Geschichte. Von nun an wurden Männer zwischen 25 und 60 Jahren und Frauen zwischen 20 und 50 Jahren, die nicht verheiratet waren, mit finanziellen Strafen belegt; auch kinderlose Witwen und geschiedene Frauen mußten sich innerhalb bestimmter Fristen wieder verheiraten. Zugleich gab es materielle und nichtmaterielle Anreize zum Heiraten und Kinderkriegen: Eine freie Römerin, die drei Kinder zur Welt brachte, kam von männlicher Vormundschaft frei; eine Freigelassene erreichte diesen Status mit dem vierten Kind; Männer mit drei und mehr Kindern wurden, wenn sie im Staatsdienst standen, rascher befördert. – Doch der Kinderboom stellte sich auch nach diesen Gesetzen nicht ein. Später schafften die christlichen Kaiser, die dem Zölibat einen höheren Wert beimaßen als der Ehe, die Gesetze gegen die Ehelosigkeit wieder ab.

Weil die Heiraten innerhalb der Oberschicht gefördert werden sollten, waren in den Augusteischen Gesetzen auch zahlreiche Heiratsverbote enthalten: Römern war eine rechtsgültige Ehe mit Kurtisanen oder ehemaligen Kurtisanen, mit Dirnen und Kupplerinnen, mit Freigelassenen von Zuhältern, mit Schauspielerinnen und Ehebrecherinnen und mit Frauen, die von einem Kriminalgericht verurteilt worden waren, untersagt. Ein Senator oder Nachkomme eines Senators bis ins dritte Glied durfte keine Freigelassene heiraten. Römer konnten auch keine Ehen mit Ausländerinnen eingehen (bis ins 4. Jh. n. Chr.). Das Ergebnis der Eherechtsreform war jedoch nicht die gewünschte Zunahme der vollgültigen Ehen – obwohl einige Paare Scheinehen eingingen, um die finanziellen Nachteile der Ehelosigkeit zu vermeiden –, sondern paradoxerweise eine zunehmende Verbreitung der Konkubinate, denn diese waren von den einschränkenden Heiratsgesetzen nicht betroffen.

In den folgenden Jahren verlor das Konkubinat in dem Maße, wie es häufiger wurde, seinen sozialen Makel; gleichzeitig verbesserte sich der Rechtsstatus der Konkubinen und ihrer Kinder und näherte sich dem der Ehefrauen an; das Konkubinat wurde zu einer „Ehe minderen Rechts". Die Kinder aus Konkubinaten („liberi naturales", d. h. „natürliche Kinder") erhielten einen Unterhaltsanspruch gegenüber dem Vater und dessen ehelichen Abkömmlingen, sie waren eingeschränkt erbfähig und konnten nachträglich, anders als gewöhnliche nichteheliche Kinder, ohne große Formalitäten legitimiert werden. Unter Kaiser Justinian wurde auch der Konkubine ein gewisses gesetzliches Erbrecht zugesprochen.[13] „Äußerlich näherten sich die Lebenssachverhalte ‚Ehe' und ‚Konkubinat' an, so daß es leicht zu Verwechslungen kommen konnte. Es war – bei Fortfall der Ehehindernisse – sogar ohne weiteres möglich, ein Konkubinat ohne irgendwelche Förmlichkeiten in eine Ehe umzuwandeln."[14] Unter den christlichen Kaisern wurde der monogame Charakter des Konkubinats besonders betont: Es war nicht neben einer Vollehe gestattet, und es sollte eine dauerhafte Beziehung sein. Durch diese Normvorstellung wurde es dem „matrimonium" noch ähnlicher.

Das Konkubinat wurde eine verbreitete und sozial akzeptierte Lebensform bei Zweitehen und großem sozialen Statusgefälle zwischen Mann und Frau. Auch hochgestellte Römer wählten diese Lebensform: Der ältere Cato, Kaiser Vespasian, Kaiser Marc Aurel und nach ihnen viele andere Kaiser vor allem des zweiten nachchristlichen Jahrhunderts entschieden sich anstelle einer Wiederverheiratung für ein Konkubinat. Mädchen aus guter Familie gingen Konkubinate ein, weil ihre Familie keine Mitgift zahlen konnte. Frauen aus der Oberschicht lebten mit männlichen Freigelassenen im Konkubinat, weil eine Heirat mit ihnen als unschicklich galt. Es war weder eine Schande noch ein Karrierehindernis, ein Konkubinenkind zu sein; was zählte war, einen bekannten oder reichen Vater (eventuell auch eine solche Mutter) zu haben. Auf jeden Fall war es besser, über ein Konkubinat mit einer berühmten Familie verwandt zu sein, als das eheliche Kind armer und unbedeutender Leute.

Sklaven konnten in Rom untereinander nicht offiziell heiraten, sondern lediglich in einer formlosen eheähnlichen Verbindung, dem „contubernium" leben, das aber keinerlei Rechtsschutz besaß. Theoretisch konnten jederzeit Mann, Frau oder ihre Kinder – die als unehelich galten – an andere verkauft werden. Faktisch waren aber viele Sklavenehen sehr stabil – bei kaiserlichen Sklavinnen und Sklaven war ein 30jähriges Zusammenleben nicht ungewöhnlich.[15] In der späten Republik und im Kaiserreich wurden Sklavenehen von den Eigentümern nicht ungern gesehen, denn Kinder bedeuteten neue Sklaven und damit Reichtum – falls Mann und Frau demselben Haushalt, derselben „familia" angehörten, denn sonst wurden die Kinder Eigentum des Herrn der Mutter. Gelegentlich sparte ein männlicher Sklave Trinkgelder und kaufte davon eine eigene Sklavin, die er heiratete; damit war die Frau der Verfügungsgewalt seines Herrn entzogen. Insgesamt gab es in Rom sehr viel weniger Sklavinnen als Sklaven; Mädchen wurden oft schon als Säuglinge getötet oder ausgesetzt oder in früher Jugend an Bordelle verkauft.

Auch bei den Germanen war, wie bei allen indogermanischen Völkern, die Familienstruktur patriarchalisch; wie die Römer kannten auch sie mehrere Eheformen nebeneinander, bevor die Kirche im Mittelalter eine Variante, die dotierte Muntehe, zur einzig rechtmäßigen erklärte. Die Darstellung des germanischen Eherechts ist deswegen schwierig, weil sich Sitte und Brauchtum bei den verschiedenen germanischen Stämmen zum Teil sehr unterschieden, was die Stellung der Frau in der Ehe, die Mitgiftregelung, die Möglichkeiten der Scheidung, die Bestrafung bei Ehebruch, das Erbrecht und andere Einzelheiten betraf. Allgemein gilt, daß die Geschlechtsvormundschaft über die Frauen strenger war als im römischen Kaiserreich und daß im allgemeinen schärfer über ihre Sittenreinheit gewacht wurde. Bei manchen Stämmen (z. B. den Sachsen) stand auch die Witwe noch unter der Vormundschaft ihres nächsten männlichen Verwandten; bei anderen (z. B. den Langobarden) war sie „selbmündig", sie konnte also zum Beispiel selbst entscheiden, ob sie nach dem Tode ihres Gatten in ein Kloster gehen oder wieder heiraten wollte, und auch den neuen Gatten selbst wählen, was sonst Sache des Muntwaltes der Frau war.

Die Germanen kannten die „Muntehe" (die in etwa der römischen manus-Ehe entsprach), daneben die muntfreie „Friedelehe" und schließlich die nicht vollwertige „Kebsehe".

Die Muntehe wurde zwischen dem Muntwalt der Braut und dem Bräutigam ausgehandelt. Der Bräutigam mußte der Familie der Braut einen „Muntschatz" (dos) zahlen, die Braut brachte eine Mitgift mit, die auf jeden Fall aus Hausrat, gelegentlich auch aus einigen Stücken Vieh oder Land bestand. Während im römischen Recht der Begriff „dos" die Mitgift der Braut bezeichnete, verstand man im germanischen darunter die Zahlung des Mannes an den Muntwalt seiner Braut, mit der das personalrechtliche Gewaltverhältnis über die Frau auf ihn überging. Die Muntehe setzte sich aus zwei Teilakten zusammen: der wichtigste war die Verlobung, bei der zwischen den Familien der Vertrag über die güterrechtliche Basis der Ehe geschlossen wurde, der zweite die Übergabe der Braut; beides konnte zeitlich länger auseinanderliegen. Bei der Verlobung leistete der Bräutigam eine Anzahlung auf den Muntschatz, und mit der Annahme verpflichtete sich der Vormund zur Übergabe der Braut am festgesetzten Hochzeitstag. Diese fand in der Regel, begleitet von einem feierlichen Gastgelage, im Kreis der beiderseitigen Verwandten statt.

„Durch rechtliche Formalhandlungen wie Handergreifung, Fußtritt, Kniesetzung oder Ummantelung machte der Bräutigam die Erwerbung der Munt über die Braut offenkundig. Es folgte die Heimführung der Braut in festlichem Zug in das Haus des Mannes, das Beschreiten des Ehebetts vor Zeugen, das ‚Beilager' oder die copula carnalis."[16] Die Ehe war mit dem tatsächlichen Vollzug des Geschlechtsverkehrs gültig; deswegen wurde meist Wert auf Zeugen gelegt: die Brautführer, die den Zug bis ins Schlafzimmer begleiteten, die Brautjungfern, die nach frühem Brauch die Braut vor den Augen des Hochzeitsgefolges entkleideten. „Man legte sie zusammen", hieß es.[17] Die Frau wurde die Gefährtin des Mannes und trat in die Rechte der Ehefrau ein, „svenne se in sin bedde gat".[18]

Neben der dotierten Muntehe existierte die undotierte muntfreie Friedelehe. Sie beruhte auf der persönlichen Zuneigung von Mann und Frau und kam durch deren individuelle Übereinkunft zustande; statt des Muntschatzes an die Sippe der Braut überreichte der Ehemann seiner Frau am Morgen nach der Hochzeitsnacht die sogenannte

„Morgengabe". Auch die Friedelehe wurde im allgemeinen, um sie von einer bloßen Kebsehe zu unterscheiden, durch bestimmte äußere Handlungen und Zeremonien öffentlich sichtbar gemacht; so gab es auch in diesem Falle meist ein festliches Gelage, die Heimführung der Braut und das feierliche Beschreiten des Brautbettes vor Zeugen. Wie verbreitet die Friedelehe bei den Germanen insgesamt war, ist unklar; auf jeden Fall war sie häufiger in den höheren Schichten zu finden. Dort hatte sie u. a. die Funktion zu verhindern, daß eine Frau von hohem Stand unter die Munt eines Mannes geriet, der von niedrigerer Herkunft war als sie, da die Friedelehe keine Standesgemeinschaft der Eheleute herbeiführte.[19] Auch Männer aus vornehmem Geschlecht gingen häufig Friedelehen ein. Bevor das Christentum die Einehe durchsetzte, hatten sie zum Teil auch mehrere Friedel (und zum Teil auch Konkubinen bzw. „Kebsweiber") nebeneinander, in der Regel führten sie daneben aber nur eine Muntehe.[20] Ehen zwischen Königs- und Herrscherhäusern waren fast immer Muntehen, denn sie dienten in erster Linie der Festigung der politischen Macht und der Mehrung des Reichtums. Demgegenüber lag der Friedelehe „das Prinzip der Gleichberechtigung und der freien Zuneigung zugrunde".[21]

Es ist nicht sicher, ob die Friedelehe nach frühem germanischen Brauch eine der Muntehe ebenbürtige Form oder eine „Ehe minderen Rechts" war.[22] Auf jeden Fall war sie nicht identisch mit der bloßen „Kebsehe", die ein freier Mann mit einer unfreien Frau, seiner Magd, einging. In diesem Fall wurde das Eigentumsverhältnis nur auf den sexuellen Bereich ausgedehnt, denn die „Kebse" blieb auch als Ehefrau ohne Rechte. Die Kebsehe wurde einfach vollzogen und war dann ein faktisches Lebensverhältnis; sie mußte nicht nach außen sichtbar gemacht werden.

Die christliche Kirche tolerierte anfangs die Friedelehe, während sie die Kebsehe von vornherein bekämpfte. Zunächst wurde der römisch-rechtliche Begriff „Konkubinat" nur auf die Kebsehen angewandt. Später aber wurde er auch auf die Friedelehen ausgedehnt, und allein die dotierte Muntehe galt als gültige Vollehe. Es dauerte jedoch viele Jahrhunderte, bis die Friedelehe weitgehend verdrängt war.

Karl Martell (688–741) beispielsweise war ein „Friedelsohn" Pippins des Mittleren. Karl der Große (742–814) hatte nacheinander (z. T. auch nebeneinander) insgesamt vier Ehefrauen und fünf Friedelfrauen oder Konkubinen; Himiltrud, eine Friedelfrau, war die Mutter seines Sohnes Pippins des Buckligen. Der Geschichtsschreiber Einhard „unterscheidet nur echte Gemahlinnen und Konkubinen und kennt keine Friedelfrauen Karls, obwohl es sie gegeben hat; wir befinden uns in einer Übergangszeit, die eine präzise Unterscheidung der germanischen Ehetypen erschwert infolge des wachsenden kirchlichen Einflusses."[23] Karls des Großen Töchter Rotrud und Bertha lebten in langdauernden Liebesverhältnissen (oder Friedelehen) mit vertrauten Gefolgsleuten am Hofe ihres Vaters, mit denen sie auch Kinder hatten. Der Erzbischof Hinkmar von Reims berichtet, daß König Karl der Kahle im Jahre 869 Richild, die Schwester eines Grafen, zur Konkubine nahm, die er später heiratete: Auch in diesem Fall muß der Begriff „Konkubinat" in Wirklichkeit eine Friedelehe und nicht eine Kebsehe bezeichnen, denn die Schwester eines Grafen war eine freie Frau von Stand, wenn auch vielleicht von niedrigerer Herkunft als Karl der Kahle.

Die christliche Kirche bekämpfte im Verlauf des Mittelalters die Friedelehe, obwohl dieser das Prinzip der freien Übereinkunft von Mann und Frau zugrunde lag – eine Voraussetzung, die bei der familiendominierten Muntehe, zumindest was die Frauen betraf, keineswegs immer erfüllt war. Doch die Friedelehe war, anders als die Muntehe, verhältnismäßig leicht wieder zu lösen: die Trennung konnte vom Mann, von der Frau oder auch von beiden ausgehen. Dagegen durfte eine Frau, die in Muntehe verheiratet war, ihren Mann von sich aus nicht verlassen, da sie ja unter seiner Gewalt stand, und er durfte sie nur verstoßen, wenn sie sich des Ehebruchs oder anderer schwerer Vergehen schuldig gemacht hatte – sonst bekam er es mit ihrer Sippe zu tun. (In Gesetzen der Burgunder aus dem Rhôneraum, die vor dem Jahre 501 entstanden sind, wird für die Frau, die sich von ihrem rechtmäßigen Mann trennt, die Strafe des Ertränkens im Sumpf festgelegt; der Mann, der seine Ehefrau grundlos verstößt, muß ihrer Familie noch einmal den Brautpreis und ein zusätzliches Strafgeld zahlen; nur bewiesener Ehebruch, bewiesene Hexerei und Grabschändung sind hier als Gründe für das Verstoßen der Ehefrau genannt.)[24]

Scheidung von Munt- oder Dotalehen waren also auch bei den Germanen nicht ganz einfach. Doch erst die christliche Kirche setzte im Laufe des Mittelalters die Idee der lebenslangen Ehe durch, die nur der Tod scheiden könne. Ab dem 8. Jahrhundert wurde die Scheidung zunehmend erschwert; zugleich wurden alle neben der dotierten Muntehe bestehenden Eheformen als „Konkubinate" bezeichnet und abgewertet; ab dem 13. Jahrhundert galten Konkubinate als „unzüchtig" und wurden bekämpft. 1563 schließlich, auf dem Konzil von Trient, erfolgte das endgültige kirchliche Verbot des Konkubinats (inzwischen bezeichnete der Begriff alle nicht kirchlich geschlossenen Ehen).

Vor der Vereinheitlichung der Eheformen durch das Christentum existierten fast überall in Europa mehrere Ehevarianten gleichzeitig. Das heißt, es gab neben einer Vertragsehe eine oder mehrere (mehr oder weniger) informelle Geschlechts- und Lebensgemeinschaften. Diese informellen Lebensgemeinschaften hatten in verschiedenen Kulturen, bei verschiedenen Völkern oder Stämmen und zu verschiedenen Zeiten unterschiedliches Ansehen und Gewicht.

Vertragsehen wurden, wie wir gesehen haben, innerhalb der oberen Schichten und in erster Linie im Familieninteresse geschlossen; der Kreis der Wählbaren war dabei eingeschränkt durch die soziale Herkunft, durch die Zugehörigkeit zum selben Stand. Für individuelle Neigung war nur wenig Raum; die Braut hatte nur selten ein Mitspracherecht, und auch der Bräutigam konnte oft nicht allein entscheiden; auf jeden Fall war er an den relativ engen Kreis der Wählbaren gebunden.

Die informelleren Lebensgemeinschaften (Ehen minderen Rechts oder Konkubinate) kommen bei Standesungleichheit als Verbindung zwischen Angehörigen verschiedener Schichten oder in den unteren (zum Teil unfreien, leibeigenen) Bevölkerungsschichten vor, sofern ihnen nicht dauerhaftere Geschlechtsverbindungen und die Möglichkeit der Fortpflanzung überhaupt untersagt sind.

Für Männer von hohem Stande sind Konkubinate teils Nebenbeziehungen neben einer bestehenden Vertragsehe oder Zweitbeziehungen, nachdem bereits eine Vertragsehe bestanden hat, so daß für legitime Nachkommenschaft gesorgt ist. Bei Frauen von gehobenem Stand haben Konkubinate oder ähnliche Formen offensichtlich die Funktion, eine soziale Herabstufung in den Stand des Mannes, der von niederer Herkunft ist, zu verhindern. Bei diesen Eheformen spielt individuelle Zuneigung und sexuelle Attraktion eine viel größere Rolle für die Partnerwahl, zumindest auf seiten des Statushöheren, häufig auf beiden Seiten. Vermögensinteressen und politischem Kalkül kommt bei den lockeren Eheformen nur eine untergeordnete Bedeutung zu. Dafür haben die Nachkommen aus solchen Beziehungen meist im Verhältnis zu den legitimen Kindern weniger oder überhaupt keine Rechte. Die Abhängigkeit der Konkubine von ihrem Mann ist oft stärker als die der Ehefrau, da ihr meist eigenes Vermögen und eine mächtige Herkunftsfamilie im Hintergrund fehlt, die notfalls über ihre Rechte wachen kann.

3. Christliche Ehe und „offentlich zur unee sitzen" im Mittelalter und in der frühen Neuzeit

Im Mittelalter wurden die von römischer Rechtsauffassung überlagerten germanischen Ehetraditionen mehr und mehr von der allmählich Form gewinnenden christlichen Eheidee beeinflußt. Daraus ergab sich zunächst eine gewisse soziale Unordnung, ein Nebeneinander verschiedener Sitten und Bräuche, das sich erst in dem Maß vereinheitlichte, wie die Kirche die Zuständigkeit für Eherecht und Ehegerichtsbarkeit eroberte. Erst das Konzil von Trient (1545–1563) setzte dem rechtlichen Durcheinander ein Ende, und erst den gemeinsamen Kontrollanstrengungen von christlichen Kirchen und neuzeitlichem Staat gelang es, die vor dem Priester geschlossene lebenslange Einehe als einzig gültige Eheform nahezu vollständig durchzusetzen.

Verschiedene Aspekte der christlichen Eheidee haben einen nachhaltigen Einfluß auf die weitere Entwicklung der Ehe im Abendland gehabt. Da war einmal der Konsensgedanke, die Vorstellung, daß eine Ehe nur dann gültig sei, wenn Mann und Frau sie in freier Übereinstimmung schließen. Dazu gehörte weiterhin die Forderung nach der strikten Unauflöslichkeit der Ehe, die insofern ungewöhnlich war, als sonst nahezu überall zumindest dem Mann unter gewissen Umständen das Recht zustand, seine Frau zu verstoßen. Sodann bestand die christliche Kirche auf einer öffentlichen Eheschließung und schuf damit auf lange Sicht andere Kriterien für Legitimität als die bisher gültigen. Schließlich hat die christliche Einstellung zu Sexualität und Sinnlichkeit innerhalb und außerhalb der Ehe unsere Vorstellung von der Liebe geprägt und den Gegensatz zwischen ehelichen und außerehelichen Geschlechtsbeziehungen akzentuiert.

Der Konsensgedanke gehört zu den zentralen Bestandteilen der christlichen Eheauffassung. „Das Band der Ehe besteht", schrieb der Erzbischof Hinkmar von Reims, „wenn diese zwischen freien und gleichen (und folglich in ihrer Entscheidung freien) Menschen geschlossen wird ..."[1] Damit war nicht nur die Kebsehe, bei der ein freier Mann seine Eigentumsrechte an einer Sklavin auch als sexuelle Rechte verstand, als unchristlich erklärt. Auch die Macht der Familien, der Väter und Vormünder in Eheangelegenheiten, wurde mit diesem Prinzip geschwächt, obwohl es sich natürlich in der sozialen Realität nur allmählich durchsetzte. Im Vorfeld wurden die Ehen auch weiterhin von den Familien angebahnt oder – auf dem Land – von der dörflichen Gemeinschaft überwacht und kontrolliert. Der Kreis der Wählbaren war nicht groß, und de facto beschränkte sich die freie Zustimmung darauf, der Wahl der Eltern zuzustimmen – zumindest da, wo Vermögen im Spiel war. In den höheren Ständen konnten die Eltern Druck ausüben, indem sie mit Enterbung drohten, und immer wieder machten weltliche Obrigkeiten gegen den Willen der Kirche die Gültigkeit einer Ehe von der vorherigen Zustimmung der Eltern abhängig. Doch immerhin stärkte die christliche Forderung nach dem freien Einverständnis der Brautleute deren Position gegenüber ihren Familien. Das war vor allem für die Stellung der Frau bedeutungsvoll, die nun nicht mehr so leicht wie in anderen Kulturen gegen ihren Willen verheiratet werden konnte. Obwohl zwischen dem freiwilligen Ja-Wort und der wirklich selbstbestimmten Partnerwahl noch eine lange Entwicklung liegt, war es doch das christliche Konsensprinzip, das die Weichen für die allmähliche Emanzipation des Paars aus der Vorherrschaft der Herkunftsfamilie stellte und den sich später immer mehr beschleunigenden Individualisierungsprozeß der Ehe ursprünglich in Gang setzte.

Die christliche Forderung nach Unauflöslichkeit der Ehe wurde wahrscheinlich von der bäuerlichen Bevölkerung bereitwilliger akzeptiert als von den Oberschichten. Hier waren Ehe und Fortpflanzung fest mit der ökonomischen Grundlage verbunden und in überschaubare Sozialzusammenhänge integriert. Die dörfliche Gemeinschaft wachte über die Stabilität der Ehen und die Einhaltung von Eheversprechen genauso wie über die Aufrechterhaltung der patriarchalischen Autoritätsstruktur zwischen Mann und Frau, weil sie für das Funktionieren und Überdauern des ganzen Sozialsystems wichtig waren. So vertritt Ariès die These, ,,daß die unauflösliche Ehe eine spontane Schöpfung der ländlichen Gemeinschaften war, die ... mit dem kirchlichen Modell übereinstimmte und durch diese – möglicherweise zufällige – Übereinstimmung gestärkt wurde‶.[2]

Der Adel dagegen, für den das Knüpfen, Lösen und Neuknüpfen ehelicher Verbindungen ein wichtiges politisches Instrument war, begegnete dem christlichen Modell der unauflöslichen Ehe zunächst mit Widerstand, weil es seinen Handlungsspielraum einengte. Die Kirche setzte ihr Modell auf einem Umweg durch, der ihr doppelten Vorteil brachte: indem sie einerseits Scheidung und Wiederverheiratung verbot, andererseits aber unter bestimmten Bedingungen durchaus bereit war, Ehen nachträglich zu annullieren, sofern sie gegen das von ihr definierte, sehr weitreichende und ausgeklügelte Ehehindernisrecht verstießen. Eheunfähigkeit (d. h. das Unvermögen, die Ehe physisch zu vollziehen) und das Keuschheitsgelübde galten als Ehehindernis, vor allem aber die Verwandtschaft von Braut und Bräutigam, auch wenn es nur eine sehr entfernte oder gar eine „geistige" Verwandtschaft (wie die Patenschaft) war. Jahrhundertelang waren die Genehmigung eigentlich verbotener Ehen durch Dispens, der teuer bezahlt werden mußte, sowie die Ungültigerklärung bereits geschlossener Ehen in der Oberschicht ein wichtiges Mittel der Kirche, ihre Macht und ihren Reichtum zu mehren; auf diesem Wege setzte sie allmählich die Doktrin von der Unauflöslichkeit der Ehe durch und brachte nach und nach die Kontrolle über alle Eheangelegenheiten an sich.[3]

Das Verbot der Verwandtenehen führte nicht nur dazu, daß es im Mittelalter ganze Dörfer und Gegenden gab, in denen keine einzige Eheverbindung mehr ohne Dispens eingegangen werden konnte. Es traf auch die Oberschicht besonders empfindlich, für die Verwandtenehen von altersher ein beliebtes Mittel waren, Vermögen in der Familie zu halten. Wer eine solche Ehe eingehen wollte, konnte das bald nicht mehr wagen, ohne sich vorher kirchlichen Dispens zu holen, weil man andernfalls riskierte, daß neidische Verwandte irgendwelcher Nebenlinien hellhörig wurden und sich ihrerseits an die Kirche wandten, um zu erreichen, daß die bereits geschlossene Ehe annulliert und damit die Legitimität der Erben in Frage gestellt wurde, was Nachfolge- und Erbschaftsstreitigkeiten in Gang setzen konnte, deren Ausgang ungewiß war. Auch wenn man aus einer bestehenden Ehe loskommen, einen Ehemann oder eine Ehefrau loswerden wollte, brauchte man die Kirche. Die Scheidung war nach christlichem Eherecht nicht möglich. Wohl konnte unter gewissen Bedingungen eine Trennung von Tisch und Bett ausgesprochen werden, aber die schloß das Recht auf Wiederverheiratung aus. Wer also eine Bindung auflösen wollte, um neu zu heiraten, das heißt eine legitime Ehe schließen und legitime Erben haben wollte, mußte eine Annullierung der bestehenden Ehe erlangen. Die war aufgrund des Ehehindernisrechts zu erreichen, wenn eine Verwandtschaft bis zum 4. Grad (vor dem IV. Laterankonzil von 1215 sogar noch bis zum 7. Grad) nachgewiesen werden konnte – ein Unter-

fangen, das bei der Heiratspraxis des Adels nach dem Ebenbürtigkeitsprinzip in der Regel nicht allzu schwer war.

Die Kirche verdiente an den Dispensen, und sie erreichte darüber
hinaus im Laufe der Jahrhunderte, daß sie zur Autorität wurde, die
darüber entschied, welche Ehen legitim waren und welchen die Legitimität fehlte – bis schließlich die gesamte Ehegerichtsbarkeit in ihrer
Hand und die Hochzeitszeremonie überhaupt nur noch bei kirchlicher
Mitwirkung gültig war. Diese Entwicklungslinie – die Verlagerung des
Aktes der Eheschließung aus dem „Privatbereich" des sich verbinden-
den Paares in die „Öffentlichkeit" der Kirche – ist besonders wichtig
für die weitere Geschichte der Ehe und für die spätere Unterscheidung
zwischen legitimen Ehen und nichtehelichen Lebensgemeinschaften
oder „wilden" Ehen.

Ursprünglich fand die Hochzeit – mehr oder weniger förmlich, mehr
oder weniger vorbereitet – im Kreis der Familie oder der Nachbarschaft
des Paares statt, im Kreis einer größeren oder kleineren Öffentlichkeit,
die aus den wichtigen Sozialpartnern von Braut und Bräutigam bestand. Der Verlauf einer bäuerlichen Hochzeit im 13. Jahrhundert sah
etwa so aus: „Also Bertschi (Bräutigam) und Metzli (Braut) werden im
Kreis der Verwandten feierlich versprochen. Die Mitgift der Braut
beträgt drei Bienenstöcke, ein Pferd, eine Kuh, ein Kalb und einen
Bock. Der Bräutigam schenkt ihr einen Joch Flachsland, zwei Schafe,
einen Hahn mit vierzehn fleißigen Hennen und ein Pfund Pfennige.
Nach der Verlobung wird beschlossen, die Hochzeit noch am selben
Abend abzuhalten, ohne ‚schuoler und Pfaffen', also ohne Glocken-
klang und Kirche. Die Nachbarn im Dorf werden nun rasch zusam-
mengerufen. Vorerst lassen sie sich das herumgereichte Weißbrot gut
schmecken, bis das eigentliche Mahl aufgetragen wird, bei dem es an
Getränken nicht fehlt ... Am Ende des Mahls wird das Bräutlein dem
Gatten zugeführt, wobei sie nach bäuerlicher Gepflogenheit tut, als ob
ihr Gott weiß was Übles zugefügt wurde. An der Schwelle der Braut-
kammer müssen wir freilich hinter unserem mit mittelalterlicher Un-
befangenheit eintretenden Führer zurückbleiben."[4] Die Hochzeit vollzieht sich ohne Mitwirkung der Kirche; ein wichtiger Bestandteil ist
das Festgelage; Zeuge ist die dörfliche Öffentlichkeit, und die Ehe wird
mit dem Vollzug des Geschlechtsverkehrs wirksam. „Ist das Bett be-
schritten, ist das Recht erstritten."[5]

Ähnlich eine typische Hochzeit aus dem 15. oder 16. Jahrhundert:
„(Die Szene) spielt zu Hause, wo ein paar Freunde, die Eltern und ein

Onkel des Mädchens sich versammelt haben . . . Der Vater lädt den jungen Mann ein, sich neben seine Zukünftige zu setzen und ihr zu trinken zu geben. Der Austausch des Kruges hat eine symbolische Bedeutung, die dem Austausch von Geschenken gleichkommt. Der junge Mann lädt das Mädchen ein, in einer bestimmten Absicht zu trinken, er sagt, es sei ‚zum Zeichen des Ehebundes' – man trinkt schweigend. Darauf wendet der Onkel sich an seine Nichte: ‚Gib nun Jean zum Zeichen des Ehebundes zu trinken, so wie er dir zu trinken gegeben hat!' Sie tut es, und der junge Mann erwidert: ‚Ich möchte, daß du zum Zeichen des Ehebundes einen Kuß von mir empfängst'. Er küßt sie, und die Anwesenden, die das Ereignis mit ihrem Beifall bestätigen, rufen aus: ‚Ihr seid nun einander versprochen . . ., und nun Wein her!' Die Hochzeit, die wir eben miterlebt haben, findet also zu Hause statt, in der Familie der Braut und vor einem geladenen Publikum, das die Rolle des Chors von ehedem und der Trauzeugen von heute wahrnimmt.'"[6] In diesem Beispiel kommt den symbolischen Handlungen von Braut und Bräutigam mehr Bedeutung zu als in dem aus dem 13. Jahrhundert, aber auch hier legitimiert eine kleine, sozial relevante Öffentlichkeit die Eheschließung. Flandrin hebt hervor, daß die Szene ebensogut im Wirtshaus oder auf der Straße in Gegenwart von Kameraden des Paars stattfinden kann; nicht einmal Zeugen sind unbedingt erforderlich, es reicht aus, wenn Mann und Frau einander die Absicht bekunden, daß sie heiraten wollen; auch ein „zum Zeichen des Ehebundes" vollzogener Geschlechtsverkehr begründet manchmal in den Augen der dörflichen Gemeinschaft die Ehe.

Eine größere Öffentlichkeit war dagegen von vornherein in den Familien der oberen Stände wichtig, wo jede Allianz von größeren Vermögenstransfers begleitet war und kein Zweifel an der Gültigkeit der geschlossenen Verbindung aufkommen durfte. Zwischen dem 9. und dem 17. Jahrhundert wird Zug um Zug die Mitwirkung der Kirche bei der Hochzeitszeremonie wichtiger; sie entwickelt sich von einem anfangs entbehrlichen Beiwerk zur entscheidenden Komponente des Rituals – und parallel dazu verlagert sich die Hochzeit aus der Familie bzw. aus dem sozialen Alltag des Paares heraus in die Kirche. Im 9. und 10. Jahrhundert segnete der Priester – falls er überhaupt zugegen war – das Brautbett und die darin liegenden Brautleute. Ab dem 12. Jahrhundert wird seine Rolle im Hochzeitsritual zentraler. Im 13. und 14. Jahrhundert wiederholt und bekräftigt das Brautpaar sein Eheversprechen, das es zuvor anderswo, im Kreise der Familie, vor Freunden oder unter vier Augen abgegeben hat, noch einmal vor dem Portal der Kirche, wo der Priester ihm von der Schwelle aus seinen Segen erteilt; oft leben Braut und Bräutigam zu diesem Zeitpunkt schon de facto als Frau und Mann zusammen. Zwischen dem 14. und 16. Jahrhundert wird aus der Übergabe der Braut an den Bräutigam durch den Brautvater das gegenseitige Ehe- und Treueversprechen von Mann und Frau; der Brautvater führt die Braut jetzt zum Priester, und der Priester legt die Hände des Brautpaars ineinander, wenn sie sich wechselseitig die Treue versprechen. Seit dem 17. Jahrhundert findet diese Zeremonie nicht mehr vor der Kirchentür, sondern im Innenraum der Kirche statt. Die Heiraten werden jetzt auch in den Kirchenbüchern registriert.

Zunehmend hat sich also die Kirche bei der Eheschließung zwischen das Paar und die Herkunftsfamilien geschoben. Der Verlagerung des Hochzeitsrituals aus der engeren sozialen Umgebung des Paars in die „Öffentlichkeit" der Kirche entspricht die zunehmende Autorität der Kirche als der Instanz, die allein die Legitimität des gegenseitig bekundeten Eheversprechens bezeugen kann. Zugleich wird im Laufe dieser Entwicklung das Paar aufgewertet, die Bedeutung der Herkunftsfamilien bei der Zeremonie geschwächt. Parallel zu dieser Entwicklung der Ehe erfolgt die Ausgrenzung und Diskriminierung von Eheformen, die aus verschiedenen Gründen nicht dem sich allmählich herausbildenden Ehedogma entsprechen, von Friedelehen und ihr verwandten informellen Ehen.

Anfangs begnügte sich die Kirche damit, den monogamen Charakter des Konkubinats zu fordern. So gestattete das Konzil von Toledo (400 n. Chr.) das Konkubinat ausdrücklich, wenn es sich um eine monogame und nicht eine nebeneheliche Beziehung handelte: „Wer keine Frau, sondern an ihrer Stelle eine Konkubine hat, soll, vorausgesetzt, daß er sich mit einer Ehefrau oder Konkubine, wie er es für richtig hält, begnügt, nicht von der Kommunion ausgeschlossen werden."[7] Auch das Mainzer Konzil von 852 hielt fest, daß niemand von der Kommunion ausgeschlossen werden dürfe, nur weil er oder sie im Konkubinat lebe, sofern dieses nicht neben, sondern anstelle einer Ehe bestehe. Im 11. Jahrhundert verboten die Reformpäpste das weit verbreitete Priesterkonkubinat, das trotz wiederholter kirchlicher Warnungen und Strafandrohungen vielerorts noch lange weiterbestand. Das Laienkonkubinat wurde zwar erst auf dem Konzil von Trient (1545–1563) ausdrücklich verboten, aber schon im 13. Jahrhundert war es zunehmend hier und da kirchlichem (und teilweise auch weltlichem) Druck ausgesetzt. Mit dem IV. Laterankonzil 1215 war nämlich das Aufgebotsverfahren, durch das eine größere Öffentlichkeit hergestellt werden sollte, für die christliche Ehe verbindlich gemacht worden; die Konkubinate und Friedelehen aber kamen als formlose faktische Ehen ohne Aufgebot oder andere kirchliche Mitwirkung zustande. Damit war – aus kirchlicher Sicht – die Gefahr der willkürlichen Auflösung der Verbindung und der Bigamie verbunden. ,,Eine Synode zu Narbonne bedrohte 1227 die concubinarii zusammen mit Wucherern, Blutschändern und Ehebrechern mit der Exkommunikation. 1278 schließt eine Synode zu Ofen, 1303 eine Synode zu Nogaret alle Laien, die eine Konkubine haben, von der Kommunion aus. Geistliche, die in ihren Gemeinden das Konkubinat noch dulden, werden mit Geldstrafen belegt (Preßburg 1309).''[8] Die ständige Wiederholung der Verbote in verschiedenen Gegenden in den nächsten zweihundert Jahren zeigt, daß sich die kirchlichen Vorstellungen über die ,,rechte Ehe'' nur sehr allmählich durchsetzen ließen; vor allem in Südeuropa hat sich das Konkubinat lange gehalten.

Das Durcheinander wurde dadurch vergrößert, daß das Stadtrecht mancher mittelalterlicher Städte die Konkubinate verbot, während sie in anderen Städten erlaubt waren. Ausdrücklich genehmigt waren sie noch im 14. Jahrhundert in verschiedenen italienischen Städten (in Mantua 1303, in Tivoli 1305, in Lucca 1308 und in Lodi 1390).[9] Dagegen untersagte das Straßburger Stadtrecht von 1337 die Konkubinate unter Androhung von empfindlichen Geldstrafen: ,,Es soll hynnanfurder nieman in unser stat Strasburg noch in dem burgban offentlich zur unee sitzen huselich und hebelich; ... Und weliche also in dem obgenanten zile nit einander zur e nement und sich ouch nit von einander schieden ... die sollent solichen personen ... ir halb gut nemen, und das sol unser stat lidiclichen gefallen ...''[10] In Frankfurt am Main wurden im 15. Jahrhundert Männer und Frauen, die im Konkubinat lebten und sich weder trennen noch heiraten wollten, mit Gefängnis oder Ausweisung bestraft, und auch andere Städte sahen Geldstrafen, öffentliche Demütigungen, Amtsverlust und ähnliches vor.[11]

Die weite Verbreitung der Konkubinate bis ins Spätmittelalter hing mit der Konkurrenz zwischen den sich allmählich durchsetzenden kirchlichen Normen und den jeweiligen regionalen Eheauffassungen zusammen. Was in den Augen der Kirche keine christliche Ehe, also Konkubinat war, blieb für lange Zeit in den jeweiligen engeren Sozial-

milieus trotzdem eine akzeptierte und legitime Geschlechtsverbindung. Vielerorts kam der Widerspruch zwischen kirchlicher und regio-
naler Norm dadurch zustande, daß nach alten Ehebräuchen bereits die
Verlobung (also das gegenseitige Eheversprechen, das nicht einmal
unbedingt vor Zeugen erfolgen mußte) das Paar dazu berechtigte, miteinander Geschlechtsverkehr zu haben, auch wenn die eigentliche
Trauung erst längere Zeit danach erfolgte, oftmals sogar erst, wenn
schon Kinder geboren waren. Solche Verbindungen waren also Vorstufen zur Ehe. An anderen Orten hielten sich „common-law-Ehen",
die formlos zustande kamen und nach einer gewissen Dauer (oder von
Anfang an) als Ehen galten. Dabei waren die Übergänge zwischen Ehe
und Konkubinat oft fließend. Die mittelalterliche Friedelehe lebte in
einigen Gegenden in Varianten fort, so z. B. in der spanischen „barragía", einer durch Vertrag begründeten Ehe minderen Rechts ohne
Dotierung, bei der die Frau vom Mann jederzeit entlassen werden
konnte, ihre Kinder aber (auch neben ehelichen Kindern) erbberechtigt
waren. Die barragía hielt sich bis ins 15. Jahrhundert und länger.
Nach norwegischem Recht wurde ein zehn bis zwanzig Jahre dauerndes Konkubinat ohne äußeren Rechtsakt zur Ehe, und auch in England
gab es eine Form der „Ersitzungsehe". In Jütland wurde eine Frau, die
länger als drei Jahre mit einem Mann als „unecht wyff" zusammengelebt hatte, „syn echt wyff".[12]
In vielen Gegenden fanden sich bis ins späte Mittelalter solche gewohnheitsrechtlich begründeten Ehen ohne kirchliche Trauung, außerdem kürzer oder länger andauernde Lebensgemeinschaften Verlob-
ter, die nach den sozialen Bräuchen ihrer Umgebung akzeptiert, aber
nach kirchlichen Maßstäben „Unzucht" waren, außerdem „klandesti-
ne", das heißt heimlich geschlossene Ehen, die ebenfalls von der Kirche massiv bekämpft wurden. Auch die lebenslange Einehe hatte sich
noch nicht verbindlich durchgesetzt. „In früheren Phasen erscheint je
nach dem gesellschaftlichen Stärkeverhältnis der Geschlechter mindestens die außereheliche Beziehung des Mannes, zuweilen auch die der
Frau, in der Meinung der weltlichen Gesellschaft als mehr oder weniger selbstverständlich. Bis ins 16. Jahrhundert hinein hören wir oft
genug aus den ehrbarsten Bürgerfamilien, daß die ehelichen und die
unehelichen Kinder eines Mannes zusammen aufgezogen werden."[13]
Ein Beispiel für die scheinbar ganz unproblematische Aufeinanderfolge
von Konkubinat und rechtmäßiger Ehe bietet das Leben des angesehenen Augsburger Kaufmanns Lucas Rem (1481 bis 1541), der ein be-

kannt gewordenes Tagebuch hinterlassen hat. Bevor er sich im Alter von 38 Jahren in seiner Heimatstadt Augsburg etablierte und dort standesgemäß heiratete, lebte er mehrere Jahre in Antwerpen in einer freien Lebensgemeinschaft. Aus dieser Beziehung gingen fünf Kinder hervor; zwei von ihnen nahm er mit sich nach Augsburg und zog sie mit seinen sieben ehelichen Kindern auf.[14]

Uneheliche Geburt, im frühen und hohen Mittelalter meist kein sozialer Makel, wurde im späten Mittelalter in verschiedenen Gegenden und in den verschiedenen sozialen Ständen recht unterschiedlich bewertet: Adel und bäuerliche Landbevölkerung diskriminierten uneheliche Kinder nur wenig; sie waren im allgemeinen nur erbrechtlich gegenüber den ehelichen Kindern benachteiligt; bis ins 15. Jahrhundert hatten die „Bastarde" der Oberschicht gute Möglichkeiten in klerikale, politische und militärische Machtpositionen aufzusteigen. „Daß man sich in der Oberschicht oft ausdrücklich und mit Stolz ‚Bastard' nannte, ist bekannt genug".[15] In den Städten, vor allem beim städtischen Handwerk, waren die Moralvorstellungen rigider und die sozialen Diskriminierungen schärfer.[16]

Das 16. Jahrhundert bildet einen Einschnitt in der Geschichte der Ehe. Luther und die neu entstehende protestantische Kirche wehrten sich nicht nur dagegen, die Ehe als Sakrament anzuerkennen, sondern sie stellten – da die Ehe „ein äußerlich, weltlich Ding" sei[17] – auch grundsätzlich die Zuständigkeit der Kirche für das Eherecht in Frage. Die Kritik an der kirchlichen Ehegerichtsbarkeit war aufgrund der vielen Mißstände (und nicht zuletzt aufgrund der Praxis der Kirche, sich an diesen Mißständen zu bereichern) nur zu verständlich. Im Gegenzug klärte die katholische Kirche auf dem Konzil von Trient (1545–1563) ihr in den letzten Jahrhunderten gewachsenes Eheverständnis umfassend und grundsätzlich: die Ehe gilt als Sakrament, das eine lebenslange, unauflösliche Verbindung zwischen Mann und Frau herstellt; dieses Sakrament spenden sich Mann und Frau gegenseitig bei der Trauung, der ein öffentliches Aufgebot vorausgegangen sein muß und die nur vor einem Priester stattfinden kann. Damit waren die freien, formlosen Lebensgemeinschaften endgültig und explizit untersagt; von nun an drohte allen Paaren, die im Konkubinat lebten, die Exkommunikation.

Nach den protestantischen Vorstellungen begründete zwar bereits das öffentliche Verlöbnis die Ehe, aber die protestantischen Landesfürsten schlossen sich im Laufe des 16. Jahrhunderts zunehmend der Regelung an, daß die kirchliche Trauung für die Vollwirksamkeit der Ehe unerläßlich sei.[18]

Reformation und Gegenreformation verschärften den Druck der kirchlichen und weltlichen Autoritäten auf die Konkubinate, in den Städten noch mehr als auf dem Lande. Überall schürte die protestantische Reformbewegung die Unduldsamkeit gegen nicht kirchlich getraute Paare wie überhaupt gegen jede Form neben- und außerehelicher Geschlechtsbeziehungen. Von der zweiten Hälfte des 16. Jahrhunderts an gingen Staat und Kirche gemeinsam gegen formlos begründete Lebensgemeinschaften vor. Priestern und Bürgermeistern, die sich immer noch hier und da – vor allem durch Bestechungen – bewegen ließen, solche Lebensgemeinschaften zu dulden, drohte nun ebenfalls Bestrafung. Die 3. Reichspolizeiordnung von 1577 rief geistliche und weltliche Obrigkeiten zugleich auf, im Konkubinat lebende Männer und Frauen zu bestrafen: „Dieweil auch viel leichtfertige Personen außerhalb von Gott aufgesetzter Ehe zusammenwohnen; so ordnen und wollen wir, daß eine jede geistliche und weltliche Obrigkeit, der solches ordentlich zugehört, ein billich Einsehen haben soll, damit solche öffentlichen Laster der Gebühr nach ernstlich bestraft und nit geduldet werden."[19]

Der Allianz von Kirche und Staat gelang es im 17. und 18. Jahrhundert weitgehend, das Modell der öffentlich registrierten, lebenslang geschlossenen Einehe als der einzig gültigen Geschlechtsbeziehung zwischen Mann und Frau durchzusetzen. Dabei bestand für einen großen Teil der Bevölkerung aufgrund der Heiratsbeschränkungen der ständischen Gesellschaft keine „Ehefähigkeit": Unfreie und Arme, Knechte und Mägde, städtische Dienstboten, Handwerksgesellen, Soldaten und Angehörige anderer sozialer Gruppen durften nicht oder nicht ohne besondere Genehmigungen heiraten. Solchen Frauen und Männern blieben, falls sie nicht ganz auf sexuelle Kontakte verzichteten, nur die heimlichen und verbotenen, die kurzfristigen und sporadischen Kontakte; die Prostitution war ein unbedingt erforderliches soziales Ventil.

In der Zeit der Aufklärung setzten sich weniger die Theologen als die Philosophen und Staatsrechtler mit dem Konkubinat auseinander; sie betrachteten die nichtehelichen Lebensgemeinschaften naturrechtlich als Geschlechtsverbindungen, denen die kirchliche und staatliche Anerkennung fehle und deren Hauptzweck deswegen nicht – wie der der Ehe – die Erzeugung legitimen Nachwuchses sei. Obwohl die Bewertung der Konkubinate aus dieser Perspektive weniger abwertend und moralisierend ausfiel, änderte sich dadurch nichts an der Art, wie Obrigkeit und Öffentlichkeit mit dieser Lebensform umgingen: Sie war sozial diskriminiert, wurde in vielen Gegenden polizeilich verfolgt und deswegen meist nur versteckt gelebt. – Im Volksmund bezeichnete der Begriff „Konkubine" inzwischen vor allem die nebeneheliche dauerhafte Geliebte eines Fürsten oder Adligen.[20]

Wir haben die Entwicklung der christlichen Ehe im Mittelalter bisher vor allem unter dem Aspekt ihrer zunehmenden Vereinheitlichung und Formalisierung, der wachsenden Kontrolle von Kirche und Staat gesehen, die die allmähliche Abwertung und Verdrängung gewohnheitsrechtlich begründeter Ehen und anderer dauerhafter Geschlechtsgemeinschaften zur Folge hatte. Doch der Einfluß des Christentums auf die Ehe machte sich auch in anderer Hinsicht bemerkbar: Die negative christliche Einstellung zu Sinnlichkeit und Sexualität verschärfte im Mittelalter den Gegensatz zwischen ehelicher und außerehelicher Liebe.

Nach mittelalterlich-christlicher Auffassung war das Zölibat der Ehe überlegen. Doch da das Ideal der lebenslangen Keuschheit nur schwer und nur für wenige zu erreichen war, galt die Ehe, zur Vermeidung der Unzucht, als das geringere Übel. Man berief sich auf Paulus, der gesagt hatte: „Es ist dem Menschen gut, daß er kein Weib berühre. Aber um der Hurerei willen habe ein jeglicher sein eigen Weib und eine jegliche habe ihren eigenen Mann" (1. Kor. 7, 1–2) und „So sie sich aber nicht mögen enthalten, so laß sie freien; es ist besser freien denn Brunst leiden" (1. Kor. 7, 9). Auch innerhalb der Ehe war die Keuschheit ein Ideal; ein Ehepaar, das miteinander lebte, ohne geschlechtlich zu verkehren, wurde zuweilen als besonders tugendhaft dargestellt – natürlich unter der Bedingung, daß es sich auch außerehelicher Unzucht enthielt. Jede sexuelle Betätigung außerhalb der Ehe galt als Sünde, und auch innerhalb der Ehe wurde der Geschlechtstrieb nur insoweit toleriert, als er der Fortpflanzung diente. Da die Fortpflanzung der eigentliche Zweck der Ehe war, wurde jede Form der Empfängnisverhütung und natürlich auch die Abtreibung als Sünde betrachtet.[21] Ehelicher Geschlechtsverkehr, der auf die bloße Gewinnung von Lust ausgerichtet war, wurde scharf verurteilt.

Die moraltheologischen Schriften des Mittelalters und die Bußbücher der Mönche unterwarfen auch den Geschlechtsverkehr innerhalb der Ehe strengen Regeln und Verboten. So war er beispielsweise an allen kirchlichen Fest- und Fastentagen untersagt; davon gab es bis zum 8. Jahrhundert 273 im Jahr, danach wurde ihre Zahl auf zwischen 120 und 140 reduziert. Verboten war der Geschlechtsverkehr sonntags, mittwochs und freitags, innerhalb der 40 Tage vor Ostern und der 40 Tage vor Weihnachten, innerhalb von drei Tagen vor dem Gang zur Kommunion, während der Menstruation und der Schwangerschaft, innerhalb von 40 Tagen nach der Entbindung und während der Ableistung einer kirchlichen Buße.[22] Im Hochmittelalter galt ein Verstoß gegen diese Gebote als schwere Sünde; der Wanderprediger Bertold von Regensburg (1220–1272) zog noch durch die Lande und verkündigte warnend, daß alle an solchen Tagen wie auch sonst in Sünde gezeugten Kinder mit schweren körperlichen Defekten geboren würden.[23] Im ausgehenden Mittelalter und in der Neuzeit wurde die Enthaltsamkeit an diesen Tagen nur noch empfohlen.

Die Bußbücher regelten auch Einzelheiten des Geschlechtsverkehrs: Im Prinzip waren alle Stellungen außer der „natürlichen" verboten, bei der die Frau auf dem Rücken unten und der Mann über ihr liegt. Verboten waren die Masturbation, auch das gegenseitige Berühren und Betasten zum Zwecke der Lustgewinnung, der Oral- und Analverkehr und die Stellung a tergo – weil sie den Menschen auf eine Stufe mit den Tieren stelle. Als besonders schwere Sünde galt die Stellung, bei der die Frau sich oben und der Mann sich unter ihr auf dem Rücken befindet – weil sie gegen die natürliche Ordnung verstoße, in dem sie den Mann in eine passive, die Frau in eine aktive Rolle bringe. Geschlechtsverkehr in dieser „widernatürlichen" Position war zeitweise mit empfindlicheren Bußen belegt als beispielsweise die Abtreibung.[24] Als „züchtig" beim ehelichen Verkehr galt das „chemise cagoule", ein schweres Nachthemd mit passend angebrachter Öffnung, durch die der Mann seine Frau begatten konnte, ohne sie unnötig zu berühren.[25]

Die eheliche Beziehung wurde unter dem Gesichtspunkt der Pflicht gesehen: Die Frau schuldete dem Mann, der Mann der Frau den Geschlechtsverkehr; der eine Teil sollte sich dem anderen nicht entziehen dürfen, wenn dieser den Geschlechtsverkehr begehrte.[26] Wieder unter Berufung auf Paulus („Das Weib ist ihres Leibes nicht mächtig, sondern der Mann. Desgleichen der Mann ist seines Leibes nicht mächtig, sondern das Weib" (1. Kor., 7, 4)) legten die Theologen während des Mittelalters hier Wert auf eine gewisse sexuelle Gleichberechtigung zwischen Mann und Frau, die in keinem anderen Bereich des sozialen Lebens ihre Entsprechung hatte; in jeder anderen Hinsicht festigte das

Christentum die patriarchalische Herrschaft des Mannes und die Vorstellungen von der Minderwertigkeit der Frau.[27]

Natürlich darf von den Bußbüchern der Mönche und den moralischen Diskursen einer kleinen theologischen Elite im Mittelalter nicht auf die Ehewirklichkeit der breiten Bevölkerung geschlossen werden. Wieweit sich die Menschen an die kirchlichen Vorschriften wirklich hielten, ist umstritten. Sicher gab es Menschen, die versuchten, diesen moralischen Normen zu genügen. Zugleich gibt es aber auch Zeugnisse aus dem Mittelalter, die darauf hindeuten, daß sich die Menschen die Lebens- und Sinnenlust nicht verbieten ließen. Die längste Zeit des Mittelalters hielten sich nicht einmal Priester und Mönche, Bischöfe und Päpste an den kirchlichen Moralkodex.[28]

Neben den theologischen Schriften existierte auch eine weltliche Literatur über die Ehe und die Liebe, in der die Ehe zwar meist als ein schweres Joch, besonders für den Mann, dargestellt, dafür aber die Sexualität um so nachdrücklicher bejaht wurde. Ein besonders plastisches Beispiel sind die „Canterbury Tales" von Geoffrey Chaucer (1340–1400), der eine seiner Figuren, das „Weib von Bath" sehr deftig von den Beziehungen zu ihren fünf Ehemännern sprechen läßt, die sie nach Kräften genossen hat. Im allgemeinen war die weltliche Eheliteratur des Mittelalters frauenfeindlich; die Frauen wurden als zänkische, klatsch- und putzsüchtige, oberflächliche Wesen gezeichnet, die der festen männlichen Herrschaft bedürfen, gelegentlich auch, wenn Ermahnungen nichts fruchteten, der Züchtigung: „Und hilft das nichts, ... so schlag sie, besonders morgens im Bett, mit einer Gerte. Und will die Gerte nichts helfen, so besorge dir einen Prügel vom Mispelbaum. Damit gerb ihr die Lende."[29]

Gleichzeitig wurden in Vagantenliedern und der Liebeslyrik der Minne die Frauen und die Liebe verherrlicht. Die Lieder der Troubadoure besangen die Liebe zwischen einem Ritter und einer verheirateten Frau. Daneben gab es eine reiche Literatur, die verfeinerte Erotik und Sinnlichkeit thematisierte – in außerehelichen Liebesbeziehungen.

Zwar haben die Menschen „in nahezu allen Gesellschaften und fast zu allen Zeiten (außer der unsern) zwischen der Liebe in der Ehe und der Liebe außerhalb der Ehe" einen Unterschied gemacht,[30] doch im europäischen Abendland wurde dieser Unterschied besonders scharf akzentuiert. Während des Mittelalters bezogen sich Moraltheologen immer wieder auf eine Äußerung des Kirchenvaters Hieronymus

(347–419/420), der die „allzu brennende Liebe für die eigene Frau" als „ehebrecherisch" bezeichnet hatte, das heißt als einen Verstoß gegen den Sinn und Zweck der Ehe: „Nichts ist schändlicher, als seine eigene Frau wie eine Mätresse zu lieben."[31] Zwar ist diese Ansicht nicht erst im Christentum entstanden; sie läßt sich weiter zurück bis zu Seneca und der Stoa verfolgen, aber erst im Mittelalter gewann sie allgemeine Verbreitung. Bis in die Neuzeit hinein war man überzeugt, daß die Freude an der Sinnlichkeit, der Genuß der Sexualität in der Ehe nichts zu suchen habe, ja daß eine solche Einstellung die Ehefrau beleidige oder gar verderbe. So betont Ende des 16. Jahrhunderts Michel de Montaigne (1533–1592) in seiner Ehephilosophie die Notwendigkeit der radikalen Trennung zwischen der ruhigen gleichmäßigen Gattenliebe und der „Aufregung" der „wirklichen", das heißt: der außerehelichen Liebe; es sei besser, wenn die verheirateten Frauen das Fieber des erotischen Spiels gar nicht erst kennenlernten und so auf Abwege gebracht würden.[32] Montaignes Zeitgenosse Pierre de Brantôme (1540–1614) schließt sich diesem Gedanken an, indem er die Ehemänner kritisiert, die die Ehe zum Liebesspiel mißbrauchen: „Außerdem lehren diese Gatten ihre Frauen im eigenen Bett tausend Geilheiten, tausend Schlüpfrigkeiten, tausend neue Stellungen, Wendungen, Arten . . .; aus einem Feuerbrand, den sie im Leib haben, lassen sie hundert lodern; und so werden sie verhurt. Sind sie einmal auf solche Weise gedrillt, können sie sich nicht davor behüten, ihren Gatten zu entlaufen und andere Kavaliere aufzusuchen."[33]

Die Zweiteilung ist ganz klar: Eheliche Liebe bedeutet Fortpflanzung; die fruchtbare Frau wird als Mutter der legitimen Nachkommen geehrt und geachtet. Außereheliche Liebe dagegen bedeutet Leidenschaft und Lust; die Geliebte wird begehrt und – je nachdem – zugleich gefeiert und ein bißchen verachtet. Eheliche Liebe ist gegenseitige Pflicht und Aneignung; außereheliche Liebe dient zweckfrei dem Genuß; sie kommt oft wie der Blitz, verzehrt und brennt, bis sie befriedigt ist. Ein Ehemann, selbst wenn er seiner eigenen Frau gegenüber anfänglich solche Gefühle verspürt, darf sie sich nach mittelalterlicher und frühneuzeitlicher Ehemoral auf keinen Fall anmerken lassen; er muß sich beherrschen und sich ihr als Gatte, nicht als Liebhaber nähern. Auch in der Ehe kann und darf sich Liebe entwickeln, aber diese sollte eine ruhige und gleichmäßige Zuneigung sein, frei von Begierde und Wollust, von dem flackernden Auf und Ab, das die Leidenschaft kennzeichnet. Der Austausch von Küssen, Zärtlichkeiten, die Beteuerung inniger Gefühle wäre in früheren Jahrhunderten als ebenso komisch wie anstößig empfunden worden. Die Verfeinerung der Gefühle, das Kultivieren der sinnlichen Genüsse blieben der außerehelichen Liebe vorbehalten. Die abendländische Auffassung von der Ehe verbannte nicht nur die Sinnlichkeit und die Wollust aus der legalen Geschlechtsbeziehung, sondern sie hielt auch das Gefühl der Leidenschaft für die Ehe abträglich, ja verderblich.

Die Tradition der leidenschaftlichen Liebe ist in unserem Kulturkreis wesentlich durch die höfische Literatur geprägt worden, deren Blütezeit im hohen Mittelalter lag. Die höfische Vorstellungswelt, die „cortezia", hat nicht nur den Sprachschatz, sondern auch die Ideen und Empfindungen – den „Code", wie es bei Luhmann heißt[34] – für die leidenschaftliche Liebe hervorgebracht: die wahnsinnige, die verzehrende, die sehnsüchtige, die unglückliche Liebe, die den liebenden Menschen außer sich selbst bringt und über sich hinaushebt.

Denis de Rougemont, der sich mit der Entstehung und Bedeutung des Mythos der leidenschaftlichen Liebe im Abendland befaßt hat, führt ihn auf religiöse Ursprünge zurück, auf nicht-christliche oder häretische, vor allem auf manichäische Strömungen. Seiner Ansicht nach liegt dem Mythos der Leidenschaft nicht etwa ein hedonistisches, sondern eigentlich ein asketisches Ideal zugrunde: An der Geschichte von Tristan und Isolde, die in dieser Zeit entstand, zeigt er, daß die Verzückung wie die Qual der Leidenschaft um ihrer selbst willen gesucht wird; nicht die Befriedigung des Begehrens ist das eigentliche Ziel der Liebenden, sondern das Fortdauern des Zustandes der Verliebtheit. „Tristan und Isolde lieben sich nicht . . ., was sie lieben, ist die Liebe, das Lieben selbst. Und sie handeln, als hätten sie verstanden, daß alles, was sich der Liebe entgegensetzt, sie garantiert."[35] Die Leidenschaft – so Denis de Rougemont – ist eigentlich Askese, die sich als Begehren maskiert, zugleich aber ihrer eigenen Erfüllung widersetzt. Äußere Hindernisse, Schranken zwischen den Liebenden, spornen sie an, vertiefen, erhöhen, intensivieren sie. Wenn alle äußeren Schranken überwunden sind, müssen innere errichtet werden. Leidenschaft und Hindernis brauchen einander; das eine bringt das andere hervor und umgekehrt. Die so verstandene Leidenschaft ist mit der Ehe natürlich unvereinbar. Sie erlischt, wenn sie am Ziel ist, und sie kann sich natürlich als ehebrecherische Liebe, die nie ganz zum Ziel kommen kann, besonders gut entfalten. „Leidenschaft und Ehe sind ihrem Wesen nach unvereinbar. Ihr Ursprung und ihre Bestimmung schließen sich aus."[36]

Im hohen Mittelalter entstehen so zwei einander entgegengesetzte Auffassungen, die sich in der Tradition abendländischen Denkens lange nebeneinander und in scharfem Kontrast zueinander erhalten: die eine ist eine christliche, die andere eine häretische, die eine eine kirchliche, die andere eine höfische. Die christliche erhebt die Ehe zum Sakrament, die höfische verachtet sie. Die Kirche verurteilt den Ehebruch als einen Verstoß gegen die göttliche, die natürliche und die soziale Ordnung; in der höfischen Vorstellungswelt erscheint er als besonders reizvoll. Sind die ehebrecherischen Liebenden in den Augen der Kirche verachtungswürdig, so erscheinen sie aus der höfischen Perspektive großartig, weil sie sich in die äußersten Bereiche menschlichen Empfindens vorwagen, weil sie sich extremen Gefühlszuständen aussetzen.

Zutiefst vom inneren Widerspruch zwischen Liebe und Ehe überzeugt waren Héloïse und Abelard, ein berühmtes Paar des 12. Jahrhunderts. Sie wollten – in den Worten von Héloïse – „den Ehebund bekämpfen, um den Liebesbund zu retten". „Ein festes Eheband, eine Morgengabe – habe ich je danach gefragt?" schrieb Héloïse (1101–1164) an Abelard (1079–1144). „In dem Namen ‚Gattin' hören andere vielleicht das Hehre, das Dauernde; mir war es immer der Inbegriff aller Süße, Deine Geliebte zu heißen, ja – bitte, zürne nicht – Deine Schlafbuhle, Deine Dirne . . .".[37] Abelard war einer der bekanntesten Denker seiner Zeit und Héloïse, eine kluge, gelehrte Frau, eine Zeitlang seine Schülerin. Die beiden waren nicht nur ein romantisch liebendes, sondern auch ein tragisches Paar, denn Héloïses Onkel, ein Priester, der sie als Schülerin zu Abelard geschickt hatte, war außer sich vor Wut, als er von der geheimen Beziehung erfuhr. Héloïse brachte einen Sohn zur Welt, und der Onkel ließ Abelard von bezahlten Häschern überfallen und kastrieren; Abelard wurde daraufhin Mönch und Héloïse Nonne.

Die Idee von der grundsätzlichen Unvereinbarkeit der leidenschaftlichen Liebe mit der Ehe hat seit dem Mittelalter das Denken und Fühlen im Abendland geprägt, jedenfalls in den Oberschichten, die Zeit und Muße hatten, eine Liebeskultur zu entwickeln und zu pflegen. Erst im Verlauf des 18. Jahrhunderts, mit der Entstehung der bürgerlichen Gesellschaft und vor allem in der romantischen Bewegung, geriet diese tief im europäischen Denken verwurzelte Dichotomie ins Wanken. In dieser Zeit begann die allmähliche Annäherung der Idealvorstellungen von der ehelichen und der außerehelichen Liebe. Erst im 20. Jahrhundert sind sie zu einem Ideal der Liebesbeziehung zwischen Mann und Frau zusammengeflossen, in dem alle Komponenten enthalten sein sollten: die romantische, die leidenschaftliche, die sinnliche und auch die dauerhafte und gleichmäßige Liebe.

Die mittelalterliche Kirche verurteilte allen außerehelichen Geschlechtsverkehr als einerlei Unzucht und Hurerei, ohne dabei zwischen dauerhaften, aber nicht legalisierten Lebensgemeinschaften (Konkubinaten), kurzfristigen Liebesverhältnissen und der gewerbsmäßigen Prostitution zu unterscheiden. Wenn sie aber einen Unterschied machte, dann sah sie eher die kurzfristigen oder gar die kommerziellen sexuellen Kontakte als verzeihlich an, weil sie nach ihrem Bewertungssystem nur sporadische Verirrungen darstellten, die gebeichtet und für die gebüßt werden konnte, während lange andauernde Geschlechtsgemeinschaften ein Verharren in der Sünde bedeuteten. Besonders deutlich wurde diese Moral im Umgang mit den Priesterkonkubinaten: „Denn in den Augen der Kirche war für einen Priester die Ehe ein schlimmeres Verbrechen, als sich eine Geliebte zu halten, und sich eine Geliebte zu halten war wiederum schlimmer als gelegentlich Hurerei zu treiben – diese Beurteilung ist das gerade Gegenteil der weltlichen moralischen Auffassungen, die auf Qualität und Dauer der menschlichen Beziehungen Wert legen."[38]

Von daher erklärt sich auch die Tatsache, daß die Prostitution bis ins späte Mittelalter eine nicht nur von städtischen Obrigkeiten, sondern auch von der Kirche gebilligte Einrichtung war. „Zu keiner Zeit ist der Charakter der Prostitution als einer staatlichen Einrichtung so scharf betont worden wie im abendländischen Mittelalter."[39] Die Prostituierten waren zunftartig organisiert und fest in das soziale Gefüge der mittelalterlichen Stadt integriert; die „Frauenhäuser" zahlten Abgaben an weltliche und zum Teil auch an kirchliche Obrigkeiten. An Markttagen, bei feierlichen Umzügen und Festen, auch bei Staatsbesuchen bildeten die geschmückten Prostituierten einen wichtigen Teil des festlichen Rahmens. Bürgermeister und Rat der Stadt schickten sie oft wichtigen politischen Gästen zur Begrüßung entgegen, oder sie hielten hohe Gäste im städtischen Bordell frei. 1434 bedankte sich Kaiser Sigismund beim Magistrat der Stadt Bern dafür, daß dieser ihm und seinem Gefolge das „Frauenhaus" drei Tage lang unentgeltlich zur Verfügung gestellt habe.[40]

Die Prostitution war die Form des freien Geschlechtsverkehrs, die am klarsten von der Ehe abgegrenzt und am einfachsten kontrolliert werden konnte; sie war notwendig, weil so viele Menschen von der Ehe ausgeschlossen waren, und als ein gebilligtes soziales Ventil stabilisierte sie indirekt die Ehe. Der Kirchenvater Augustinus (354–430) sah die Prostitution als unumgängliche Begleiterscheinung der allgemeinen Sittlichkeit: Sie sei für die menschliche Gesellschaft gerade so nötig wie die Senkgrube für einen Palast, damit dieser nicht stinke.[41]

Nicht das Mittelalter, sondern die frühe Neuzeit war besonders repressiv, was Sinnlichkeit, Sexualität und alle außerhalb der Ehe bestehenden Geschlechtsverbindungen betraf. Zwar war die mittelalterliche Theologie in ihren Ideen insgesamt sehr geschlechts- und körperfeindlich (außerdem auch frauenfeindlich), aber das tägliche Leben war von ihren rigiden moralischen Normen nicht durch und durch, sondern nur bereichsweise beeinflußt; neben Frömmigkeit und Askese konnten Sinneslust und Lebensfreude lange Zeit weiterbestehen. Erst die frühe Neuzeit brachte die systematische Unterdrückung und Verdrängung aller Formen außerehelicher Erotik und Sexualität, den allmählichen Triumph der repressiven Moral im Alltag der breiten Bevölkerung. „Erst das abendländische Ancien Régime, das zwischen 1500 und 1800 den bürokratischen Staat erfand, seine Armee und sein Steuerwesen, zwang seine Untertanen (zur) sexuellen Disziplin ... Der Inhalt der Vorschriften entsprach der traditionellen Lehre von familiärer und kirchlicher Moral; die entscheidende Neuheit aber bestand darin, daß diese Moral von nun an über das privilegierte Instrument des Armes des weltlichen Gesetzes verfügte, um sich durchzusetzen."[42]

Wir haben bereits gesehen, daß die systematische Bekämpfung der Konkubinate bzw. der formlos begründeten, nicht kirchlich abgesegneten Ehen in diesen Zeitraum fiel. Gleichzeitig wurde streng gegen die vorher geduldete Prostitution vorgegangen; Bordelle und öffentliche Bäder wurden überall geschlossen. Vor allem der Protestantismus machte es sich zur Aufgabe, Sinneslust und illegalen Sex in jeder Form zu bekämpfen. Auch andere dunkle Kapitel der Geschichte fallen in diese Epoche: Hexen- und Ketzerverfolgungen, religiöser Fanatismus und Glaubenskriege. Überall dort, wo es gelang, den kirchlichen Moralkodex systematisch und rigide durchzusetzen, traten massenweise neurotische und psychotische Symptome auf, religiöse

Wahnvorstellungen und Halluzinationen, Verzückungen und Hysterien oder auch perverse sexuelle Verhaltensweisen, Anzeichen kollektiv unterdrückter und verdrängter Sexualität.[43]

Während die Mehrheit der Bevölkerung, vor allem in den Städten, einer strengen sexuellen Disziplin unterworfen wurde, gelang es jedoch gleichzeitig einem Teil der herrschenden, der privilegierten Klasse, sich dem moralischen Reglement zu entziehen und einem ungezügelten Sexualgenuß nachzugehen. Während vielerorts Prostituierte und Ehebrecherinnen oder ledige Mütter hart bestraft wurden, wurden in den Hauptstädten und an den Fürstenhöfen Orgien gefeiert; die italienischen Städte der Renaissance waren Zentren des Kurtisanentums; in Frankreich bildete sich zwischen dem 15. und dem 18. Jahrhundert das Mätressenwesen heraus. Im 18. Jahrhundert, als in Versailles der „Mätressenkönig" Ludwig XV. (1710–1774) regierte – lange Zeit unter dem Einfluß seiner berühmten „maîtresse en titre", Madame de Pompadour (1721–1764) –, gab es an fast allen europäischen Höfen Mätressen.[44]

Die Auseinanderentwicklung der Sexualmoral von Adel und aufstrebendem Bürgertum war Ende des 18., Anfang des 19. Jahrhunderts nicht nur eine Quelle politischer Spannungen – die „Ausschweifungen" der Aristokratie provozierten den Volkszorn ebenso wie die ökonomische Ausbeutung –, sondern sie bildeten auch den Hintergrund, vor dem sich kontrastierend das neue bürgerliche Idealbild von der Ehe entwickelte.

Im Adel war inzwischen die Trennung zwischen ehelichen und außerehelichen Beziehungen auf die Spitze getrieben: Mit der Ehe erfüllte man seine Verpflichtung gegenüber der Familie, sorgte man für den Fortbestand seines Geschlechts; die Aufgaben der Ehegatten gegeneinander waren erfüllt, sobald legitime Nachkommen gezeugt waren. Von da an lebten Mann und Frau, gleichgültig oder höflich, nebeneinander her wie Fremde; eine große gesellschaftliche und auch räumliche Distanz zwischen den Ehegatten war die Regel. Nebeneheliche Beziehungen, in denen Leidenschaftlichkeit und erotische Raffinesse kultiviert wurden, galten als selbstverständlich, zumindest für den Mann, hier und da (z. B. im Pariser Hochadel oder an den italienischen Fürstenhöfen) auch für die Frau: „ . . . eine adelige Frau ohne Geliebten mußte reizlos sein, ein adeliger Herr ohne Mätresse war entweder impotent oder finanziell ruiniert".[45]

Gegen diese Sitten setzte sich selbstbewußt das Bürgertum mit seiner vom Protestantismus geprägten neuen Ehemoral ab. Die Reformation hatte die Ehe aufgewertet (schließlich war Luther selbst verheiratet), und die Notwendigkeit der Gattenliebe betont – allerdings war damit eine spirituelle, eine seelisch-geistige Liebe gemeint, die religiöse Gemeinschaft der Ehegatten vor Gott. Die Ehe als „Gottes Werk und Wille" wurde als eine dem Zölibat überlegene Lebensform angesehen, und innerhalb der Ehe war auch die geschlechtliche Vereinigung von Mann und Frau etwas Positives – allerdings legten calvinistische und puritanische Strömungen wieder Wert darauf, daß nicht die Wollust dabei im Vordergrund stehe: „ . . . legale Paare sollten einander immer ernst, keusch und schweigend lieben".[46] Auch hatte der Protestantismus im Bürgertum die christliche Auffassung erneuert, daß Ehebruch von seiten des Mannes ebenso schändlich und zu verurteilen sei wie von seiten der Frau; damit wirkte er auf eine gewisse Gleichheit der Geschlechter hin, wenn diese auch wieder von Askese und Sinnenfeindschaft, von der Verurteilung jeder außerehelichen Geschlechtsbeziehung begleitet war. Schließlich stellte die protestantische Eheauffassung einen weiteren Schritt in Richtung auf die Individualisierung der Ehe dar. Die Leugnung des Sakramentscharakters bedeutete, daß die Ehe nicht mehr grundsätzlich unauflösbar war (obwohl sie es de facto zunächst weitgehend noch blieb). Bei der Trauung erhielt das Paar aus protestantischer Sicht Gottes Segen für seine Verbindung, aber deren Gelingen war weitgehend in seine eigene Verantwortung gestellt.

Noch war die Ehe fest an ökonomische Grundlagen gebunden, die einerseits ihre Stabilität gewährleisteten, andererseits die Partnerwahl und die Arbeitsteilung zwischen den Geschlechtern bestimmten. Aber die Betonung der Eigenverantwortung des Paares für seine Beziehung, die zumindest theoretische Möglichkeit der Scheidung und schließlich eine gewisse Tendenz zur Gleichheit von Mann und Frau wiesen bereits auf etwas Neues hin, das sich im späten 18. Jahrhundert und im Verlauf des 19. Jahrhunderts im Rahmen der bürgerlichen Ehe entfaltete.

II. Die bürgerliche Ehe

4. Die Vorherrschaft der Sachehe: Ehewirklichkeit im 18. und 19. Jahrhundert

Vermutlich hat sich sowohl die Familienstruktur als auch der Charakter der Ehe in Mitteleuropa von der Antike bis ins späte Mittelalter nicht wesentlich verändert.[1] Es gab, je nach sozialem Stand und nach der Subsistenzbasis, verschiedene Familientypen nebeneinander, die sich in Haushaltsgröße und -zusammensetzung unterschieden: Die Dreigenerationenfamilie war selten; sie existierte hier und da im Adel und im Großbauerntum. Die nur aus Eltern und ihren nicht erwachsenen Kindern bestehende Kernfamilie war wahrscheinlich bei ärmeren Leuten relativ häufig. Typisch für landbesitzende Bauern, Handwerker und Kaufleute war die Lebensform des „ganzen Hauses", bei der eine oder mehrere – je nach Vermögen – nicht-verwandte Personen mit der Kernfamilie lebten.[2]

In allen Familientypen, und das heißt: in allen sozialen Ständen, dominierte bis weit in die Neuzeit hinein eine sachlich-nüchterne Einstellung zur Ehe, die sowohl die Partnerwahl als auch die eheliche Beziehung selbst prägte. Die agrarisch-handwerkliche Gesellschaft hatte das Recht auf Ehe, das Recht auf legitime Fortpflanzung mit der ökonomischen Selbständigkeit, dem Vorhandensein einer eigenen Ernährungsgrundlage verbunden. Nicht nur den Armen war eine Heirat untersagt, sondern oft auch den nicht erbenden Kindern eines Bauern oder eines Adligen – die einen arbeiteten als Knechte oder Mägde, die anderen wählten meist den geistlichen Stand. Die sachliche Einstellung zur Ehe erklärt sich daraus, daß sie in erster Linie Arbeitsgemeinschaft und für den Fortbestand der Subsistenzgrundlage, des Hofes oder Betriebes, von größter Wichtigkeit war.

Mit der Entstehung der bürgerlichen Gesellschaft und mit der Industrialisierung veränderten sich die Grundlagen der Ehe. In der bürgerlichen Familie selbst bildete sich ein neues Ehe- und Familienideal heraus, dessen ideologische Wurzeln auf protestantisch-pietistische Strömungen im frühen 17. Jahrhundert zurückgehen; seine eigentliche Entfaltung wurde aber erst durch die beginnende Trennung von Wohnstätte und Arbeitsplatz begünstigt, durch die das Familienleben zu einer Insel der Intimität wurde, wo sich eine individualisierte Form der Gattenliebe und gefühlsbetonte Beziehungen zwischen Eltern und Kindern entwickeln konnten. Darüber hinaus führten die mit der Industrialisierung verbundenen Strukturveränderungen auch zur Entstehung einer breiten vermögenslosen Schicht, für die die Ehe nicht mehr mit einer einigermaßen gesicherten Ernährungsgrundlage verbunden war. In den neuen Schichten der Heimarbeiter und später der Fabrikarbeiter stand bei der Partnerwahl die individuelle Neigung stärker im Vordergrund als bei den Bauern, Handwerkern oder im Bürgertum.

Mit dem Zerfall der ständischen Gesellschaft und dem Aufstieg des Bürgertums wurde allmählich das bürgerliche Ehe- und Familienideal verbindlich für alle sozialen Schichten. Doch während des 19. Jahrhunderts bestanden noch immer mehrere Familientypen nebeneinander, die in unterschiedlicher Weise vom sozialen Wandel berührt wurden, so daß sich verschiedene Konstellationen von vormodernen und modernen Elementen ergaben. Im Adel und in bäuerlichen Kreisen hielt sich das traditionelle Ehemodell vergleichsweise am längsten, auch das Handwerk war nur wenig tangiert; der große Umbruch in der Qualität der ehelichen Beziehung vollzog sich in den beiden neuen sozialen Klassen, in den Familien der Industriearbeiterschaft und des Bürgertums, wenn auch mit anderen Schwerpunkten und aus unterschiedlichen Gründen.

Von der Bedeutung, die die Ehe im Adel hatte, war schon häufiger die Rede. In dieser kleinen, aber bis zu Beginn des 20. Jahrhunderts politisch mächtigen Schicht heiratete man sozial endogam; eine große soziale Kluft trennte sie (besonders in Deutschland) vom Bürgertum. Heiraten erfolgten, vor allem im Hochadel, fast ausschließlich unter dem Gesichtspunkt der Sicherung eigener Macht- und Herrschaftsansprüche, der Mehrung von Ländereien, politischen Ämtern oder Privilegien. Heiraten knüpften nicht nur familiäre Beziehungen, sie stellten auch politische Koalitionen her; die mit Ehen verbundenen legitimen Erbansprüche lösten Kriege aus – oder machten sie überflüssig („Tu felix austria nube!"). Aus diesem Grunde hielt sich die familien-, die elternarrangierte Ehe im Adel besonders lange; die Kinder waren schon im frühen Lebensalter wichtige Figuren im politischen Schachspiel und wurden häufig verlobt oder einander versprochen, ohne sich zu kennen.

Entsprechend kühl und distanziert waren die ehelichen Beziehungen. War einmal die Erbfolge gesichert, so konnten die Eheleute sich im sozialen Leben meist recht gut gegenseitig aus dem Weg gehen; beide hatten ihre eigenen Verkehrskreise, und es gab kaum Situationen im Alltag, wo sie ohne Bedienstete, Besucher, Vertraute miteinander allein sein konnten oder mußten. „Viele, vielleicht die meisten adligen Ehen wurden auf der Basis der Gleichgültigkeit oder sogar der leichten Abneigung geschlossen", schreibt Lawrence Stone über den englischen Adel im 17. Jahrhundert.[3] Diese Bemerkung trifft auch auf die Verhältnisse im Adel anderer Länder und weit über das 17. Jahrhundert hinaus zu; in der zweiten Hälfte des 19. Jahrhunderts wurde zwar, unter dem Einfluß des bürgerlichen Eheideals, auch hier der Spielraum für die individuelle Neigung bei der Partnerwahl größer (vor allem im niedrigen Adel), aber im allgemeinen blieb die Abhängigkeit von den Spielregeln des aristokratischen Heiratsmarkts in Deutschland bis zum Ende des Kaiserreichs erhalten.

Für die Gleichgültigkeit und Freudlosigkeit ihrer Ehen entschädigten sich vor allem die adligen Männer – die im Gegensatz zum einfachen Volk über hinreichend Vermögen, Komfort und Muße verfügten, um ihre erotischen Bedürfnisse zu kultivieren – fast immer in nebenehelichen Beziehungen. Die Mätresse war – wie erwähnt – an den europäischen Fürstenhöfen des 17., 18. und 19. Jahrhunderts nahezu eine Institution. Gelegentlich wurden für die Favoritinnen der Fürsten pro forma Ehen mit ergebenen Höflingen arrangiert, weil die gesellschaftliche Bewegungsfreiheit der verheirateten Frau größer war; auch nach Beendigung eines Verhältnisses wurde die ehemalige Geliebte in der Regel, großzügig beschenkt, in eine eigens arrangierte Versorgungsehe entlassen.

Gelegentlich durchbrachen Angehörige des hohen Adels das Ebenbürtigkeitsprinzip und heirateten ihre Geliebten, auch wenn diese keine gleichwertigen Ahnenreihen im Stammbaum hatten. Solche „Mißheiraten" oder „Mesalliancen" kamen bei Zweitehen (nach dem Tod der standesgemäßen Gattin) häufiger vor als bei Erstehen. Sie waren als sogenannte „Ehen zur Linken" zwar legale, d. h. kirchlich geschlossene Ehen, doch ein spezieller Ehekontrakt schloß die Gattin zur Linken und ihre Kinder von den Standesvorrechten des Mannes und der regelrechten Erbfolge aus; sie hatten nur ein beschränktes Erbrecht, das sich auf genau im Ehevertrag festgelegte Vermögenswerte bezog.[4] Die „Ehe zur linken Hand" oder „morganatische Ehe", eigentlich eine späte Variante der germanischen Friedelehe, wurde noch im Allgemeinen Landrecht für die preußischen Staaten (ALR) von 1794 in 98 gesonderten Paragraphen geregelt.[5] Sie hat als Liebesehe in der sozialen Welt der sonst nur vom Machtkalkül bewegten Großen und Mächtigen stets ebensoviel Stoff für Romanzen und Romane geliefert wie das Mätressenwesen.[6]

Auch Bauern heirateten fast ausschließlich innerhalb ihres eigenen Standes und ihrer eigenen Schicht: Töchter landbesitzender Bauern heirateten selten in die unterbäuerliche Schicht der Pächter, Nebenerwerbslandwirte oder landlosen Tagelöhner; Bauernsöhne, die erbten, suchten sich Frauen, die Vieh, ein Stück Land oder Hausrat mit in die Ehe brachten. Jede Heirat mußte unter dem Gesichtspunkt der ausreichenden Ernährungsgrundlage geplant werden: Der Boden, in Realteilungsgebieten von Zerstückelung bedroht und in Anerbengebieten mit Schulden an die weichenden Erben belastet, mußte die neue Familie ernähren. Als gute Partie galt deswegen eine Heirat, bei der die Mitgift der Frau ausreichte, die Geschwister auszuzahlen, so daß sie den Hof verlassen konnten. Verwandtenehen waren im dörflichen Milieu – nach Lockerung der kirchlichen Endogamieverbote – nicht selten; auf diese Weise konnten gelegentlich Felder und Wiesen wieder zusammengelegt werden, die durch Erbschaft an verschiedene Familienzweige gegangen waren.

Eltern und Verwandtschaft hatten einen relativ großen Einfluß auf die Partnerwahl, die meist auf einen regional überschaubaren Umkreis beschränkt blieb. Wer „über den Misthaufen" heiratete, wußte genau, was ihn (oder sie) erwartete. Bei der Wahl der Partnerin spielte neben der Mitgift und der Stellung ihrer Familie in der dörflichen Hierarchie die Gesundheit und die Arbeitsfähigkeit die entscheidende Rolle; persönliche Zuneigung war sekundär und nicht immer vorhanden. „Man kann Schönheit nicht mit dem Löffel essen", heißt eines der vielsagenden Sprichworte, die Edward Shorter aus dem vorindustriellen Frankreich zusammengetragen hat.[7] Es wurde relativ spät geheiratet, später als im Adel und erheblich später als bei den Bauern im Süden und Osten Europas: Die Männer waren im Durchschnitt Ende zwanzig, die Frauen etwa Mitte zwanzig.[8] Das im Vergleich zur Antike, zum frühen Mittelalter und zu anderen Kulturkreisen auffällig hohe Heiratsalter (das sogenannte „European Marriage Pattern") hing unter anderem mit der Bindung der Familiengründung an Haus und Hof zusammen: Der Jungbauer konnte in den meisten Gegenden erst heiraten, wenn der Vater ihm den Hof übergab und auf das Altenteil ging (was dieser in der Regel so lang wie möglich hinauszögerte) oder wenn der Vater starb.

Die jungen Leute benachbarter Höfe und Dörfer lernten sich bei Festen, Jahrmärkten, beim Kirchgang oder in den Spinnstuben kennen, wo an Winterabenden die jungen unverheirateten Frauen gemeinsam mit den älteren verheirateten zusammensaßen und arbeiteten, während die jungen Männer in Gruppen auf Besuch hereinschauten. Es gab nicht viele Möglichkeiten für Paare, unkontrolliert allein zu sein. Doch in manchen Gegenden Mittel-, West- und Nordeuropas waren voreheliche Geschlechtsbeziehungen nicht nur verbreitet, sondern auch sozial akzeptiert („Kiltgang" oder „Nachtfreien"). Beim Kiltgang wurde den jungen Männern erlaubt, ihre Mädchen nachts zu besuchen und mit ihnen zu schmusen, eventuell auch mit ihnen zu schlafen. Diese Kontakte unterlagen aber der sozialen Kontrolle der dörflichen Gemeinschaft, insbesondere der Gruppe der jungen Männer, die darüber wachten, daß nur solche Beziehungen zustande kamen, die auch für angemessen gehalten wurden, und daß Schwangerschaften zur gegebenen Zeit auch zur Ehe führten.[9]

Die Werbung war kein Anlaß zu überschwenglichen Gefühlsbekundungen oder Zärtlichkeiten – selbst dann, wenn Mann und Frau sich gegenseitig relativ frei gewählt hatten: Im Departement Gers der 1830er Jahre „kneift der junge Bauer das Mädchen in den Arm, und das ist sein Heiratsantrag. Nach einiger Zeit tätschelt ihm das Mädchen vertraulich sein Knie, und das ist dann die Annahme. Um weiterzukommen, ist die Zustimmung der Eltern erforderlich".[10]

Der Ehealltag war von den Erfordernissen harter Arbeit beherrscht. Intimität gab es für das junge Paar so gut wie nicht. Zwar war die Dreigenerationenfamilie weitaus seltener, als unser gängiges Klischee von der vorindustriellen Familie es erwarten läßt, aber auch in kleineren und mittleren bäuerlichen Betrieben arbeiteten neben Mann und Frau meist zwei, drei Knechte und Mägde mit, vor allem solange die Kinder noch klein waren, gelegentlich ledige Geschwister des Bauern (oder der Bäuerin), häufiger nicht verwandte Personen. Das Gesinde war in die Familie integriert; man aß gemeinsam, schlief äußerst beengt (oft zu mehreren in einer Kammer, manchmal teilte das Paar sogar noch mit der Magd das Bett) und arbeitete nach Geschlechtern getrennt: Die Frauen waren für die Zubereitung des Essens, die Vor-

ratswirtschaft, die Kleidung zuständig, darüber hinaus für die Klein-
tierhaltung, den Garten- und Gemüseanbau, die Milchwirtschaft und
das Wasserholen; die Männer für die Feldarbeit, die Holzwirtschaft
und das Großvieh. In der Erntezeit gingen alle zusammen aufs Feld.

Das Ehepaar und seine Kinder grenzten sich kaum vom familien-
fremden Gesinde oder auch von der dörflichen Nachbarschaft ab;
Kinder und Gesinde hatten den gleichen Status; nur die Stellung des
Bauern als Autoritätsfigur war deutlich herausgehoben. Obwohl die
Arbeit der Bäuerin für das Funktionieren der Wirtschaft unentbehrlich
war – sie war so wichtig, daß ihre Position nie unbesetzt sein durfte
–, war die Familie doch extrem patriarchalisch organisiert. Das hing
zum einen mit der Eigentumsstruktur zusammen. Fast überall wurden die Höfe in der männlichen Linie vererbt. Zum anderen hatten
die Männer einen höheren Status, weil sie das Leben der dörflichen
Öffentlichkeit prägten und für die Außenkontakte zuständig waren;
sie trafen sich im Wirtshaus, beim Verkauf auf dem Markt, sie orga-
nisierten körperlich schwere Arbeiten gemeinsam, mit gegenseitiger
Aushilfe, während die meisten Frauenarbeiten auf einen relativ engen
Umkreis des eigenen Hofs begrenzt blieben.

Die Ehe war, wie die ganze Haushalts- und Produktionsgemein-
schaft, eine Arbeitsbeziehung, doch wegen ihrer hierarchischen
Struktur, wegen des ausgeprägten Statusgefälles zwischen den Geschlechtern, konnte sich auch keinerlei Kameradschaftlichkeit zwischen Mann und Frau herausbilden. Die Qualität der sexuellen Beziehungen in der bäuerlichen Ehe war bestimmt von dem harten Ar-
beitsalltag – „Liebe mit hungrigem Bauch, Zärtlichkeit nach zwölf
Stunden Feldarbeit, unverklemmte Sexualität in einer ungeheizten
Kammer fällt eben schwer"[11] – und, aufgrund des Hierarchiegefälles,
vor allem am kurzfristigen Genuß des Mannes orientiert. Die Frauen
mußten bei jedem Geschlechtsverkehr eine Schwangerschaft fürchten, bis ins 19. Jahrhundert (und für die unteren Schichten noch länger) jedes Mal eine Angelegenheit auf Leben und Tod. Das einzige
Mittel zur Empfängnisverhütung, das weitgehend bekannt war (aber
auch keine hundertprozentige Sicherheit bot), war die Ausdehnung
der Stillzeiten. Es gibt zahlreiche Belege für die Gleichgültigkeit und
Brutalität der Männer gegenüber ihren Frauen, wenn es um die Befriedigung ihrer sexuellen Bedürfnisse ging: „... aus dem überwie-
genden Teil der Zeugnisse geht hervor, daß in der Vergangenheit für
verheiratete Frauen die Sexualität eine Last war, die ein Leben lang

gehorsam, aber widerwillig getragen wurde, und keinesfalls eine Quelle der Freude".[12]

Das relativ späte Heiratsalter verkürzte die eheliche Fruchtbarkeitsperiode. Dennoch waren die Frauen bis zur Menopause häufig genug schwanger; die große Zahl der Fehl- und Totgeburten sowie die hohe Säuglings- und Kindersterblichkeit hielt dabei die effektive Kinderzahl niedrig; im allgemeinen wurden nur zwei bis drei Kinder großgezogen, die bis auf den ausersehenen Hoferben oft schon früh, mit zwölf bis vierzehn Jahren, in fremden Dienst gingen.[13] Weil die Frauen häufig im Kindbett starben, heiratete der Bauer nicht selten ein zweites (oder auch drittes) Mal, was ihm eine zweite (und weitere) Mitgift einbringen konnte. „Der Verlust eines Stalltiers bekümmert den Bauern mehr als der Verlust seiner Frau. Das erste kann man nur durch Geld ersetzen; die zweite aber mit einer anderen Frau, die etwas Geld und Mobiliar mitbringt und die, anstatt den Haushalt ärmer zu machen, seinen Wohlstand vermehrt", hieß es, und: „Reich ist der Mann, dessen Frau tot und dessen Pferd am Leben ist."[14]

Natürlich veränderte sich die bäuerliche Ehewirklichkeit im Verlauf des 19. und vor allem im 20. Jahrhundert. Auch hier fand allmählich eine Intimisierung und Emotionalisierung der Beziehungen statt. Doch die Sachzwänge, denen die Familie als Produktionseinheit ausgesetzt war, sowie die ständige Anwesenheit nicht-verwandter Personen führten dazu, daß die Veränderungen auf das bürgerliche Eheideal hin mit einer großen zeitlichen Verzögerung und auch weniger ausgeprägt auftraten als in anderen sozialen Milieus.[15] Gleichzeitig blieb die bäuerliche Ehe, wegen ihrer Bindung an eine gemeinsame Erwerbsgrundlage, auch sehr stabil.

Im dritten traditionellen Familientyp, dem der Handwerker, lagen die Bedingungen für die Entwicklung eines befriedigenden Ehe- und Familienlebens zum Teil noch ungünstiger. Auch hier fielen Arbeitsplatz und Wohnstätte zusammen, und dabei waren die Verhältnisse räumlich beengter als auf dem Bauernhof, wo sich immerhin ein Teil der Arbeit im Freien abspielte. Die Existenzgrundlage der handwerklichen Familie war die berufliche Qualifikation des Mannes. Er erwarb sie in langen mühsamen Jahren, zunächst als Lehrling, später als Geselle, auf Wanderschaft und in mehreren Arbeitsstellen, bis er sich endlich als selbständiger Handwerkermeister niederlassen konnte. Aufgrund der langen Ausbildung heirateten auch die Handwerker spät, auf jeden Fall nach dem 25. Lebensjahr; der Erwerb der Meisterwürde war oft an ein Mindestalter geknüpft. Gesellen mußten – jedenfalls im zünftigen Handwerk – ledig bleiben. Die Meisterprüfung und die „Freisprechung" durch die Zunft war meist mit dem Bürgerrecht der entsprechenden Stadt verbunden; beides war Voraussetzung für die Heirat. Der selbständige Handwerker war, wie der selbständige Bauer, immer ein verheirateter Mann: ein deutliches Zeichen dafür, daß die Ehe in der agrarisch-handwerklichen Gesellschaft einen ökonomischen Status markierte.

Bei der Partnerwahl spielte die Einheirat eines Gesellen in einen bestehenden Betrieb eine große Rolle: Wer nicht selber einen väterlichen Betrieb übernehmen konnte (erst Ende des 18., Anfang des 19. Jahrhunderts zeichnete sich eine Tendenz zur Erblichkeit von Handwerksbetrieben ab), konnte sich den Start in die Selbständigkeit dadurch erleichtern, daß er eine Meisterswitwe heiratete. Viele Zünfte verpflichteten Meisterswitwen zu einer zweiten Ehe mit einem Gesellen derselben Zunft innerhalb einer bestimmten Frist, wenn sie ihren Betrieb nicht ganz verlieren wollte. Diese Bestimmung diente einerseits der Versorgung von Witwen und Waisen und war andererseits oft die einzige Chance eines Gesellen, sich selbständig zu machen – vor allem im Spätmittelalter und der frühen Neuzeit, als die meisten Zünfte geschlossene Gesellschaften waren und keine Neulinge mehr aufnahmen. Aufgrund solcher Versorgungsehen war in etwa einem Drittel aller Handwerkerehen die Frau älter, manchmal sogar erheblich älter als der Mann. Wenn sie vor ihrem Mann starb, konnte dieser in zweiter Ehe eine Jüngere nehmen – was wiederum die Wahrscheinlichkeit erhöhte, daß die ihn als Witwe überlebte und wieder zu einer Versorgungsheirat gezwungen war. Aus Königsberg wird von einem Fall „besonders ungewöhnlicher Altersdifferenz" berichtet. Dort heiratete ein Zirkelschmiedegeselle, „um Meister zu werden, 1701 eine 75jährige Witwe, die immerhin noch sieben Jahre bei ihm aushielt; 1710 folgte als zweite Frau dann eine 16jährige Ratsschmiedemeistertochter".[16]

Wenn keine Notwendigkeit zur Einheirat bestand, konnten Handwerker jede Tochter aus städtisch-bürgerlicher Familie nehmen; die Zunft forderte allerdings nicht nur beim Meister selbst, sondern auch bei seiner Frau einen sittlichen Lebenswandel und „eheliche und ehrliche Geburt" für die letzten beiden Generationen. Die Mitgift der Frau spielte – mehr noch als die Tugenden Sparsamkeit, Häuslichkeit, Arbeitsamkeit – auch hier eine entscheidende Rolle. Da Selbständigkeit und Familiengründung in der Regel zusammenfielen, brauchte der Handwerker – falls er nicht einheiratete – Geld: Geld für die Einrichtung seiner Werkstatt, für die Ausrichtung der Hochzeit, für das Meisteressen und die Meisterprüfungsgebühren. Wirkliche Neigungsehen waren also vermutlich sehr selten.

Wie die bäuerliche Familie, so war auch die handwerkliche Familie patriarchalisch strukturiert: Der Mann hatte das Sagen, er bestimmte über Frau und Kinder, Gesellen und Lehrlinge. Sein Prestige stammte aus der qualifizierten Arbeit, von der die Familie lebte, und aus dem angesehenen Status als Zunftmitglied – nach der Verdrängung der Frauen aus allen Zünften im Spätmittelalter war beides nur noch Männern zugänglich.[17] Im Handwerkerhaushalt lebten im Durchschnitt zwischen drei und fünf Personen: der Meister, die Meisterin, ihre Kinder und die fremden Arbeitskräfte, nach den Regeln der meisten Zünfte nicht mehr als ein Lehrling und ein bis zwei Gesellen. Trotz häufiger Schwangerschaften und Geburten wurden meist nicht mehr als zwei bis drei Kinder groß; die Jungen verließen das Elternhaus früh, um anderswo in die Lehre zu gehen; die Mädchen blieben meist bis zu ihrer Verheiratung.

Nicht alle Handwerker besaßen ein eigenes Haus; viele wohnten auch zur Miete. Bei kleinen Handwerkern, die vielleicht nur einen Lehrling beschäftigten, spielte sich das gesamte Arbeits- und Familienleben in der Werkstatt, einer Wohn- und ein oder zwei Schlafstuben ab. Eltern und Kinder schliefen in einem Zimmer, manchmal sogar in einem Bett. Der Arbeitstag begann früh und endete spät; allerdings gab es zahlreiche Pausen, und die Arbeit gestaltete sich im allgemeinen gemächlicher als heutzutage. Während der Meister und gegebenenfalls sein Lehrling und Geselle ihrer Berufsarbeit nachgingen, war die Frau für das Essen und die Kleidung aller Haushaltsangehörigen verantwortlich; später nahm sie teilweise auch Bestellungen entgegen und kümmerte sich um den Verkauf, sofern dem Betrieb ein Laden angeschlossen war. Häufig, vor allem auf dem Land, betrieb sie nebenher einen Gemüsegarten oder einen kleinen landwirtschaftlichen Nebenerwerb.

Die gewöhnliche Handwerkerehe war kaum liebevoller und herzlicher als die durchschnittliche Ehe im bäuerlichen Stand. Im Gegenteil: aus diesem Milieu wird besonders viel von Zank und Streit, auch von Prügelei und Gewalt berichtet; der Meister schlug die Frau, seine

Angestellten und Kinder, und die Meisterin konnte immerhin die Kinder und die Lehrlinge ohrfeigen. Sicher waren die beengten räumlichen Verhältnisse dafür mitverantwortlich, aber auch die rigiden Normen und die autoritäre Organisationsstruktur der Zünfte spielten als Hintergrund eine Rolle.

Im Mittelalter und in der frühen Neuzeit regelte die Zunft das gesamte Leben des Handwerkerstandes; sie kontrollierte nicht nur die im engeren Sinn beruflichen Belange, sondern sie wachte auch über den sittlichen Lebenswandel ihrer Mitglieder. Die soziale Diskriminierung der Unehelichkeit war im Handwerkerstand ausgeprägter als in allen anderen sozialen Schichten, was vermutlich mit den knappen Ressourcen zusammenhing.[18] Es kam vor, daß Meister aus der Zunft ausgeschlossen wurden, wenn ihr erstes Kind zu früh nach der Heirat geboren wurde. Auch Ehebruch oder nur der Verdacht auf Ehebruch beim Meister oder der Meisterin und ganz allgemein ein unsittlicher Lebenswandel konnten zum Ausschluß aus der Zunft führen, der die nächste Generation einbezog. Allerdings läßt „die große Zahl von Versorgungsehen, in denen die affektive Bindung gering, der Altersunterschied häufig sehr groß war, ... vermuten, daß außereheliche Beziehungen nicht so selten waren, wie die Schärfe der zünftigen Sanktionen zunächst annehmen läßt".[19] Immerhin stellten die Handwerker – zwar überwiegend, aber nicht ausschließlich die Gesellen – einen beachtlichen Anteil der städtischen Bordellbesucher. Die Macht der Zünfte ließ in dem Maße nach, wie das „unzünftige" Handwerk zunahm. Im Laufe des 19. Jahrhunderts, nach Einführung der Gewerbefreiheit, zerfiel der Handwerkerstand in zwei soziale Schichten: Die großen vermögenden Betriebe wurden in ihrem Lebensstil, in der Organisation und Qualität ihres Familienlebens den bürgerlichen Familien ähnlicher, während die kleineren und ärmeren Handwerker ins Proletariat abstiegen und nach und nach Heimarbeiter oder Fabrikarbeiter wurden.

Die Heimarbeiterfamilie stellte einen Mischtyp zwischen traditioneller und moderner Familie dar. Mit der bäuerlichen und der handwerklichen Familie hatte sie gemeinsam, daß sie noch eine Produktionseinheit war: Vater, Mutter und die Kinder arbeiteten zusammen im gleichen Gewerbe. Mit der modernen Familie verband sie die Reduzierung auf die Kernfamilie: Anders als bei Bauern und Handwerkern lebten keine fremden, nicht-verwandten Personen mehr im Haushalt.

Die Heimarbeit, vor allem in der Textilindustrie und in der Spielzeugfertigung verbreitet, erlebte ihre Blütezeit Ende des 18., Anfang des 19. Jahrhunderts. Die Heimarbeiter stammten überwiegend aus den unterbäuerlichen Schichten. Anfangs waren die Verdienstmöglichkeiten für sie nicht schlecht, jedenfalls günstiger als die der Tagelöhner auf dem Lande. Deswegen lösten sie sich relativ schnell vom bäuerlichen Lebensstil; anders als die meisten kleinen Handwerker hielten sie auch keinen landwirtschaftlichen Nebenerwerb mehr aufrecht, denn Frau und Kinder konnten, gemeinsam mit dem Mann, in der Heimarbeit weit mehr verdienen. Weder die Produktionsmittel (z. B. die Webstühle oder anderes Werkzeug) noch die Rohstoffe gehörten ihnen; sie wurden vom Verleger gestellt, von dem sie die Aufträge entgegennahmen und die Bezahlung erhielten.

Heimarbeiter und Heimarbeiterinnen heirateten relativ früh. In dieser Schicht erfolgte erstmals eine deutliche Abkehr von dem über Jahrhunderte ausgeprägten „europäischen Heiratsmuster": Die sonst für die vorindustrielle Gesellschaft typische Verklammerung von ökonomischer Selbständigkeit und Heirat bestand nicht mehr. Die Existenzgrundlage war die Arbeit der Hände, für die keine besondere Qualifikation erforderlich war, da es sich meist um mechanische, in mehrere einfache Arbeitsschritte zerlegte Tätigkeiten handelte. Die konnte auch eine Person allein bewältigen, aber schneller ging es arbeitsteilig: Mann und Frau schafften als Team besonders viel, solange sie jung und geschickt waren. Frauen konnten die Arbeitsschritte mit höheren feinmotorischen Anforderungen übernehmen, bei denen sie dem Mann überlegen waren, und selbst kleinere Kinder leisteten oft schon regelmäßige Beiträge zur Arbeit.

Partnerwahl und Werbung waren in Heimarbeiterkreisen viel stärker von persönlichen Gefühlen und auch von gegenseitiger sexueller Attraktion bestimmt als in den traditionellen Familientypen oder im Bürgertum. Jedenfalls spielte Geld und Status kaum eine Rolle: Die Braut hatte nichts oder kaum etwas mitzubringen, und sie stammte aus denselben (unterbäuerlichen oder Heimarbeiter-)Kreisen. Voreheliche Beziehungen waren häufig; Zeitgenossen erschien deswegen das Heimarbeitermilieu als besonders unmoralisch und verdorben. In der Regel heiratete ein Paar, wenn die Frau schwanger wurde – allerdings hatten sich bei den Heimarbeitern die traditionellen dörflichen Kontrollmechanismen bereits gelockert, so daß es auch vorkommen konnte, daß ein fester Freund sich aus dem Staub machte, wenn seine

Geliebte ein Kind erwartete. Weder an Boden noch an festen Besitz gebunden, war der Heimarbeiter mobil genug, sich Sanktionen von seiten der Nachbarschaft oder der Familie der Frau zu entziehen. Jedenfalls war die Zahl der unehelichen Geburten in dieser Schicht relativ hoch. Normalerweise aber wurden aus Liebesbeziehungen Ehen. Aufgrund des frühen Heiratsalters und der langen ehelichen Fruchtbarkeitsperiode wurden die Heimarbeiterinnen besonders oft schwanger, und trotz der großen Sterblichkeit wuchsen viele Kinder heran. Anders als in den bäuerlichen und handwerklichen Familien waren Mann und Frau auch weniger bemüht, ihre Zahl niedrig zu halten, zumal Kinder – zumindest in der frühen Phase der Heimarbeit – als zusätzliche Arbeitskräfte gesehen wurden.

Die Beziehungen zwischen Mann und Frau waren weniger patriarchalisch als in anderen Familientypen: Der Mann hatte gegenüber der Frau nur insoweit einen Statusvorsprung, als dieser insgesamt in der europäischen Kultur verankert war; doch weder eine bessere Qualifikation noch Landbesitz oder Eigentum statteten ihn gegenüber der Frau mit besonderer Autorität aus. Ihr Beitrag zum gemeinsamen Erwerb war ebenso wichtig wie seiner. Diese gewisse Gleichwertigkeit von Frau und Mann und die Tatsache, daß die Heimarbeiterehen auf persönlicher Zuneigung und Liebe gegründet waren, gaben diesem Familientyp ein modernes Gepräge. Aber die ökonomischen Bedingungen, unter denen sich im Alltag das Familienleben abspielte, waren so ungünstig, daß die meisten Ehen sich nicht besonders erfreulich entwickelten. Die räumliche Enge war noch größer als anderswo: Meist bewohnte eine Familie mit mehreren Kindern nur zwei Zimmer, eine heizbare Wohnstube, in der auch gearbeitet wurde, und eine unbeheizte Schlafstube, in der alle Familienmitglieder nächtigten. Mit dem wirtschaftlichen Niedergang der Heimarbeit wurden die Verhältnisse noch ungünstiger. Die Verleger zahlten immer niedrigere Löhne, und das Arbeitstempo mußte mehr und mehr gesteigert werden. Wegen des ständigen engen Aufeinanderhockens gab es häufig Reibereien zwischen Mann und Frau, zwischen Eltern und Kindern, vor denen der Mann nur ins Wirtshaus und die Kinder auf die Straße flüchten konnten. Nicht selten liefen die Kinder, kaum erwachsen, von zu Hause fort, um sich anderswo allein durchzuschlagen. Weil es leichter war, auf und davon zu gehen als im bäuerlichen oder handwerklichen Milieu, zumindest für die Männer, waren die Ehen der Heimarbeiter relativ instabil – gemessen am damaligen, nicht am heutigen Standard.

Die Mehrzahl der Ehepaare blieb zusammen und kämpfte gemeinsam gegen die Armut.[20]

Die Schicht der industriellen Lohnarbeiter, die sich in Deutschland erst in der zweiten Hälfte des 19. Jahrhunderts herausbildete, rekrutierte sich, wie die der Heimarbeiter, weitgehend aus der ländlichen Unterschicht: Es waren Tagelöhnerinnen und Tagelöhner, nicht erbende Bauernsöhne und -töchter, ehemalige Heimarbeiterinnen und Heimarbeiter, kleine Handwerker, die ihre Selbständigkeit verloren, und Gesellen, die sie nie erlangt hatten. Die Industriearbeiterfamilie verband mit der Heimarbeiterfamilie die ökonomische Abhängigkeit und in gewisser Weise die Beschränkung auf die Kernfamilie (soweit sie nicht an Untermieter, Schlaf- oder Bettgänger vermieten mußte). Mit der bürgerlichen Familie hatte die Arbeiterfamilie ein wesentliches modernes Element gemeinsam: die Trennung von Arbeitsplatz und Wohnort, die im Laufe des 20. Jahrhunderts für den größten Teil der Bevölkerung die Regel wurde.

Auch Arbeiterinnen und Arbeiter heirateten, wenn sie nicht wie mancherorts durch gesetzliche oder betriebliche Heiratsvorschriften überhaupt zur Ehelosigkeit gezwungen waren, relativ früh. Zwar bestand für sie keinerlei ökonomische Notwendigkeit zur Ehe und Familiengründung (im Gegenteil: die vielen Kinder waren oft der Hauptgrund ihrer Armut), aber eine eigene Familie war die einzige Alternative zum trostlosen Dasein als Schlafgänger, der nur ein Bett (oder eine Bettbenutzung) bei anderen Leuten gemietet hatte. Für die jungen Arbeiterinnen war die Ehe schon deswegen die einzige Perspektive, weil die Frauenlöhne erheblich niedriger waren als die Männerlöhne, auf jeden Fall so niedrig, daß es fast unmöglich war, allein davon zu leben.

Tanzvergnügen und Feste am Wochenende waren eine willkommene Abwechslung und eine der wenigen Vergnügungen für die jungen Leute, die in den Fabriken arbeiteten. Bei solchen Anlässen stellten sich früh feste Paarbeziehungen her, die bald mit sexuellen Kontakten verbunden waren. Auch in diesem Milieu wurde normalerweise geheiratet, wenn die Frau schwanger war (falls die Heiratsbestimmungen es zuließen), aber auch hier kam es – anders als auf dem Dorf – vor, daß sich Männer ihrer moralischen Verpflichtung entzogen und einfach verschwanden. Uneheliche Mutterschaft war relativ häufig und nicht unbedingt mit einem sozialen Makel verbunden. Frühe sexuelle Aktivität und mangelndes Wissen über Verhütung führten zu einer hohen Fruchtbarkeit. Erst Ende des 19. Jahrhunderts verbreitete sich die Kenntnis von mechanischen Verhütungsmitteln (z. B. Kondomen) in der Arbeiterschicht; meistens wurde allenfalls Coitus interruptus praktiziert, weil diese Methode nichts kostete – dafür war sie natürlich auch nicht besonders wirksam.

Die Ehen in der Arbeiterschicht waren, wie die der Heimarbeiter, Liebesehen; Mann und Frau fanden aufgrund persönlicher Zuneigung und Attraktion zueinander. Wenn die meisten Ehen sich nicht besonders glücklich entwickelten, so hing das einerseits mit der Last der Schwangerschaften und Geburten, andererseits mit der extremen Armut und materiellen Not zusammen. Die erschreckenden Fälle, die Max Hodann aus einer Berliner Arztpraxis der Jahrhundertwende zusammengestellt hat, sprechen für sich:

„Hier haben Sie zwei Blätter aus meiner Kartothek:
Die eine Frau war, als sie zu mir kam, 50 Jahre alt und total invalide. Ich fragte sie, was vorläge. Unterleibsbeschwerden. Wieviel Kinder sie habe? Zwei. Vorsichtshalber forschte ich weiter, wieviel Kinder sie gehabt habe. Acht. Als ich erfuhr, daß sie dieses achte Kind bekam, als sie erst im 28. Jahr war, erkundigte ich mich genauer und stellte fest:

Die Patientin war geboren	9. 10. 1874	
Erstes Kind geboren	15. 7. 1892, lebt	
Heirat	19. 8. 1892	
Zweites Kind geboren	9. 7. 1893, gestorben („Krämpfe")	
Drittes Kind geboren	4. 8. 1894, gestorben („Krämpfe")	
Viertes Kind geboren	23. 7. 1895, gestorben („Krämpfe")	
Fünftes Kind geboren	28. 7. 1896, lebt	
Fehlgeburt im zweiten Monat		
Sechstes Kind geboren	1. 11. 1897, gestorben („Krämpfe")	
Siebentes Kind geboren	28. 6. 1899, gestorben („Krämpfe")	
Achtes Kind geboren	1. 5. 1900, gestorben („Krämpfe")	

Von 1900 bis 1916 hatte die Frau dann zwanzig Fehlgeburten. Nach dem sechsten Kind habe ihr ja der Arzt schon gesagt, daß sie keine Kinder mehr würde austragen können. Ich fragte die Frau, ob sie denn mit ihrem Mann über diese sinnlose Gebärerei niemals gesprochen habe. Ja, das schon. Der habe aber immer gesagt: Damit mußt du dich abfinden, dafür bist du eben eine Frau!

Was ist der Effekt dieser 29 Schwangerschaften: zwei lebende Kinder und eine fünfzigjährige menschliche Ruine.

Hier ein anderer Fall, ich will Sie mit Einzelheiten verschonen: geboren am 12. 12. 1869, hatte sie mit 18 Jahren das erste Kind, mit 24 das dritte, mit 27 das siebente, dann vier Fehlgeburten, mit 38 Jahren das 9. Kind. Vier Kinder starben an Diphteritis, zwei an Lebensschwäche, Effekt von 13 Schwangerschaften: Drei lebende Kinder!

Ich könnte Ihnen leicht diese Fälle vervielfachen, aber fragen Sie selbst in Ihrer Bekanntschaft, was die Frauen da durchgemacht haben, und Sie werden erschreckende Resultate buchen . . .'[21]

Wir können ohne weiteres davon ausgehen, daß die Verhältnisse nicht erst Ende des 19. Jahrhunderts so aussahen.[22] Daß sie sich auf die Beziehung zwischen Frau und Mann, auf das gesamte Familienleben nicht besonders günstig auswirkten, muß wohl nicht im einzelnen ausgeführt werden.

Der zweite Faktor, der die menschlichen Beziehungen extrem beeinträchtigte, war die materielle Not. Meist wurden Ehen ohne Ersparnisse des Mannes oder der Frau begonnen, so daß die Eheleute in der Zeit, in der die Kinder noch klein waren und die Frau ständig schwanger war, Schulden machen mußten oder zumindest keinerlei Anschaffungen vornehmen konnten. Der Lohn eines Arbeiters reichte günstigenfalls aus, eine Familie mit zwei Kindern zu ernähren; sobald es mehr wurden, war die Miterwerbstätigkeit der Frau, wenn nicht in der Fabrik, so als Wasch- oder Putzfrau, unbedingt erforderlich, egal ob sich Nachbarn oder ältere Geschwister fanden, die ein Auge auf die Kleinen haben konnten. Je größer die Zahl der Kinder, desto ärmer wurde die Familie, bis die Kinder eventuell selbst mitarbeiten konnten – doch viele überlebten, wie wir gesehen haben, das Kleinkindalter nicht. Die Frauen erlitten durch die harte Arbeit und die vielen Schwangerschaften Gesundheitsschäden und brachten kranke oder geschädigte Kinder zur Welt, zumal es keinen Wöchnerinnenschutz gab. Sie waren früh erschöpft und verbraucht.

Die Männer waren, wenn sie Arbeit hatten, die längste Zeit des Tages in der Fabrik; 1870 betrug die durchschnittliche Arbeitszeit an sechs Wochentagen zwölf Stunden täglich, um 1900 waren es noch 11 Stunden.[23] Da es keinerlei Arbeitsschutz gab, konnten die Unternehmer die Leute ohne weitere Begründung oder Entschädigung auf die Straße setzen, falls die Ertragslage schlecht war, und natürlich gab es auch keinerlei Versicherungsschutz bei Krankheit oder Invalidität. In den kleinen häßlichen, meist dunklen, kalten und feuchten Arbeiterwohnungen hielt sich tagsüber kaum jemand auf. Nicht nur die Frau, sondern auch die größeren Kinder waren zu verschiedenen Arbeiten unterwegs; die Kinderarbeit ging in der Industrie erst nach 1871 zurück, und auch danach übernahmen Kinder noch bezahlte Nebentätigkeiten wie Zeitungen oder Brötchen austragen und ähnliches.[24] Nachts schliefen die großen Familien in ein oder zwei gemieteten Zimmern zusammengedrängt, und oftmals vermieteten sie noch eine Kammer oder ein Bett (manchmal auch das eigene Bett zur abwechselnden Nutzung im Schichtverkehr) an fremde Untermieter. „Es werden sogenannte Schlafburschen oder Logiermädchen in die Wohnung genommen, öfter beide Geschlechter zugleich. Alte und Junge wohnen auf engstem Raume, ohne Scheidung der Geschlechter, und sind selbst bei den intimsten Vorgängen zusammengepfercht. Wie dabei Schamgefühl und Sittlichkeit fahren, darüber gibt es schauerliche Tatsachen",[25] heißt es in den Beobachtungen August Bebels. Doch „Schamgefühl und Sittlichkeit" waren vermutlich nicht das Wertvollste, was unter diesen Verhältnissen verkümmerte: Beziehungen, die als Liebesehen begonnen hatten, wurden von Armut und Elend, Zank und Bitterkeit allmählich vergiftet; die Männer verbrachten ihre wenigen freien Stunden im Wirtshaus; der sexuelle Verkehr war von Trunkenheit und Gewalt auf der einen Seite, Erschöpfung und Angst vor Schwangerschaft auf der anderen Seite begleitet.

Vermutlich wurden die Ehen und Familien in dieser Schicht eher durch gemeinsame Not und Mangel an Alternativen zusammengehalten als durch Liebe. Überhaupt war die Stabilität der Ehen in der vor- und frühindustriellen Zeit weitgehend ökonomisch bedingt und keineswegs ein Indiz für besonders gute Beziehungen zwischen den Ehegatten. In den traditionellen Familientypen (bei den Adligen, den Bauern, den Handwerkern) war die Ehe als Familiengründung an gewisse wirtschaftliche Voraussetzungen gebunden, die der persönlichen Neigung bei der Partnerwahl nur wenig Raum ließen. In den moderneren Familientypen der Heim- und der Industriearbeiter war zwar die selbstbestimmte und auf persönlicher Attraktion beruhende Partnerwahl die Regel – aber unter den materiellen Bedingungen des Alltags konnten sich die Beziehungen kaum positiv entwickeln.

Das nicht existente, das zerstörte Familienleben in der Arbeiterklasse erregte parallel zur Entfaltung der bürgerlichen Familie immer mehr die Aufmerksamkeit kritischer Zeitgenossen. Der neue Familientyp der proletarischen Kleinfamilie schien, kaum entstanden, schon vom Zerfall bedroht. Konservative Beobachter machten teils den

Wegfall der Ehebeschränkungen, die die Armen der vorindustriellen Zeit an der Fortpflanzung gehindert hatten, teils die Arbeiterinnen und Arbeiter selbst für die Mißstände verantwortlich: Sexuelle Zügellosigkeit und eine Familiengründung ohne ökonomische Existenzgrundlage, schließlich mangelnde Sparsamkeit, mangelnde Disziplin, mangelnder Fleiß waren, mit bürgerlichen Augen gesehen, die Ursache der Misere. Sozialisten und Kommunisten dagegen machten die kapitalistische Ausbeutung der Arbeitskraft von Arbeiterinnen und Arbeitern für die Zerstörung der Ehen und Familien verantwortlich. Aus beiden Perspektiven wurden die Verhältnisse in der vorindustriellen Familie, die Wohn- und Arbeitsstätte vereinigte, oft idealisiert.

Tatsache war, daß die Familienverhältnisse in allen sozialen Schichten mehr und mehr am Idealbild der bürgerlichen Familie gemessen wurden, das sich Ende des 18. Jahrhunderts herausbildete und im 19. Jahrhundert festigte und verbreitete – obwohl es zum Teil im Konflikt mit der bürgerlichen Ehe- und Familienwirklichkeit selbst lag.

5. „Festgemauert in der Erden": Ideal und Wirklichkeit der bürgerlichen Ehe

Das Leitbild der bürgerlichen Ehe und Familie entstand in einer Zeit grundlegenden gesellschaftlichen Wandels, gewissermaßen auf der Schwelle zwischen der traditionellen, ökonomisch begründeten Sachehe und der modernen Liebesehe. Als Konstrukt des Übergangs vereinigte es Elemente der alten und der neuen Eheauffassung. Daß es nur schwer miteinander zu vereinbarende, ja vielleicht einander widersprechende Elemente waren, wurde im Konflikt zwischen Eheideal und Ehewirklichkeit zunehmend deutlich. Die bürgerliche Gesellschaft, die bürgerliche Familie brachte das Ideal der Liebesehe hervor, aber die Ehen, die hier geschlossen wurden, waren weitgehend Konventionsehen, denen ökonomisches Kalkül zugrunde lag. – An diesem Widerspruch entzündete sich die Ehekritik des 19. Jahrhunderts; diesen Widerspruch machten zum Teil auch die „wilden Ehen" sichtbar, die im Schatten der bürgerlichen Gesellschaft existierten.

Der Typ der bürgerlichen Ehe begann sich Ende des 18. Jahrhunderts herauszubilden;[1] anders als in England und Frankreich spielte in Deutschland aufgrund der zögernden Industrialisierung dabei das Bildungsbürgertum eine besonders wichtige Rolle: höhere Beamte, Vertreter der freien Berufe, Gelehrte, Literaten, Pfarrer und nur vereinzelt Großkaufleute und Unternehmer. Angehörige dieser Berufsgruppen wuchsen nach und nach zu einer neuen sozialen Schicht zusammen, die sich in das alte Ständeschema nicht recht einordnen ließ: Sie grenzten sich nach oben gegen den Adel, nach unten gegen Bauern, Handwerker, die städtische Unterschicht und später vor allem gegen das Proletariat und das ebenfalls neu entstehende Kleinbürgertum ab. Bildung und Besitz waren die Kennzeichen des Bürgertums; vor allem die Bildung war der Motor für den persönlichen Aufstieg des bürgerlichen Mannes. Durch selbsterworbenes Wissen und individuelle Leistung fühlte er sich dem Adligen überlegen, dem seine privilegierte Position in der Gesellschaft ohne eigenes Dazutun nur aufgrund von Geburt und Ahnenreihe zufiel. Der expandierende Staat hatte einen wachsenden Bedarf an gebildeten Beamten, so daß am Ende einer allerdings viele Jahre dauernden Gymnasial- und Universitätslaufbahn in der Regel ein gesicherter, bescheidener Wohlstand zu erwarten war.

Der neue bürgerliche Familientyp trat an die Stelle des „ganzen Hauses",[2] der traditionellen Lebensform der landbesitzenden Bauern, der vermögenden Handwerker und Kaufleute. Entscheidend für die Entstehung des neuen Familientyps war die Auslagerung des Arbeitsplatzes aus der Familie, der Wegfall der gemeinsamen produktiven Arbeit als Grundlage der ehelichen Beziehung. Gleichzeitig kam aber in der bürgerlichen Familie, weil sie auf einem gewissen Wohlstand aufbaute, noch etwas Neues hinzu: Die Frau war von der Notwendigkeit zur Erwerbsarbeit freigestellt; ihre Aufgabe bestand darin, die Arbeit der Dienstboten im Haushalt und die Erziehung der Kinder zu überwachen. Gleichzeitig begann sich die aus Eltern und Kindern bestehende Kernfamilie von den Dienstboten, die im „ganzen Haus" gleichwertig in die Familie integriert waren, räumlich und sozial zu distanzieren. Auf diesem Hintergrund erhielten die Gefühlsbeziehungen zwischen Mann und Frau, auch zwischen Eltern und Kindern (vor allem der Mutter und ihren Kindern) allmählich eine neue Qualität, die mit den Stichworten Intimisierung, Individualisierung und Emotionalisierung etikettiert worden ist.[3]

Parallel zum sozialen Aufstieg des Bürgertums und zum Anwachsen des industriellen Proletariats, für das ebenfalls Arbeitsplatz und Wohnstätte auseinanderfielen, erhielt das bürgerliche Leitbild von Ehe und Familie normative Geltung für alle sozialen Schichten. Dieses Idealbild war entscheidend vom Bildungsbürgertum geprägt. In Schillers „Lied von der Glocke", das 1799 entstand, ist es besonders anschaulich beschrieben.

Grundlage der Ehe ist die Liebe, eine romantische Liebe, die ihr Objekt idealisiert und durch die Distanz zwischen heranwachsenden Jungen und Mädchen, durch eine geschlechtsspezifische Erziehung, genährt wird: „Vom Mädchen reißt sich stolz der Knabe, / Er stürmt ins Leben wild hinaus, / Durchmißt die Welt am Wanderstabe. / Fremd kehrt er heim ins Vaterhaus, / Und herrlich, in der Jugend Prangen, / Wie ein Gebild aus Himmels Höhn, / Mit züchtigen verschämten Wangen / Sieht er die Jungfrau vor sich stehn." Obwohl der junge Mann inzwischen die Welt kennengelernt hat, findet seine Partnerinnenwahl – immer noch – in der Heimat und innerhalb seines eigenen gesellschaftlichen Milieus statt. Das Mädchen, das derweil bei der Mutter hauswirtschaftliche Kenntnisse und Fertigkeiten erworben hat, ist natürlich noch Jungfrau; die voreheliche Liebe bleibt keusch. Was immer der Knabe vorher in der Fremde getrieben hat: hier jedenfalls gibt er der sexuellen Begierde nicht unmittelbar Ausdruck, sein Werben ist von Gefühl und Empfindsamkeit bestimmt, seine Liebe sublimiert. „Da faßt ein namenloses Sehnen / Des Jünglings Herz, er irrt allein, / Aus seinen Augen brechen Tränen, / Er flieht der Brüder wilde Reihn. / Errötend folgt er ihren Spuren / Und ist von ihrem Gruß beglückt, / Das Schönste sucht er auf den Fluren, / Womit er seine Liebe schmückt." Idealisierung und soziale Distanz bestimmen die Zeit der Werbung; die nahe persönliche und die sexuelle Beziehung beginnen erst nach der Hochzeit. Die eheliche Liebe soll dann eine andere Qualität haben als die voreheliche; Verliebtheit soll sich in ruhige, gleichmäßige Neigung wandeln, die ein Leben lang hält wie das Band der Ehe. Deswegen muß, bei aller Verliebtheit, die Wahl der Gattin bedachtsam erfolgen: „Drum prüfe, wer sich ewig bindet, / Ob sich das Herz zum Herzen findet! / Der Wahn ist kurz, die Reu ist lang . . ." Erst nach der Trauung kommt die Stunde der Wahrheit für das Paar. Jetzt wird sich zeigen, wie tragfähig das Gefühl ist. „Ach! des Lebens schönste Feier / Endigt auch den Lebensmai, / Mit dem Gürtel, mit dem Schleier / Reißt der schöne Wahn entzwei. / Die Leidenschaft flieht, / Die Liebe muß bleiben; / Die Blume verblüht, / Die Frucht muß treiben." Pessimismus klingt an. Etwas geht mit der Hochzeit zu Ende, und es ist keinesfalls gewiß, ob die Umwandlung der vorehelichen (leidenschaftlich-romantischen und keuschen) in die eheliche (von den Erfordernissen des Alltags geprägte, gleichmäßige, auch geschlechtliche) Liebe gelingt. – Im Idealbild der bürgerlichen Ehe treten die bislang als widersprüchlich empfundenen Anforderungen an die eheliche und die außereheliche Geschlechtsbeziehung gemeinsam auf; gemeinsam, doch in gewisser Weise noch immer getrennt: das eine soll bis zur Trauung gelten, das andere danach.

Ehe und Familie gehören im bürgerlichen Ideal zusammen; die Kinder sind Teil der „Frucht", die „treiben muß", ihr Heranwachsen ist eine Facette des angestrebten Wohlstands. Der bürgerliche Ehealltag ist von der Zweiteilung der Welt in einen „äußeren" und einen „inneren" Bereich geprägt, den Bereich des wirtschaftlichen und öffentlichen Lebens einerseits, des privaten und häuslichen Lebens andererseits. Für den einen ist der Mann, für den anderen die Frau zuständig: „Der Mann muß hinaus / Ins feindliche Leben, / Muß wirken und streben / Und pflanzen und schaffen, / Erlisten, erraffen, / Muß wetten und wagen, / Das Glück zu erjagen. / ... Und drinnen waltet / Die züchtige Hausfrau, / Die Mutter der Kinder, / Und herrschet weise / Im häuslichen Kreise ..." Diese Arbeitsteilung ist im Wesen der Geschlechter angelegt: „Denn wo das Strenge mit dem Zarten, / Wo Starkes sich und Mildes paarten, / Da gibt es einen guten Klang." In der äußeren Welt, wo der Mann „erlisten, erraffen" muß, weht spürbar ein rauherer Wind als im häuslichen Hafen; nur im harten Wettbewerb, im Kampf aller gegen alle – das heißt der Männer gegeneinander – gelingt es, das Eigentum zu mehren: „Da strömet herbei die unendliche Gabe, / Es füllt sich der Speicher mit köstlicher Habe, / Die Räume wachsen, es dehnt sich das Haus." Auf dem Höhepunkt seines Schaffens steht der Mann und Vater und überschaut und zählt die Vermögenswerte und die „Häupter seiner Lieben".

Aufgabe der Frau ist es, durch die bürgerlichen Tugenden Fleiß, Ordnung, Sauberkeit ihren Teil zur Erhaltung und zum Wachstum des Wohlstandes beizutragen: „Und reget ohn Ende / Die fleißigen Hände, / Und mehrt den Gewinn / Mit ordnendem Sinn, / Und füllet mit Schätzen die duftenden Laden, / Und dreht um die schnurrende Spindel den Faden, / Und sammelt im reinlich geglättetem Schrein / Die schimmernde Wolle, den schneeigten Lein, / Und füget zum Guten den Glanz und den Schimmer / Und ruhet nimmer." Neben diesen hauswirtschaftlichen Tätigkeiten, die noch recht vielfältig sind, obliegt der Frau die wichtiger werdende Kindererziehung; sie „lehret die Mädchen / Und wehret den Knaben". Auch die Mutterliebe ist eine selbstverständliche, naturwüchsige Geschlechtseigenschaft: Die Frau bringt die Kinder zur Welt; sie sieht „an treuer Brust" den Sohn und Erben „mit Mutterlust" wachsen: „Der Mutterliebe zarte Sorgen / Bewachen seinen goldnen Morgen." Die Rolle der Frau erfährt eine gewisse Aufwertung, die mit der Idealisierung von Heim und Herd einhergeht. Sie ist nicht nur für das Nützliche, sondern auch für das Schöne, das Dekorative, die Gemütlichkeit zuständig. Wenn die „teure Gattin" und „treue Mutter" stirbt, dann „verwaist" das Heim, die „zarten Bande", die es zusammengehalten haben, zerfallen und es wird „liebeleer".

Nicht umsonst ist Schillers „Lied von der Glocke" bis weit ins 20. Jahrhundert hinein fester Bestandteil des an höheren Schulen vermittelten Bildungsguts geblieben; fast zwei Jahrhunderte lang hat es den meist aus dem Bürgertum stammenden Schülerinnen und Schülern bürgerliche Werte vermittelt.

Die Wirklichkeit der bürgerlichen Ehe sah natürlich etwas anders aus. Die „höhere Tochter" des Bürgertums lernte ihren zukünftigen Mann auf Bällen oder bei geselligen Veranstaltungen ihres Elternhauses oder bekannter Familien kennen. Wenn der Mann ernsthaftes Interesse signalisierte, wurde er von den Eltern der Frau einige Male eingeladen, während sie zugleich begannen, mehr oder weniger diskret Erkundigungen über seine Familie und seine Vermögenslage anzustellen – wie er es umgekehrt auch tat. Bewegten sich die Auskünfte in einem akzeptablen Rahmen, dann war gegen eine Hochzeit nichts einzuwenden, und die Eltern der Frau drängten auf die Verlobung, die dem Paar einen etwas freieren Umgang miteinander erlaubte – allerdings im allgemeinen immer noch in Gegenwart Dritter.

Die persönliche Neigung spielte bei der Partnerwahl inzwischen durchaus eine Rolle. Der Mann selbst (nicht mehr seine Familie) nahm die Werbung in die Hand, und schon in der zweiten Hälfte des 18. Jahrhunderts versicherte er sich im allgemeinen erst der Neigung der Frau, bevor er bei ihrem Vater um ihre Hand anhielt. In seinem Drama „Kabale und Liebe" von 1784 läßt Schiller den Vater seiner Luise Millerin sagen, daß er den Männern nicht traue, die erst den Vater und dann die Tochter um ihre Zustimmung fragen: „Ist er was, so wird er sich schämen, seine Talente durch diesen altmodischen Kanal vor seine Liebste zu bringen".[4] Andererseits wurde der „altmodische Kanal" offenbar hier und da auch noch um die Mitte des 19. Jahrhunderts benutzt. So beschreibt Thomas Mann, wie die 17jährige Tony Buddenbrook von ihren Eltern über den Heiratsantrag ihres Verehrers Grünlich unterrichtet wird: „Mein liebes Kind, sagte der Konsul . . ., die Frage, über die wir mit dir zu reden haben, ist in diesem Briefe enthalten. . . . Um kurz zu sein: Herr Bendix Grünlich, den wir alle als einen braven und liebenswürdigen Mann kennengelernt haben, schreibt mir, daß er während seines hiesigen Aufenthaltes eine tiefe Neigung zu unserer Tochter gefaßt habe. Was denkt unser gutes Kind darüber?" Und als Tony, die Herrn Grünlich nur albern gefunden hat, mit den Worten „Was will dieser Mensch von mir –! Was habe ich ihm getan –?!" in Tränen ausbricht, wird sie von ihrer Mutter, der Konsulin, beruhigt: „Liebe Tony, . . . wozu dieses Echauffement! . . . Siehst du, ich nehme an, daß du noch keine entscheidenden Empfindungen für Herrn Grünlich hegst, aber das kommt, ich versichere dich, das kommt mit der Zeit . . .".[5]

Das Ideal der bürgerlichen Ehe war die „vernünftige" Liebe: Mann und Frau sollten einander schätzen und achten, und die Frau sollte nicht geradezu Widerwillen beim Gedanken an die physische Vereinigung empfinden, aber gefragt war keineswegs eine blinde Leidenschaft, die sich über alle finanziellen Erwägungen hinwegsetzte. Damit waren die Wahlmöglichkeiten schon erheblich eingeschränkt, vor allem für die Frauen, die sich häufig nicht leisten konnten, einen Antrag abzulehnen, da die Alternative, als „alte Jungfer" sitzenzubleiben, besonders trostlos erschien. Es bedeutete, nach dem Tod der Eltern, die soziale Isolation, wenn nicht verheiratete Brüder oder Schwestern bereit waren, sie zu sich zu nehmen, und es bedeutete sehr häufig eine quälende finanzielle Abhängigkeit. Nur wenige Frauen erbten so viel Vermögen, daß sie sich davon auf Dauer allein unterhalten konnten, und außer Gesellschafterin oder vielleicht noch Lehrerin gab es keinerlei Berufe, die den Frauen der Mittelschicht offengestanden hätten. Die Perspektivelosigkeit der unverheirateten Frauen des Bürgertums war einer der Hauptgründe für die Entstehung der bürgerlichen Frauenbewegung im vorigen Jahrhundert.

Im Bürgertum gab es eine große Zahl unverheirateter Frauen. Das hing damit zusammen, daß viele Männer es sich nicht leisten konnten, eine Familie zu gründen; sie mußten, bevor sie heirateten, entweder ererbtes Vermögen oder eine einträgliche Position (etwa im Staatsdienst) oder eine Praxis, ein Geschäft, ein Unternehmen aufgebaut haben. Das setzte ein langjähriges Studium voraus, Bildungsreisen, Auslandsaufenthalte, eine mehrjährige Berufspraxis. Die Männer heirateten erst spät, und einige zogen es überhaupt vor, Junggesellen zu bleiben. – Die Heiratschancen einer Frau hingen weit weniger von ihrer Schönheit als von der Höhe ihrer Mitgift ab – und die stand im umgekehrten Verhältnis zur Zahl der Geschwister. Das Einkommen der bürgerlichen Familie wurde in erster Linie in die Ausbildung der Söhne investiert. Eine Mitgift, die den Töchtern gezahlt wurde, bedeutete häufig Kapital, das dem Familienunternehmen entzogen werden mußte: Bei mehreren Töchtern konnte es an die Substanz gehen – es sei denn, sie machten ausgezeichnete Partien, die der Familie andere Geschäftsvorteile brachten.

Obwohl nach der Eheauffassung des Bürgertums die persönliche Liebe die Grundlage der Ehe sein sollte, kam also den finanziellen Motiven in der Regel ein entscheidendes Gewicht zu. Während die Idee der Liebesehe im allgemeinen Bewußtsein – besonders in dem der Frauen – einen immer wichtigeren Platz einnahm, hielt die strukturelle Notwendigkeit zu Geldheiraten unvermindert an; womöglich war sie in der zweiten Hälfte des 19. Jahrhunderts sogar noch größer als in der ersten. Das lag unter anderem an der sozialen Umschichtung, die mittlerweile innerhalb der Mittelschicht vor sich gegangen war: Das Bildungsbürgertum hatte ab- und das Wirtschaftsbürgertum erheblich zugenommen. Großkaufleute, Unternehmer, Bankiers waren jetzt tonangebend; Eigentum und Vermögen wurden wichtiger. Das Wirtschaftsbürgertum begann, mit demonstrativem Konsum den Lebensstandard des Adels zu imitieren, den es in bezug auf seine wirtschaftliche Bedeutung zwar längst überholt hatte, der aber noch alle zentralen politischen Positionen in der Gesellschaft besetzt hielt. In diesen Kreisen war die Ehe ein wichtiges Instrument zur Schaffung von Geschäftsbeziehungen und zur Kapitalaufnahme. Unternehmertöchter heirateten zwischen 1850 und 1870 am häufigsten Unternehmersöhne; erst an zweiter Stelle standen bei ihrer Partnerwahl Männer aus dem Bildungsbürgertum.[6] Für den höheren Beamten wiederum war die Unternehmertochter eine besonders attraktive Partie, weil die Position im Staatsdienst zwar ein hohes Prestige, aber ein vergleichsweise niedriges Einkommen bedeutete.

Es war eine zentrale Schwachstelle der bürgerlichen Ehe, daß so viel von Liebe geredet wurde, obwohl oft genug und immer noch die Mitgift gemeint war. Auch in der vorbürgerlichen Gesellschaft waren materielle Erwägungen ausschlaggebend gewesen, aber zu dieser Zeit war weniger von der Liebe gesprochen und auch weniger Liebe erwartet worden – zumindest von den Frauen.

Auch neneheliche Verhältnisse und sexuelle Doppelmoral, die sich vor allem in der zweiten Hälfte des 19. Jahrhunderts im Bürgertum verbreiteten, waren mit der Idee der Liebesehe nicht vereinbar. Die vom Geist des Protestantismus durchzogene Moral der frühen Neuzeit hatte die Norm der vor- und nebenehelichen Abstinenz auf Frau und Mann bezogen. Doch der patriarchalische Familiensinn hielt von alters her noch immer zweierlei Maß bereit, wie z. B. Adolph von Knigges berühmte Anstandsfibel „Über den Umgang mit Menschen" aus dem Jahre 1788 zeigt: „Der Moralität nach und unsern religiösen und politischen Grundsätzen gemäß, ist die Übertretung der ehelichen Pflichten von einer Seite so unedel als von der andern! In Rücksicht auf die Folgen hingegen ist freylich die Unkeuschheit einer Frau weit strafbarer als die eines Mannes. Jene zerreißt die Familien-Bande, vererbt auf Bastarte die Vorzüge ehelicher Kinder, zerstöhrt die heiligen Rechte des Eigenthums und widerspricht laut den Gesetzen der

Natur, nach welchen immer Vielweiberey weniger unnatürlich als Vielmännerey seyn würde."[7] Bei Wilhelm Heinrich Riehl, dem konservativen Familienideologen des 19. Jahrhunderts, ist derselbe Grundsatz 1855 noch schärfer ausgedrückt: „Geschlechtliche Unsittlichkeit entwürdigt darum das Weib noch unendlich tiefer als den Mann; sie ist Hochvеrrath an der Familie . . . [Der Ehebruch] ist eines der wenigen Staatsverbrechen, welche die Frau begehen kann".[8]

Die Sexualität war im 19. Jahrhundert ein tabuisiertes Thema, ein intimer Bereich, über den wenig geredet und geschrieben wurde: „Die übergroße Mehrheit der Bürger, zumal im 19. Jahrhundert, und selbst die emsigsten Tagebuchschreiber bewahrten über das delikate Thema der Geschlechtsliebe ein ehernes Schweigen".[9] Doch unter Männern galt es als selbstverständlich, daß sie vor der Ehe sexuelle Erfahrungen sammelten, sich „die Hörner abstießen", meist bei Prostituierten, häufig auch bei Verhältnissen mit Dienstmädchen oder anderen Frauen aus der Unterschicht: Putzmacherinnen, Näherinnen, Wäscherinnen. Der Bordellbesuch gehörte zu den rituellen Veranstaltungen der studentischen Verbindungen, zur „Mutprobe" für halbwüchsige Schüler.[10] In der zweiten Hälfte des 19. Jahrhunderts nahm die Prostitution, vor allem in den großen Städten, gewaltig zu. Viele Männer der Mittelschicht, in der langen Junggesellenzeit an sporadische sexuelle Verhältnisse und Prostitution gewöhnt, hatten auch während ihrer Ehen weiterhin solche sexuellen Kontakte.

So verfügten die Männer zu Beginn einer Ehe im allgemeinen über einen großen Erfahrungsvorsprung, der sich – zusammen mit der den Frauen anerzogenen Prüderie und Körperfeindlichkeit – sehr negativ auf die sexuelle Beziehung auswirken konnte. Selbst wenn Zuneigung oder Verliebtheit die Grundlage der Ehe war, konnte eine Frau auf diesem Hintergrund „das große tiefe Geheimnis des Geschlechts . . . wie eine gräßliche Untat" erleben. So schreibt die Sozialistin und Feministin Lily Braun, geboren 1865, in ihren Memoiren: „Sie hat mir oft erzählt, daß sie in den ersten acht Tagen ihres Zusammenlebens mit ihrem Mann am liebsten davongelaufen wäre, wenn sie sich nicht vor ihren Eltern geschämt hätte. Erst ganz allmählich kam ihr die Erkenntnis, daß ihr Gatte kein Verbrecher, ihr Schicksal kein abnormes war."[11] Es gibt zahlreiche literarische, biographische oder dokumentarische Beispiele dafür, daß die Frauen des 19. Jahrhunderts, wenn nicht mit Widerwillen und Angst, so doch mit abwehrender Gleichgültigkeit auf die eheliche Sexualität reagierten. „Das Geschlechtliche wäre mir ganz gleichgültig; nur ärgert es mich, daß man nicht gleichzeitig dabei Strümpfe stricken kann", erzählte eine in „außerordentlich glücklicher Ehe lebende Frau" noch Anfang des 20. Jahrhunderts einem protestantischen Züricher Pfarrer.[12]

Das verbreitete Bild vom trostlosen Sexualleben in der Mittelschichtsehe des vergangenen Jahrhunderts, demzufolge die Frauen sich nur mit Überwindung zu den als „schmutzig" empfundenen „ehelichen Pflichten" durchringen konnten, ist in jüngster Zeit als einseitig in Frage gestellt worden. „Die Schauermärchen vom verklemmten Geschlechtsleben oder von den anständig erzogenen jungen Männern und Frauen, die in puncto Sexualität von einer rührenden Unbedarftheit waren, bestimmen noch heute unser Bild von den Mittelschichten der viktorianischen Zeit. Viele dieser Geschichten sind mittlerweile als reine Erdichtung oder unbegründete Verallgemeinerung entlarvt worden. ... Doch andere dieser Geschichten sind wahr; sie bilden den Kern psychiatrischer Fallberichte, öffentlicher Skandale, autobiographischer Bekenntnisse", erklärt Peter Gay, der reichhaltiges Material zusammengetragen hat, um seine These zu belegen, daß es auch im 19. Jahrhundert in Amerika und Mitteleuropa in der Mittelschicht „glückliche, sinnliche Ehen" gegeben hat.[13] Demnach muß es einer Reihe von Frauen gelungen sein, trotz schlechter oder unzureichender Aufklärung nach und nach ein positives Verhältnis zur Sexualität in der Ehe zu entwickeln.

Fest steht jedoch, daß das 19. Jahrhundert eine Zeit der weitreichenden Sprachlosigkeit und Verdrängung war, was die Sexualität betraf, und daß der scharfe Kontrast zwischen den öffentlichen Standards der Anständigkeit im Verein mit dieser Tabuisierung eine Tendenz zum männlichen Doppelleben vor und während der Ehe förderte, von dem die Frauen oft nicht einmal etwas ahnten. Die 1868 geborene deutsche Feministin Lida Gustava Heymann (die sich u. a. für die Abschaffung der staatlichen Reglementierung der Prostitution einsetzte) schreibt in ihren Lebenserinnerungen, daß sie bis zu ihrem 27. Lebensjahr nicht einmal gewußt habe, was ein Bordell sei – ein gewiß nicht untypischer Fall.[14] Es galten nicht nur unterschiedliche moralische Maßstäbe für das sexuelle Verhalten von Mann und Frau, viele Männer machten auch noch immer einen scharfen Unterschied zwischen ehelicher und außerehelicher Sexualität, zwischen „anständigen" Frauen (Müttern, Schwestern, Ehefrauen) und „verdorbenen" Frauen (Mätressen, Frauen der Demimonde, Prostituierte), mit denen man Spaß im Bett haben, die man aber keinesfalls heiraten konnte.[15]

Auf jeden Fall erschwerten der sexuelle Erfahrungsvorsprung der Männer und das heimliche Doppelleben die Verwirklichung des ehelichen Ideals der gleichgewichtigen Gemeinschaft. Prostitution und nebeneheliche Verhältnisse, die zwar neben der alten Standesehe ohne weiteres hatten bestehen können, ja sie sogar in gewisser Weise stabilisiert hatten, standen im Widerspruch zum neuen Ideal der auf Liebe gegründeten Ehe.

Ein weiterer Konflikt zwischen Ideal und Realität ergab sich aus der patriarchalischen Struktur der bürgerlichen Ehe. Einerseits idealisierte die bürgerliche Gesellschaft die Frauen und entwarf das Ideal der Ehe als einer Gefühlsgemeinschaft, in der sich Gemüt und Verstand, jeweils vertreten durch Frau und Mann, gleichwertig ergänzen sollten; andererseits führte der strukturelle Machtvorsprung des Mannes dazu, daß sich günstigenfalls eine Art Vater-Tochter-Verhältnis und im negativen Fall die Beziehung zwischen einem Familientyrannen und einer vom Gefühl ihrer eigenen Minderwertigkeit durchdrungenen Dienerin entwickeln konnte.[16]

Die Männer, die erst dann heirateten, wenn sie „eine Familie ernähren" konnten, waren den Frauen weit überlegen, was Bildung, Wissen und vor allem Welterfahrung betraf; auch die häufig große Altersdifferenz brachte ein starkes Autoritätsgefälle mit sich. Anfang des 19. Jahrhunderts waren die Ehefrauen im Durchschnitt zehn Jahre jünger als ihre Männer; oft waren sie bei der Heirat noch halbe Kinder. Erst in der zweiten Hälfte des 19. Jahrhunderts stieg auch das Heiratsalter der Frauen auf Mitte zwanzig an. Nicht nur, daß den Frauen de facto keine akzeptable Alternative zur Ehe blieb: sie waren auch durch ihre geringen Möglichkeiten, Erfahrungen zu sammeln und Vergleiche zu ziehen, in ihrer Partnerwahl erheblich eingeschränkter als die Männer. Sie hatten vor der Heirat ein Pensionat besucht und waren vielleicht unter Aufsicht ein wenig gereist. Die Männer dagegen bewegten sich in der äußeren Welt des Geschäftslebens und der Öffentlichkeit; sie waren für die Frauen die Mittler zur „großen" Welt und zum „wirklichen" Leben.

Währen die Berufsarbeit des Mannes wichtiger wurde, entwickelten sich die Lebensbereiche von Mann und Frau immer weiter auseinander. Das Heim, die Kinder, der gesellige Verkehr der Familie, die Dienstboten waren die einzigen gemeinsamen Themen des Paares. Sie verstand nichts vom Geschäft und von der Politik; es galt auch als unschicklich, von derlei Dingen im Kreis der Familie zu reden, so etwas gehörte in eine reine Männerrunde. Er las keine Romane und sah mit männlichem Überlegenheitsgefühl auf die kleine Welt der Frauen herab, die nur aus Gefühlsduselei und Oberflächlichkeit, Klatsch und Kinderstube zu bestehen schien – was im Zweifel alle seine Vorurteile bestätigte.

Nicht nur größere Weltläufigkeit, Alters- und Wissensvorsprung sicherten dem bürgerlichen Mann die Vormachtstellung in der Familie, sondern auch das Ehe- und Familienrecht, in dem sich die patriarchalische Weltordnung niederschlug. Der Rechtsprechung im 19. Jahrhundert lag in weiten Teilen Deutschlands das Allgemeine Landrecht für die Preußischen Staaten (ALR) von 1794 zugrunde. Das Ehe- und Familienrecht des ALR, auf der Schwelle zwischen ständischer und bürgerlicher Gesellschaft, spiegelt auch den Wandel von der Standesehe zur bürgerlichen Ehe. Es war der Vorläufer des Bürgerlichen Gesetzbuches (BGB) von 1900, das bis zur Gegenwart gilt – wenn auch das Familienrecht inzwischen in wesentlichen Punkten verändert worden ist.

Das ALR, noch beeinflußt vom Geist der Aufklärung, sah die Ehe als einen privatrechtlichen Vertrag zwischen zwei Individuen, den sie nach freiem Willen schließen und im Prinzip auch wieder auflösen konnten. Für das Zustandekommen war die „freie Einwilligung beyder Theile"[17] Voraussetzung, was eine Absage an die elternarrangierte Ehe bedeutete. Zwar bedurfte die gültige Ehe der kirchlichen Trauung, doch die Ehegerichtsbarkeit, insbesondere die Ehescheidung, war staatliche Angelegenheit. (Erst mit dem Personenstandsgesetz von 1875 wurde die Zivilehe vor dem Standesbeamten obligatorisch, während die katholische oder protestantische Trauung von da an dem Belieben des Paares überlassen blieb.)

Das ALR nannte die „Erzeugung und Erziehung von Kindern" „Hauptzweck der Ehe" – eine Auffassung, die einerseits noch der mittelalterlich-christlichen Eheidee entsprach, andererseits aber auch den Interessen des absolutistischen Staates, dem an Kinderreichtum und Bevölkerungswachstum lag. Doch dem „Hauptzweck der Ehe" (§ 1) war noch ein weiteres Motiv hinzugefügt, das bereits ein neues Eheverständnis ankündigte: „Auch zur wechselseitigen Unterstützung allein kann eine gültige Ehe geschlossen werden" (§ 2).

Der Mann war nicht nur „das Haupt der ehelichen Gesellschaft",

dessen Entschluß „in gemeinschaftlichen Angelegenheiten den Ausschlag" gab (§ 184), sondern er vertrat seine Frau auch juristisch; ohne
seine Einwilligung konnte sie keine Prozesse führen und auch kein
eigenes Gewerbe betreiben (§§ 188, 189, 195). Dafür war er als Fami-
lienvorstand verpflichtet, sie „standesgemäß" zu unterhalten; sie
mußte sich aber auch, wenn er dazu nicht in der Lage war, mit dem
„nothdürftigen Unterhalt" begnügen (§§ 185, 186).

Das ALR sah vor, daß das Vermögen der Frau mit der Eheschließung
„in die Verwaltung des Mannes" überging (Güterstand der Verwaltung und Nutznießung des Mannes), „in so fern diese Verwaltung der
Frau durch Gesetze oder Verträge nicht ausdrücklich vorbehalten war"
(§ 205). Damit lag dem ehelichen Güterrecht das Prinzip der Vertrags-
freiheit zugrunde: Es räumte den Frauen die freie Verfügung über ein
„Vorbehaltsgut" ein. War allerdings das Vermögen nicht ausdrücklich
(gesetzlich oder vertraglich) vorbehalten worden, so entschied im Verlauf des 19. Jahrhunderts die Rechtsprechung immer häufiger zuungunsten der Frau; sie hatte zunehmend „die Vermutung wider sich,
ihr Eigentum nicht vorbehalten zu haben".[18]

Verhältnismäßig liberal war die Ehescheidungsgesetzgebung des
ALR – jedenfalls weit großzügiger als die des BGB von 1900. Eine Ehe
konnte unter bestimmten, im Gesetz aufgelisteten Bedingungen geschieden werden (so zum Beispiel: Ehebruch – auch von seiten des
Mannes –, böswilliges Verlassen, lebens- oder gesundheitsgefährden-
de Gewalttätigkeit, aber auch Trunkenheit, Verschwendung, Unverträglichkeit des anderen Teils u. a. m.). Kinderlose Ehen konnten bei
gegenseitigem Einverständnis auch dann ohne weiteres geschieden
werden, wenn keinerlei Eheverfehlungen vorlagen.[19]

Dieses liberale Ehescheidungsrecht war konservativ-kirchlichen
Kreisen schon in der ersten Hälfte des 19. Jahrhunderts ein Dorn im
Auge. Deswegen beauftragte Friedrich Wilhelm IV. eine juristische
Kommission, die alle „den Lehren des Christentums widersprechen-
den Grundsätze" entfernen sollte.[20] 1843 legte diese Kommission ih-
ren Änderungsentwurf vor, der eine erhebliche Erschwerung der
Scheidung vorsah: Ehen sollten nicht mehr im Einvernehmen, son-
dern nur noch bei Verschulden eines Teils geschieden werden können.
Nur noch Ehebruch und böswilliges Verlassen sollten als Scheidungsgründe gelten. Der „schuldige" Gatte sollte stets bestraft werden, auch
wenn der „beleidigte" Gatte keine Klage erhob. Die bei Ehebruch für
Frauen vorgesehene Strafe war doppelt so hoch wie die für Männer.

Der Entwurf wurde im Staatsrat und in der Öffentlichkeit stürmisch diskutiert. In der politischen Atmosphäre des Vormärz war er in dieser Form nicht durchzusetzen. Noch war das Bürgertum zu liberal in seinen Einstellungen; aber in der Zeit der Restauration nach 1848 verbreitete sich allgemein eine restriktivere Haltung zur Ehescheidung. Auch Wilhelm Heinrich Riehl, einer der führenden Familienideologen in der zweiten Hälfte des 19. Jahrhunderts, setzte sich für eine verschärfte Ehescheidungsgesetzgebung ein: „Vordem war man fatalistischer, oder, wenn man will, gottergebener, biß die Zähne zusammen und hielt ... die einmal geschlossene Ehe als eine in Gottes Rathschluß vollendete Thatsache fest. ... Das ist ja eben das eigentliche Salz der Ehe, daß man, wenn man einmal Ja gesagt hat, nicht wieder Nein sagen kann."[21] – Zahlreiche Ideen des Entwurfs zur Scheidungsreform von 1842 fanden im BGB von 1900 Eingang, das vom familienkonservativen Denken geprägt war.

Auch in bezug auf die Stellung der nichtehelichen Mutter und ihres Kindes war das ALR wesentlich großzügiger als später das BGB. Doch hier fand schon Mitte des 19. Jahrhunderts eine Revision der vorher relativ frauenfreundlichen und sozialen Gesetze statt. Das ALR hatte den Vater des unehelichen Kindes nicht nur zur Zahlung von Alimenten, sondern auch zur Zahlung aller Auslagen verpflichtet, die der Frau im Zusammenhang mit Wochenbett und Geburt entstanden. Wenn die Frau vorher „unbescholten" war, mußte der Mann sie auch noch mit einer Geldsumme abfinden, die bis zu einem Viertel seines Vermögens betragen konnte.[22] Hinter diesen großzügigen Gesetzen stand vermutlich noch die ständische Kavaliershaltung, die es für Ehrensache hielt, daß der Herr von Adel seine Geliebte aus der Unterschicht angemessen versorgte. Die Männer der bürgerlichen Gesellschaft waren dagegen offensichtlich daran interessiert, die finanziellen Konsequenzen ihrer Seitensprünge so weit als möglich zu minimieren. Da aufgrund dieser Gesetze „selbst jede Allerwelts-Hure jeden beliebigen Mann durch die bloße Versicherung zum Vater eines Kindes" machen könne,[23] wurden 1854 die Ansprüche der ledigen Mutter drastisch eingeschränkt: Sie konnte nur noch die „unvermeidlichen" Kosten des Wochenbetts verlangen; eine Abfindung kam nur bei einer Vergewaltigung in Frage. Außerdem wurde die „Einrede wegen Mehrverkehrs" (exceptio plurimum) in das Gesetz aufgenommen, mit deren Hilfe die betroffenen Männer häufig alle Ansprüche von sich abwälzen konnten: Wenn die Frau in der Empfängniszeit auch mit einem anderen

Mann geschlechtlich verkehrt hatte, mußte der Vater des nichtehelichen Kindes überhaupt nichts zahlen. Das ALR hatte die „Einrede wegen Mehrverkehrs" ausdrücklich ausgeschlossen (§ 1036), zumal sie ein Instrument war, das von Männern leicht mißbraucht werden konnte. Die „Einrede wegen Mehrverkehrs" wurde auch in das BGB aufgenommen (§ 1717 BGB, alte Fassung) und erst 1969 aufgehoben.

Während des guten Jahrhunderts, das zwischen dem Inkrafttreten des Allgemeinen Landrechts für die preußischen Staaten einerseits und des Bürgerlichen Gesetzbuchs andererseits verstrich, entwickelte und festigte sich das Bild von der bürgerlichen Ehe und Familie. In mancher Hinsicht war das BGB von 1900 dem ALR von 1794 ähnlich. Die patriarchalische Autoritätsstruktur der Familie war im BGB sehr deutlich: „. . . die Privilegierung der Interessen des Ehemanns und Vaters [ist] in den meisten Paragraphen klar erkennbar".[24] Des Mannes Entscheidung gab „in allen das gemeinschaftliche eheliche Leben betreffenden Angelegenheiten" den Ausschlag (§ 1354). Das Gesetz legte ihn auf die Ernährer- und die Frau auf die Hausfrauenrolle fest (§ 1356), wobei es sie zusätzlich zur Mitarbeit im „Hauswesen oder Geschäft des Mannes" verpflichtete, wenn dies im Milieu des Ehemannes üblich war (etwa in bäuerlichen Kreisen). Auch nach dem BGB von 1900 war die Ehefrau nicht geschäftsfähig; ihre Geschäfte wurden für sie durch den Ehemann erledigt; eine Ausnahme bildete lediglich die Handelsfrau, deren Rechts- und Geschäftsfähigkeit nicht eingeschränkt war. Die Ehefrau besaß nur soweit im Zusammenhang mit ihrer Haushaltsführung nötig eine eingeschränkte Geschäftsfähigkeit. In diesem Fall ging das Gesetz von einer „stillschweigenden Billigung" der Geschäfte durch den Ehemann aus (die sogenannte „Schlüsselgewalt" nach § 1357). Im ehelichen Güterrecht führte das BGB als normalen gesetzlichen Güterstand die eheliche Gütergemeinschaft ein. Das Vermögen der Frau wurde mit der Heirat der Verwaltung und Nutznießung des Ehemannes unterworfen – falls nicht bei der Eheschließung ausdrücklich Gütertrennung vereinbart wurde. Der Mann bedurfte nicht der Einwilligung der Ehefrau zu irgendwelchen seiner Geschäfte, auch dann nicht, wenn er etwa den gemeinsamen Hausstand veräußerte.

Einer entscheidenden Veränderung zwischen ALR und BGB, der Verschärfung der Ehescheidungsgesetzgebung, lag die neue Vorstellung von der Ehe als Institution zugrunde, die sich in der zweiten Hälfte des 19. Jahrhunderts herausgebildet hatte. Der Institutionenge-

danke hatte bereits den Entwurf zur Reform des Ehescheidungsgeset-
zes von 1842 beeinflußt; er fand seinen Höhepunkt bei der Formulierung des BGB (und hat mit Art. 6, Abs. 1 des Grundgesetzes „Ehe und
Familie stehen unter dem besonderen Schutz des Staates" auch Eingang in die Verfassung der Bundesrepublik Deutschland gefunden).
Das Konzept der Ehe als Institution unterscheidet sich grundsätzlich
von dem der Ehe als privatrechtlichem Vertrag (wie es im ALR angelegt war); statt dessen hat es Ähnlichkeiten mit der mittelalterlich-
christlichen Idee der „von Gott aufgesetzten Ehe". Die Ehe als Institution ist eine objektiv-sittliche Einrichtung, religiös oder ethisch verankert, Grundpfeiler der staatlichen Ordnung. Als solche hat sie eine
allgemeinverbindliche Gestalt, die von dem die Ehe eingehenden Paar
in entscheidenden Punkten nicht abgeändert werden kann. Vor allem
ihre lebenslängliche Gültigkeit muß gewährleistet sein; die Ehe als
Institution ist der individuellen Willkür entzogen. „Konkret richtete
sich das bürgerliche Eheverständnis gegen alle Bestrebungen, unter
dem Gesichtspunkt individueller Interessen und personaler Entfaltung
die Auflöslichkeit der Ehe zu erreichen."[25]

Die Entwicklung des familienkonservativen Denkens, die im Institu-
tionenkonzept ihren Ausdruck fand, muß auf dem Hintergrund der
gesellschaftspolitischen Entwicklung in der zweiten Hälfte des
19. Jahrhunderts gesehen werden. Das zu Beginn des Jahrhunderts
überwiegend liberale und aufgeklärte Bürgertum hatte sich etabliert
und war konservativ geworden. Nachdem die industrielle Revolution
in Gang gekommen war und sich Arbeitsintensität und Arbeitstempo
verschärft hatten, begann es, die Auswirkung desselben Individualismus im Privatleben zu fürchten, den es im Wirtschaftsleben einigermaßen rücksichtslos entfaltete. Heim und Familie wurden immer
mehr zu einer Idylle stilisiert, sie bekamen den „Charakter eines Refu-
giums, das die ‚Beschädigungen' durch die Arbeit, sei es im Amt oder
Kontor, kompensieren mußte".[26] Zugleich empfand man besonders
stark die Bedrohung, die von den verschiedenen Ideen und Bewegungen ausging, die die Grundlage der bürgerlichen Ehe in Frage stellten.
Sozialismus und Feminismus kritisierten, wenn auch aus verschiedenen Perspektiven und mit etwas unterschiedlicher Akzentsetzung, die
spezifische Verknüpfung von Familie, Privateigentum und patriarchalischer Autoritätsstruktur, die zu einem zentralen Wert der bürgerlichen Gesellschaft geworden war.

1855, ein halbes Jahrhundert, nachdem Schiller im „Lied von der

Glocke" sein Ideal der bürgerlichen Ehe und Familie entworfen hatte, erschien das Buch von Wilhelm Heinrich Riehl über die Familie. Riehl, der als Begründer der Familiensoziologie gesehen wird, entwarf sein restauratives Ehe- und Familienideal auf dem Hintergrund der wahrgenommenen Auflösungs- und Zersetzungserscheinungen, für die er vor allem den schrankenlosen Individualismus, die „Emancipierung der Frauen" und den „Communismus" verantwortlich machte. Er beschwor das Bild der Familie als Institution: Sie war für ihn „ursprünglichste, urälteste menschlich-sittliche Genossenschaft",[27] „nicht bloß religiös, sondern auch social und sittlich ein Heiligtum".[28] Ehe und Familie waren für ihn identisch, das eine ohne das andere nicht denkbar.

In vieler Hinsicht glich das von Riehl gezeichnete Familienideal dem, das wir schon in der „Glocke" vorfanden: Da war die Bindung der Ehe an eine ausreichende materielle Grundlage, an das Privateigentum, und da war die im Wesen der Geschlechter vorgegebene Zuständigkeit für den Binnen- bzw den Außenbereich: Aufgabe der Frau war es, „die Sitte des Hauses zu pflegen, zu schirmen und fortzubilden", dafür zu sorgen, daß „das heilige Feuer des häuslichen Lebens nie erlischt",[29] während der Mann „dem Hause und der Familie Namen und äußere Gestaltung [gibt]; er vertritt das Haus nach außen".[30] Während Schiller aber besonders die Liebe zwischen Mann und Frau in den Mittelpunkt stellte, akzentuierte Riehl die gottgewollte Ungleichheit, die Abhängigkeit der Frau und die „natürliche Obervormundschaft"[31] des Vaters – das heißt, die Notwendigkeit der patriarchalischen Autoritätsstruktur von Ehe und Familie. „Das familienkonservative Denken konnte die innere Einheit und Konfliktlosigkeit der Familie begründen, indem es an der Autorität des Ehemannes und Vaters festhielt und zugleich dieser Autorität starke Elemente der Innigkeit und Idylle zuwachsen ließ, so daß die männlich-väterliche Bestimmungsgewalt des herrschaftlichen Charakters entkleidet schien."[32]

Das Idealbild vom „Bürgerhaus der Zukunft", das Riehl am Ende seiner Kampfschrift zur Verteidigung der bürgerlichen Familie entwarf, war denn auch das „ganze Haus" der vorindustriellen Gesellschaft mit der ihm eigenen Stabilität und Bodenständigkeit, das er aber zugleich mit einer gefühlvollen Atmosphäre biedermeierlicher Gemütlichkeit ausstattete, wie sie überhaupt erst im Rahmen des neuen, des modernen Typs der bürgerlichen Familie denkbar geworden war: „Ihr schauet da – im 20. Jahrhundert – ein etwas unregelmäßig gebautes, mäßig großes Haus. ... Im Haus wohnt nur eine Familie. ... Oben hinter den Giebelfenstern haust der Großvater und die Großmutter. ... Das ganze Haus hält zusammen, Vettern und Basen sprechen öfters ein. ... Es gilt wieder für städtisch, sogar mit den Nachbarn gute Freundschaft zu halten. Die Gemeindeordnung sorgt aber auch dafür, daß sich nicht allerlei fremdes Gesindel neben den soliden Bürgern siedelt. ... Das Gesinde, die Gesellen und Gehülfen, zählen wieder zum ganzen Hause, sie werden in strengerer Zucht gehalten, dafür aber auch, soweit es nur angeht, in den Kreis der Familie gezogen. ... Der Bürger des 20. Jahrhunderts hat die verlorene hauspriesterliche Würde wieder erobert: er hat den Muth, wieder mit dem ganzen Hause zu beten." Das Haus der Zukunft wird gesellig sein. An Winterabenden wird Hausmusik getrieben; Mitglieder und Freunde des Hauses werden „im traulichen Kreis beim warmen Ofen sitzen" und von alten Zeiten erzählen.[33]

Seit Ende des 18. Jahrhunderts hatte sich die Idee der Menschenrechte, die Idee von der Freiheit und Gleichheit aller Menschen – womit ursprünglich Männer und Frauen gemeint waren – im Bürgertum verbreitet. Doch im selben Maße, wie die Männer der aufsteigenden Mittelschicht für sich selbst diese Ideen in Anspruch nahmen, wie sie Selbstentfaltung der Persönlichkeit, Individualismus und Wettbewerb im Berufsleben praktizierten, wurde es nötig, die Frauen von diesen Rechten auszuschließen. Sonst wäre das Familienleben zerfallen, das die Männer als Rückhalt für ihre neue Rolle in der Öffentlichkeit dringend brauchten. Die Stilisierung der Familie zur Institution und die patriarchalische Struktur dieser Institution sollten gesellschaftliche Oasen des Privatlebens schaffen und die Gefahr der Zersplitterung aller sozialen Strukturen durch einen auf die Spitze getriebenen Individualismus bannen.[34] „Mit dem Familienrecht wurde ein ‚Sonderrecht' für Ehefrauen geschaffen, das der allgemeinen Beanspruchung der Menschenrechte und den sich verallgemeinernden Prinzipien bürgerlichen Rechts zuwiderlief und die Anerkennung der Frau als Rechtsperson verhinderte."[35] Damit verhinderte es auch die volle Entfaltung des Ideals der Liebesehe, das die Gleichwertigkeit der Geschlechter voraussetzt.

6. Im Schatten der bürgerlichen Ehe: wilde Ehen im 18. und 19. Jahrhundert

Ende des 18., Anfang des 19. Jahrhunderts nahm – parallel zur Entstehung der bürgerlichen Familie – die Zahl der unehelichen Geburten und der wilden Ehen fast überall in Mitteleuropa sprunghaft zu.[1] Beides war eine Begleiterscheinung des „Pauperismus", der Massenarmut, die durch die Strukturveränderungen am Übergang von der agrarisch-handwerklichen zur industriellen Gesellschaft entstand. In der Landwirtschaft bewirkte die Agrarreform (oder auch Argrarrevolution) eine Massenarbeitslosigkeit der unterbäuerlichen Schichten: Der Arbeitskräftebedarf nahm bei steigenden Arbeitserträgen ab, als die Dreifelderwirtschaft mit der Verwendung von Kleie und Dünger überflüssig wurde. Auch die preußische Bauernbefreiung, die die Reste der feudalen Abhängigkeit abschaffte und zugleich den Bauernschutz aufhob, trug zur Massenarmut und Verelendung bei. Schließlich zerstörte die Einführung der Gewerbefreiheit Anfang des 19. Jahrhunderts die soziale Struktur des alten Handwerks. Die für die traditionelle Gesellschaft typische Bindung von Gesinde und Gesellen an die bäuerliche bzw. handwerkliche Familienwirtschaft ging verloren, und es entstand eine große fluktuierende Schicht land- und wurzelloser Armer, zu einem Zeitpunkt, als die Industrialisierung noch nicht weit genug fortgeschritten war, um die vielen anderswo nicht mehr gebrauchten Arbeitskräfte zu beschäftigen. Mitte des 19. Jahrhunderts wurde dann, mit dem verspäteten Einsetzen der industriellen Revolution in Deutschland, aus dem ländlichen das neue industrielle Proletariat.[2]

Der gesellschaftliche Umbruch lockerte auch die vormals feste Bindung der Ehe an die Voraussetzung ausreichender Lebensgrundlage, und die Klagen bürgerlicher Zeitgenossen und kirchlicher Beobachter über den „sittlichen Verfall" der einfachen Bevölkerung wollten nicht abreißen. Obwohl der Zusammenhang mit der Massenarmut von den Wächtern der Moral klar gesehen wurde, war für sie alles, was sich neben der legalen Ehe an Geschlechtsbeziehungen entwickelte, „Unzucht" und „Hurerei", egal ob es sich um Prostitution, sporadische

Liebesverhältnisse mit nachfolgender Schwangerschaft oder langdauernde eheähnliche Lebensgemeinschaften handelte: „ . . .die Hurerei versorgt sie noch obenein mit Weibern und Kindern, die sie ernähren sollen, und dann dürfen nur Krankheiten, ein arbeitsloser Winter und dergleichen hinzutreten, so ist der Dieb und später der Verbrecher fertig. Im besten Fall gibt es verlassene Weiber und hilflose Kinder, wenn nämlich der Mann bloß davonläuft", kommentiert 1836 der märkische Edelmann von der Marwitz.[3]

Die steigende Zahl der „verlassenen Weiber und hilflosen Kinder" hing damit zusammen, daß die sozialen Sanktionen der Nachbarschaft und der dörflichen Gemeinschaft, die früher dafür gesorgt hatten, daß der voreheliche Geschlechtsverkehr in stabile Paarbildung mündete, wegen der mangelnden Verwurzelung und hohen Mobilität vieler Menschen nicht mehr funktionierten. Überall entzogen sich Männer, wenn sie keine Möglichkeit zu einer Heirat sahen, einer dauerhaften Lebensgemeinschaft und verließen die schwangeren Frauen oder die Mütter und ihre kleinen Kinder. Doch oft genug blieben die Paare, die durch Armut oder gesetzliche Ehebeschränkungen an einer förmlichen Heirat gehindert waren, auch in wilder Ehe zusammen – und diese fortgesetzte „Unzucht" erregte noch mehr Ärgernis.

Zwischen 1804 und 1833 erstatteten in der Habsburgermonarchie eine Reihe von Bischöfen dem Kaiser Franz Bericht über die „sittlichen Verhältnisse" in ihren Diözesen, die sehr zu wünschen übrig ließen; es war von vorehelichem Geschlechtsverkehr, unehelichen Geburten, Ehebruch und wilden Ehen die Rede. So klagte der Bischof von Wien 1824 über den „ . . . bedeutenden Zuwachs an Inwohnern und Kleinhäuslern, die keinen Handbreit eigenen Boden haben, sondern von der täglichen Arbeit leben. . . . Diese Menschenklasse . . . treibt sich mit dem Hausiren . . . auf den Straßen herum. . . . Außer dem leben sie auch oft ohne gesetzliche Ehe vermischt beysammen, und erzeugen Kinder, um deren Erziehung sie sich wenig bekümmern."[4] Der Erzbischof von Prag war 1828 ebenfalls der Ansicht, „daß das Konkubinat mehr als sonst und zwar selbst auf dem Lande unter dem gemeinen Volk überhand zu nehmen angefangen habe", und mit ihm die „stets nachtheilige außereheliche Kindererzeugung".[5] Der Bischof von Tarnów erklärte in seinem 1833 abgefaßten Bericht: „Ich habe nur sehr wenige Kirchspiele gefunden, die von öffentlichen Konkubinaten frei sind, und deren in Tarnov allein bis 52 angetroffen".[6]

Nicht nur in der Donaumonarchie, auch in Preußen und den anderen deutschen Staaten war das Phänomen zu beobachten; es betraf Stadt und Land, Süden und Norden. Den Armen fehlte die Heiratserlaubnis der Gemeinden oder ganz einfach das Geld für die Hochzeit – für Kirchengebühren, Beschaffung von Papieren, Hochzeitsfeierlichkeiten, Einrichtung eines Hausstandes. Manchmal hofften sie, durch die gemeinsame Erwerbstätigkeit von Mann und Frau auf Dauer das notwendige Geld zu beschaffen, was aber meist durch die Geburt immer neuer Kinder erschwert wurde. Manchmal waren oder wurden die Menschen einfach gleichgültig gegenüber Formalitäten, die für sie ohne Belang waren, da es ohnehin nichts zu vererben und zu verteilen gab.

Einen ganz entscheidenden Einfluß auf die Zunahme der wilden Ehen in der Unterschicht hatten die gesetzlichen Ehebeschränkungen, die in vielen deutschen Staaten im Laufe des 19. Jahrhunderts wiedereingeführt wurden. Solche gesetzlichen Eheverbote hatte es in zahlreichen Gegenden schon im 17. und 18. Jahrhundert gegeben. So verbot beispielsweise die bayerische Polizeiordnung von 1616 den Gemeinden „die Aufnahme und Verehelichung von Dienstboten, Taglöhnern und sonstigen unvermöglichen Personen" sowie von allen anderen Personen, „denen erfahrungsgemäß die sittliche und wirtschaftliche Kraft fehlt, eine Familie aus eigenen Mitteln wirtschaftlich zu unterhalten".[7] Doch im ersten Jahrzehnt des 19. Jahrhunderts waren unter dem Einfluß der Französischen Revolution und der Menschenrechte bzw. des Code Civil mit seiner liberalen Personenstandsgesetzgebung die Ehebeschränkungen in den meisten deutschen Staaten abgeschafft worden. Als Reaktion auf den Pauperismus wurden sie dann vielerorts wiedereingeführt, um dem Massenelend und der Überbevölkerung entgegenzuwirken. Vor allem in Österreich und den süddeutschen Staaten war die Freiheit der Eheschließung drastisch eingeschränkt. Nur Preußen (und weitgehend auch das Königreich Sachsen) hielt das ganze 19. Jahrhundert am Grundsatz der freien Verehelichung fest.[8]

Konservative Zeitgenossen, die den Zusammenhang zwischen fehlender ökonomischer Existenzgrundlage, gesunkenem Heiratsalter, steigenden Kinderzahlen und Armut sahen, glaubten, daß das gesetzliche Verbot der Fortpflanzung Abhilfe schaffen könnte. So wetterte auch Wilhelm Heinrich Riehl: „Im ‚individualisierten Deutschland', ... wo Besitz und Erwerb fluctuirt und sich zersplittert, wo Gewerbefreiheit und Güterzerstückelung viele tausend unberechtigte Familienexistenzen ans Licht rufen, wo die Leute früh heirathen, und weil jeder sein eigener Herr sein kann, auch jeder heirathen zu müssen glaubt – dort ist auch die Überbevölkerung mit dem ganzen Gefolge ihres Unsegens eingetreten".[9]

Das Instrument der Eheverhinderung hatte brutale Auswirkung auf das Leben zahlreicher Menschen. In Württemberg, wo Heiratserlaubnis und Bürgerrecht an ein Mindestalter und den Nachweis eines bestimmten Vermögens geknüpft waren, stellte beispielsweise im Jahre 1859 Alois Landgraf aus München, 28 Jahre alt, Mechaniker in der Maschinenfabrik Esslingen, zum dritten Mal den Antrag „um Aufnahme in das hiesige Bürgerrecht, um sich mit der 24 Jahre alten Sophie Kölbe von hier verehelichen zu können": „Unter Berufung auf meine früheren Eingaben, wo ich beide Male mit meinem Gesuch abgewiesen wurde, wage ich im Drange der tiefsten Not noch einmal um Aufnahme in das hiesige Bürgerrecht gehorsamst zu bitten. Ich glaubte nie, daß meiner Verheiratung in Württemberg so große Hindernisse entgegenstehen würden, da aber meine Braut am 30. 4. dieses Jahres mir abermals ein Kind geboren hat, so möchte ich, um meine Braut und meine Kinder zu Ehren zu machen und als Familienvater zu versorgen, noch einmal um bürgerliche Aufnahme gehorsamst bitten."[10] Dieser Antrag wurde ebenfalls abgelehnt. Zwar hatte Alois Landgraf die feste Aussicht, von seinem Onkel eine Mechanikerwerkstatt zu erben, die ihm bereits testamentarisch zugesichert war, doch er und seine Braut konnten nur ein Vermögen von 600 Gulden nachweisen (das 15- bis 20fache eines Mechaniker-Monatslohns) – und Ortsfremde mußten in Esslingen ein Minimum von 1000 Gulden haben, um Bürgerrecht und Heiratserlaubnis zu erhalten (bei Ortsansässigen genügten 200 Gulden).

Wenn einem Paar die Heiratserlaubnis versagt wurde, blieb Mann und Frau nichts weiter übrig, als in wilder Ehe zu leben – oftmals mit getrenntem Wohnsitz und getrennt von ihren Kindern, die sie nicht selbst großziehen konnten oder durften. So erging es beispielsweise der Familie des Fabrikarbeiters Friedrich Sohn, auch er aus der Maschinenfabrik Esslingen, dessen Lebensgefährtin sich 1860 mit einer Bittschrift an den König wandte – ebenfalls erfolglos: „Mit erschrockenem Herzen wage ich es meine Not und meine traurige Lage Ihrer königlichen Majestät zu klagen, da ich schon so viele Türen aufgestoßen habe und nirgends Hilfe finde, wage ich es Ihrer Gnade zu bitten um Hilfe. Ich lebe schon seit 15 Jahren im Verhältnis mit Friedrich Sohn von Altbach, Oberamt Esslingen. In der Zeit gebar ich von ihm sechs Kinder welche mir der liebe Gott alle am Leben ließ. Da man uns auf jedes Ersuchen um die Heirat es immer schwieriger machte, und wir vergeblich so viel aufgewandt haben, fühle ich mich in Not gedrungen, das Herz meines Landesvaters um Hilfe für mich und meine Kinder zu bitten, drei von meinen Kindern versorgt die Gemeinde, die werden leider vaterlos und mutterlos erzogen. Das Älteste, ein Mädchen von 13 Jahren gab der Vater in der Kost in Cannstatt, zwei habe ich, wo mich der Vater immer so gut er kann unterstützt. Friedrich Sohn ist schon seit 21 Jahren in Berg (Stuttgart) welcher in bestem Rufe steht. Er war 14 Jahre beim Herrn Bachshauer, da das ganze Geschäft aufhörte kam er in die Maschinenfabrik wo er schon seit acht Jahren die besten Zeugnisse vorweisen kann, da er ein fleißiger und tüchtiger Mensch ist und es ist auch sein einziger Kummer seine Kinder als Vater selbst zu erziehen, da neben ihm mancher Vater der auch sechs und acht Kinder erhält arbeitet, welchem es aber leichter geht als ihm da er seine Familie beisammen hat.''[11]

In Württemberg waren die gesetzlichen Ehebeschränkungen besonders strikt; sie wurden an Härte nur von denen in Bayern übertroffen.[12] Abschlägig beschieden wurden vor allem die Heiratsgesuche von Fabrikarbeitern – vor allem, wenn sie „Fernwanderer" waren, d. h. von weiterher kamen –, von älteren Witwen und unversorgten Bauernsöhnen, jüngeren Gesellen und ortsfremden Meistern. Bei den einen fürchtete man, daß sie bald der Armenkasse der Gemeinde zur Last fallen würden (nur wer Heimatrecht hatte, mußte von der Gemeinde- bzw. Stadtkasse unterhalten werden, wenn er oder sie sich nicht mehr selbst ernähren konnte). Die anderen wollte man nicht am Ort haben, weil ihre Konkurrenz unerwünscht war.[13]

Manchmal waren es nicht die Gemeinden, sondern die Arbeitgeber, die die Freiheit der Eheschließung einschränkten. Das Bergamt Saarbrücken beispielsweise schrieb ein Mindestalter von 24 vollendeten Jahren für die Arbeiter vor, die zu heiraten wünschten. 1855 bat der Bergmann Heinrich Flegel aus Neunkirchen um Heiratsgenehmigung, obwohl er noch ein Jahr und vier Monate zu jung war: „An Ein Königlich Preußisches rheinisches Ober Bergamte zu Bonn. Von dem Wunsche geleitet, dem unsteten Leben eines unverheiratheten Mannes entsagen zu dürfen, hatte ich mich einige Zeit, vor der Abreise aus der Heimath entschlossen, die Tochter eines invaliden Bergmanns namens Becher von Wildemann am Harz zu eheligen. Die an die Knappschaft in den Bergwerken des Harzes seitens der Königlich hannövri-

schen Oberberghauptmannschaft ergangene Aufforderung zur Ueber-
siedlung der p. p. Bergarbeiter in die hiesige Bergwerke, kam so uner-
wartet, daß mir nicht so viel Zeit übrig blieb, vor der Abreise meine
Ehe abzuschließen. ... Eine längere Bekanntschaft mit meiner Braut,
und die vorgefaßte Meinung, daß unserer ehelichen Verbindung
nichts entgegen stehe, hat einen Fall eintreten lassen, wie dieses im
Leben leider nur zu oft vorkommt, und gewöhnlich nur zu spät bereut
wird, denn meine Verlobte wurde Mutter, und lebt als elterlose Waise
mit ihrem Kinde, verlassen von Verwandten und Freunden, in der
größten Armuth und Bedürftigkeit. Meiner Pflicht gemäß möchte ich
ihr von Herzen gerne eine Unterstützung zufließen lassen, aber auch
diese kann nur sehr geringe sein, weil ich ausser meinem Verdienst
nichts besitze und die hier bestehende Theurung so groß ist daß ich für
meine Person allein so viel Kost Logis und Wäsche zu zahlen gezwungen bin, womit ich mit Frau und Kind recht gut leben kann. Geruhe
Ein hohes Oberbergamt huldvollst in Rücksicht auf die angeführten
Umstände allergnädigst von meinem Alter abzusehen, und mich durch
Ertheilung dieser Dispensation in den Stand zu setzen nicht nur meinen Entschluß ausführen, sondern auch die mir obliegende Pflicht als
Christ und Mensch erfüllen zu können, wodurch der im Leichtsinn
ohne reifliche Ueberlegung begangene Fehler, von meinem leider nur
zu sehr und zu spät Reue fühlenden Herzen abwälzen, und die verübte
Missethat vor meinem Gott wieder gut machen kann. In der freudigen
Hoffnung, daß vielleicht meine eines fremden armen Bergmanns, und
mehr meiner verlassenen Braut Lage aus Menschenfreundlichkeit aus
nahms weise berücksichtigt werden wird, ersterbe in tiefster Ehrfurcht
Eines hoch löblichen Ober Berg Amts treu gehorsamster Heinrich
Flegel." Das Bergamt Saarbrücken hatte dem Heinrich Flegel bereits
die Heiratserlaubnis verweigert. Es begründete dies nicht nur mit dem
Alter des Antragstellers, sondern auch damit, daß „derselbe die Lage,
worin er sich befindet, selbst verschuldet, und dadurch herbeigeführet
hat, daß er seine angebliche Braut hierhergebracht, und seitdem, zum
Ärger der Bewohner Neukirchens in wilder Ehe mit derselben lebt".
Daraufhin teilte das im hier wiedergegebenen Schreiben von Heinrich
Flegel angerufene Oberbergamt diesem mit, er könne zwar auch ohne
„Consens" heiraten, aber die Bergwerksbehörden seien nicht ver-
pflichtet, „ihn in Arbeit zu behalten", wenn er ihre Vorschriften nicht
beachte.[14]

Die Heirat wurde ihm nicht gestattet, das Konkubinat war ein öffentliches Ärgernis, und der Arbeitgeber drohte mit Entlassung – ein Dilemma, vor dem viele Arbeiter standen. Während die gesetzlichen Ehebeschränkungen von seiten der Staaten und Gemeinden einen verspäteten und fruchtlosen Versuch darstellten, mit der Massenarmut und der Überbevölkerung fertig zu werden, die sich wechselseitig bedingten, waren die betrieblichen Ehebeschränkungen den Arbeitgebern oft ein willkommenes Instrument, ihre Arbeiter zu disziplinieren.

In manchen deutschen Ländern wurden die Konkubinate geduldet, in anderen wurde staatlicher- und kirchlicherseits gegen sie vorgegangen. Kirchenmänner versuchten, die in „Unzucht" lebenden Paare unter moralischen Druck zu setzen, und spannten, wenn ihnen dies nicht gelang, gelegentlich weltliche Behörden ein. So teilte der Bischof von Waitzen 1829 in seinem Bericht an Kaiser Franz mit, daß sich in einer der Pfarren seiner Diözese „jemand vorfindet, der schon 22 Jahre mit einer Beischläfferin lebt, mit welcher er bereits 9 Kinder erzeugt hat; ich säumte nicht, solchen vorzuladen, ihn zu ermahnen, und suchte selben zu bewegen, sich von dieser Person zu trennen, allein mein Bestreben blieb fruchtlos, und ich mußte zur Hoch löblichen Statthalterey, um nachdrücklichere Mittel einschreiten".[15] Auch der Bischof von Tarnów wies 1833 die „Seelsorgegeistlichkeit" an, dahingehend zu wirken, daß „die Konkubinate selbst mit Gewalt von den Dominien und Magistraten und im Fall sich diese saumselig zeigen sollten, selbst von den k. Kreisämtern beseitigt, in ordentliche Ehen verwandelt oder falls diese nicht zulässig wäre für jeden Fall getrennt werden".[16] – Dabei waren die kirchlichen Stellen vielerorts für die große Zahl der wilden Ehen mitverantwortlich, da sie nicht bereit waren, den Armen die Heiratsgebühren zu erlassen.[17]

In manchen Gegenden mußten unverheiratet zusammenlebende Paare mit dem Einschreiten der Polizei und mit einer Geld- oder Gefängnisstrafe rechnen. So heißt es im Art. 46 des württembergischen Polizeistrafgesetzbuchs von 1839: „Unverheiratete Personen, welche miteinander in Verbindung wie Eheleute leben, mögen sie dabei die Absicht haben, künftig eine Ehe einzugehen oder nicht, sind mit Arrest von 14 Tagen bis zu 3 Wochen zu belegen. Dabei ist Sorge zu tragen, daß beide Theile ohne Aufschub voneinander getrennt werden."[18] Daß dieses Gesetz nicht nur auf dem Papier stand, sondern auch in der Praxis zur Anwendung kam, belegt die böse Geschichte eines Paares, das sich über ein Jahrzehnt vergeblich um eine Heiratserlaubnis bemühte: „Der Mann betrieb das Schuhmacherhandwerk und stand 1865 bereits im 37. Lebensjahr. Er hatte mit seiner Partnerin, mit der er in einem eheähnlichen Verhältnis zusammenlebte, schon fünf gemeinsame Kinder und doch wollte ihm die Gemeinde die Heirat nicht gestatten. Statt zum Traualtar wanderte das Paar zwischen 1852 und 1864 nicht weniger als achtmal in die Arrestzelle."[19] In den meisten deutschen Staaten war allerdings das Recht der Polizei, gegen wilde Ehen einzuschreiten, sehr umstritten; meistens wurden sie von den Gemeinden hingenommen und nur, mehr oder weniger, moralisch geächtet und sozial diskriminiert.

1830 wurde anläßlich der geplanten Revision des Strafrechts auch in Preußen erwogen, den Tatbestand des Konkubinats unter Strafe zu stellen. Das Konkubinat sollte insbesondere dann strafbar sein, wenn die unverheirateten Paare Kinder zeugten, wenn sie trotz eines bestehenden gesetzlichen Ehehindernisses zusammenlebten (wenn also die Frau, der Mann oder beide verheiratet waren), wenn einer der beiden wegen Ehebruchs geschieden war und jetzt mit dem oder der am Ehebruch beteiligten Dritten zusammenlebte oder wenn das Paar irgendeinen sonstigen Anlaß zum „öffentlichen Ärgernis" gab. Doch dieser Entwurf zur Verschärfung des Strafrechts setzte sich nicht durch, unter anderem, weil es gravierende Meinungsverschiedenheiten zwischen den zuständigen Ministerien gab. Das Justizministerium äußerte die Ansicht, die Zahl der wilden Ehen in der Unterschicht sei erheblich zu verringern, wenn die Pfarrer den Armen die „Stolgebühren" für die Hochzeit erließen; dazu aber konnte sich das „geistliche Ministerium" nicht bereitfinden.[20] Erst im Jahre 1868 wurden die gesetzlichen Einschränkungen des Rechts auf Verehelichung in allen Staaten des Norddeutschen Bundes aufgehoben.

Bestimmte Berufsgruppen – so z. B. Beamte und Offiziere – mußten allerdings auch weiterhin gewisse Voraussetzungen erfüllen, um heiraten zu können, und auch die Erlaubnis der vorgesetzten Behörde einholen. Eine Gruppe, der weit ins 20. Jahrhundert hinein (auch noch in der Weimarer Republik und dann wieder in der Zeit des Nationalsozialismus) die Freiheit der Eheschließung verweigert wurde, waren die Lehrerinnen: Für sie, seit Ende des Jahrhunderts die Pionierinnen qualifizierter weiblicher Erwerbsarbeit,[21] galt ein Zwangszölibat. Eine Lehrerin, die heiratete, wurde automatisch aus dem Staatsdienst entlassen. So lebten auch Lehrerinnen nicht selten in wilder Ehe, allerdings meist versteckt, weil sie um ihren guten Ruf fürchten mußten.

Anfang des 20. Jahrhunderts berichtete der Berliner Arzt Max Hirsch aus seiner Praxis: „Vor mir steht ein junges Weib, eine Lehrerin im Alter von 25 Jahren. Vor 14 Tagen habe ich sie zum 3. Mal wegen einer Fehlgeburt operiert. Es ist ein Weib, welches Kraft in ihren Formen, Stärke und Geist und ein warmes Herz in ihrem Busen trägt. Das unsinnige Gesetz verbietet ihr, will sie nicht ihren ihr lieb gewonnenen Beruf und ihre Existenz opfern, den Mann, dem ihre Liebe gehört, zu heiraten. Aber auf Liebesgenuß kann und will sie nicht verzichten. Im Präventivverkehr unerfahren, bleibt ihr nichts übrig, als die Frucht ihrer Liebe zu beseitigen. ... Und warum? Für beide Fälle trägt der Staat durch das Zölibat der Lehrerin die Verantwortung. Er beraubt nicht nur das Individuum des Lebensglückes, sondern zerstört auch dadurch, daß er gerade die tüchtigsten Elemente vom Geschäft der Fortpflanzung ausschließt, große wirtschaftliche Werte."[22]

Im übrigen war die Zahl der nichtehelichen Lebensgemeinschaften im Bürgertum wesentlich kleiner als in den ländlichen und städtischen Unterschichten. Es gab aber wilde Ehen am Rande der bürgerlichen Gesellschaft, so etwa bei den Studenten oder in der Boheme, meist in den großen Städten. Studenten war es erst möglich zu heiraten, wenn sie ihr Studium abgeschlossen, ein Geschäft oder eine Praxis aufgebaut oder einen einträglichen Posten übernommen hatten. In der langen Zeit ihrer Ausbildung gehörten sie zu den häufigen Kunden der Prostituierten. Jüngere Studenten liefen Gefahr, von den „Universitätsgerichten" vom Studium ausgeschlossen zu werden, wenn sie dauerhafte Verhältnisse zu Frauen unterhielten. Aber ältere Studenten, die dieser Gerichtsbarkeit nicht mehr unterstanden, und auch andere junge Männer der Boheme, die auf niemanden Rücksicht nehmen mußten, lebten häufig mit „Grisetten" zusammen. Grisetten waren junge Frauen aus der Unterschicht, meist Wäscherinnen, Näherinnen, Putzmacherinnen, gelegentlich Fabrikarbeiterinnen, und in der Regel Töchter aus großen Familien, die finanziell auf sich selbst angewiesen waren und relativ freizügig Liebesverhältnisse eingingen. Im 18. Jahrhundert schon war das Phänomen der Grisette im französischen Studentenleben aufgetaucht: „Die französischen Studenten haben bekanntlich diese Art der frühen sexuellen Beziehungen zum weiblichen Geschlecht ganz besonders zu einer ‚Zeitehe' ausgebildet".[23] Im 19. Jahrhundert fand es sich auch in den deutschen Universitätsstädten, vor allen in Berlin, Halle, Leipzig. Ernst Dronke berichtet von zahlreichen solcher Verhältnisse aus dem Berlin der Vormärzzeit. Student und Grisette lebten häufig zusammen; sie besorgte ihm die Wohnung, die Kleidung, das Essen; manchmal hielt der Student die Frau ganz oder teilweise aus, meistens arbeitete sie aber noch nebenher. „Ihre Verhältnisse", schreibt Dronke über die Grisetten, „sind schnell geschlossen und schnell gelöst; sie grämen sich nicht, wenn ihr Geliebter sie verläßt, weinen nicht, intrigieren nicht; sie suchen sich einzig ein neues Verhältnis. Nie aber verkaufen sie sich einem alten, reichen Wollüstling. Sie folgen ihrer Wahl und sind, so lange das Verhältnis dauert, ihrem Geliebten wahrhaft treu. Das ganze Verhältnis der Grisetten ist in dieser Beziehung moralischer als das der unauflöslichen Ehe, wäre es auch nur deshalb, weil es wahrhaftiger ist."[24] Für die Studenten waren solche Lebensgemeinschaften meist Übergangsphänomene, die dann ein Ende fanden, wenn sie einen bürgerlichen Beruf ergriffen und standesgemäß heiraten mußten. Doch gelegentlich heirateten „kleine Kaufleute, Kommis, Studenten, Unterbeamte" auch die Grisetten, „welche mit ihnen im Verhältnis standen", und verschafften ihnen so „eine gesicherte bürgerliche Existenz".[25]

In den großen Städten gab es auch im vorigen Jahrhundert schon hier und da „freie Verhältnisse", die nicht von ökonomischer Not oder beruflichen Zwängen bedingt waren, sondern aufgrund der emanzipatorischen Einstellung der betreffenden Frauen und Männer zustande kamen und von sozialistischen und feministischen Zeitströmungen beeinflußt waren. Solche Zeitströmungen – von denen im nächsten Kapitel die Rede sein wird – hatten ihre Höhepunkte im Umfeld der Französischen Revolution und in der Zeit des Vormärz. Dronke berichtet aus dem Berlin der Zeit vor 1846 von dem „kleinen Häuflein der ‚Emanzipierten', welches der Verachtung der heutigen Moral- und Sittenbegriffe einen äußeren Ausdruck im öffentlichen Leben zu geben sucht"[26] und ein freies Verhältnis der Ehe vorzieht, „weil es ihm nicht wie die Ehe für ewige Zeiten die Hände bindet, noch sie zu einem demoralisierenden Ausharren in unglücklichen Mißverhältnissen zwingt; die Vorsichtigen finden, daß sie auch außer der Ehe und wohl noch besser den Zweck der Ehe erreichen können".[27]

Doch wenn ökonomische Interessen es angeraten sein ließen, dann heirateten meist auch die „Emanzipierten", wobei sie sich mühten, ihrer Verachtung gegenüber der Ehe wenigstens noch in der Verspottung des Rituals Ausdruck zu geben: „Herr und Madame wohnten bereits zusammen, als sie den Geistlichen zur Vollziehung der legitimen Ehe kommen ließen. Beim Eintritt des Pfarrers waren die Zeugen und der Bräutigam anwesend, nur die Braut, welche noch mit ihrer Toilette beschäftigt war, ließ auf sich warten. Als sie endlich kam, sah man dem Geistlichen seine Verwunderung darüber an, daß die Dame weder einen Myrtenkranz noch sonstigen festlichen Brautschmuck trug. Indes begann er die Handlung. Währenddessen benahmen die Zeugen sich in ziemlich auffallender Weise. Der eine, ein bekannter Schriftsteller, lag auf dem Sofa, die Beine über einen vor ihm stehenden Stuhl gestreckt und seinen Schnurrbart streichend; ein anderer stand am Ofen, die Hände in den Taschen und eine verkohlte Zigarre im Mund; die beiden letzten beschäftigten sich an einem anderen Fenster damit, die Vorübergehenden auf der Straße zu betrachten, und kehrten während des ganzen Aktes der Versammlung den Rücken zu. Als es endlich zum Wechseln der Ringe kommen sollte, ergab es sich, daß keiner der beiden Gatten daran gedacht hatte, diese notwendigen Attribute herbeizuschaffen. Da auch keiner von den Zeugen im Besitz eines Ringes war, so wurden in Ermangelung eines Besseren zwei Ringe von den Fenstervorhängen gelöst und hiermit die Handlung vollzogen. Die jungen Eheleute luden darauf den Geistlichen ein, zu einer ‚Bowle' bei ihnen zu bleiben, was jedoch der Mann Gottes unter dem Vorwand anderer dringender Pflichten ablehnte."[28]

Die wilden Ehen der Studenten und der Angehörigen der Boheme wurden in der Öffentlichkeit geduldet; sie hatten selten ein Einschreiten der Polizei zur Folge. Allerdings bedeuteten sie in der Regel den Ausschluß aus den bürgerlichen Verkehrskreisen, aus der Geselligkeit der „anständig" verheirateten Leute.

Diese soziale Diskriminierung bekamen – wenn auch in sehr unterschiedlichem Ausmaß – auch solche Paare zu spüren, die Ende des 18. und im Verlaufe des 19. Jahrhunderts nicht heirateten, weil zwischen Mann und Frau ein Standesunterschied bestand oder weil einer von beiden – in der Regel war es der Mann – schon einmal verheiratet war und sich nicht scheiden lassen konnte oder wollte. Wir kennen eine ganze Reihe solcher Fälle aus den Biographien bekannter Persönlichkeiten in Deutschland, Frankreich, England.

Rousseau und Goethe heirateten lange nicht, weil sie die Ehe als lästig und ihre Lebensgefährtinnen als nicht ebenbürtig empfanden. George Eliot und Eleanor Marx lebten in wilder Ehe mit verheirateten Männern, die sie nicht heiraten konnten. George Sand ging mit ihren Liebesverhältnissen und Lebensgemeinschaften um, wie es sich sonst nur Männer leisteten. Zwei weitere prominente Paare, Mary Wollstonecraft und William Godwin sowie John Stuart Mill und Harriet Taylor, entschlossen sich schließlich doch zur Ehe, obwohl sie sie eigentlich ablehnten. Dies sind nur einige Namen und Situationen, die stellvertretend für viele stehen; die Liste könnte um viele andere Beispiele verlängert werden.

Jean-Jacques Rousseau (1712–1778) war 33 Jahre alt, als er seiner späteren Lebensgefährtin Thérèse Levasseur (1721–1791) begegnete. Vorher hatte er jahrelang ein kompliziertes Liebesverhältnis mit einer sehr viel älteren Frau gehabt. Thérèse Levasseur arbeitete als Dienstmädchen in einem Pariser Gasthof, in dem Rousseau als Gast abgestiegen war. Ihr Vater, ein kleiner Angestellter in der staatlichen Münzfabrik, war nicht imstande, seine große Familie allein zu ernähren, so daß sie sich selbst den Lebensunterhalt verdienen mußte. Sie war eine einfache Frau, die in ihrem Leben nie richtig lesen und schreiben lernte, und viele Zeitgenossen Rousseaus, vor allem auch intellektuelle Frauen, haben sich geringschätzig und abwertend über das Verhältnis geäußert. Die Beziehung zwischen den beiden begann im Jahre 1745 und dauerte bis zu Rousseaus Tod im Jahre 1778. „Ich hatte anfangs nur mein Vergnügen gesucht. Dann aber sah ich, daß ich mehr gefunden und mir eine Lebensgefährtin erworben hatte", schrieb er in seinen Memoiren.[29] Erst 1768 entschloß er sich, seine freie Lebensgemeinschaft in eine legale Ehe umzuwandeln. Schon im ersten gemeinsamen Jahr bekam Thérèse Levasseur einen Sohn, den Rousseau wie später seine vier weiteren Kinder in ein Findelhaus bringen ließ. Er fühlte sich nicht imstande, eine Familie zu ernähren, und wollte keine Kinder haben. Sein Einkommen war nicht groß, und außer Thérèse zehrten auch teilweise deren Verwandte davon, die mit dem Paar im gleichen Haus Wohnung genommen hatten. Es war in Paris in der zweiten Hälfte des 18. Jahrhunderts nichts Ungewöhnliches, daß Künstler und Literaten mit ihren Geliebten zusammenlebten – schließlich war es die Epoche Ludwigs XV. und seiner Mätresse, der Madame de Pompadour. Selbst die Art, in der sich Rousseau seiner Kinder entledigte, war nicht einzigartig: Die Pariser Findelhäuser waren voll von ausgesetzten Kindern der Armen, nichtehelichen wie ehelichen. Thérèse Levasseur lebte jahrelang mit Jean-Jacques Rousseau in Paris zusammen, und sie begleitete ihn später auf seinen zahlreichen Reisen während seines unruhigen Wanderlebens. Sie blieb auch bei ihm, als er schweren öffentlichen Anfeindungen ausgesetzt war, an Verfolgungswahn zu leiden begann und sich unter falschem Namen in abgeschiedene kleine Orte flüchtete, wo er sie in der Regel als seine Haushälterin ausgab. Seinen Entschluß, die Freundin doch noch zu heiraten, begründete Rousseau in einem Brief an seinen Verleger mit folgenden Worten: „Fünfundzwanzig Jahre der Anhänglichkeit, Dienste aller Art und die Pflege während meiner Krankheiten, ihre Freundschaft für mich würden nicht genügt haben, mich zu diesem Schritt zu veranlassen, aber dann sah ich, daß sie entschlossen ist, mein Geschick bis ans Ende zu teilen und mir überallhin in meiner bedrängten Lage zu folgen: so mußte ich es tun."[30] Zehn Jahre nach der formalen Eheschließung starb Rousseau; Thérèse überlebte ihn um dreizehn Jahre und erhielt, als der Verstorbene 1794 zu öffentlichen Ehren gelangte, als seine Witwe vom Nationalkonvent eine Ehrenpension.

Auch Johann Wolfgang Goethe (1749–1832) entschloß sich erst nach achtzehnjährigem Zusammenleben, Christiane Vulpius (1765–1816), die Mutter seines inzwischen 17jährigen Sohns August, zu heiraten. Er war 39 Jahre alt, als sie, nach seiner Rückkehr aus Italien und der Abkühlung seiner Beziehung zu Charlotte von Stein, sein „Bettschatz" wurde. Christiane war die Tochter des Weimarer Amtsarchivars Vulpius und arbeitete in einer Fabrik, die künstliche Blumen herstellte. Die 24jährige zog bald zu ihm und führte seinen Haushalt; aus dem Liebesverhältnis wurde eine faktische Ehe. Sie hatten mehrere Kinder, von denen aber nur August überlebte. Goethe protegierte Christianes Bruder, Christian August Vulpius, der später mit dem Erfolgsroman „Rinaldo Rinaldini" bekannt wurde; er nahm auch zeitweilig eine Schwester und eine Tante von ihr in seinem Haus auf. An eine Ehe dachte er jedoch lange nicht, weil Christiane Vulpius gesellschaftlich unter ihm stand. Die Weimarer Gesellschaft lästerte anfänglich über die Beziehung und ignorierte sie später. Goethe verkehrte wie gewohnt in den angesehenen Kreisen, zu denen Christiane keinen Zutritt hatte. Drei Jahre dauerte es, bis er seine Lebensgefährtin und seinen kleinen Sohn der Mutter in Frankfurt vorstellte. Zeitgenossen und Biographen wetteiferten darin, den großen Mann zu bedauern, dem es anscheinend nicht rechtzeitig gelungen war, sich aus einem ganz gewöhnlichen Verhältnis zu lösen, bevor es zu einer Gewohnheitsehe wurde.[31] Als er Christiane im Jahre 1806 endlich doch heiratete, geschah es aus Dankbarkeit: Sie hatte ihn bei seinen voraufgegangenen schweren Krankheiten liebevoll gepflegt und ihn, was ihm besonders imponierte, bei der Plünderung Weimars durch die Franzosen mutig verteidigt. So starb Christiane zehn Jahre später als Frau

Goethe, und von den Biographen wurde lobend anerkannt, daß sie sich auch als legitime Ehefrau immer bescheiden im Hintergrund gehalten habe. Natürlich profitierte Goethe von seinem uneindeutigen Familienstatus: Er war verheiratet und war es auch wieder nicht, er genoß die Bequemlichkeiten des Ehestandes zugleich mit den Privilegien des Junggesellendaseins. In gewisser Weise ist es ihm hoch anzurechnen, daß er sich später zur Heirat bereitfand. Niemand drängte ihn zu diesem Schritt. Inzwischen hatte sich allerdings Weimar an Christiane und Christiane an eine bestimmte Rolle in seinem Haus gewöhnt, so daß er nicht befürchten mußte, sie könnte ihn als legitime Ehefrau mehr einschränken als zuvor.

Die Ehegeschichten Rousseaus und Goethes gehören noch ins 18. Jahrhundert, aber es gab diese Beziehungen auch noch lange danach: Männer, die gesellschaftlich etwas darstellten, hatten Verhältnisse mit Frauen, die „man" nicht zu heiraten brauchte, weil sie aus Familien kamen, die sozial nicht stark genug waren, die ökonomischen, die Status- und Sicherheitsinteressen ihrer Töchter zu vertreten. Es waren Liebesbeziehungen, in denen die Frauen den Männern, was Herkunft und Bildung betraf, unterlegen und deswegen bald ganz von ihnen abhängig waren.

Die Lebensgemeinschaften von George Eliot und Eleanor Marx gehören schon deutlich ins 19. Jahrhundert: Hier tauchte erstmals vereinzelt ein Frauentyp auf, der in bezug auf Bildung, Intellekt und Unabhängigkeit den Männern ebenbürtig war und auch durchaus über Alternativen verfügte. Diese Frauen ließen sich sehr bewußt, weil sie die Männer liebten, auf das Risiko der nichtehelichen Lebensbeziehung ein, obwohl sie mehr unter der sozialen Diskriminierung zu leiden hatten als ihre noch anderweitig verheirateten Partner.

Hinter dem Pseudonym George Eliot (1819–1880) verbarg sich Mary Ann Evans, die einige der bedeutendsten englischen Romane des 19. Jahrhunderts geschrieben hat. Sie war das jüngste Kind eines Gutsverwalters in Warwickshire. Nachdem sie ihre Kindheit auf dem Land verlebt hatte, zog sie als 22jährige mit ihrem Vater nach Coventry, wo sie Anschluß an einen freigeistigen Intellektuellen- und Literatenzirkel fand. Sie begann, Werke der kritischen Theologie aus dem Deutschen ins Englische zu übersetzen. Als sie nach dem Tod ihres Vaters allein für ihren Lebensunterhalt aufkommen mußte, ging sie nach London und arbeitete als Redakteurin bei der „Westminster Review", einer Zeitschrift, in der namhafte Schriftsteller publizierten. Im Zu-

sammenhang mit dieser Arbeit machte sie im Jahre 1853 die Bekanntschaft ihres späteren Lebensgefährten George Henry Lewes. Er war
Literat und Gelehrter und ist durch eine Geschichte der Philosophie
und eine Goethe-Biographie bekannt geworden. Zudem war er verheiratet und Vater von drei Söhnen, lebte aber schon länger getrennt von
seiner Frau, die ebenfalls inzwischen einen anderen Lebensgefährten
hatte; trotzdem konnte er sich nicht scheiden lassen. Als die beiden
sich entschlossen zusammenzuziehen, war Mary Ann Evans 34 und
George Henry Lewes 37 Jahre alt. Ihre Lebensgemeinschaft war ein
schwerer Affront gegen die viktorianische Moral. Viele Bekannte bra-
chen den sozialen Verkehr mit dem Paar ab, so daß sie, teils als Reaktion, teils um weitere Diskriminierung zu vermeiden, einen sehr zu-
rückgezogenen Lebensstil entwickelten. Vor allem George Eliot mied
öffentliche Veranstaltungen, sie fuhr kaum aus und empfing so gut
wie keinen Besuch. Nur auf ihren zahlreichen ausgedehnten Aus-
landsreisen mit Lewes – nach Deutschland, Italien, in die Schweiz –
fühlte sie sich etwas freier und legte ihre soziale Scheu ab. Das Paar
hatte, trotz sozialer Ächtung und trotz des nicht endenden Klatsches,
der durch George Eliots wachsenden Ruhm auch stets neue Nahrung
fand, eine für beide Seiten sehr fruchtbare und befriedigende Beziehung, die von seelischer Übereinstimmung, gleichen Interessen und
gleicher Gesinnung bestimmt war. Ihr Pseudonym „George Eliot"
erfand sich Mary Ann Evans in Anlehnung an den Vornamen ihres
Freundes, der sie zum erzählenden Schreiben ermuntert hatte und ihre
Arbeit unterstützte – ein Männername, denn noch waren schreibende
Frauen ein Kuriosum und eine Zielscheibe gehässiger Kritik. Nacheinander entstanden die Romane, die sie berühmt machten: „Adam
Bede" (1859), „The Mill on the Floss" (1860), „Silas Marner" (1861)
und schließlich „Middlemarch" (1871/72). Nach dem Tod ihres Lebensgefährten im Jahre 1878 schockierte sie die viktorianische Gesell-
schaft noch einmal damit, daß sie 1879, im Alter von 61 Jahren, den
21 Jahre jüngeren John Walter Cross heiratete, einen guten Freund des
Paares. Er wurde ihr erster Biograph, als sie ein knappes Jahr nach der
Hochzeit starb.[32]

Ähnlich und doch auf traurige Weise anders lag der Fall bei Eleanor
Marx (1855–1898), der jüngsten der drei Töchter von Karl Marx. Sie
war eine vielseitig begabte, politisch engagierte Frau, die ihren Vater
vergötterte und einen Teil seiner Arbeit fortführte. So spielte sie eine
wichtige Rolle bei der Entwicklung der internationalen sozialistischen

Bewegung und beim Aufbau der englischen Gewerkschaftsbewegung. Eleanor wurde geboren, als die Familie Marx schon in London lebte. Als Siebzehnjährige verliebte sie sich in einen französischen Sozialisten, Lissagaray, den Vater Marx aus persönlichen, gesellschaftlichen wie auch politischen Gründen nicht akzeptierte. Neun Jahre dauerte die Verlobung, bis sie sich entschließen konnte, ihn aufzugeben. Ein Jahr später, 1883, schon nach dem Tod ihres Vaters, lernte sie ihren späteren Lebensgefährten Edward Aveling kennen. Er war ein in freidenkerischen und sozialistischen Kreisen bekannter Mann, belesen und gebildet, mit großer rhetorischer Begabung ausgestattet, der offenbar eine große Anziehungskraft auf Frauen ausübte. Er war verheiratet, lebte aber, als sich die inzwischen Ende Zwanzigjährige in ihn verliebte, bereits mit einer anderen Frau zusammen, der ebenfalls bekannten Sozialistin Annie Besant. 1884 verließ er Annie Besant, um mit Eleanor Marx zusammenzuziehen, die sich von nun an Mrs. Aveling nannte. An ihre in Frankreich verheiratete Schwester Laura schrieb sie: „Du weißt, glaube ich, daß ich seit einiger Zeit sehr vernarrt in Edward Aveling bin, und er sagt, daß er in mich vernarrt ist. Wir werden also ‚zusammenziehen‘. Du kennst ja seine Situation, und ich brauche dir nicht zu sagen, daß mir dieser Entschluß nicht leicht gefallen ist."[33] Eleanors Schwestern waren bürgerlich verheiratet, und auch sie selbst hätte wahrscheinlich, auf Grund ihrer in Sachen Ehe und Familie recht bürgerlichen Erziehung, eine gesetzlich anerkannte Ehe vorgezogen. Ihre Lebensgemeinschaft dauerte vierzehn Jahre, doch sie war bald von finanziellen und persönlichen Problemen belastet. Was Eleanor Marx und Edward Aveling verband, waren berufliche Interessen und ein gemeinsamer weltanschaulicher Hintergrund: ihrer beider politische, journalistische und Vortragstätigkeit. Doch das Paar lebte in ständiger Geldnot. Aveling konnte sich nicht materiell einschränken, und er konnte oder wollte sein Interesse für andere Frauen nicht im Zaum halten. Als schließlich Eleanor Marx 1894, mit dem Tod von Friedrich Engels, ein ansehnliches Vermögen erbte, schienen die Geldsorgen behoben; sie kaufte ein Haus in der Londoner Vorstadt, in das sie mit Aveling einzog. Doch Engels Tod war für sie auch mit einem schweren persönlichen Schock verbunden: Erst jetzt erfuhr sie, daß Freddy Demuth, das einzige Kind der lebenslangen Haushälterin der Familie Marx, ein unehelicher Sohn ihres idealisierten Vaters war. Engels hatte ihn aus Freundschaft zu Marx als sein Kind ausgegeben. Während sie mit dieser Information fertigwerden mußte, verschlechterte sich ihre Beziehung zu Edward Aveling. Er war häufig krank und unternahm auf ihre Kosten längere Erholungsreisen, bei denen er Verhältnisse mit anderen Frauen hatte. Inzwischen war 1890 seine Frau gestorben, und er hätte Eleanor Marx durchaus heiraten können. Statt dessen ehelichte er 1897 heimlich, während eines Kuraufenthaltes, unter seinem Künstlernamen eine Schauspielerin. 1898 verließ er dann, ohne vorherige Aussprache mit seiner bisherigen Lebensgefährtin, die gemeinsame Londoner Wohnung, erschien aber nach ein paar Tagen wieder, um von Eleanor die Reste ihres Vermögens zu erpressen – offenbar unter allerlei falschen Versprechungen. Als sie wenig später von seiner heimlichen Heirat erfuhr, nahm sie sich, 43jährig, mit Gift das Leben.

Sowohl George Eliot als auch Eleanor Marx hätten eine gesetzliche Ehe der freien Lebensgemeinschaft vorgezogen, wenn sie frei hätten wählen können, aber lieber lebten sie in einer freien Beziehung mit den Männern ihrer Wahl, als daß sie ganz auf ein Zusammenleben verzichteten.

Doch während George Eliot das Glück hatte, einen Mann zu lieben, der sie achtete und vom gleichen Format war wie sie, geriet Eleanor Marx an einen, der seine formell noch bestehende Ehe und seine freidenkerischen Attitüden benutzte, um sie auszubeuten. Obwohl beide Frauen – anders als Thérèse Levasseur und Christiane Vulpius – ökonomisch unabhängig und selbstbewußte eigenständige Persönlichkeiten waren, gerieten sie durch das Zusammenleben außerhalb der gesetzlichen Ehe in eine sozial ungesicherte Situation und hatten schwerer an den psychischen Folgen der sozialen Diskriminierung zu leiden als ihre männlichen Partner.

Es gab auch Fälle – allerdings nur sehr wenige –, in denen Frauen von sich aus die freie Beziehung vorzogen, meist auf dem Hintergrund von gesichertem Einkommen oder Vermögen und einem hohen Sozialstatus, der sie unabhängig machte – und doch nicht vor böser Nachrede schützte. Die Schriftstellerin George Sand (1804–1876) war eine solche Frau, die deswegen auch, weit über Frankreich hinaus, zum bürgerlichen Schreckgespenst der emanzipierten Frau wurde. Sie wurde wie kaum eine andere Persönlichkeit ihrer Epoche zugleich bewundert und verächtlich gemacht und war ebenso bekannt wegen ihrer zahlreichen Veröffentlichungen – ihr Werk umfaßt, ohne die Briefe, 180 Bände – wie wegen ihrer zahlreichen Liebhaber, unter denen bekannte Literaten und Künstler waren. George Sand hieß eigentlich

Aurore Dupin. Sie wuchs bei ihrer Großmutter auf deren Landgut in Nohant auf und heiratete mit 18 Jahren einen jungen Leutnant ohne Vermögen, Casimir Dudevant. Obwohl es eine Neigungsehe war, lebten sich die beiden bald auseinander; sie hatten keine gemeinsamen Interessen, und Casimir hatte bald Affären mit anderen Frauen. Nach neunjähriger Ehe vereinbarten sie die Trennung. Aurore war Alleinerbin ihrer vermögenden Großmutter geworden, und sie mußte den Grundbesitz mit ihrem Mann teilen. Das Gut Nohant blieb für sie. Sie ging mit ihrer Tochter nach Paris, während der Sohn in ein Internat geschickt wurde. In Paris verliebte sie sich, inzwischen 27jährig, in den Schriftsteller Julien Sandeau, mit dem sie eine Zeitlang zusammenlebte und einige Arbeiten gemeinsam unter dem Pseudonym „Jules Sand" veröffentlichte, von dem sie später den Nachnamen für ihr eigenes Pseudonym beibehielt. Sie begann, Romane zu schreiben, deren zentrales Thema die Befreiung der Liebe aus den Schranken der Konvention war. Als nach zwei Jahren ihre Beziehung zu Jules Sand zerbrach, lebte sie ein Jahr lang mit dem Dichter Alfred Musset zusammen. Auch diese Beziehung scheiterte vermutlich an Konkurrenzproblemen; für viele ihrer Liebhaber war wohl die ungeheure Vitalität und Produktivität von George Sand nur schwer zu ertragen. 1837 lernte sie den sechs Jahre jüngeren Frédéric Chopin kennen. Wegen dessen schwacher Gesundheit und auch, weil sie sich dem Klatsch der Pariser Gesellschaft entziehen wollten, verbrachten die beiden zusammen mit George Sands 15jährigem Sohn und der 8jährigen Tochter zunächst einen Winter auf Mallorca. Nach der Rückkehr hatten sie zwar in Paris getrennte Wohnungen, aber bis zu ihrem endgültigen Zerwürfnis und der Trennung im Jahre 1847 lebten sie jedes Jahr während der Sommermonate gemeinsam auf George Sands Gut Nohant. Während der bürgerlichen Revolution engagierte sich George Sand für Freiheit und sozialen Fortschritt, und auch danach, in der Zeit des Zweiten Kaiserreichs, setzte sie sich für politisch Verfolgte und liberale Ideen ein. Sie schrieb und lebte nun fast ausschließlich in Nohant, nur unterbrochen von gelegentlichen Reisen. Drei Jahre nach der Trennung von Chopin – George Sand war inzwischen 46 Jahre alt – wurde ihr dreizehn Jahre jüngerer Sekretär, der Graveur und Bildhauer Alexandre-Damien Manceau, ihr Liebhaber und Lebensgefährte. Diese freie Lebensgemeinschaft dauerte fünfzehn Jahre, bis Manceau an Tuberkulose starb.[34] George Sands Liebesbeziehungen, bei denen die Grenzen zwischen leidenschaftlicher Affäre, längerfristigem Verhältnis und dauerhafter Lebensgemeinschaft zerfließen, sorgten für Skandale, obwohl ihr Lebensstil in dieser Zeit bei Männern von Stand und Vermögen verbreitet war. Doch sie konnte recht gut mit dem Aufsehen leben, das sie erregte, weil ihr das großmütterliche Erbe und ihre Schriftstellerei eine gewisse Sicherheit boten – immerhin gehörte sie zu den am besten verdienenden Schriftstellern ihrer Zeit.

Es gibt unter den nicht ganz so seltenen Fällen freier Lebensgemeinschaften in den Mittel- und Oberschichten des ausgehenden 18. und des 19. Jahrhunderts nicht viele, bei denen sowohl der Mann als auch die Frau aus freiem Willen das nichteheliche Zusammenleben einer gesetzlichen Ehe vorzogen. In der Regel gingen dabei die Frauen ein großes ökonomisches und soziales Risiko ein, und deswegen heirateten die Paare im allgemeinen, falls (oder wenn endlich) die Möglichkeit bestand und der Mann eine gewisse Solidarität mit der Frau verspürte.

So kam die Ehe zwischen Mary Wollstonecraft und William Godwin zustande, obwohl Godwin diese Institution eigentlich grundsätzlich ablehnte. Mary Wollstonecraft (1759–1797) ist vor allem als engagierte politische Schriftstellerin bekannt geworden, die als eine der ersten für die Rechte der Frauen eintrat; ihr Buch „A Vindication of the Rights of Women" von 1792 gehört zu den klassischen Texten der bürgerlichen Frauenbewegung. Sie stammte aus einer Mittelschichtsfamilie, mußte aber nach dem Tode der Mutter und der zweiten Heirat des Vaters wie ihre beiden Schwestern für den eigenen Lebensunterhalt aufkommen – als Gouvernante und dann als Mitarbeiterin eines Londoner Verlegers. 1792 verließ sie, aus Sympathie und Neugier für die Französische Revolution, ihr Land und ging nach Frankreich. Dort verliebte sie sich in einen amerikanischen Schriftsteller, Gilbert Imlay, und lebte mit ihm in einer freien Beziehung zusammen. Sie nannte sich Mrs. Imlay, hatte aber zunächst von sich aus nur deshalb auf eine Legalisierung der Beziehung verzichtet, weil sie befürchtete, ihr Lebensgefährte könnte für die Schulden ihrer Familie haftbar gemacht werden. Die beiden beabsichtigten, nach Amerika auszuwandern und dort zu heiraten, sobald sie genug Geld zusammenhätten. 1794 bekam sie eine Tochter, und ein Jahr später zerbrach die Beziehung. Mary Wollstonecraft, inzwischen 36 Jahre alt, unternahm einen Selbstmordversuch, als Imlay sich von ihr trennte. Wenig später kehrte sie nach London zurück, wo sie wieder im Verlag Johnson arbeitete. In diesem Zusammenhang schloß sie sich einer Gruppe radikaler Intellektueller an, in der ihr Verleger verkehrte. Dort begegnete ihr 1796 der Sozialphilosoph William Godwin (1756–1836), Sozialist, Anarchist und Atheist. Die beiden verliebten sich ineinander und lebten bald zusammen. Als Mary Wollstonecraft wieder schwanger wurde, heiratete Godwin sie, obwohl er die Ehe als Anarchist grundsätzlich ablehnte, um ihr die Wiederholung der schlimmen Erfahrung mit Imlay zu ersparen. Die beiden waren außerordentlich glücklich miteinander; doch Mary Wollstonecraft Godwin starb schon 1797, nur wenige Tage nach der Geburt ihrer zweiten Tochter (die später unter dem Namen Mary Wollstonecraft Shelley als Autorin des Romans „Frankenstein" berühmt und die zweite Frau des Dichters Percy Bysshe Shelley wurde). William Godwin war der erste Biograph seiner verstorbenen Frau und veränderte unter dem Einfluß dieses Zusammenlebens seine Einstellung zur Ehe: Während er früher jedes dauerhafte Zusammenleben als hinderlich für die geistige Entwicklung beider Menschen angesehen hatte, kritisierte er nunmehr bloß die Einmischung des Staates in die private Beziehung.[35]

Ein halbes Jahrhundert später gab, ähnlich großzügig und profeministisch, der englische Philosoph und Volkswirtschaftspolitiker John Stuart Mill seiner Kritik an der Ehe als Institution Ausdruck, indem er mit seiner Frau Harriet Taylor einen Privatvertrag schloß, in dem er ausdrücklich auf alle ehelichen Rechte verzichtete. Als John Stuart Mill (1806–1873) seiner späteren Lebensgefährtin im Jahre 1830 begegnete, war er 24 Jahre alt und sie, ein Jahr jünger, die Ehefrau des Kaufmanns John Taylor. Sie war auf Wunsch ihres Vaters eine Konvenienzehe eingegangen und hatte bereits zwei Söhne; 1831 wurde die Tochter Helen geboren. Trotz der Liebesbeziehung zwischen John Stuart Mill und Harriet Taylor wurde die Taylorsche Ehe pro forma weiter aufrechterhalten – beinahe zwanzig Jahre lang, bis John Taylor 1849 starb. Während dieses Zeitraums traf das Paar sich heimlich, oft im Ausland. Die Beziehung wurde nicht nur von Liebe und dauerhafter Zuneigung getragen, sondern auch von gemeinsamen Interessen und gemeinsamer Arbeit. Schon bald nach ihrer Bekanntschaft schrieben sie, vermutlich gemeinsam und als Reaktion auf ihre eigene schwierige Situation, Essays über Ehe und Scheidung.[36] Auch an späteren, in der Regel ausschließlich John Stuart Mill zugeschriebenen Arbeiten zur Frauenfrage war Harriet Taylor Mill wohl entscheidend beteiligt. Ihre Rechtlosigkeit in der Ehe, die Tatsache, daß es für sie unmöglich war, eine Scheidung zu erlangen, waren mit dafür verantwortlich, daß John Stuart Mill lebenslang ein aktiver Sympathisant der

Frauenbewegung blieb. Nachdem Harriets Ehemann gestorben war, heiratete das Paar 1851, ohne daß jedoch ihr guter Ruf dadurch wiederhergestellt werden konnte: Für die viktorianische Gesellschaft war und blieb sie bis zu ihrem Tod 1858 die Ehebrecherin.

John Stuart Mill hat wiederholt das patriarchalische Herrschafts- und Eigentumsverhältnis kritisiert, als das er die bürgerliche Ehe seiner Zeit ansah. Bevor er Harriet Taylor heiratete, formulierte er in einer schriftlichen Erklärung seinen Verzicht auf alle Rechte, die ihm die gesetzliche Ehe einräumte: „für den Fall der Heirat von Mrs. Taylor und mir erkläre ich, daß es mein Wille und meine Absicht und die Bedingung unserer Verbindung ist, daß sie in jeder denkbaren Hinsicht die gleiche absolute Freiheit der Handlung und der Verfügung über sich selbst und all das, was ihr jetzt oder irgendwann gehören mag, behält, als ob keine solche Heirat stattgefunden hätte; und ich verwerfe und kündige uneingeschränkt jeden Anspruch, kraft einer solchen Eheschließung irgendwelche Rechte erlangt zu haben".[37] Hier fand also eine Heirat statt, um vor allem der Frau die soziale Diskriminierung zu ersparen, die eine nichteheliche Lebensgemeinschaft bedeutet hätte – zugleich aber erklärte John Stuart Mill schriftlich, daß sie sich weiterhin verhalten könne und solle, als ob sie nicht verheiratet sei, und selbst wenn beiden klar war, daß diese Willenserklärung keine Gesetze außer Kraft setzen konnte, so hatte sie doch für ihr Verhältnis zueinander große Bedeutung und wirkte auf eine gleichberechtigte Beziehung hin.

So wie die sozialen Bedingungen aussahen, konnten Ende des 18. und im Laufe des 19. Jahrhunderts freie Lebensgemeinschaften kaum wirklich gleichberechtigt sein; zu ungleich waren die Ausgangsbedingungen, die Konsequenzen und die möglichen Alternativen von Frau und Mann. George Bernard Shaw hatte sicher recht, als er 1908 im Essay „Der Aufstand gegen die Ehe" schrieb: „Junge Frauen kommen zu mir und fragen mich, ob ich der Ansicht sei, daß sie in die Heirat mit dem Mann, mit dem zu leben sie sich entschlossen haben, einwilligen sollten; und sie sind sprachlos und bestürzt, wenn ich, der ich (Gott weiß wieso) den Ruf genieße, über dieses Thema jeweils die fortschrittlichsten Ansichten zu haben, in sie dringe, sich auf keinen Fall zu kompromittieren ohne die Sicherheit eines authentischen Eheringes."[38]

Bis in die jüngste Vergangenheit hinein war das soziale Risiko, waren die psychischen Kosten für Frauen, die sich zu einer freien Lebensgemeinschaft entschieden, sehr viel größer als für Männer und häufig ein zu großer Preis für das bißchen Freiheit und Selbstbewußtsein, das sie auf diesem Wege gewannen und vielleicht durch vergrößerte psychische Abhängigkeit wieder verloren. Es mußte sich eine Menge verändern, ehe die Situation grundsätzlich anders wurde: die Einstellung zur Ehe und schließlich die Grundlagen der Ehe selbst.

7. Die Herausforderung der Ehe durch die Liebe: Kritik an der bürgerlichen Ehe

Parallel zur Entstehung der bürgerlichen Ehe und Familie bildeten sich immer wieder kulturelle Strömungen und soziale Bewegungen, die sich kritisch mit deren Grundlagen auseinandersetzten: so etwa der „Sturm und Drang", die Romantik, das „Junge Deutschland", der Feminismus, der Sozialismus. Auch diese Ideen kamen aus dem Bürgertum; es war derselbe soziale Wandel, der die bürgerliche Ehe wie auch die fortlaufende Kritik an ihr hervorbrachte. Die Ideen reflektierten und beeinflußten die allmähliche Umformung der alten, in objektiven sozioökonomischen Gegebenheiten verankerten Sachehe in die moderne, subjektiv-psychisch motivierte Liebesehe.

Die Liebe eines Mannes zu einer verheirateten Frau, der Mann zwischen zwei Frauen, die „Doppelliebe" bzw. „Doppelehe" waren bevorzugte Themen der Autoren des Sturm und Drang, die auch in ihren persönlichen Erfahrungen eine zentrale Rolle spielten. Der Sturm und Drang, der seinen Höhepunkt zwischen 1770 und 1780 hatte, setzte gegen die „kalte Vernunft", die die Aufklärung gepriesen hatte, das Irrationale, das Gefühl und die Kraft, die schöpferische Freiheit der genialen Persönlichkeit. Leidenschaften, Triebe, Instinkte sollten alle eingrenzenden Regeln sprengen und sich nach ihrer eigenen inneren Dynamik entfalten. Das genialische Menschenbild des Sturm und Drang war ein sehr männliches, von Männern entworfen, auf Männer zugeschnitten. Seine Anhänger waren überwiegend Studenten und Literaten, u. a. gehörte der junge Goethe dazu, Friedrich Maximilian Klinger – dessen Drama „Sturm und Drang" (1776) der Bewegung ihren Namen gab –, Jakob Michael Reinhold Lenz, Gottfried August Bürger, Friedrich Heinrich Jakobi und Wilhelm Heinse.

In Jakobis Roman „Woldemar" (1777)[1] liebt der gleichnamige Held eine Frau, Henriette, die ihrem sterbenden Vater schwor, nie zu heiraten, er liebt aber auch Henriettes beste Freundin, die er schließlich ehelicht, nachdem Henriette, obwohl sie seine Liebe erwidert, diese Verbindung selbstlos herbeigeführt hat. Woldemar löst seine Probleme durch die klassische Aufspaltung seiner Gefühle in sublimierte

Seelenfreundschaft für Henriette einerseits, eheliche Liebe für die Freundin, seine Frau, andererseits. In diesen Roman gingen autobiographische Elemente ein: Friedrich H. Jakobis (1743–1819) eigenes Schwanken zwischen seiner Frau und seiner Tante. Es war auch die Geschichte Gottfried August Bürgers (1747–1794), der gleichzeitig eine erotische Beziehung zu seiner Frau Dorette und deren jüngerer Schwester Auguste („Molly'') hatte; als Dorette starb, heiratete er Molly, wurde aber schon ein Jahr später wieder Witwer.

Während Jakobi „das Problem der Doppelehe, ein zeitgenössisches Problem, durch eine reine Harmonie der platonischen Seelenliebe [löst]'',[2] läßt Goethe sein Drama „Stella'' (1776) mit der Utopie einer Ehe zu dritt enden. Der Held Fernando, zwischen zwei Frauen hin- und hergerissen, will sich anfangs außerhalb der Fesseln der Ehe „frey'' verwirklichen, wird aber von der Liebe „über Hals, über Kopf'' gefangen. Das ursprüngliche Ende des Stücks, die Andeutung einer künftigen Ménage à trois („Eine Wohnung, Ein Bett und Ein Grab'') wurde von den Zeitgenossen als so provozierend empfunden, daß „Stella'' kurz nach der Uraufführung in Hamburg abgesetzt und verboten wurde. In seiner Bearbeitung von 1805 ließ Goethe das Stück dann auf herkömmliche Weise tragisch enden: Aus dem „Schauspiel für Liebende'' wurde ein „Trauerspiel''; das Glück zu dritt löste sich im Schlußakt durch zwei Selbstmorde von allein auf.

Am radikalsten war Wilhelm Heinse (1746–1803) mit seinem 1787 erschienenen Roman „Ardinghello und die glückseligen Inseln''. Ardinghello, ein kraftstrotzender Mensch, ist Künstler, Seefahrer, Staatengründer, Politiker, Krieger und vor allem Liebhaber. Er liebt alle Frauen, die ihm begegnen, und alle Frauen lieben ihn, egal ob sie älter oder jünger, verheiratet oder noch ledig sind. Nur einmal weist er eine Frau zurück, was diese prompt in den Wahnsinn treibt und Ardinghello in der Überzeugung bestätigt, daß es die „barbarische Moral'' ist, die die Menschen unglücklich macht. In Heinses Roman gibt es auch eine Heldin, Fiordimona, die wie Ardinghello der „freien Liebe'' anhängt. Nachdem sie Zwillinge von ihm zur Welt gebracht hat, sucht sie ihn und folgt ihm auf die „glückseligen Inseln'', wo die Frauen gleichberechtigt sind und die „freie Liebe'' herrscht: Die Frauen haben nicht nur das Stimmrecht, sie sind auch wirtschaftlich und sozial den Männern gleichgestellt, es gibt kein Privateigentum und keine Hierarchien bei der Arbeitsteilung. Männer wie Frauen können ihre Partnerinnen und Partner frei wählen und wechseln: eine frühsozialistische

Vision. Mit Fiordimona, die auf den „glückseligen Inseln" die treue Lebensgefährtin Ardinghellos wird, zog erstmals der Typ der „freien Frau", der „Emanzipierten" in die deutsche Literatur ein.[3]

Die Ideen des Sturm und Drang blieben auf einen kleinen Kreis von Intellektuellen und Literaten beschränkt. Außer Heinse stellte nur Goethe in seiner ersten „Stella"-Version die Grundlagen der Ehe in Frage. Die anderen „Stürmer und Dränger" traten zwar für eine Befreiung der Leidenschaft und damit für eine liberalere Einstellung zum vor- und außerehelichen Geschlechtsverkehr ein, aber sie respektierten doch weitgehend die Ehe als Institution.

Die romantische Auffassung von Liebe und Ehe, die um die Wende vom 18. auf das 19. Jahrhundert von einer kleinen Minderheit der gebildeten, müßigen Schichten diskutiert und in Annäherungen erprobt wurde, enthielt eine neue, geradezu revolutionäre Sichtweise der Beziehung von Mann und Frau. Sie prägte bis in die Gegenwart die Vorstellung von der Liebe, die der Ehe zugrundeliegen sollte. Die Liebesidee der Romantik wurde von Friedrich Schlegel in seinem Roman „Lucinde" (1799) besonders deutlich zum Ausdruck gebracht. Der Held des Romans, ein junger Mann namens Julius, durchlebt, unrastig und getrieben von unbefriedigter Sehnsucht, verschiedene Varianten der Geschlechtsliebe: Er begehrt ein Mädchen aus bürgerlichem Haus, schreckt aber davor zurück, sie zu verführen, weil ihm klar wird, daß er sie dann heiraten muß oder ihr Leben zerstören wird; er umwirbt eine Lebedame; er hat ein Verhältnis mit einer Kurtisane, die sich aus Liebe zu ihm das Leben nimmt; er verliebt sich in eine Frau, die für ihn unerreichbar, weil mit seinem besten Freund verheiratet ist; er sucht vergebens in der Männerfreundschaft Ersatz für die Liebe. Nach langen Irrwegen resigniert, begegnet er schließlich Lucinde, einer Künstlerin und selbständigen Frau, die schon Liebeserfahrungen hat und bereits Mutter ist. „Auch hatte sie mit kühner Entschlossenheit alle Bande zerrissen und lebte völlig frei und unabhängig."[4] Julius empfindet eine „wunderbare Gleichheit"[5] zwischen sich und dieser Frau. Die Beziehung wird zu einer wechselseitigen Spiegelung der eigenen Persönlichkeit im Anderen. In dieser Liebe findet er vereint, was ihm früher stückweise in seinen anderen Erfahrungen begegnet war: „Freundschaft, schöner Umgang, Sinnlichkeit und auch Leidenschaft",[6] alles ist zugleich vorhanden und verstärkt und vertieft sich gegenseitig. „Ja! ich würde es für ein Märchen gehalten haben, daß es solche Freude gebe und solche Liebe, wie ich nun fühle und eine solche Frau, die mir zugleich die zärtlichste Geliebte und die beste Gesellschaft wäre und eine vollkommene Freundin."[7]

Wesentlich für den romantischen Liebesbegriff ist das Einssein von seelischer und sinnlicher Liebe. Wenn Julius und Lucinde sich umarmen, dann ist es „mit ebenso viel Ausgelassenheit als Religion", dann fühlen sie „geistige Wollust und sinnliche Seeligkeit"[8] zugleich. Frauen erscheinen idealisiert und aufgewertet: Sie besitzen von Natur aus die Fähigkeit zu lieben, die die Männer erst erlernen müssen – es sei denn, die Gesellschaft habe sie den Frauen in der konventionellen Ehe abgewöhnt. Weibliche Prüderie ist das Resultat falscher Erziehung, „ein Laster, an das ich nie ohne eine gewisse innerliche Wut denken kann",[9] die Wollust dagegen ist „göttlich", ein „heiliges Feuer", wenn sie aus der Liebe entsteht.[10] „Die Wollust wird in der einsamen Umarmung der Liebenden wieder, was sie im Großen, Ganzen ist – das heiligste Wunder der Natur."[11] Die höchste Stufe der Liebeskultur ist dann erreicht, wenn es dem Mann gelingt, „wie ein Mann und wie ein Weib zugleich" zu lieben.[12] Damit ist das androgyne Ideal als Grundlage der romantischen Liebesauffassung postuliert. Es setzt nicht nur die Überzeugung von der Gleichwertigkeit der Geschlechter voraus, sondern es enthält auch ein neues Ziel individueller Selbstverwirklichung: Die Frauen sollen ihre männlichen, die Männer ihre weiblichen Züge ausbilden, damit die „Vollendung des Männlichen und des Weiblichen zur vollen ganzen Menschheit"[13] erfolgen kann. Das androgyne Element drückt sich in der Sexualität als spielerischer Rollentausch aus.

Die Romantik wertete nicht nur Sinnenfreudigkeit und Liebeskultur auf. Zum ersten Mal wurde die geistige und sinnliche Ebenbürtigkeit der Frau explizit zur Grundlage der Liebesbeziehung zwischen den Geschlechtern gemacht. Friedrich Schlegel kritisierte in der „Lucinde" die Durchschnittsehe seiner Zeit, in der die Eheleute „im Verhältnis der Wechselverachtung" oder gleichgültig „neben einander weg" lebten. Die Gesellschaft betrachte es als Ehe, wenn „der Mann in der Frau nur die Gattung liebt, die Frau im Manne ... nur seine bürgerliche Existenz, und beide in den Kindern nur ihr Machwerk und Eigentum".[14] Für Schlegel bezeichnete der Begriff „Ehe" nicht das rechtliche, sondern das sittliche Verhältnis zwischen Frau und Mann, das allein durch die Liebe hergestellt wird. Der wahre Ehebund bedarf der Formalität der Eheschließung nicht. Wo Liebe ist, da ergibt sich die

Treue von selbst; es verbietet sich aus dem Wesen der Liebe, die Treue durch äußeren Zwang garantieren zu wollen: „Die Liebe ist Eins mit der Treue".[15]

Die „Lucinde" verherrlichte nicht nur die leidenschaftliche Liebe, die am Beginn einer Beziehung steht. Friedrich Schlegel war der Ansicht, daß die wahre Liebe von sich aus auf Dauerhaftigkeit angelegt ist. Als Lucinde ein Kind von ihm erwartet, betrachtet Julius dies als Festigung des „Ehebundes": „Nun hat uns die Natur inniger verbunden, ganz und unauflöslich ... nur sie versteht es, ein hochzeitliches Band zu knüpfen".[16] Und in der späteren Phase seiner Lebensgemeinschaft mit Lucinde wird deutlich, wie für Julius aus der Beziehung selbst das Gefühl der Verbindlichkeit wächst: „Ich schwebe nicht mehr im leeren Raum einer allgemeinen Begeisterung, ich gefalle mir in der freundlichen Beschränkung, ich sehe das Nützliche in einem neuen Licht."[17]

Für die meisten Zeitgenossen war die „Lucinde" ein unsittliches Buch, auf das sie mit moralischer Entrüstung reagierten, ein „Manifest des Obszönen".[18] Man war provoziert durch die unverhüllte Darstellung der Sinnlichkeit, und die eigentliche Botschaft des Romans wurde nur von wenigen verstanden. Hier wurde erstmals in der abendländischen Geschichte eine Vorstellung von der Liebe formuliert, die alle bisher als widersprüchlich empfundenen Elemente in sich vereinigte: die geistig-seelische und die sexuell-sinnliche, die freundschaftlich-kameradschaftliche und die leidenschaftliche, und diese Liebe sollte nicht nur die Lebensgemeinschaft herstellen, sondern sie auch auf Dauer tragen.

Es ist nicht verwunderlich, daß die Idee der Liebe, die in der „Lucinde" ausgedrückt war, keineswegs von all denen verwirklicht wurde, die von ihr überzeugt waren. Ein kurzer Streifzug durch die Biographien der bekanntesten Persönlichkeiten der Romantik zeigt, daß Anspruch und Wirklichkeit zum Teil recht weit auseinanderklafften. Zerrissenheit und persönliche Wirren waren sehr viel häufiger als die überzeugend in das eigene Leben integrierte romantische Liebe. Die zeitgenössische Öffentlichkeit wertete das Leben der Frühromantiker, vor allem der Frauen und Männer des Jenaer Kreises, als „zügellos", und vielleicht waren Trennung, Scheidung und neue Bindung hier häufiger als sonst im vergleichbaren Milieu dieser Zeit. Die Suche nach der romantischen Liebe bedeutete zunächst einmal kompliziertere Lebensverhältnisse und größere Instabilität.

Die „Lucinde" hatte nicht zuletzt deswegen schockiert, weil sie als autobiographischer Schlüsselroman gelesen wurde, in dem Friedrich Schlegel seine eigenen Liebeserfahrungen, insbesondere seine Beziehung zu Dorothea Veit (1763–1839), darstellte. Dorothea war 19jährig mit dem Baron Veit verheiratet worden. Die Ehe – aus der zwei Kinder hervorgingen – bestand bereits dreizehn Jahre, als sie 1797 den acht Jahre jüngeren Friedrich Schlegel kennenlernte und die beiden sich leidenschaftlich ineinander verliebten. Ein Jahr später verließ Dorothea ihren Mann, der unter der Auflage in die Scheidung einwilligte, daß sie nie wieder heiraten dürfe; andernfalls wollte ihr Veit den dreijährigen Sohn nehmen, der bei ihr lebte. Anfangs hatten Friedrich Schlegel und Dorothea Veit wohl auch nicht vor zu heiraten; sie glaubten, ohne die „verhaßte Zeremonie" auskommen zu können,[19] und lebten einige Jahre in einem freien Verhältnis zusammen. Doch selbst die Jenaer Freunde rieten zur Ehe, nachdem der Skandal ihres Zusammenlebens noch durch den Skandal um die „Lucinde" verstärkt wurde. 1804 heirateten die beiden förmlich. Vier Jahre später konvertierten sie zum Katholizismus, ein äußerer Schritt, der einen Wandel zum Konservativismus in der gesamten Lebenshaltung kennzeichnete. – Dorothea und Friedrich Schlegel lebten mehr als dreißig Jahre zusammen, bis zu seinem Tod im Jahre 1829.

Doch die Skandalfigur Nummer eins des Jenaer Kreises war nicht Dorothea, sondern die dreimal verheiratete Caroline Michaelis (1763–1809), die man auch gern als „Dame Luzifer" bezeichnete. Sie war als junge Frau mit dem Arzt Böhmer verheiratet gewesen, eine Konvenienzehe, die sie als Gefängnis empfand, so daß sie nach seinem frühen Tod auflebte. Während der Kriegs- und Revolutionswirren hatte sie ein Liebesverhältnis mit einem französischen Offizier, von dem sie ein Kind bekam. August Wilhelm Schlegel, der sie schon vorher geliebt hatte, kam ihr in dieser Situation zur Hilfe und bot ihr die Ehe an. Sie heiratete ihn aus Dankbarkeit: der Konvenienzehe folgte die Vernunftehe. In Jena lernte sie schließlich den zwölf Jahre jüngeren Friedrich Wilhelm Joseph Schelling kennen, in den sie sich leidenschaftlich verliebte. So ließ sie sich von Schlegel scheiden, um Schelling zu heiraten. Diese Ehe war für beide Seiten eine Liebesehe und recht glücklich, bis sie nach sechs Jahren durch Carolines Tod ihr Ende fand.

Friedrich Schleiermacher (1768–1834), der sich wie Friedrich Schlegel auch theoretisch mit dem Konzept der romantischen Liebe befaßte, war der Überzeugung, daß ein Mensch, dem die wahre Liebe begegnet, nicht nur berechtigt, sondern sogar verpflichtet sei, alle anderen Bindungen zu lösen, um den wahren Ehebund einzugehen. Er hatte eine langjährige Beziehung zu einer Frau, die ihren ungeliebten Ehemann seinetwegen nicht verließ; später heiratete er die Witwe eines Freundes. Tieck (1773–1853) war jung eine unromantische Durchschnittsehe eingegangen und lebte eine Zeitlang in einer Art „Doppelehe", indem eine Freundin seiner Frau als seine „Seelenfreundin" den Haushalt mit dem Paar teilte. E. T. A. Hoffmann (1776–1822) liebte als verheirateter Mann ein junges Mädchen, dem er Musikunterricht erteilte; diese Frau ging später eine unglückliche Vernunftehe ein. Clemens Brentano (1778–1842) liebte die acht Jahre ältere, verheiratete Sophie Mereau, die sich später scheiden ließ, um ihn zu heiraten. Die Ehe dauerte nur drei Jahre, bis Sophie im Kindbett starb. Die zweite Ehe Brentanos erwies sich als schwierig und wurde bald getrennt. Karoline von Günderode (1780–1806) verliebte sich leidenschaftlich in Friedrich Creuzer, der aber, obwohl er ihre Liebe erwiderte, an der Ehe mit seiner dreizehn Jahre älteren Frau festhielt; die Günderode beging Selbstmord. Rahel Levin (1771–1833) hatte mehrere unglückliche Liebesverhältnisse; sie verliebte sich immer wieder in schöne und sinnliche, aber schwache Männer, die sie nicht heiraten wollten; ihre spätere Ehe mit dem vierzehn Jahre jüngeren Varnhagen von Ense, der sie sehr verehrte, war, was sie betraf, keine Liebesehe, gab ihr aber äußere Sicherheit und innere Ruhe. Bettina Brentano (1785–1859) heiratete Achim von Arnim (1781–1831), den sie als Freund ihres Bruders schätzen gelernt hatte; die Ehe dauerte bis zu seinem Tod und war nicht einfach, aber auch keine Durchschnittsehe. Viele Jahre lang lebten die beiden räumlich getrennt.[20]

Dieser Überblick zeigt ein – von heute aus gesehen – recht modern anmutendes Liebesdurcheinander. Nicht die „freie Liebe" im Sinne promiskuösen Partnerwechsels wurde von der Romantik propagiert, sondern die Einheit von Liebe und Ehe. Die romantische Liebe ist die große und wahre, die einzige Liebe, die den Menschen ergreift, wenn er auf den Menschen trifft, der allein zu ihm paßt. Sie ist nicht zu verwechseln mit der „Liebe auf den ersten Blick" – Schleiermacher hat im Gegenteil nachdrücklich davor gewarnt, die rasche Verliebtheit der frühen Jugend für die wahre Liebe zu halten, da diese sich nur auf die Kenntnis der ganzen Individualität der anderen Person gründen könne, also Lebenserfahrung voraussetze. Nicht die künstliche Trennung der Lebensbereiche der Geschlechter, nur wirkliche Freundschaften zwischen Männern und Frauen könnten den Blick für das Wesen des andersgeschlechtlichen Menschen schärfen. Die Suche nach der wahren Liebe bedeute einen längeren persönlichen Entwicklungsprozeß, der auch Irrtum und die Notwendigkeit der Lösung aus falschen Bindungen erfordern könne. – Mit der Suche nach dem einzigartigen Du war also die Idee der lebenslänglichen Einehe in Frage gestellt und die „sukzessive Monogamie" als typisches Muster der Liebesehe möglich geworden.

Ricarda Huch hat die „Überschätzung der Liebe" durch die Romantik kritisiert. Sie hielt die romantische Begründung der Ehe im bloßen Gefühl der beiden Liebenden für gefährlich, für unvereinbar mit der Idee der Dauer. Die romantische Idee der Liebesehe vernachlässige die Dimension der Pflicht und der Verantwortung (auch für die Kinder), ohne die es keine Stabilität geben könne. „Da eine Ehe ohne Pflichtgefühl gar nicht bestehen kann, lehnten sie [die Romantiker] im Grunde die Ehe überhaupt ab, und ihre Verherrlichung der Liebesehe entspricht einer Angst vor der Ehe."[21] Diese Kritik aus dem Jahre 1925 bezog sich nicht nur, rückwärtsgewandt, auf die Romantiker, sondern richtete sich auch an die Adresse ehekritischer Strömungen in ihrer eigenen Zeit. Die romantische Idee der Liebe beeinflußt bis heute unsere Erwartungen an die Ehe, und Ricarda Huchs Einwände gegen sie entsprechen noch heute der konservativen Position in der Diskussion um die nichtehelichen Lebensgemeinschaften.[22]

Die literarisch-politische Bewegung des Jungen Deutschland, die sich zwischen 1830 und 1848 bildete, griff einige der Ideen der Frühromantik wieder auf. Zum Kreis der Jungdeutschen, mit dem auch Heinrich Heine assoziiert wird, gehörten unter anderem Karl Gutzkow, Theodor Mundt, Luise Mühlbach, die Mundts Frau wurde, außerdem Georg und Emma Herwegh. Zwischen den Jungdeutschen und der ersten Generation der in dieser Zeit entstehenden deutschen Frauenbewegung gab es enge Verbindungen auf politischer und persönlicher Ebene.

Die Schriften der Autoren des Jungen Deutschland, die sich u. a. auch für eine Gleichberechtigung der Frau – nicht im politischen, sondern nur im privaten, im Gefühlsbereich – sowie für eine Liberalisierung des Scheidungsrechts und die juristische Gleichstellung des unehelichen Kindes einsetzten, wurden 1835 überall in Deutschland verboten. Im gleichen Jahr verfaßte Karl Gutzkow (1811–1878) eine

Vorrede zur Neuausgabe von Schleiermachers „Vertraute Briefe über Schlegels Lucinde" (erstmals 1800 erschienen), die das gesamte sozial-reformerische Programm der Jungdeutschen enthielt. Unter anderem verwarf er den männlichen Anspruch auf die Unberührtheit der Frau vor der Ehe, und er verbat sich jede kirchliche und staatliche Einmischung in den vorehelichen Geschlechtsverkehr, der allein von der „Genialität der Liebe" bestimmt sein dürfe. In diesem Zusammenhang prägte er auch die Schlagworte von der „freien Wahlumarmung" und der „Emanzipation des Fleisches", die in der Öffentlichkeit als Angriff gegen die Ehe, als Aufruf zur „freien Liebe" mißverstanden wurden. Gutzkow meinte damit aber nichts weiter als die von Liebe bestimmte Partnerwahl einerseits, und, in Anlehnung an die „Lucinde", eine Aufwertung der Sinnlichkeit in der Ehe andererseits. Er lehnte die formalrechtliche Ehe nicht ab, sondern wollte nur die kirchliche durch die zivile Trauung ersetzt wissen, und die Kirche wiederum kritisierte er als wichtigste Stütze des restaurativen Staates, den die Jungdeutschen durch eine „Reform von unten" stürzen wollten. Doch die „freie Wahlumarmung" und die „Emanzipation des Fleisches" wurden – schon wegen der Nähe der Jungdeutschen zum Saint-Simonistischen Sozialismus, der gleichzeitig in Frankreich die „freie Liebe" propagierte – zu Reizworten und stempelten in den Augen des deutschen Bürgertums die Jungdeutschen zu Libertins. Gleichzeitig erhielt der Begriff der „Emanzipation", auf die Frauen angewandt, den Beigeschmack sexueller Promiskuität; die „Emanzipierte" war das „zügellose Weib" schlechthin.[23]

Die Frauen, die dem Jungen Deutschland nahestanden, bekannten sich in ihren Veröffentlichungen wie in ihrer eigenen Lebensgestaltung zur Liebesehe und nahmen damit für sich ein Recht auf Selbstbestimmung in Anspruch, von dem die Mehrzahl der Frauen aus dem Bürgertum noch weit entfernt war. Emma Herwegh (1817–1904) heiratete ihren Mann Georg Herwegh (1817–1875), nachdem sie sich zunächst in seine Gedichte verliebt hatte. Sie traf ihre Entscheidung für ihn nach nur sieben Tagen Bekanntschaft, obwohl sie aus einer reichen Kaufmannsfamilie stammte und er in den Augen ihrer Familie eine durch und durch unpassende Partie war. Auch Luise Mühlbach (1814–1873) wählte ihren Mann von sich aus, aus der Empfindung einer Seelenverwandtschaft heraus. Sie hatte, begeistert von den Ideen der Jungdeutschen, ihre literarischen Versuche an Theodor Mundt (1808–1861) geschickt. Sie gefielen ihm, die beiden gefielen sich gegenseitig, sie heirateten, und die Ehe wurde für beide Seiten eine fruchtbare Verbindung. Luise Mühlbach ist als Schriftstellerin inzwischen vergessen. In ihren zahlreichen Romanen (sie veröffentlichte etwa 290!) spielen die Kritik am Eheschacher – Mitgift gegen lebenslange Versorgung – und die Forderung nach einer Erleichterung der Scheidung eine wichtige Rolle.

Auch die Schriftstellerin Ida Hahn-Hahn (1805–1880), eine der meistgelesenen Autorinnen ihrer Zeit, stand mit ihrer Einstellung zu Liebe und Ehe den Jungdeutschen nahe. Ihre Romane wurden von der Zensur nicht unterdrückt, weil sie das politische System nicht angriff, sondern sich 1848 nachdrücklich auf die Seite der Restauration stellte, indem sie die „Kommunisten" und die „Monomanie der Gleichheit"[24] verurteilte. Ihre Romane waren „Frauenromane" insofern, als es in ihnen vor allem um Liebe und Ehe ging – und in dieser Hinsicht war sie sehr progressiv. Sie stammte aus einem alten Adelsgeschlecht und war, auf Wunsch ihrer Familie, die sich in Geldschwierigkeiten befand, eine Konvenienzehe mit ihrem reichen Vetter, dem Grafen Hahn, eingegangen. Schon nach drei Jahren mußte diese wegen „Unvereinbarkeit der Charaktere" wieder geschieden werden. In ihren Büchern beschrieb sie nicht nur die Unterdrückung in der Ehe der gehobenen Schichten, sondern sie stellte auch teilweise die „wilde Ehe" als Ideal dar. Sie selbst lebte nach ihrer Scheidung etwa zwanzig Jahre in einer freien Verbindung mit dem Freiherrn Adolf von Bystram, mit dem sie auch einen Sohn hatte. Nach dem Tod ihres Lebensgefährten konvertierte sie zum Katholizismus und ging in ein Kloster.

Es ist auffällig, daß sich besonders viele Frauen in der Zeit des Vormärz zu Wort meldeten und eine freigewählte Liebesehe oder ein selbstbestimmtes Leben allein, als echte Alternative zur Zwangsehe, verlangten. In erster Linie waren es natürlich auch die Frauen, deren Schicksal – zum Teil über ihren Kopf hinweg – durch die arrangierten Ehen bestimmt wurde; die Männer konnten aktiver wählen und hatten weit mehr Möglichkeiten, sich neben gleichgültigen und lieblosen Ehen schadlos zu halten. Viele prominente Frauen dieser Zeit, die mit feministischen Ideen sympathisierten, begannen ihren eigenständigen Lebensweg mit der Verweigerung einer Konvenienzehe oder mit dem Ausbruch aus einer solchen Ehe – neben Ida Hahn-Hahn beispielsweise auch Louise Aston, Mathilde Franziska Anneke und Fanny Lewald. Als Prototyp der „Emanzipierten" galt Louise Aston (1814–1871),

Schriftstellerin und Feministin, die man auch „die deutsche George Sand" nannte. In der Tat war George Sand ihr Vorbild, als sie in den Jahren vor der 1848er Revolution in Berlin die Öffentlichkeit schokkierte, indem sie in Männerkleidung, rauchend und ohne Begleitung durch die Straßen spazierte. Sie war die Tochter eines Pfarrers und einer geborenen Gräfin. Ihre Eltern hatten aus Liebe geheiratet, und die Mutter war wegen der Mesalliance von ihrer Familie enterbt worden. Da Louises Eltern in ständiger finanzieller Not lebten, wollten sie der Tochter ein ähnliches Schicksal ersparen und drängten sie, den Antrag des reichen englischen Industriellen Aston anzunehmen. Sie wehrte sich lange, einen Mann zu heiraten, den sie nicht einmal mochte, und gab erst nach, als ihr Vater vor Kummer einen Schlaganfall erlitt. Die Ehe der Astons wurde nach dreizehn Jahren geschieden, und Louise mußte für ihren Lebensunterhalt mit journalistischer und schriftstellerischer Arbeit selbst aufkommen, weil ihr Mann sich weigerte, den gerichtlich festgesetzten Unterhalt zu zahlen. In Berlin verkehrte sie freizügig mit verschiedenen revolutionär gesinnten Männern, und in ihrer 1846 erschienenen Gedichtsammlung „Wilde Rosen" bekannte sie sich offen zur „freien Liebe". Ihr Roman „Aus dem Leben einer Frau" (1847) enthüllte ihre trostlosen Eheerfahrungen, und auch in anderen Veröffentlichungen (u. a. „Meine Emanzipation", 1846) griff sie die Grundlagen der bürgerlichen Ehe an. Louise Aston nahm am Schleswig-Holstein-Krieg teil und heiratete wenig später den Arzt Eduard Meier, den sie während des Feldzugs kennengelernt hatte. – In späteren Jahren sahen sich Anhängerinnen der gemäßigten Frauenbewegung immer wieder genötigt, sich nachdrücklich vom freizügigen Lebenswandel Louise Astons zu distanzieren.

Die Feministin Mathilde Franziska Anneke (1817–1884), Herausgeberin der ersten deutschen Frauenzeitung, mußte 19jährig gegen ihren eigenen Wunsch einen reichen Weinhändler heiraten, weil ihr Vater sich in ernsten Geldschwierigkeiten befand. Bereits nach einem Jahr beantragte sie die Scheidung; der Scheidungsprozeß zog sich sieben Jahre hin. Obwohl ihrem Mann die Schuld zugesprochen wurde, erhielt auch Mathilde Franziska Anneke so gut wie keinen Unterhalt und mußte vom Journalismus leben. Später ging sie eine Neigungsehe mit dem ehemaligen Offizier Fritz Anneke ein, der zu den liberalen Kreisen des Vormärz zählte.

Fanny Lewald (1818–1889), eine der ersten deutschen Schriftstellerinnen, die sich ausreichend von ihrer Arbeit ernähren konnten, verweigerte sich als junges Mädchen einer Konvenienzehe, obwohl sie wußte, wie sehr sie und ihre anderen unversorgten Schwestern dem Vater auf der Tasche lagen. Der Vater erlaubte ihr erst im Alter von 34 Jahren, nach dem Erfolg ihres ersten Romans „Clementine" (1843), in Berlin eine eigene Wohnung zu nehmen. „Clementine" beschrieb das Schicksal, dem Fanny Lewald entgangen war: Es war die Geschichte eines alternden Mädchens, das von seiner Umgebung in eine ungewünschte Ehe gedrängt wird. Sie selbst lernte auf einer Reise den Kritiker und Kunsthistoriker Adolf Stahr kennen, in den sie sich verliebte. Es dauerte zehn Jahre, bis er sich von seiner Frau und seinen fünf Kindern trennte, um sie zu heiraten.

Die damals wahrscheinlich wichtigste feministische Veröffentlichung zum Thema, „Das Wesen der Ehe" (1849), stammte von Luise Dittmar, über deren persönliches Leben nur wenig bekannt ist. Sie beklagte in diesem Buch die von der Zwangsehe „gemordeten Seelen" der Frauen, die den bürgerlichen „Krämerseelen, Schacherern, Wucherern, Seelenverkäufern" zum Opfer fielen, und rief die Frauen auf, „gegen das politische Verhältnis der Ehe mit allen Kräften anzukämpfen, die Freiheit des Herzens zu erringen".[25]

Im Widerstand gegen die Konvenienzehe, in der Forderung nach der Liebesehe lag eigentlich schon der gesamte theoretische Beitrag, den die Feministinnen und die mit der Frauenbewegung sympathisierenden schreibenden Frauen in der ersten Hälfte des 19. Jahrhunderts leisteten. Mit ihren sozialkritischen Romanen und mit ihrem eigenen Lebensstil verliehen sie diesem Gedanken Gewicht und trugen zu seiner Verbreitung bei. In diesem Sinn darf die Frauenliteratur dieser Zeit nicht nur literaturwissenschaftlich, sondern sie muß auch soziologisch und psychologisch interpretiert werden: als Programm eines neuen Beziehungsideals zwischen den Geschlechtern. Heute, wo die gegenseitige Liebe als Voraussetzung der Ehe für uns so selbstverständlich ist, als hätte es nie etwas anderes gegeben, ist es nur schwer nachzuvollziehen, was es damals für Frauen bedeutete, diese Ideen nicht nur zu formulieren, sondern ihnen auch nachzuleben.

Neben den „emanzipierten" Frauen standen im 19. Jahrhundert vor allem die Sozialisten, die Anarchisten, die Kommunisten im öffentlichen Verdacht, die bürgerliche Ehe abschaffen und durch die „freie Liebe" ersetzen zu wollen. Dabei waren die Ansichten zumindest der frühen Sozialisten über Liebe, Ehe und Familie keineswegs einheitlich.

Zwar kritisierten alle die Reglementierung der Ehe durch Staat und Kirche und ihre Verknüpfung mit dem Privateigentum. Doch einige wollten die lebenslange Einehe erhalten wissen, andere sie ganz abschaffen. Einige plädierten für eine strengere eheliche Moral, andere sahen Ehebruch als verzeihlich und die Möglichkeit der Scheidung als wünschenswert an. Für einige war die Ehe überhaupt kein gesellschaftlich relevantes Thema, andere versprachen sich von ihrer Aufhebung, der Übernahme wirtschaftlicher und erzieherischer Funktionen durch die Gesellschaft, entscheidende revolutionäre Veränderungen.

Babeuf (1760–1797) befaßte sich nicht explizit mit der Ehe, hielt aber auf jeden Fall an der lebenslangen Monogamie fest. Etienne Cabet (1788–1856) entwarf die Utopie einer Gesellschaft, in der Ehe und Familie zwar als Wirtschaftseinheit überflüssig wären und auch die Kindererziehung von der Gesellschaft übernommen werden sollte, aber er maß der ehelichen Treue größte Wichtigkeit bei. Die Anarchisten lehnten die Ehe ebenso ab wie den Staat, allen voran der bereits erwähnte William Godwin (1756–1836), der das freie Zusammenleben der Menschen ohne staatlichen Zwang für möglich hielt. Später forderte auch Michail A. Bakunin (1814–1876), dessen Ideen die Lebensformen der revolutionären russischen Studenten Ende des 19. Jahrhunderts beeinflußten, daß die „juridische Ehe" durch die „freie Ehe" bzw. die „auf dem bürgerlichen Recht und dem Eigentum begründete Familie" durch die „natürliche Familie" ersetzt werden müsse.[26] Robert Owen (1771–1858) bekannte sich ebenfalls als Gegner des Privateigentums, der Religion und der Ehe. Der deutsche Frühsozialist Wilhelm Weitling (1808–1871) begründete seine Kritik an der bürgerlichen Ehe religiös: „Vergesset nicht, daß, wenn Jesus die Familie bekämpfte, es die durch die Interessen, durch Erbschaft, Eigennutz und Hoffnung auf Gewinn zusammengehaltene Familie war, dieser Herd der gesellschaftlichen Verdorbenheit, in welchem sich alle Laster nisten. . . . Liebe und Freundschaft, diese wenigen Gefühle, bedürfen der Familie nicht, um sich zu finden, aber die wahre, natürliche Familie kann nur durch sie gegründet werden."[27]

Unter den Frühsozialisten befaßte sich vor allem Charles Fourier (1772–1837) eingehend mit der Liebe und der Ehe. Seine Kritik der Ehe hatte – wie auch der Saint-Simonismus – Einfluß auf das liberale deutsche Bürgertum vor 1848. Fourier kritisierte nicht nur die bestehende Ehe als Mitgiftgeschäft. Sein Hauptargument gegen die Ehe als Institution war ein psychologisches: lebenslängliche Treue widerspreche der Natur des Menschen. Wer aber eine moralische Ordnung fordere, die der Natur des Menschen nicht entspreche, werde nichts weiter bewirken als die Verlogenheit der Sitten: „Die ganze Gesellschaft schließt sich dann nämlich stillschweigend zusammen, um Verletzungen dieser Anforderungen zu sanktionieren".[28] Für die verlogene Liebesmoral seiner Gesellschaft brachte Fourier reiches Beweismaterial: Die Frauen sollten vor der Ehe jungfräulich und in der Ehe treu bleiben – zugleich werde in Theaterstücken und Romanen Unzucht und Ehebruch verherrlicht, und fast alle Männer brüsteten sich mit der Zahl der verheirateten Frauen, die sie verführt hätten. Die uneheliche Mutter, die vielleicht nur eine Liebe gehabt hätte, werde sozial geächtet, obwohl jeder wisse, daß in Frankreich die sogenannte „anständige" Frau in der Regel mindestens drei Männer auf einmal habe: ihren Ehemann, einen Liebhaber und einen „Hausfreund", der ein ehemaliger Liebhaber sei und noch dann und wann alte Rechte geltend mache – von Gelegenheitsliebschaften ganz zu schweigen. Höchstens ein Achtel aller Liebesverhältnisse, behauptete Fourier über die französische Gesellschaft seiner Zeit, entfalle auf die eheliche Liebe, die er als „Zwangsliebe" bezeichnete; alles andere seien käufliche Liebe und offene oder geheime außereheliche Liebschaften. In 99 von 100 Fällen werde gegen die Vorschrift der ehelichen Treue verstoßen. Nicht nur die Männer gingen fremd, sondern auch die Frauen, die sich damit für ihre abhängige und unterdrückte Stellung in der Ehe an ihren Männern rächten. Ob die Frauen nun treu seien oder nicht – immer müßten sich die Männer mit der Angst vor einem untergeschobenen Kind herumschlagen; in seiner Freude am Klassifizieren zählte Fourier allein 80 verschiedene Typen betrogener Ehemänner („Brüder in der Hahnreischaft") auf. Niemandem wäre außerdem damit gedient, wenn die Frauen wirklich treu wären: „Wenn wir annehmen, sie [die Männer] könnten tatsächlich ein Mittel erfinden, um ausnahmslos alle Frauen so keusch bleiben zu lassen, wie man von ihnen fordert, so daß sich keine Frau vor der Eheschließung der Liebe hingäbe und weiterhin keinem anderen Mann als dem Gatten angehörte, dann würde jeder Mann sein ganzes Leben lang nur die Hausfrau besitzen, die er geheiratet hätte. Nun, was denken die Männer über diese Aussichten . . . ? Sicherlich dächte jeder Mann für sich, den Erfinder eines solchen Mittels umzubringen".[29]

So kam Fourier zu der Schlußfolgerung, daß die Menschen die Freiheit in der Liebe zulassen, wenigstens erproben müßten, um wirklich glücklich zu werden. Er trat für die Abschaffung der Ehe und für die Möglichkeit der Mehrfachbeziehungen ein. Der zentrale Gedanke seiner Utopie war dabei die Offenlegung aller Liebesbeziehungen, die Betrug und heimliche Untreue unmöglich machen sollten. Frauen sollten, wie Männer, mit dem 18. Lebensjahr „emanzipiert" werden und damit die „Liebesvolljährigkeit" erlangen. Der Familienhaushalt, ohnehin zu klein, um produktiv zu sein, sollte aufgelöst werden. Männer und Frauen sollten in Gruppen zusammen leben und arbeiten, so daß auch die wirtschaftliche Abhängigkeit einer Frau von nur einem Mann entfiele. Die ganze Gesellschaft sollte in verschiedene „Liebeskorporationen" unterteilt sein und je nach Zugehörigkeit zu diesen Korporationen sollten die Frauen das Recht auf einen oder mehrere Liebhaber haben. – So vielschichtig und geistreich Fouriers Analyse der Moral seiner Zeit war, so skurril erscheint uns heute das von ihm entworfene Liebesreglement der utopischen Gesellschaft. Seine „freie Liebe" war eine gesellschaftlich kontrollierte, eine öffentlich geregelte Promiskuität.

Anders als Fourier sah Claude-Henri de Saint-Simon (1760–1825) Ehe und Familie als private Angelegenheit ohne gesellschaftliche Bedeutung an. Doch in der „Religion Saint-Simons", die sich nach seinem Tod entwickelte, spielte der Gedanke der „freien Liebe" eine wichtige, aber umstrittene Rolle. Es entwickelten sich zwei verschiedene Flügel: Während die sogenannten „chrétiennes" (Christinnen) unter Claire Bazard an der Einrichtung der Ehe festhielten, bejahten die „payennes" (Heidinnen) unter Prosper Enfantin die freie Sexualität. Claire Bazard war der Ansicht, daß polygame Verhältnisse unter den gegebenen sozialen Bedingungen die Stellung der Frau in der Gesellschaft nur schwächen würden; diese Argumentation leuchtete den Frauen aus den gehobenen Schichten ein, die die ökonomische Sicherheit der Ehe nicht verlieren wollten und bei den „chrétiennes" überwogen. Bei den „payennes" dagegen waren Frauen aus der Unterschicht in der Mehrheit, die ohnehin durch die Ehe materiell nur wenig zu gewinnen hatten. – Im Paris der 1830er Jahre wurde die „freie Liebe" nicht nur diskutiert, sondern zumindest zeitweise auch gelebt und beeinflußte wie andere sozialistische und liberale Ideen auch die bürgerlich-revolutionären Kreise im deutschen Vormärz, von denen schon die Rede war.[30]

Von den klassischen sozialistischen Theoretikern haben sich lediglich August Bebel und Friedrich Engels für die Ehe interessiert. Karl

Marx (1818–1883) befaßte sich nur am Rande mit ihr; dabei waren seine Wertvorstellungen wie sein eigenes Familienleben durchaus konservativ und bürgerlich-patriarchalisch. Als 1843 in der Öffentlichkeit der preußische Reformentwurf für ein neues Ehescheidungsgesetz diskutiert wurde, nahm Marx in der „Rheinischen Zeitung" gegen eine Erleichterung der Scheidung Stellung, und zwar ganz im Sinne des Institutionenansatzes: Man dürfe bei dieser Frage nicht nur an Mann und Frau denken, da fast jede Scheidung eine „Familienscheidung" bedeute. „Wäre die Ehe nicht Basis der Familie, so wäre sie ebensowenig Basis der Gesetzgebung als es die Freundschaft ist."[31] Wie Riehl und andere Vertreter des familienkonservativen Denkens glaubte auch Marx, daß die „sittliche Substanz" der Ehe den Interessen der beiden in ihr vereinigten Individuen übergeordnet bleiben müsse: „Niemand wird gezwungen, eine Ehe zu schließen; aber jeder muß gezwungen werden, sobald er eine Ehe schließt, sich zum Gehorsam gegen die Gesetze der Ehe zu entschließen. Wer eine Ehe schließt, der macht, der erfindet die Ehe nicht. ... Die Ehe kann sich daher nicht seiner Willkür, sondern seine Willkür muß sich der Ehe fügen."[32]

Im Kommunistischen Manifest (1848) stand vor allem die familienzerstörende Auswirkung der kapitalistischen Gesellschaftsordnung im Vordergrund, die Tatsache, daß die auf Kapital und Privaterwerb gegründete bürgerliche Familie auf Kosten der „erzwungenen Familienlosigkeit" der Proletarier und der Prostitution bestehe. Für die Bourgeois sei die „Weibergemeinschaft", die die Kommunisten angeblich einführen wollten, das größte Schreckgespenst. Dabei praktizierten sie schon lange hinter der Fassade einer heuchlerischen Ehemoral eine „versteckte Weibergemeinschaft": „Unsere Bourgeois, nicht zufrieden damit, daß ihnen die Weiber und Töchter ihrer Proletarier zur Verfügung stehen, von der offiziellen Prostitution gar nicht zu sprechen, finden ein Hauptvergnügen darin, ihre Ehefrauen wechselseitig zu verführen". Natürlich müsse der Bourgeois, der in seiner Frau nur ein Produktionsinstrument sehe, befürchten, daß er mit der Vergesellschaftung aller Produktionsmittel auch sein Eigentumsrecht an ihr verliere. Die kommende sozialistische Gesellschaft werde aber die „Stellung der Weiber als bloßer Produktionsinstrumente" überhaupt aufheben und auf diese Weise die „Weibergemeinschaft, d. h. die offizielle und nicht-offizielle Prostitution" verschwinden lassen. – Die Utopie des Kommunistischen Manifests ist die von der Bindung an

Privateigentum und Erbe losgelöste Ehe und Familie, die nicht mehr die allein zuständige Instanz für die Sozialisation der Kinder ist.[33]

Ende des 19. Jahrhunderts wurden in Deutschland die sozialistische Kritik an der bürgerlichen Ehe und der utopische Gegenentwurf der freien Liebesehe im Sozialismus von August Bebel (1840–1913) und Friedrich Engels (1820–1895) noch einmal zusammengefaßt. In Bebels „Die Frau und der Sozialismus" von 1879 (einem Bestseller, der 1909 bereits die 50. Auflage erreichte[34]) stand die Analyse der Ehe in der bürgerlichen Gesellschaft im Mittelpunkt, während Engels' „Der Ursprung der Familie, des Privateigentums und des Staates" (1884) vor allem die Entstehung der lebenslangen Einehe aus dem männlichen Interesse an sicherer Vaterschaft, Privateigentum und Erbrecht herleitete.[35] Für Bebel wie Engels war die bürgerliche Ehe „Zwangsehe", die nicht aufgrund freier Liebeswahl, sondern ökonomischer Nutzenerwägungen zustande komme; dies könne sich erst dann ändern, wenn die Frauen ökonomisch eigenständig und nicht mehr von der Ehe als Versorgungsinstitut abhängig seien. Für die Frau sei es die allergrößte Demütigung, einem Mann, den sie nicht oder nicht mehr liebe, die „eheliche Pflicht" erfüllen zu müssen. „Ist eine solche Ehe nicht schlimmer als Prostitution?", fragte Bebel. „Die Prostituierte hat bis zu einem gewissen Grade die Freiheit, sich ihrem schmählichen Gewerbe zu entziehen. . . . Aber eine verkaufte Ehefrau muß sich die Umarmungen ihres Ehemannes gefallen lassen, habe sie auch hundert Gründe, ihn zu hassen und zu verachten."[36] Und auch Engels erschien die bürgerliche Ehefrau nicht viel anders als eine „gewöhnliche Kurtisane", nur, „daß sie ihren Leib nicht als Lohnarbeiterin zur Stückarbeit vermietet, sondern ein für allemal in die Sklaverei verkauft".[37] Beide kritisierten die erschwerte Scheidung und die sexuelle Doppelmoral, von der die Prostitution lebe. In der bürgerlichen Welt, so behauptete Bebel, existierte längst schon die gleiche Aufspaltung der Frauenwelt zum Nutzen der Männer wie im alten Griechenland: Die Ehefrau sei für den Mann ein bloßer „Gebärapparat", während er sich zu seinem Vergnügen Mätressen halte. „Die Ehe stellt die eine Seite des Geschlechtslebens in der bürgerlichen Welt dar, die Prostitution die andere. Die Ehe ist der Avers, die Prostitution der Revers der Medaille."[38] In den Mittelschichten hätten die Frauen keine Alternative zur Ehe und seien als Ehefrauen rechtlos und unterdrückt. In den Unterschichten könnten die Menschen zwar Neigungsehen eingehen, aber ihr Familienleben werde von materieller Not, Frauen- und Kinderarbeit zerstört.

In der utopischen sozialistischen Gesellschaft, deren Bild Bebel und Engels in ihren Büchern entwarfen, sollte die Frau sozial und ökonomisch vollkommen unabhängig sein, dem Mann als Freie und Gleiche, gut ausgebildet, mit eigenem Beruf gegenüberstehen. Durch die Vergesellschaftung der Produktionsmittel, die Abschaffung des Privateigentums und die Sozialisierung der Kindererziehung würden die Grundlagen der Ehe sich völlig verändern. Erst dann werde eine wirkliche Neigungsehe möglich sein. „In der Liebeswahl ist sie [die Frau] gleich dem Manne frei und ungehindert. Sie freit oder läßt sich freien und schließt den Bund aus keiner anderen Rücksicht als auf ihre Neigung. Der Bund ist ein Privatvertrag, ohne Dazwischentreten eines Funktionärs, wie die Ehe bis ins Mittelalter ein Privatvertrag war."[39] Wenn sich zwei Menschen, die „den Bund" geschlossen hätten, nicht mehr verständen, wenn zwischen ihnen Unverträglichkeit oder Abneigung entstehe, dann gebiete die Moral, die somit unsittlich gewordene Verbindung zu lösen, und zwar ohne daß Frau und Mann „durch den nutzlosen Schmutz eines Scheidungsprozesses . . . waten" müßten.[40] In der sozialistischen Gesellschaft werde sich ein „neuer sittlicher Maßstab für die Beurteilung des geschlechtlichen Umgangs" entwickkeln: „man fragt nicht nur: war er ehelich oder außerehelich, sondern auch: entsprang er der Liebe und Gegenliebe oder nicht?"[41]

Die meisten bekannten Sozialisten lebten in durchaus bürgerlichen Ehen. „Zur tatsächlichen Gestaltung des sozialistischen Liebeslebens ist zu bemerken, daß es eigentlich nur in sozialistischen Literatenkreisen, und auch da nur außerordentlich sporadisch, zu schnellem Frauenwechsel gekommen ist."[42]

Hinter der Forderung nach der „freien Liebe" steckte – wie wir gesehen haben – häufig nichts anderes als die Forderung nach der Liebesehe: einer von ökonomischen und juristischen Zwängen befreiten Lebensgemeinschaft von Mann und Frau. Gelegentlich, aber nicht sehr häufig, wurde unter „freier Liebe" Promiskuität verstanden, Mehrfachbeziehungen oder häufig wechselnde Geschlechtsbeziehungen (so etwa bei Heinse oder Fourier). Manchmal war mit dem Begriff die Zurückweisung der kirchlichen Trauung und eine Liberalisierung des vorehelichen Geschlechtsverkehrs gemeint (beispielsweise bei den Jungdeutschen). Für andere wiederum hieß „freie Liebe" die Lebensgemeinschaft außerhalb des staatlich-rechtlichen Rahmens der Ehe (vor allem für die Anarchisten). Noch häufiger bedeutete „freie Liebe" die Ablösung der Ehe und der Familie von den bestehenden ökonomischen Voraussetzungen: von Privateigentum, Erbe und wirtschaftlicher Abhängigkeit der Ehefrau (das galt, mit unterschiedlicher Akzentsetzung, für Sozialisten und Feministinnen). Alle Kritikerinnen und Kritiker der Ehe verstanden unter „freier Liebe" die selbstbestimmte, nur auf der Neigung beruhende Partnerwahl von Mann und Frau, und für fast alle hing eng damit zusammen, daß auch die Möglichkeit der Scheidung und der Wiederheirat gegeben sein mußte.

So verschieden im einzelnen die Akzente gesetzt wurden, was die gesellschaftliche Bedeutung der Ehe oder die politischen Schlußfolgerungen betraf, so hatten doch alle diese Strömungen einen gemeinsamen Nenner: Sie kritisierten die Ehe im Namen der Liebe – eine für Kirche, Staat und die neu entstandene bürgerliche Familie selbst gefährliche Idee, von der offenbar eine große Anziehungskraft ausging.

III. Die Liebesehe

8. Die Dimensionen des sozialen Wandels: von der Sachehe über die bürgerliche Ehe zur Liebesehe

Die Kritik an der bürgerlichen Ehe selbst war ein Symptom für den Wandel, der sich in deren Grundlagen schon vollzogen hatte und noch vollzog. Tiefgreifende Veränderungsprozesse, von denen einige weit ins Mittelalter zurückreichten, hatten die bürgerliche Familie hervorgebracht, um sich dann innerhalb der durch sie geschaffenen Strukturen zu verstärken und zu beschleunigen – und sie schließlich im Laufe des 20. Jahrhunderts weitgehend zu zerstören. „Individualismus, von der Familie hervorgebracht, wendet sich gegen sie."[1] Heute ist ein neuer Typ Familie an die Stelle der bürgerlichen Familie getreten.

Die bürgerliche Ehe war ein Konstrukt des Übergangs, in dem sich eine Zeitlang die traditionelle Komponente (gesicherte ökonomische Existenzgrundlage, patriarchalische Struktur) und die moderne Komponente (Gefühlsbetonung in der Eltern-Kind- und der Mann-Frau-Beziehung) die Balance hielten. Doch während im Mittelalter und bis in die frühe Neuzeit die objektiv-sachliche Komponente in der Ehe eindeutig dominiert hatte, gewann nun zunehmend die subjektiv-psychische an Bedeutung. Dieser Trend dauert bis in die Gegenwart an, mit seinen uns bekannten positiven wie negativen Folgen: Einerseits sind Liebe und Ehe, ist die Zweierbeziehung zur vielleicht wichtigsten Quelle des persönlichen Glücks geworden, andererseits hat folgerichtig ihre Störanfälligkeit zugenommen – und damit auch der Schmerz, den das Scheitern einer solchen Beziehung für die Beteiligten (das Paar und die eventuell vorhandenen Kinder) bedeuten kann.

In diesem Kapitel will ich versuchen, in großen Entwicklungslinien einige der wichtigen sozialen Veränderungsprozesse darzustellen, die zur Entstehung der bürgerlichen Familie und über diese hinaus zur Familie der Gegenwart geführt haben. Nachdem in den unmittelbar voraufgegangenen Kapiteln ein kürzerer Zeitabschnitt, das ausgehende 18. und das 19. Jahrhundert, sozusagen im Querschnitt betrachtet wurde, müssen wir jetzt wieder eine längere Zeitspanne ins Auge fassen.

Der Wandel, der sich vollzog, kann am treffendsten als Individualisierungsprozeß überschrieben werden. Er betraf einerseits das Außenverhältnis des Paars bzw. der Kernfamilie zur übrigen Gesellschaft (zu Verwandtschaft, Nachbarschaft, Kirche und Staat) und andererseits das Binnenverhältnis (die Beziehungen zwischen Frau und Mann, Eltern und Kindern). Es handelt sich um einen vielschichtigen Wandlungsprozeß, dessen einzelne Etappen sich nicht in ein klares Ursache-Wirkungs-Schema einordnen lassen und dessen verschiedene Aspekte und Facetten einander wechselseitig beeinflußt, verstärkt und modifiziert haben. Im Überblick müssen die komplizierten Zusammenhänge auf jeden Fall vereinfacht und verkürzt erscheinen.

Die wichtigsten Veränderungen, die das Verhältnis des Paars nach außen betrafen, waren die Individualisierung der Partnerwahl, die (Re-)Säkularisierung der Ehe, die Demokratisierung des Rechts auf Heirat und der Rückzug des Paars von der übrigen Gesellschaft in den neu entstehenden Bereich des Privaten. Diese Veränderungen hatten natürlich auch Auswirkungen auf das Binnenverhältnis von Mann und Frau, Eltern und Kindern, auf das ich später eingehen will.

Die Individualisierung der Partnerwahl, die wichtigste Vorbedingung für die Entwicklung der Liebesehe, ist ein Prozeß, der in Mitteleuropa früh begann und in vier Etappen – von der elternarrangierten bis zur selbstbestimmten Partnerwahl – verlief. In der ersten Phase knüpften die Eltern oder Vormünder der Brautleute über die Köpfe der Beteiligten hinweg die Beziehung, manchmal ohne daß Mann und Frau einander kannten; gelegentlich wurden sie bereits in der Kindheit, im Extremfall schon vor ihrer Geburt einander versprochen. Ehevertrag und Vollzug der Hochzeit konnten dabei zeitlich sehr weit auseinanderfallen. Im mittleren und nordwestlichen Europa hielt sich diese Form der elternarrangierten Ehe im Adel bis ins 16. und 17. Jahrhundert.[2] Die zweite Phase der Individualisierung der Partnerwahl war gekennzeichnet durch ein Mitsprache- oder zumindest Veto-Recht der zukünftigen Brautleute. Auf diese Art kamen die Ehen in der frühen Neuzeit beim Adel oder bei landbesitzenden Bauern zustande. Allmählich setzte sich die Ansicht durch, daß Eltern (d. h. Väter) zwar für ihre Kinder die passende Verbindung herstellen sollten, nicht aber das Recht hätten, sie gegen ihren Willen zu einer Ehe zu zwingen. Diese Phase ging fließend in die nächste über: Nun wählte und warb der künftige Ehemann; die Braut konnte zwar nicht aktiv suchen, aber sie konnte den Antrag annehmen oder ablehnen; die jeweiligen Eltern hatten dabei ein Mitsprache- und Vetorecht, vor allem die der Braut, aber auch die des Bräutigams. (Noch in Goethes „Hermann und Dorothea" (1798) schlägt der Vater dem Sohn vor, bei welcher Familie er auf Brautschau gehen soll.)[3] – Diese Form der Partnerwahl ist für das Bürgertum des 18. und 19. Jahrhunderts charakteristisch. Die vierte und letzte Phase in diesem Prozeß ist die freie selbstbestimmte gegenseitige Partnerwahl von Frau und Mann, bei der die jeweiligen Eltern kaum noch beteiligt sind und häufig erst in Kenntnis gesetzt werden, wenn die Entscheidung gefallen ist. Sie war bereits im vergangenen Jahrhundert in der Arbeiterschicht verbreitet, fand jedoch erst im Laufe des 20. Jahrhunderts auch in die Mittel- und Oberschicht Eingang. Natürlich verliefen diese Etappen der Individualisierung der Partnerwahl in verschiedenen Familientypen oder auch sozialen Gruppen nicht völlig zeitgleich. Wie in früheren Kapiteln erwähnt, war in den vermögenslosen Unterschichten auch in früheren Phasen der europäischen Geschichte eine selbstbestimmte Partnerwahl in Grenzen möglich; in der Regel mußten aber die Angehörigen dieser Schichten die Heiratserlaubnis ihres Eigentümers, Feudal- oder Grundherren einholen, falls ihnen die Ehe nicht ganz untersagt war.[4]

Eng mit der Individualisierung der Partnerwahl hing ein weiterer wichtiger Veränderungsprozeß zusammen, der das Verhältnis des Paars zur übrigen Gesellschaft betraf: die Säkularisierung (oder eigentlich Re-Säkularisierung) der Ehe. Im europäischen Mittelalter wie in der Antike war die Eheschließung fest eingebunden in die Interessen der beteiligten Familienverbände, zumindest in den vermögenden und mächtigen Familien – was sich in der arrangierten Ehe niederschlug. Mit der Verbreitung des Christentums begann der Kampf der Kirche um die Kontrolle über die Ehe, der sich, wie wir gesehen haben, über mehrere Jahrhunderte erstreckte und einen vorläufigen Abschluß erreichte, als nur noch die vor dem Priester geschlossenen Ehen als legitim anerkannt wurden. Eine Zeitlang definierte die Kirche die rechtlichen Voraussetzungen für die gültige Ehe; sie allein konnte Ehen für ungültig erklären und damit den Weg für eine Wiederheirat freigeben (Vorgänge, an denen ebenfalls überwiegend die Reichen und Mächtigen interessiert waren). Doch schon mit der Spaltung der christlichen Kirche durch die Reformation wurde die kirchliche Autorität geschwächt; die protestantische Eheauffassung trug wesentlich zur Säkularisierung der Ehe bei und stärkte die Kontrollmacht weltlicher bzw. staatlicher Instanzen. Seit Beginn der Neuzeit konkurrierte der Staat mit der Kirche um die Vormacht über die Ehe; vor allem die absolutistischen Staaten dehnten ihren Kontrollanspruch aus, weil sie an der Bevölkerungsentwicklung interessiert waren. Eine Zeitlang hielten sich staatlicher und kirchlicher Einfluß auf die Ehe die Waage: Das Allgemeine Landrecht für die Preußischen Staaten (ALR) von 1794 definierte die Ehe als vertragsrechtliches Verhältnis, sicherte dem Staat die Gerichtsbarkeit über Eheangelegenheiten, insbesondere die Ehescheidung, sah aber nur Ehen als gültig an, die zuvor kirchlich getraut waren. Die Kontrolle des Staates über die Ehe erreichte einen Höhepunkt, als die Zivilehe verbindlich und die kirchliche Trauung fakultativ wurde (in Deutschland 1875).

Die Ehe ist also – sowohl was ihren formalen Beginn, die Hochzeit, als auch was das Eherecht betrifft – nacheinander vom Zuständigkeitsbereich der (Herkunfts-)Familie in den der Kirche und von dem der Kirche in den des Staates übergewechselt. Jede dieser Etappen war von einem Individualisierungsschub begleitet, einem weiteren Zuwachs an Autonomie für das Paar. Paradoxerweise haben also genau jene Mächte den Individualisierungsprozeß in Gang gesetzt und gefördert, die sich heute darüber beklagen, daß die Stabilität der Ehe durch einen übertriebenen Individualismus gefährdet oder zerstört werde. Im Mittelalter stärkte die christliche Kirche die Autonomie des Paares gegenüber den jeweiligen Herkunftsfamilien, indem sie das Konsensprinzip durchsetzte: das von beiden Seiten freiwillig gegebene Ja-Wort als Voraussetzung für die gültige Ehe. Es dauerte lange, bis die gängige Praxis verschwand, zumindest junge Frauen gegen ihren Willen zu verheiraten, doch auf lange Sicht half die Kirche dem Paar, sich der Bevormundung durch die Verwandtschaft zu entziehen. Während die Kirche die Autorität der Eltern schwächte, baute sie die eigene durch die Idee des Sakraments aus. Zwar spendeten es sich die Eheleute gegenseitig, doch es bedurfte der Kirche als Mittlerin zwischen Gott und den Menschen, dies zu bezeugen. Der Antiklerikalismus der Aufklärung und später die Ideen der französischen Revolution bestärkten das Paar darin, sich der Bevormundung durch die Kirche zu entziehen. Auch der Staat versuchte, während er die Autorität der Kirche in Eheangelegenheiten schwächte, seine eigene auszubauen: Ende des 19. Jahrhunderts trat die Idee von der Familie als Institution – als Grundpfeiler des Staates und Keimzelle der bürgerlichen Gesellschaft, als wertvolles Gut, das vor individueller Willkür geschützt werden muß – an die Stelle des Sakraments. Fast alle europäischen Staaten haben spätestens im Laufe des 20. Jahrhunderts den Schutz von Ehe und Familie in ihre Verfassung aufgenommen und den Staat zum Garanten dieses Schutzes bestellt. Mit der Zunahme der nicht-ehelichen Lebensgemeinschaften in der Gegenwart hat eine neue Etappe des Individualisierungsprozesses begonnen, indem immer mehr Paare ihre Beziehung ohne formale Heirat beginnen und sie dadurch auch dem Geltungsbereich des Eherechts entziehen.

Zwei weitere wichtige Veränderungsprozesse, die sich auf das Verhältnis zwischen Paar und Gesellschaft auswirkten, setzten erst im Zusammenhang mit dem Umbruch von der agrarisch-handwerklichen zur industriellen Gesellschaft ein: die Demokratisierung des Rechts auf Ehe und die Trennung von Wohnstätte und Arbeitsplatz.

Die Gesellschaften des europäischen Mittelalters und der Antike hatten – wie viele frühere Gesellschaften mit starker sozialer Ungleichheit – die Ehe als die Legitimation zur Fortpflanzung mit einem bestimmten Sozialstatus, mit Eigentum, einer bestimmten Subsistenzgrundlage verknüpft. Die Masse der Unfreien im frühen Mittelalter und die große Zahl der Nicht-Selbständigen im späten Mittelalter konnte nicht heiraten oder war in ihren Möglichkeiten, dauerhafte Geschlechtsbeziehungen einzugehen und Kinder zu zeugen, stark eingeschränkt. Erst im Übergang zur industriellen Gesellschaft entstanden große Bevölkerungsschichten, die heirateten (oder in informellen Ehen zusammenlebten), ohne Land oder eine andere feste Existenzgrundlage zu besitzen.

Ende des 18. und im Laufe des 19. Jahrhunderts verbreitete sich die Vorstellung, daß die Freiheit zu heiraten und Kinder in die Welt zu setzen ein Teil der allgemeinen Menschenrechte sei. Die Ausdehnung des Rechts auf Ehe auch auf die Klasse der Besitzlosen lief parallel zur allmählichen Entwicklung der Liebesehe: Bedeutete der Ehestand für die Besitzenden in erster Linie eine auf Wahrung und Mehrung ihrer Ernährungsgrundlage ausgerichtete Arbeitsteilung und ein Mittel zur Zeugung von legitimen Kindern als Arbeitskräften, Alterssicherung und Erben, so spielten diese Momente für die Besitzlosen nur eine geringe oder gar keine Rolle. Für sie war eine dauerhafte Geschlechtsbeziehung, eine Lebensgemeinschaft, ein kleines Stückchen individuellen Glücks, auf das sie nun Anspruch erhoben. Die mit der Französischen Revolution verbreiteten Menschenrechte, denen zufolge alle frei und gleich geboren waren, konnten zwar nicht jedermann mit Selbständigkeit und Eigentum ausstatten – aber zumindest konnte und wollte jetzt jeder Mann haben, was bisher Requisit ökonomischer Unabhängigkeit gewesen war: seine eigene Frau. Die Heiratsbeschränkungen, die von den Vermögenslosen im Mittelalter und der frühen Neuzeit hingenommen worden waren, wurden im 19. Jahrhundert zunehmend als soziales Unrecht empfunden. Die wilden Ehen waren ein Symptom dafür, daß sich die Masse der Armen zu nehmen anfing, was ihr bisher vorenthalten worden war – auch wenn sich dies in der Folge erst einmal zu ihrem eigenen Nachteil, nämlich in verstärkter Armut und sozialer Not auswirkte.

Die sozialistischen Ehekritiker, von Babeuf und Fourier bis zu Bebel und Engels, forderten mit Nachdruck das menschliche Grundrecht auf Ehe. Als die Sozialisten Ende des 19. Jahrhunderts die Zerstörung des proletarischen Familienlebens durch den Kapitalismus anprangerten, war die Vorstellung vom Grundrecht auf Ehe und Familie schon Allgemeingut geworden. Die Industrialisierung hatte nicht etwa dazu geführt, daß ein Familientyp, der bereits vorher bestand, von Zerstörung bedroht wurde. Im Übergang von der agrarisch-handwerklichen zur industriellen Gesellschaft entstand vielmehr ein neuer Familientyp, weil Menschen anfingen, in Ehen zu leben und Kinder zu haben, die früher daran gehindert worden waren. Mit der Gründung des Deutschen Reichs fielen die letzten Heiratsbeschränkungen, und das BGB von 1900 war das erste Gesetzbuch, das jedermann und jederfrau, nach Erreichen des gesetzlichen Heiratsalters gestattete zu heiraten, wen er oder sie wünschte (vom engen Inzestverbot abgesehen). Die Demokratisierung des Rechts auf Ehe änderte allerdings zunächst nur wenig daran, daß die materiellen Voraussetzungen zu seiner menschenwürdigen Verwirklichung im Proletariat noch lange nicht gegeben waren.

Besonders bedeutsam für die Entwicklung von Ehe und Familie war die Trennung von Wohnstätte und Arbeitsplatz, die sich ebenfalls im Zuge der Industrialisierung zu verbreiten begann – zunächst bei der Industriearbeiterschaft und im Bürgertum. Paar und Kernfamilie begannen mehr und mehr, sich von der Nachbarschaft und der weiteren Verwandtschaft, von der dörflichen oder städtischen Gemeinschaft in die neu entstehende Privatheit der Familie zurückzuziehen. Die Entstehung des Privatraums ist von verschiedenen Soziologen und Historikern als eines der wichtigsten sozialen Phänomene beschrieben worden, die die bürgerliche Gesellschaft kennzeichnen.[5] Im Zuge dieses Prozesses wurde nicht nur der Arbeitsplatz aus der Wohnstätte der Familie ausgegrenzt, sondern die bürgerliche Familie grenzte sich auch innen zunehmend von nicht-verwandten Personen ab – Gesinde, Lehr-

linge, Gesellen –, die in der vorindustriellen Gesellschaft nicht nur Teil
der Hausgemeinschaft gewesen waren, sondern auch denselben Status
gehabt hatten wie die Familienmitglieder. In der Familienform des
„ganzen Hauses" hatten alle Haushaltsmitglieder gemeinsam gearbeitet und an einem Tisch gesessen; in der bürgerlichen Familie rückten
die Dienstboten an den Rand des Familienlebens. Sie hielten sich in der
Küche und in Gesinderäumen auf, und wenn sie die Familie bei Tisch
bedienten, wurden „intime", d. h. sehr persönliche Gesprächsgegen-
stände gemieden oder die Familienmitglieder begannen womöglich,
sich auf französisch zu unterhalten, um die Dienstboten vom Verständnis auszuschließen. Sie wurden mehr und mehr nicht nur als
Fremde, sondern auch als Angehörige einer niederen Gesellschaftsklasse angesehen und behandelt.

Die Entstehung des Privatraums der bürgerlichen Familie wirkte
sich nicht nur auf das Verhältnis der (Kern-)Familie zur umgebenden
Gesellschaft aus, sondern hatte auch Folgen für die internen Beziehungen, indem sie sowohl der Mann-Frau- als auch der Eltern-Kind-Be-
ziehung größeres Gewicht verlieh. Zur Individualisierung des Binnen-
bereichs und zur Intimisierung der Familienbeziehungen trugen zwei
weitere wichtige Veränderungsprozesse bei: der Rückgang der Geburtenzahlen, der den Status von Kindern und Müttern beeinflußte, und –
eng damit zusammenhängend – die gesellschaftliche Aufwertung der
Frauenrolle.

Eine gezielte Familienplanung zeichnete sich in Mitteleuropa seit
der zweiten Hälfte des 18. Jahrhunderts ab. Ende des 17., Anfang des
18. Jahrhunderts setzten verheiratete Frauen durchschnittlich sieben
Kinder in die Welt, von denen normalerweise nur vier das erste Jahr
überlebten und höchstens drei das Erwachsenenalter erreichten.[6] In
der ersten Phase zeigte sich die Familienplanung in einer stetigen
Senkung der durchschnittlichen Geburtenzahlen pro Ehe, die parallel
zur sinkenden Säuglingssterblichkeit erfolgte. Deswegen war eine
Zeitlang die Zahl der überlebenden Kinder pro Familie noch relativ
hoch. Schließlich sanken, in einer dritten Phase, auch die durchschnittlichen Kinderzahlen pro Familie.

Die hohe Säuglingssterblichkeit war nicht zuletzt das Ergebnis eines
– nach heutigem Maßstab – extrem lieblosen Umgangs mit Babys und
Kleinkindern: Mangelnde Hygiene, schlechte Ernährung, Vernachlässigung waren an der Tagesordnung.[7] Das hing zum Teil mit den harten Arbeits- und Lebensbedingungen in der vorindustriellen Gesell-

schaft zusammen. Schließlich waren die Frauen selbst oft unzureichend ernährt und von anstrengender Arbeit und vielen Schwangerschaften, Fehlgeburten und Geburten früh erschöpft; für die Betreuung von Kindern blieb neben der eigentlichen Arbeit nur wenig Zeit. Doch auch in bessergestellten Familien war eine relative Gleichgültigkeit gegenüber Säuglingen und Kleinkindern, vor allem Spätergeborenen, verbreitet. In Frankreich war es gerade in den Mittelschichten lange Zeit üblich, die Babys zu Lohnammen aufs Land zu geben, wodurch sich ihre Überlebenswahrscheinlichkeit drastisch reduzierte, da die Ammen gewöhnlich zu viele Zöglinge annahmen und zu wenig Milch für alle hatten. Offenbar war die Gleichgültigkeit gegenüber Kleinkindern nicht nur ein Resultat der schlechten Existenzbedingungen ihrer Familien, sondern auch eine Form „nachträglicher Familienplanung", die zwar nicht bewußt oder gezielt betrieben wurde, aber dennoch sehr wirkungsvoll war: Bei der Vernachlässigung von Säuglingen wurde ihr früher Tod gewissermaßen billigend in Kauf genommen. Vor allem für die Spätgeborenen in einer größeren Geschwisterreihe, in der einige schon das Kleinkindalter überlebt hatten, war die Wahrscheinlichkeit, älter als ein Jahr zu werden, sehr gering. So heißt es in einer bayerischen Quelle aus der Zeit um 1800: „Der Bauer freut sich, wenn sein Weib ihm das erste Pfand der Liebe bringt, er freut sich auch noch beim zweiten und dritten, aber nicht auch so beim vierten. Da treten schon Sorgen an die Stelle der Freude. Er bedauert es, ein Vater vieler Kinder zu seyn, er hat für so viele keine gute Aussicht mehr, sein Vermögen ist zu klein. Er sieht alle nachkommenden Kinder für feindliche Geschöpfe an, die ihm und seiner vorhandenen Familie das Brod vor dem Munde wegnehmen. Sogar das zärtlichste Mutterherz wird schon für das fünfte Kind gleichgültig, und dem sechsten wünscht sie schon laut den Tod, daß das Kind (wie man sich hier ausdrückt) himmeln sollte".[8] „Himmeln" hieß der frühzeitige Tod mit dem stillschweigenden Einverständnis der Eltern, zu dem sie durch mangelnde Fürsorge selbst beitrugen. Die kritische Phase im Leben des Säuglings war die Zeit der Entwöhnung von der Muttermilch, in der die Kinder besonders infektionsanfällig waren; allein durch frühes Abstillen konnte eine Frau die Überlebenswahrscheinlichkeit eines Kindes reduzieren. So führte relatives Desinteresse am Kind zu nachlässigem Umgang mit ihm, was gleichzeitig auch keine intensiven Gefühle zwischen Mutter und Kind, Eltern und Kindern aufkommen ließ. Andererseits war der Mangel an Gefühlen auch ein

Selbstschutz angesichts der immer sehr hohen Wahrscheinlichkeit, daß das Kind ohnehin bald sterben würde. Allgemein schwierige Lebensbedingungen, nachlässige Betreuung und emotionale Distanz verstärkten sich gegenseitig und hatten die enorm hohe Säuglingssterblichkeit zur Folge.

Bis ins 18. Jahrhundert dauerten die katastrophalen Zustände an. Dann änderte sich innerhalb von nur wenigen Generationen die Praxis der Kleinkindfürsorge; die Säuglingssterblichkeit ging zurück, die Geburtenzahlen sanken. Sowohl die sinkende Säuglingssterblichkeit als auch der Rückgang der Geburtenzahlen sind nicht in erster Linie durch veränderte technische Bedingungen – etwa verbesserte medizinische Versorgung oder neue Erkenntnisse über Hygiene – zu erklären, sondern das Ergebnis einer veränderten Einstellung zum Kind. Im 18. Jahrhundert kam in der moralischen Literatur so etwas wie ein pädagogisches Interesse auf, ein neues Interesse am Kind, das als Gegenstand elterlicher Verantwortung überhaupt erst entdeckt wurde.[9] Die entstehende bürgerliche Familie begann, sich um die plötzlich ernst genommenen Kinder zu zentrieren. Es war, als hätten die Menschen – genauer wohl: die Mütter – plötzlich begriffen, daß das massenhafte Säuglingssterben kein Naturgesetz war, daß es eingeschränkt werden konnte, wenn sie sich mehr um jedes einzelne kleine Kind kümmerten. Das wiederum war nur bei größeren Abständen zwischen den Schwangerschaften bzw. Geburten und bei insgesamt geringeren Kinderzahlen möglich. „War ihnen erst einmal ihre eigene Verantwortung am Tod der Kinder bewußt geworden, begannen sie sich gegen diesen Tod zu wehren, indem sie sich gegen die Entstehung des Lebens wehrten."[10]

Das erste Anzeichen einer gezielten und bewußten Familienplanung war die Verlängerung der Abstände zwischen den Geburten, die plötzlich, mit leichten Zeitverschiebungen, in verschiedenen Gegenden Mitteleuropas auftrat, ohne daß neue oder zuverlässige Methoden der Empfängnisverhütung zur Verfügung gestanden hätten.[11] Außer der Enthaltsamkeit bot die Verlängerung der Stillzeiten einen gewissen Schutz vor neuer Schwangerschaft – eine Methode, die zugleich dem schon vorhandenen Säugling zugute kam. Auch der Coitus interruptus war bekannt; allerdings wurde er von der Kirche genau wie andere die Empfängnis beeinträchtigende Mittel (Spülungen, mehr oder minder wirksame Kräuterabsude, Vorformen von Kondomen aus Tierblasen) als sündhaft verdammt. Erst 1843 gelang mit der Vulkanisierung von

Gummi die Herstellung künstlicher (und sicherer) Kondome, und 1880 wurde in Holland das Pessar entwickelt.[12] Vermutlich sprachen sich wirksame Mittel zur Empfängnisverhütung herum, wobei die Informationsquelle für die Frauen wohl die Hebammen und für die Männer die Prostituierten waren, die ihrerseits ja nur relativ selten Kinder bekamen.[13]

Die Verlängerung der Abstände zwischen den Geburten und die intensivere Zuwendung gegenüber den Kindern wurde den Müttern dadurch gelohnt, daß ihnen die Säuglinge nicht mehr wegstarben wie die Fliegen. Gleichzeitig erhöhte die größere Sorgfalt, die die Frauen jetzt aufwandten, die emotionale Bindung an die Kinder: Das Sozialisationsprodukt wurde um so wertvoller, je mehr Aufmerksamkeit ihm entgegengebracht wurde. Die Intensivierung der Mutter-Kind-Beziehung, die eine wechselseitige Aufwertung des Kindes und der mütterlichen Sozialisationsleistung bedeutete, vollzog sich etwa gleichzeitig mit der Auslagerung des Arbeitsplatzes aus der Wohnstätte der Familie und dem Rückzug der (bürgerlichen) Frauen aus der Erwerbsarbeit. Diese Entwicklung blieb bis Ende des 19., Anfang des 20. Jahrhunderts überwiegend auf die bürgerliche Familie, das heißt die Mittelschicht, beschränkt. In der Arbeiterfamilie setzte auch die Geburtenreduzierung erst sehr viel später ein (vgl. die Fallgeschichte aus der ärztlichen Praxis im Kap. 4).

Die allgemeine Aufwertung der Frau ist einer der wichtigsten Aspekte des umfassenden Individualisierungsprozesses und hat entscheidenden Anteil an der Entstehung der Liebesehe. Eine solche Tendenz ist in den letzten beiden Jahrhunderten sehr deutlich und dauert, wenn auch hier und da unterbrochen durch gegenläufige Bewegungen, bis in die Gegenwart an. Sicher hängt sie auch mit den eben geschilderten Veränderungen der Mutterrolle zusammen. So bedeutete die Trennung von Arbeitsplatz und Wohnstätte zwar einerseits einen Verlust an produktiven Funktionen für die Frauen, andererseits aber einen Gewinn an Freiraum, innerhalb dessen sie die Mutterrolle im modernen Sinn aufbauten. Sie waren zwar von ihren Männern ökonomisch abhängig und ihnen untergeordnet – doch das war in der bäuerlich-handwerklichen Ehe, wo die Frauen ihren festen Arbeitsplatz im Familienunternehmen gehabt hatten, nicht anders gewesen.[14] Die Aufwertung der Mutterrolle vollzog sich parallel zum Rückgang der Geburtenzahlen. Die neue pädagogische Literatur des 18. Jahrhunderts, die der Mutter-Kind-Beziehung eine große Bedeutung zumaß, war zwar von Männern verfaßt, aber es waren die Frauen selbst, die die ihnen von den Pädagogen angetragene neue Mutterrolle aufgriffen und ausbauten. Sie waren es, die ihre Kinder von nun an selbst und länger stillten, sie häufiger windelten und aufwendiger betreuten. (Wie sehr sie damals schon auf Empfängnis und Empfängnisverhütung Einfluß nehmen konnten, ist schwer zu sagen.) Wenn ein Grundstein der neuen Frauenrolle innerhalb der bürgerlichen Familie das „Bündnis zwischen den Pädagogen und den Frauen" war,[15] so war ein weiterer das „Bündnis zwischen den Gynäkologen und den Frauen":[16] Im Verlauf des 19. Jahrhunderts sank die weibliche Sterblichkeit, die vorher aufgrund der vielen Schwangerschaften, Geburten und der eng mit ihnen zusammenhängenden Frauenkrankheiten enorm hoch, auf jeden Fall erheblich höher als die der Männer gewesen war; an der Schwelle zum 20. Jahrhundert hatte die durchschnittliche Lebenserwartung der Frauen die der Männer erstmals eingeholt, um seitdem stets ein paar Jahre höher zu liegen. Mit dieser Verlängerung des Frauenlebens gingen auch Verbesserungen ihres Gesundheitszustandes einher, seitdem die Frauen weniger Kinder zur Welt brachten. Ein Zuwachs an Kraft und Energie stand ihnen jetzt für andere Tätigkeiten zur Verfügung.

Auf diesem Hintergrund entwickelten sich die Frauen des Bürgertums innerhalb der Familie, der Nische des Privaten, die man ihnen zugewiesen hatte, zu Gefühlsspezialistinnen. Sie fühlten sich – ganz im Sinne von Schillers „Glocke" – als „Seele des Heims" und für das psychische Wohlergehen von Mann und Kindern verantwortlich. Die bürgerliche Vorstellung vom „Wesen der Frau" und der sich daraus naturwüchsig ergebenden geschlechtsspezifischen Arbeitsteilung wurde nicht nur von der patriarchalischen Gesellschaft ersonnen, damit den Männern in der Familie ein freundlicher Hafen, eine Gegenwelt zur feindlichen Öffentlichkeit entstehen konnte, in der sie sich zunehmend Wettbewerb und Leistungsdruck ausgesetzt sahen. Die Frauen selbst identifizierten sich (zumindest teilweise) mit diesem Bild, das ihnen zunächst eine Aufwertung im Binnenbereich der Familie brachte, auf das sie sich aber auch beriefen, während sie ihren allgemeinen gesellschaftlichen Status zu verbessern suchten.[17]

Ende des 18. und im 19. Jahrhundert entstanden die ersten umfassenden Frauenbewegungen. Die „bürgerliche Verbesserung der Weiber",[18] die sie sich zum Anliegen machten, hatte natürlich ideengeschichtliche Wurzeln, die weiter zurückreichten. Die mittelalterlichen Ehelehren hatten die Unterordnung der Ehefrau unter den Ehemann als selbstverständlich angesehen und die allgemeine Vorstellung von der Minderwertigkeit der Frau unterstützt. Gewisse Strömungen im Protestantismus, vor allem im Pietismus, hatten die Gleichheit der Seelen vor Gott betont und die spirituelle Gemeinschaft von Ehemann und Ehefrau gefordert. Gleichzeitig war der Protestantismus aber, wie wir gesehen haben, sinnen- und frauenfeindlich, und Luthers Ansichten über Frauen trugen erheblich dazu bei, den Ehepatriarchalismus zu stärken: „Ob sie sich aber auch müde und zuletzt tottragen, das schadet nicht, laß sie sich nur tottragen, sie sind drum da. Es ist besser, kurz gesund denn lange ungesund leben."[19] Die Aufklärung hatte den Frauen grundsätzlich Denk- und Lernfähigkeit, einen Verstand, zugebilligt, und erstmals wurde die Vermutung geäußert, daß ihre geringen Leistungen in Wissenschaft und Kunst ein Ergebnis mangelnder Bildung sein könnten. Die Französische Revolution, in deren Umfeld die Frauenbewegung entstand, hatte mit dem Grundsatz von der Freiheit und Gleichheit aller Menschen das Recht auf individuelle Selbstentfaltung erstmals auch in den Begehrskreis der Frauen gerückt. Die Romantik idealisierte die Frauen als Gefühlsmenschen und gestand ihnen das gleiche Recht auf Sinnlichkeit und sexuelle Selbstverwirklichung zu. Nicht nur die großen sozialen Bewegungen des 19. Jahrhunderts, Feminismus und Sozialismus, machten sich zu Anwältinnen der Sache der Frauen, sondern nahezu alle Sozialreformer, die die Institution Ehe im Namen der Liebe kritisierten. Die Idee der Liebesehe, wie sie in der Romantik entstanden war, war weder mit dem Glauben an die weibliche Minderwertigkeit noch mit der Abhängigkeit und Unterdrückung der Frauen zu vereinbaren.

Auf diesem ideengeschichtlichen Hintergrund trug die Frauenbewegung des 19. Jahrhunderts erheblich zur Aufwertung der Frau bei. Vor allem die bürgerliche Frauenbewegung bezog einen Teil ihrer Stärke aus der Identifikation mit dem Frauenbild, das erst im Rahmen der bürgerlichen Familie entstanden war. Dabei gab es im Feminismus immer (und gibt es bis heute) zwei scheinbar widersprüchliche Argumentationsstränge: Einmal forderten die Frauen unter Berufung auf den Gleichheitsgedanken die allgemeinen bürgerlichen Rechte, die die Männer ihnen vorenthielten, das gleiche Recht auf Bildung und selbständigen Erwerb. Zugleich begründeten sie ihren Anspruch auf die gleichberechtigte Teilhabe am öffentlichen Leben unter Berufung auf ihr Anderssein, auf die spezifisch weiblichen Qualitäten, die sie erst innerhalb der bürgerlichen Familie entwickelt hatten (und mit denen der bürgerliche Patriarchalismus ihre Unterlegenheit gegenüber dem Mann rechtfertigte): Mütterlichkeit, Gefühlsbetontheit, Intuition, Interesse am Menschen. Beide Strategien liefen stets nebeneinander her. – In dem Maße, wie die Frauen durch den sozialen Wandel, die veränderten ökonomischen Verhältnisse, tatsächlich Zugang zu verbesserter Bildung und selbständigen Erwerbsmöglichkeiten erhielten, wurde gleichzeitig auch ihre Position innerhalb von Ehe und Familie gestärkt; in dem Maße, wie es für sie Alternativen zur Ehe gab (Alternativen zum Heiraten überhaupt wie auch Möglichkeiten, aus einer bestehenden unbefriedigenden Ehe auszubrechen), wuchs auch ihre Macht innerhalb der Ehe. Diese Veränderungen vollzogen sich aber für weite Kreise der weiblichen Bevölkerung erst im Laufe des 20. Jahrhunderts.

Am Ende des 19. Jahrhunderts hatte die bürgerliche Familie ein anderes Gesicht als an seinem Anfang. Der Einfluß der Eltern auf die Partnerwahl nahm ab, die Zahl der Neigungsehen ständig zu. Das Familienleben hatte sich intensiviert, nachdem die Kernfamilie unter sich war und die durchschnittliche Kinderzahl sank. Der Kindererziehung wurde mehr Gewicht beigemessen; sowohl die Kinder als auch die Ehefrau und Mutter hatten an Bedeutung gewonnen. Familie und Familienleben, der gehütete Bereich des Privaten, galt als wertvoll. Der Staat, der seine Kontrolle über die Ehe ausgedehnt hatte, erklärte sich zum Schutzherren der Familie. Er garantierte allen Bürgerinnen und Bürgern das Recht auf freie Verehelichung. Die Mehrzahl der Menschen strebte Ehe und Familie zur Verwirklichung ihres individuellen Glücks an, wobei das Ideal der bürgerlichen Familie – der Mann als Ernährer, die Hausfrau und Mutter als die Gestalterin des Heims – richtungweisend auch für andere soziale Schichten wurde.

Der größte Teil der Bevölkerung lebte allerdings auch um die Jahrhundertwende in Deutschland (wie im übrigen Mitteleuropa) noch unter sozialen Bedingungen, wie sie für das industrielle Proletariat im 19. Jahrhundert typisch waren: in sehr kinderreichen Familien, räumlich beengt, an der Armutsgrenze. Frauen- und Kinderarbeit war verbreitet, und so etwas wie ein Familienleben im bürgerlichen Sinne konnte sich kaum entfalten.

9. Die Gefährdung der Ehe durch die Liebe: Ehekritik zu Beginn des 20. Jahrhunderts

Um die Wende zum 20. Jahrhundert lebte die Auseinandersetzung um die Ehe wieder auf. Sie wurde durch den Ersten Weltkrieg unterbrochen und fand dann in den zwanziger Jahren, mit verändertem Akzent, einen neuen Höhepunkt. Das öffentliche Nachdenken über Liebe und Ehe war nicht nur ein deutsches Phänomen: Es fand in den meisten Ländern Mittel- und Nordeuropas, auch in England, Rußland und den Vereinigten Staaten statt – überall da, wo das Weltbild vom bürgerlichen Individualismus und Liberalismus geprägt war.

Ohne Zweifel waren die Kreise breiter geworden, denen die „freie Liebe" attraktiv schien, die sich für eine „neue Sittlichkeit", eine Reform der Sexualmoral einsetzten. Doch es waren immer noch kleine, wenn auch wortstarke Randgruppen des aufgeklärten Bürgertums: einige Schriftsteller und Literaten, Künstler und Wissenschaftler; vor allem die junge Disziplin der Sexualwissenschaft und die gerade entstehende Psychoanalyse spielten eine wichtige Rolle. In ihrer Mehrheit dachten die bürgerlichen Schichten konservativ, was Ehe und Familie betraf, und das galt auch für den größten Teil der Sozialdemokratie und die Frauenbewegung. So hatte sich in Deutschland das familienkonservative Denken bei der Formulierung des BGB durchgesetzt. Die Ehe wurde als Institution angesehen, die auf der ökonomischen Abhängigkeit der Ehefrau und der rechtlichen Vorherrschaft des Ehemannes aufbaute. Die Scheidung war erschwert und im allgemeinen nur bei Ehebruch möglich. Die ledige Mutter und ihr Kind wurden diskriminiert. Der Schwangerschaftsabbruch stand unter Strafe.

Für die gehobene Mittelschicht war die Zeit der Jahrhundertwende von einem gewissen Wohlstand gekennzeichnet, während gleichzeitig die Klassengegensätze schärfer und die sozialen Probleme massiver wurden. Während die alltäglichen Sexualnöte der Unterschicht in erster Linie aus unerwünschten Schwangerschaften, illegalen Abtreibungen und den damit verbundenen Gefahren für Gesundheit und Leben der Frauen bestanden, sorgte man sich im Bürgertum vor allem um die Zunahme der Prostitution, die enorme Verbreitung der Geschlechtskrankheiten. Konservative Moralisten machten dafür den allgemeinen Verfall der Sitten, die erotisch entgleisten Schriftsteller, insbesondere die schriftstellernden Frauen, den Sozialismus, den Feminismus und die Psychoanalyse verantwortlich.[1]

In der Tat thematisierten viele sozialkritische Schriftsteller und Schriftstellerinnen um die Jahrhundertwende die „freie Liebe", meist im Sinne vorehelicher Geschlechtsbeziehungen. Sie kritisierten die spießige, scheinheilige bürgerliche Moral und brachten eine positive Bewertung der Sexualität zum Ausdruck – so etwa Theodor Fontane in „Irrungen, Wirrungen" (1888) und in „Stine" (1890) oder die jüngere Generation, zu der Max Halbe mit „Freie Liebe" (1890) und „Jugend" (1893) und Frank Wedekind mit „Frühlings Erwachen" (1891) gehörten. Helene Böhlaus emanzipatorischer Roman „Halbtier!" (1896) gipfelte in der Forderung der Heldin, einer unverheirateten Künstlerin: „Ein Kind und Arbeit!",[2] und auch Gabriele Reuter schilderte in „Das Tränenhaus" (1909) eine Frau, die sich bewußt auf ein freies Liebesverhältnis einläßt. Schon als Kind, sagt die Heldin, sei es ihr „ein wunderliches Rätsel" gewesen, „wie eine Verbindung zwischen zwei Menschen heiliger, reiner und fester werden könne durch die Erfüllung einer äußeren Form, durch Worte, die ein vom Staat oder von der Kirche Bevollmächtigter spricht". Und als sie ein Kind erwartet, fragt sie sich, warum andere nicht begriffen, „daß Mutterschaft auch ohne den Trauring am Finger etwas Heiliges und eine schmerzlich-selige Verantwortung sein könne".[3]

Doch die „freie Liebe" war nicht nur ein literarisches Thema. Um die Jahrhundertwende erschienen in verschiedenen europäischen Ländern sozialphilosophische Veröffentlichungen, die Ideen aus der ersten Hälfte des 19. Jahrhunderts aufgriffen, gewissermaßen eine Mixtur aus romantischem, feministischem und sozialistischem Denken darstellten und alle von dem gleichen Idealismus, einem starken ethischen Impuls, getragen wurden: so Edward Carpenter, „Love's coming of age" (1896), Charles Albert, „L'amour libre" (1899), Ladislaus Gumplowicz, „Ehe und freie Liebe" (1902), Jacques Mesnil, „Le mariage libre" (1903), René Changhi, „Immoralité du mariage" (1904), Ellen Key, „Über Liebe und Ehe" (1906), Helene Stöcker, „Die Frauen und die Liebe" (1905) und andere. Sie alle verstanden unter „freier Liebe" eine Verbindung zwischen Mann und Frau, die der äußeren Form, der Sanktionierung durch Kirche und Staat, nicht bedarf, sondern ein inneres Band ist, das aus der ganzheitlichen Liebe zur anderen Person entsteht und nur in Freiheit zustande kommen kann. Diese „wahre Ehe" setzt nicht nur die ökonomische, sondern auch die sexuelle Selbstbestimmung der Frau voraus. „Es gibt keine Liebe", behauptete Mesnil, „und kann keine Liebe geben, außer zwischen Wesen, die frei und stark sind".[4] Für die große Mehrheit der Bevölkerung sei diese Voraussetzung erst unter einer anderen Wirtschafts- und Gesellschaftsordnung erfüllt. Doch einzelne, starke Menschen könnten auch jetzt schon versuchen, in freien Verbindungen zu leben. „Je mehr Menschen es geben wird, die eine Ehe eingehen werden, ohne den Staat um Erlaubnis zu fragen, und zeigen werden, daß ihre Familien genau so glücklich und ebenso ehrenhaft sind als irgend eine Familie, die mit dem Regierungsstempel versehen ist, um so näher wird die Freiheit der Liebe ihrem Triumph kommen."[5]

Edward Carpenter verstand sich, wie Jacques Mesnil, als Sozialist, doch sein Zugang zur „freien Liebe" war eher romantisch-individualistisch. Er war ursprünglich Geistlicher gewesen und hatte sich zum Sozialreformer entwickelt. Sein Essay war vor allem ein Plädoyer für die Einheit von seelischer und sexueller Liebe, die Absage an die durch das Christentum geförderte Spaltung in Leib und Seele, in Herz und Verstand, die vor allem die männliche Sexualität bestimme. Die Forderung nach der Freiheit und Unabhängigkeit der Frau war für ihn von zentraler Bedeutung: denn die Frau als der ganzheitlichere Mensch müsse dem Mann, „dem unreifen Geschlecht", in allen Fragen der Sexualität und Liebe eine Führerin und Lehrerin sein.[6] Noch seien die Frauen das „leibeigene Geschlecht", das die Männer nach ihren gespaltenen Bedürfnissen in drei verschiedene Klassen aufgeteilt hätten: in die „Dame", die „Hausklavin" und die „Prostituierte", aber wenn sie sich erst ökonomisch und sozial befreit hätten und sexuell über sich selbst bestimmen könnten, dann würden solche freien Frauen (von denen es immerhin schon einige gebe) keine jämmerlichen, unreifen Männer zu Gefährten wählen.[7]

Die Schwedin Ellen Key, Pädagogin und Essayistin, deren kulturkritische Bücher in Deutschland viel gelesen wurden,[8] äußerte ähnliche Ansichten. Sie stellte der Realität der bürgerlichen Ehe das Ideal einer „immer seelenvolleren Sinnlichkeit oder einer immer sinnlicheren Beseeltheit"[9] gegenüber und machte sich zur Fürsprecherin einer „neuen Sittlichkeit". Die „neue Sittlichkeit" relativierte den Bewertungsmaßstab für Geschlechtsbeziehungen: Nicht die äußere Form – Ehe oder nicht – entscheide über den Wert der Beziehung, sondern allein ihre Qualität. Als „Sittlichkeitsnorm der Liebe" erkannte Ellen Key nur die „Lebenssteigerung" an, die Auswirkung, die eine Liebesbeziehung auf die Lebensgestaltung und die Persönlichkeitsentwicklung eines Menschen hat. „Wenn man die Lebenssteigerung als Sittlichkeitsnorm der Liebe annimmt, wird es ... unmöglich, im vorhinein zu entscheiden, ob eine freie oder eine legitime Liebe, eine gebrochene oder fortgesetzte Ehe, freiwillige Kinderlosigkeit oder Elternschaft sittlich oder unsittlich ist. Denn der Ausgang hängt in jedem besonderen Falle von dem Willen, der Wahl ab, die dahinter liegt, und nur die Entwicklung der Ereignisse und der Charaktere kann über die Beschaffenheit dieses Willens, dieser Wahl entscheiden."[10] So gebe es Menschen, die in ihrem Leben mehrmals lieben könnten, ohne an moralischer Substanz zu verlieren (als Beispiel nannte sie George Sand und Goethe), und es gebe Menschen, die ganz von *einer* großen Liebe erfüllt seien (wie Dante oder Elisabeth Barret-Browning). Andere reihten ein fades, unfruchtbares erotisches Erlebnis ans nächste und wieder andere liebten nie oder nur einmal flach und schlecht. „Für den, der mehr als einmal liebt, kann es keinen anderen sittlichen Maßstab geben, als für den, der nur einmal liebt: den Maßstab der Lebenssteigerung."[11]

Der radikal-individualistische Ansatz Ellen Keys nahm nicht nur Ideen der Romantik wieder auf. Auch der Einfluß Nietzsches war unverkennbar, ebenso wie bei Helene Stöcker, die in Deutschland die „neue Ethik" propagierte: die Sexualität dürfe nicht länger durch die asketische christliche Moral unterdrückt werden. Die Frau habe nicht nur ein Bedürfnis nach Schwangerschaft und Mutterschaft, sondern ganz wie der Mann ein primäres Bedürfnis nach geschlechtlicher Vereinigung. Sexualität sei immer dann gut und schön, wenn sie der Ausdruck der Liebe zwischen zwei Menschen sei. „Ebenso verhängnisvoll ist die grob mechanische Auffassung, die in jeder auf dem Standesamt geschlossenen Vereinigung schon eine sittliche Gemeinschaft, eine Grundlage der Kultur erblickt – die jede andere Verbindung zwischen zwei freien Menschen als ‚Unsittlichkeit' und Zügellosigkeit perhorresziert und daneben die Prostitution mit all ihren Schrecken und Greueln fröhlich als notwendiges Übel gedeihen läßt."[12] Helene Stöcker (1869–1943) war eine prominente Vertreterin des radikalen Flügels der bürgerlichen Frauenbewegung und die Begründerin des „Bundes für Mutterschutz und Sexualreform". Ihre Ideen über die „freie Liebe" waren von Nietzsche und den Romantikern beeinflußt –

und nicht zuletzt auch von einer eigenen intensiven Liebesbeziehung mit einem verheirateten Mann. Dem „Bund für Mutterschutz und Sexualreform", 1905 entstanden, gehörten neben vielen radikalen Feministinnen auch linksliberale Männer an, Wissenschaftler und Literaten zumeist, Anhänger der „neuen Ethik". Der Verein war nicht nur in der aktiven Sozialarbeit, der Betreuung lediger Mütter, tätig, sondern er verstand sich auch als Sprachrohr und Diskussionsforum der aufgeklärten sexualreformerischen Kräfte. In seinen Veröffentlichungen und in zahlreichen Petitionen an Regierung und Behörden setzte er sich zwischen 1905 und 1916 für eine freie und selbstbestimmte Mutterschaft ein, für die (moralische und finanzielle) Anerkennung der Mutterschaft als Leistung, unabhängig davon, ob sie im Rahmen der Ehe erbracht werde oder nicht, für eine Verbesserung der rechtlichen Situation des nichtehelichen Kindes, für sexuelle Aufklärung an den Schulen, für den freien Zugang zu empfängnisverhütenden Mitteln und gegen die Strafbarkeit der Abtreibung.[13]

Diese oder die meisten dieser Forderungen wurden auch von den anderen Verfechterinnen und Verfechtern der „freien Liebe" erhoben. Gemeinsam war allen die hohe Wertschätzung der Mutterschaft, eine Einstellung, die das Bürgertum im vergangenen Jahrhundert entwickelt hatte und die sie durchaus mit ihren in Sachen Sittlichkeit konservativen Gegnern teilten. Alle waren sie auch mit Ellen Key überzeugt, daß „der Individualismus ... die Liebe zugleich vertieft und erschwert [hat]".[14] Doch gerade dieser Individualisierungsprozeß, der die Menschen bewußter gemacht und ihr Empfinden und Erleben verfeinert habe, sei es auch, der die „freie Liebe" möglich mache, ohne daß – wie die Konservativen befürchteten – das Chaos der Promiskuität ausbreche. In der durch den Individualismus verfeinerten Persönlichkeit des Menschen sei die Tendenz zur Monogamie von selbst angelegt. Die meisten von ihnen waren sogar überzeugt, daß eine freiere Sexualmoral die Prostitution ganz zum Verschwinden bringen würde.

Die Liberalisierung des vorehelichen Geschlechtsverkehrs sowie eine Erleichterung der Ehescheidung forderten auch viele andere Sexualreformer und Sexualreformerinnen, die nicht so weit gehen wollten, die kirchlich und staatlich geschlossene Hochzeit durch freie Vereinbarungen zu ersetzen. „Die Scheidung werde auf Verlangen einer der beiden Parteien gewährt, gleichgültig ob die andere einverstanden ist; und kein anderer Grund soll zugelassen werden, als eben dieses Verlangen, welches ohne Erklärungen vorgebracht werden soll",[15] schrieb der irische Schriftsteller und Sozialist George Bernard Shaw im Jahre 1908. Er nahm damit gewissermaßen die Abschaffung des Verschuldensprinzips und die Orientierung am Zerrüttungsprinzip vorweg, die sich in der Bundesrepublik Deutschland 1977 durchsetzten. Auch Shaw – dessen Essay „Der Aufstand gegen die Ehe" in vieler Hinsicht an John Stuart Mills „Über die Hörigkeit der Frau" (1869) anknüpfte – stand der bürgerlichen Ehe kritisch gegenüber, warnte aber davor, unter den gegebenen sozialen und ökonomischen Bedingungen mit der „freien Liebe" zu experimentieren, „denn die Abschaffung der Ehe würde, falls andere Dinge unverändert blieben, die Frauen in stärkerer Sklaverei erhalten als jetzt".[16]

Bei allen diesen Überlegungen stand deutlich die Paarbeziehung im Vordergrund. Doch die Mehrzahl derjenigen, die den Gedanken der „freien Liebe" vertraten oder die bürgerliche Institution Ehe angriffen, war sich darüber im klaren, daß das Verhältnis zwischen Mann und Frau an der Stelle aufhöre, bloße Privatangelegenheit zu sein, wo ein Kind als dritter Faktor ins Spiel komme. „Die Liebe", sagte Ellen Key, „wird ... immer mehr eine Privatsache des Menschen, die Kinder hingegen immer mehr eine Lebensfrage der Gesellschaft",[17] und Edward Carpenter räumte ein: „Der einzige Punkt, der dauernd Anlaß zur Einmischung des Gesetzes geben wird, und bei dem die öffentliche Autorität sich unzweifelhaft irgendwie fühlbar machen soll, ist die Frage der Kinder".[18] Der Staat müsse dafür sorgen, daß die Interessen der Kinder geschützt würden, und jeder Ehe- und Scheidungsvertrag müsse in dieser Hinsicht angemessene Bestimmungen enthalten. Einen Widerspruch zwischen dem Kinderwohl und der „freien Liebe" oder der Erleichterung der Scheidung sahen die Verfechter und Verfechterinnen einer liberalen Sexualmoral nicht. Shaw führte in modern anmutenden Passagen aus, daß gerade „das Interesse des Kindes eines der mächtigsten Argumente für die Scheidung liefert". Denn: „Ein unglücklicher Haushalt ist eine schlechte Kinderstube."[19] Und Carpenter wie Key wiesen darauf hin, daß diejenigen, denen „das Schicksal der Kinder so sehr am Herzen läge", nicht glaubwürdig seien, wenn sie den illegitimen Kindern nicht dieselben Personenrechte und dieselben juristischen Ansprüche an ihre Eltern zubilligten wie den legitimen.[20] Unsittlich sei nicht außereheliche Mutterschaft, wohl aber Elternschaft ohne Liebe, unverantwortliche Elternschaft, die Elternschaft unreifer Menschen.[21]

In Deutschland entwickelte sich im ersten Jahrzehnt des 20. Jahrhunderts auch die noch junge Disziplin der Sexualwissenschaft zu einer Anwältin der sexuellen Liberalisierung. Einer ihrer ersten bedeutenden Vertreter war Richard von Krafft-Ebing gewesen, der 1886 ein großes Werk über Formen der sexuellen Abweichung geschrieben hatte („Psychopathia Sexualis"), das noch von einer restriktiven Sexualmoral bestimmt war. Doch zunehmend bezog die Wissenschaft von der Sexualität auch soziologische und psychologische, ethnologische und historische Aspekte ein, was die ursprünglich konservative Ausgangsposition relativierte. 1912 erschien der erste Band von Iwan Blochs umfangreicher historischer Arbeit über die Prostitution,[22] in der er u. a. die These vertrat, daß diese ein Relikt der antiken Hochkulturen und überall dort aufgetreten sei, wo man die ursprünglich freie Liebe unterbunden habe; in einer von der Liebesehe geprägten Zukunftsgesellschaft werde sie (und mit ihr die Geschlechtskrankheiten) ganz verschwinden. In den USA schrieb der aus England stammende Pionier der Sexualwissenschaft Havelock Ellis zwischen 1896 und 1928 seine siebenbändigen „Studies in the Psychology of Sex", die auch ins Deutsche übersetzt wurden. Havelock Ellis, der übrigens mit George Bernard Shaw befreundet war, wie dieser Sozialist und ein entschiedener Befürworter der Frauenbewegung, trat ebenfalls für eine Liberalisierung der Sexualmoral ein.[23] Wie er fühlten sich die meisten Sexualwissenschaftler bis in die zwanziger Jahre hinein als progressive Sexual- und Sozialreformer. In Berlin gründeten Karl Vanselow und andere 1906 die „Vereinigung für Sexualreform" (1928 wurde daraus der von Forel, Ellis und Hirschfeld initiierte „Weltbund für Sexualreform").

Was bei Sozialphilosophen und Sozialreformern überwiegend Weltanschauung war und nicht selten mit einer monogamen Lebensweise (meist in durchaus bürgerlicher Ehe) einherging, wurde in europäischen Literaten- und Künstlerkreisen freimütig gelebt: vor-, außer-, nebeneheliche Liebesbeziehungen und Lebensgemeinschaften. Die Jahre unmittelbar vor dem Ersten Weltkrieg waren die Blütezeit der „erotischen Bewegung", die – noch stärker als die Romantik – die Liebe zur Religion erhob, in Sinnlichkeit und Sexualität Selbstverwirklichung und Lebenssteigerung suchte.

1912 lebte in München die Schriftstellerin Lou Andreas-Salomé mit dem Freudschen Analytiker Viktor Tausk zusammen – sie hatte schon 30 Jahre vorher durch ihre Wohngemeinschaft mit Friedrich Nietzsche und Paul Reé in Rom und dann durch ihre Liebesbeziehung zum 16 Jahre jüngeren Rainer Maria Rilke Aufsehen erregt. 1911 hatte

Alma Mahler-Werfel, nach dem Tode Gustav Mahlers, eine stürmische Liebesbeziehung mit Oskar Kokoschka. 1912 kam der englische Schriftsteller D. H. Lawrence nach Deutschland, dessen Romane die Sinnlichkeit feierten, das Lebensgefühl der erotischen Bewegung ausdrückten. Mit ihm reiste und lebte, zu dieser Zeit noch mit einem englischen Professor verheiratet, Frieda von Richthofen, die später Lawrences Frau wurde. Frieda von Richthofen hatte wiederum ein Verhältnis mit Otto Groß, einem Psychoanalytiker, der Jung-Schüler war und die „freie Liebe" propagierte – Jung und Freud distanzierten sich deswegen später von ihm. Auch Frieda von Richthofens Schwester Else (verheiratete Else Jaffe) hatte zeitweilig eine Liebesbeziehung zu Otto Groß, später dann war sie mit dem Wissenschaftler Alfred Weber liiert, und noch später hatte sie ein – verheimlichtes – Verhältnis mit dem Soziologen Max Weber, dessen 27jährige Ehe mit Marianne Weber, einer führenden Vertreterin der gemäßigten bürgerlichen Frauenbewegung, allenthalben als Musterehe galt. – Dies sind nur einige wenige Namen, die beispielhaft für verwickelte Liebesbeziehungen und Lebensgeschichten stehen und für ein von der Idee der „freien Liebe" geprägtes Lebensgefühl, das sich bis weit in das gutsituierte Bildungsbürgertum hinein ausgebreitet hatte: „Der Zeitgeist hieß Eros".[24]

Nach dem Ersten Weltkrieg veränderte sich die Szene noch einmal. Nun schwappte eine „Welle freierer Auffassungen in Ehe- und Liebesfragen"[25] nicht nur durch Deutschland, sondern auch die anderen europäischen Länder. Die Idee der „freien Liebe" war nicht verstummt, im Gegenteil: sie war jetzt mehr als nur Idee und Experiment kleiner Minderheiten. Während die „neue Sittlichkeit" und die „neue Ethik", der „Schrei nach dem Kinde" und die „erotische Bewegung" noch eine Sache der Boheme und liberaler bürgerlicher Kreise geblieben waren, lockerte sich in der Weimarer Republik die Sexualmoral großer Teile der Bevölkerung, vor allem in den Städten. Vorehelicher Geschlechtsverkehr war nicht mehr nur in Arbeiterkreisen häufig, sondern auch im Kleinbürgertum verbreitet.

Die freiere Sexualmoral hing nicht nur mit den demoralisierenden Auswirkungen des Krieges oder mit den Ideen, die vor 1914 propagiert worden waren, zusammen. Sie war vielmehr ein Ergebnis veränderter sozialer Bedingungen. Das Zusammenleben von Mann und Frau löste sich mehr und mehr von seinen alten Voraussetzungen: erst gesicherte Existenzgrundlage, dann Hochzeit. Immer mehr Männer und Frauen begannen ihre Liebesbeziehung, bevor von so etwas wie einem „gesicherten Auskommen" überhaupt die Rede sein konnte. Zudem waren viele Männer gefallen, der Frauenüberschuß groß; viele Frauen waren erwerbstätig und ökonomisch selbständig, viele jüngere Leute lösten sich früher vom Elternhaus. Massenhafte heimliche Abtreibungen waren immer noch und zunehmend ein ernstes Problem: Sie wurden in den zwanziger Jahren in Deutschland auf 600000 bis 700000 geschätzt.[26] 1920 brachten die SPD und die USPD einen Antrag auf Straffreiheit des Schwangerschaftsabbruchs in den Reichstag, 1928 noch einmal die KPD – beide Male ohne Erfolg. Statt dessen wurde das Strafgesetz wenige Jahre später im Nationalsozialismus verschärft.

Romane und Erzählungen aus der Zeit zwischen dem Kriegsende und dem Beginn der nationalsozialistischen Ära geben ein beredtes Bild vom Sexualverhalten in der Arbeiterschicht und im Kleinbürgertum: Alfred Döblins „Berlin Alexanderplatz" (1929), Hans Falladas „Kleiner Mann – was nun?" (1932), die Romane von Irmgard Keun und die Geschichten von Marie Luise Fleißer – um nur einige wenige zu nennen. Nicht nur die Sexualmoral war deutlich lockerer als vor 1914. Auch etwas anderes hatte sich verändert: das Pathos, mit dem die Idee der „freien Liebe" um die Jahrhundertwende vertreten worden war, war weitgehend verschwunden und hatte einer gewissen Nüchternheit Platz gemacht. „Der Begriff der ‚freien Liebe' hat so gar nichts Faszinierendes mehr; eher haftet ihm schon etwas Lächerliches an", schrieb Klaus Mann 1930.[27]

Der technische Aspekt der Sexualität (und der Verhütung!) wurde wichtiger: 1926 schrieb Theodor Hendrik van de Velde seinen Aufklärungs-Bestseller „Die vollkommene Ehe". Im Vorwort bekannte er sich zur „Hoch-Ehe" als der „Dauergestalt der monogamen Liebesverbindung", weil sie den „Gläubigen heilig", „dem Staat, der Gesellschaft unentbehrlich" und „den Kindern unbedingt notwendig" sei: „Die Frauen können ihrem Drang zu lieben nur in der Ehe – mit wenigstens relativer Sicherheit – nachgeben. Und die Männer finden, im großen und ganzen genommen, in den geordneten Lebensverhältnissen, welche die Ehe ihnen in der Regel bietet, die ersprießlichen Vorbedingungen zum Gedeihen ihrer Arbeit."[28] Van de Velde mußte diese Verbeugung vor der Institution Ehe schon deswegen machen, weil er mit seinem Buch große Schwierigkeiten durch die katholische Kirche bekam; es wurde auf den Index der verbotenen Bücher gesetzt;

um seiner sittlichen Entrüstung Ausdruck zu geben, nannte Pius XI. es „Das vollkommene Dirnentum".[29] Doch van de Veldes Bekenntnis zur Hochehe spiegelte darüber hinaus eine neue Zeitströmung, ein Erstarken der restaurativen Bewegung, die sich jetzt auch in vormals liberalen Kreisen des Bürgertums ausbreitete.

So distanzierte sich beispielsweise die gemäßigte bürgerliche Frauenbewegung vehement von der „neuen Ethik", die in den Vorkriegsjahren vom radikalen feministischen Flügel mitgetragen worden war. Zwar kämpften auch die gemäßigten Kreise der Frauenbewegung gegen den im BGB festgeschriebenen Ehepatriarchalismus und für das, was man heute eine „partnerschaftliche Ehe" nennen würde. Aber sie sprachen sich nachdrücklich gegen die sexuelle Freizügigkeit der Frau aus; vielmehr verlangten sie eine Übernahme des Ideals vorehelicher Keuschheit und ehelicher Treue auch durch den Mann. Hinter dieser Forderung stand die Annahme, daß ungeschützte Liebesverhältnisse zu Lasten der Frauen gehen würden (was unter den gegebenen sozialen Bedingungen sicher immer noch zutraf), aber auch das im Bürgertum des 19. Jahrhunderts entstandene Bild von der „reinen" Frau, die von sich aus keinerlei Interesse an Sexualität hat. „Das Festhalten an der Dauerehe als der einzigen rechtlichen und sittlichen Norm des Geschlechtslebens" sei ein zentrales Prinzip der Frauenbewegung, erklärte Helene Lange 1924, und sie bezeichnete die lebenslange Einehe als „den Sieg der Frau über die polygamen Instinkte des Mannes".[30] „Liebe, Ehe und Mutterschaft [müssen] für die Frau eine unteilbare Dreieinigkeit bilden, wenn sie ihr Selbst behaupten, ihre Kinder schützen und das Kulturgut der Gesamtheit wahren will", hieß es auch bei Agnes von Zahn-Harnack 1928.[31] Marianne Weber schließlich, die wie Helene Lange und Agnes von Zahn-Harnack eine Zeitlang den Vorsitz des Bundes Deutscher Frauenvereine innehatte und darüber hinaus die führende Ehetheoretikerin der bürgerlichen Frauenbewegung war, wollte die freien Liebesbeziehungen nur als „schicksalsschwere Ausnahmen" gelten lassen, da sie „als selbstverständliche Massenerscheinung ... die Barbarisierung des Menschen bewirken" müßten.[32] (Von der bereits erwähnten jahrelangen intensiven Liebesbeziehung ihres Mannes Max Weber mit Else Jaffe, geborene von Richthofen, hat sie vermutlich bis zu ihrem Tode nichts gewußt.) Marianne Weber ging es bei ihrem Plädoyer für die Ehe weniger um den pragmatischen Aspekt des Frauenschutzes als um die Institutionenidee: „was allen absichtsvoll ungebundenen Liebesbeziehungen gemeinsam fehlt – mögen sie von noch so hoher erotischer Idealität sein oder lediglich dem Genuß des Augenblicks dienen –, ist stets das Merkmal einer über den einzelnen und sein Glück hinausgreifenden sozialethischen Bedeutung, die jeder Durchschnittsehe eignet, sofern sie von den Beteiligten als Pflichtengemeinschaft aufgefaßt wird und ein geordnetes Familienleben gewährleistet".[33] Mit dieser Ansicht stand sie in krassem Gegensatz zu Edward Carpenter, der zwar anerkannt hatte, daß die Institution Ehe von Kirche und Staat durchaus auch im Hinblick auf ein Ideal entworfen worden sei, daß dieses sich aber selbst im positiven Fall nur schwer entfalten könne: „Dadurch, daß sie [die Ehe] in einer sehr großen Zahl von Fällen Verbindungen sanktioniert, die auf nichts anderem gegründet sind, als dem äußeren Zwange und der Formel der Kirche und des Staates, schuf sie etwas, was von Natur aus als schlecht und entwürdigend erkannt werden mußte, während sie selbst in den glücklicheren Fällen durch eine zu große Exklusivität sich selbst zu einer verhängnisvollen Enge und Dumpfheit verdammte".[34] Hier stand, unversöhnlich, der individualistische gegen den institutionellen Ansatz.

Als Verteidigung des Institutionencharakters der Ehe las sich auch der größte Teil der Beiträge zum „Ehe-Buch", das Graf Hermann von Keyserling 1925 herausgab: Versuch einer „neuen Sinngebung im Zusammenhang mit den Stimmen führender Zeitgenossen", wie es im Untertitel hieß, angesichts der „furchtbar ernsten Krisis" der Ehe.[35] Keyserling hatte prominente Namen aus Literatur und Wissenschaft versammelt, unter anderen Thomas Mann, Ricarda Huch, Jakob Wassermann, Carl Gustav Jung, Alfred Adler, Havelock Ellis. Er selbst empfahl in seinem Aufsatz die Rückkehr zu den alten Grundsätzen der Standesehe: Ehe müsse wieder als lebenslange Schicksalsgemeinschaft aufgefaßt werden; schuld an ihrer gegenwärtigen Instabilität sei der falsche Glücksanspruch an sie; diese Einrichtung bedeute ihrem Wesen nach keinen glücklichen, sondern einen tragischen Zustand. Keinesfalls dürfe die Ehescheidung erleichtert werden, „denn grundsätzlich zerstört die Möglichkeit, alle Jahre neu zu freien, die Ehe als solche viel mehr als der häufigste Ehebruch, denn dieser tangiert als solcher das Eheverhältnis gar nicht . . ., während jene ihm gerade die Axt an die Wurzel setzt".[36] Ricarda Huch befaßte sich kritisch mit dem Ehebegriff der Romantik und führte dabei aus, daß erst eine strenge Auffassung der Ehe die Entstehung großer Leidenschaften bewirke – eine Rückkehr zur These von der unversöhnlichen Polarität von ehelicher und außerehelicher Liebe mit sehr modernen Akzenten, die uns noch im Zusammenhang mit der Gegenwart beschäftigen wird.[37] Auch Thomas Mann sprach sich im „Ehe-Buch" des Grafen Keyserling für den Institutionengedanken aus. Ehe sei „gründende Liebe", das heißt die geschlechtliche Verbindung müsse zur sakramentalen Grundlage einer dauernden, sie überlebenden Lebens- und Schicksalsgemeinschaft werden, bestimmt von „Fortzeugung, Geschlechterfolge, Verantwortung".[38] – Wie sehr unterschied sich diese Ehe-Auffassung von der seines Sohnes Klaus Mann, der nur wenige Jahre später, radikalindividualistisch, die Ehe als den „pathetischen Wunsch" bezeichnete, „eine Einsamkeit zu überwinden, von der wir wissen, daß sie endgültig ist"![39]

Nicht nur im traditionell konservativen Lager, bei den Vertretern von Kirche und Staat, sondern auch in bürgerlich-liberalen Kreisen war also das Bemühen zu spüren, die Institution Ehe vor den als destruktiv empfundenen Folgen des individualistischen Zeitgeistes zu schützen. Das war nicht nur eine Reaktion auf den „Verfall der Sitten", die veränderte Sexualmoral in der Weimarer Republik. Die Diskussion stand auch unter dem Einfluß der „Krise der Ehe", die sich in den Vereinigten Staaten zu vollziehen schien, wie man aus den rasant steigenden Scheidungsziffern ablas, und sie war vielleicht noch mehr von einem anderen aktuellen zeitgeschichtlichen Ereignis beeinflußt: der Einführung der „freien Ehe" im kommunistischen Rußland. Überall wurde das russische Experiment mit brennendem Interesse verfolgt, denn schließlich war es das erste Mal, daß sozialistische Ideen in großem Stil familienpolitisch umgesetzt wurden. Die „freie Ehe" hatte in Rußland eine gewisse Tradition. Sie war schon in den siebziger und achtziger Jahren des 19. Jahrhunderts in der revolutionären Intelligenz verbreitet gewesen, und unabhängig von diesen westlich-anarchistisch beeinflußten Vorläufern gab es noch eine ursprünglich russische Tradition: Eine größere Sekte, die „Priesterlosen", hatte sich schon im 17. Jahrhundert von der orthodoxen Staatskirche abgespalten, weil ihre Angehörigen Priesteramt und Ehe grundsätzlich ablehnten – obwohl sie ebenfalls in monogamen Dauerverbindungen lebten.[40] Die „registrierte Ehe", die wenige Monate nach der Oktoberrevolution anstelle der kirchlichen Trauung verbindlich wurde, war eine Zivilehe, die als einzige notwendige Formalität die Eintragung ins Ehestandsregister vorschrieb. Sie war leicht wieder zu scheiden; ein übereinstimmender Scheidungswunsch war nicht erforderlich; Mann oder

Frau konnten allein die Scheidung beantragen. Außereheliche Kinder waren den ehelichen hinsichtlich ihrer Rechte gegenüber beiden Eltern völlig gleichgestellt. – Schon diese Neuerungen erregten weltweit Aufsehen, obwohl es ähnliche Erleichterungen für Eheschließung und Ehescheidung auch schon anderswo gegeben hatte und gab.[41]

Die umwälzende Neuerung brachte erst das Gesetz von 1926, das neben der registrierten die nicht-registrierte „freie Ehe" als gültig anerkannte. Es sollte in erster Linie dem Schutz der Frauen dienen, denn es verpflichtete die Männer auch bei der Auflösung solcher freien Lebensgemeinschaften zu (einjährigen) Unterhaltszahlungen an ihre Frauen, sofern diese arbeitslos oder erwerbsunfähig waren. Der Zugewinn, der während des Bestehens der Lebensgemeinschaft erwirtschaftet worden war, mußte aufgeteilt und die von der Frau geleistete Haushaltsarbeit zu ihren Gunsten angerechnet werden. Das Bestehen einer „freien Ehe" wurde dann angenommen, wenn die „ethischen Merkmale" gegeben waren, „die eine eheliche Beiwohnung von einem zufälligen Verhältnis unterscheiden",[42] so vor allem die Bekundung der ehelichen Gemeinschaft gegenüber Dritten, das Zusammenleben, die gemeinschaftliche Haushaltsführung und Kindererziehung. Hier war also, wie im römischen Recht, das eheähnliche Verhältnis als faktische Ehe definiert – und die rechtlichen Bestimmungen für den Fall der Trennung waren geradezu verblüffend modern. Doch schon zehn Jahre später erfolgte unter Stalin die Rückkehr zur traditionellen Familienpolitik. Scheidungsverfahren wurden erschwert und die Scheidungsgebühren erhöht; die Abtreibung wurde wieder verboten (außer bei medizinischer und eugenischer Indikation); 1944 wurde die nicht-registrierte faktische Ehe für ungültig erklärt.

In knapp zwei Jahrzehnten revolutionärer Ehe- und Familienpolitik war das russische Modell für die Beobachterinnen und Beobachter in den anderen europäischen Ländern teils Horrorvision, teils Zukunftshoffnung – ganz nach der politisch-weltanschaulichen Ausgangsposition. Allerdings klang auch für diejenigen, die mit dem Sozialismus sympathisierten, manche Schilderung der dortigen Verhältnisse, egal ob literarisch oder dokumentarisch, eher ernüchternd.

Als prominente Fürsprecherin der neuen Sexualmoral galt Alexandra Kollontai (1872–1952), engagierte Revolutionskämpferin, Schriftstellerin, Parteifunktionärin, die sich vor allem für die Sache der Frauen einsetzte. Die Quintessenz der von ihr vertretenen neuen Einstellung zur Sexualität war eine große Nüchternheit, der Versuch, die

Geschlechtsliebe zu bagatellisieren und zu ent-romantisieren – eine ausgeprägte Gegentendenz zum westeuropäischen Konzept der „freien Liebe" um die Jahrhundertwende. Kollontais Botschaft war in erster Linie an die Frauen gerichtet, die sie warnen wollte, sich durch ein zu großes emotionales Engagement wieder in die alte (psychische) Abhängigkeit vom Mann zu begeben, aus deren (ökonomischen) Folgen sie die kommunistische Revolution gerade zu befreien versucht hatte. Alexandra Kollontai prägte den Begriff „Glas-Wasser-Theorie", ein Schlagwort, das nicht nur im Rußland der zwanziger Jahre, sondern auch anderswo Furore machte: Die Befriedigung des sexuellen Verlangens unterscheide sich in nichts von der Befriedigung anderer physiologischer Bedürfnisse wie beispielsweise Durst; im einen Falle trinke man ein Glas Wasser, im anderen Falle habe man eben Geschlechtsverkehr. Plastischer konnte das Programm der Entmythologisierung sexueller Beziehungen kaum zum Ausdruck gebracht werden.

Alexandra Kollontai schrieb nicht nur politisch-programmatische Aufsätze,[43] sondern auch Erzählungen, in denen sie ihre Ideen über den Wandel der Sexualmoral in Rußland literarisch umsetzte. Besonders berühmt wurde ihre Geschichte dreier Frauengenerationen („Wege der Liebe", 1925 zunächst unter dem Titel „Die Liebe der Arbeitsbienen" ins Deutsche übersetzt). Die Großmutter in dieser Geschichte ist eine „typische Kulturarbeiterin der neunziger Jahre". Sie geht eine Liebesehe ein, trennt sich aber konsequent von ihrem Ehemann und den beiden Kindern, als sie sich in einen anderen Mann verliebt, und auch diesen verläßt sie sofort, als sie ihn bei einem tête-a-tête mit dem Hausmädchen ertappt. Die Mutter, eine marxistische Revolutionärin, hat gar nicht erst geheiratet; sie lebt mit einem Genossen in freier Ehe. Ihr Problem ist, daß sie sich in einen bürgerlichen Liberalen leidenschaftlich verliebt, obwohl ihr dessen politische Ansichten zuwider sind. Sie bekommt ein Kind von ihm, kann sich aber weder für ihn noch für den kameradschaftlich geliebten Genossen entscheiden. Als nach Jahren der Zerrissenheit ihre Leidenschaft für den einen erlischt, ist auch ihre Liebe zu dem anderen dahin. Im Mittelpunkt der Geschichte steht die Auseinandersetzung zwischen der Mutter, Olga Sergejewna, und ihrer Tochter Genia, der eigentlichen Heldin, die schon ein Kind der Revolution und von der neuen Sexualmoral geprägt ist. Olga entdeckt durch Zufall, daß Genia mit ihrem, der Mutter, Lebensgefährten Andrei ein Verhältnis hat. Sie ist erschüttert, nicht etwa aus Eifersucht, sondern weil Genia, zur Rede gestellt, freimütig bekennt, daß sie Andrei nicht liebt, sondern nur sexuell attraktiv findet, daß sie aber gern auf den Geschlechtsverkehr mit ihm verzichten kann, wenn sie der Mutter damit eine Freude macht. Sie hat gleichzeitig sexuelle Beziehungen zu einem andern Mann. „Es empört Mutter", sagt Genia, „daß ich keinen von ihnen liebe. Sie sagt, es ist unnormal und unsittlich, sich in meinem Alter ohne Liebe hinzugeben. Aber ich glaube, sie hat Unrecht. Ich meine, es ist so einfacher und besser."[44] Sexualität muß sein, weil der Körper seine Rechte verlangt, die zu unterdrücken ungesund wäre, aber Liebe „schadet der Arbeitsfähigkeit":[45] „Sehen Sie, zum Verlieben muß man Zeit haben, ich habe viele Romane gelesen und weiß, wieviel Zeit und Kraft das Verliebtsein beansprucht. Aber ich habe keine Zeit. Wir haben so viel Arbeit im Betrieb, so viele wichtige Fragen sind zu lösen."[46] Den Vorwurf ihrer Mutter, liebesunfähig zu sein, weist Genia empört zurück, da sie viele Dinge und Menschen liebe: ihre Mutter, ihre Arbeit, die Revolution und Lenin – nur eben die Männer nicht, denen sie „sich hingibt". Die in dieser Erzählung von Alexandra Kollontai vertretene Sexualmoral war keine libertinistische, sondern eher eine asketische: Die Liebe zur Revolution genoß Vorrang vor der Beziehung zwischen den Geschlechtern. Vermutlich beeinflußte sie damit nur eine kleine, wenn auch eine Zeitlang recht lautstarke Gruppe von radikalen Revolutionärinnen und Revolutionären.[47] Sie blieb aber schon in den zwanziger Jahren selbst in Rußland nicht unwidersprochen. So kritisierte beispielsweise die Heldin aus Pantelejmon Romanows im Studentenmilieu spielender Erzählung „Ohne Rhamnazeenblüten" (1926) die „Glas-Wasser-Theorie": „Liebe gibt es bei uns nicht, wir kennen nur Geschlechtsbeziehungen ... Existenzberechtigung hat bei uns nur noch die Physiologie. – Die Mädchen gehen mit Männer-Genossen für eine Woche, einen Monat oder kommen gelegentlich auch bloß für eine Nacht zusammen. Ein jeder, der in der Liebe etwas mehr als Physiologie sucht, wird als armseliges und geistesgestörtes Subjekt lächerlich gemacht".[48]

Alexandra Kollontai selbst lebte nach einer ersten geschiedenen Ehe fünf Jahre in freier Ehe mit Pavel Dybenko, einem Matrosen, der wie sie für die Revolution kämpfte. Sie trennte sich von ihm, als sie herausfand, daß er eine Liebesbeziehung zu einer anderen Frau unterhielt – ihre eigene Sexualmoral glich also eher der der Mutter und der Großmutter aus ihrer Geschichte. Lenin, obwohl er mit Alexandra Kollontai befreundet war, distanzierte sich nachdrücklich von der

„Glas-Wasser-Theorie". Schon vor der Revolution hatte er deutlich gemacht, daß die „freie Liebe" in seinen Augen ein Symptom bürgerlicher Dekadenz sei. Sein Ziel war die „proletarische Zivilehe", die zwar insofern eine „freie Ehe" werden sollte, als alle gesetzlichen Beschränkungen und die Einmischung der Eltern, auch materielle und finanzielle Erwägungen beim Heiraten entfallen sollten, doch keineswegs sei damit „die Freiheit vom Ernst der Liebe", „die Freiheit vom Kinderkriegen" oder die „Freiheit zum Ehebruch" gemeint.[49] „Diese ‚Glas-Wasser-Theorie' hat einen Teil unserer Jugend ganz toll gemacht, ganz toll", räumte er in einem Gespräch mit Clara Zetkin Anfang der zwanziger Jahre ein. „Sie ist vielen Burschen und Mädchen zum Verhängnis geworden. Ihre Anhänger behaupten, daß sie marxistisch sei. Ich danke für einen solchen Marxismus."[50] Daß seine Ansichten über sexuell freizügige Frauen sich kaum von denen konservativer Männer der Bourgeoisie unterschieden, macht eine andere Äußerung Lenins deutlich: „Kein geistig normaler Mann würde sich hinlegen, um aus einer Pfütze in der Gosse zu trinken oder auch nur aus einem schmutzigen Glas".[51] – Im Gegensatz zu anderen sozialistischen Ansätzen maß der klassische Marxismus-Leninismus der sexuellen Freiheit der Frau keinen positiven Wert bei.

Anderswo in Europa registrierten die Gegner des Sozialismus in den zwanziger Jahren mit Genugtuung die Informationen über chaotische Familienverhältnisse in der Sowjetunion, die als Beweisstücke gegen die „freie Liebe", gegen jede Lockerung der Ehe- und Scheidungsgesetzgebung gesammelt wurden: Fälle von mehrfacher Bigamie, Männer, die einfach auf- und davongingen, wenn ihnen die gegenwärtige Freundin nicht mehr paßte, Scharen vernachlässigter Kinder in den Straßen, flüchtige promiskuöse Beziehungen unter den jungen Leuten, Scheidungsraten, die sich innerhalb kürzester Zeit verdoppelten und verdreifachten.[52] Auch führende russische Kommunisten selbst leugneten nicht, daß die familiären Verhältnisse während und nach der Oktoberrevolution zutiefst zerrüttet waren. Allerdings war das wohl weniger die Folge der kommunistischen Ehe- und Familienpolitik als eine typische Begleiterscheinung von großen ökonomischen Krisen und sozialen Umwälzungen überhaupt: Hunger, Revolutionswirren, Krieg und Invasion lockerten die informelle soziale Kontrolle, die gewöhnlich für stabile Verhältnisse im alltäglichen Leben sorgt.[53] Schon 1931, also noch vor Stalins restaurativer Familienpolitik, stellte der in Deutschland vielgelesene Kommunist Max Hodann fest, daß in der

UdSSR die „seinerzeit aufgekommene ‚Glas-Wasser-Theorie' heute keine erhebliche Rolle mehr" spiele.[54] Er konstatierte allerdings im Liebesleben der jungen Leute eine gewisse Nüchternheit, ein Fehlen übersteigerter Romantik. Diese Haltung sei aber inzwischen nicht nur für die Jugend im kommunistischen Rußland typisch, sondern auch überall in den bürgerlichen Gesellschaften zu finden.

Nüchternheit kennzeichnete in der Tat auch anderswo, in Mitteleuropa wie in Nordamerika, die Diskussion um die Ehe. „Die neue Generation weiß", schrieb Aldous Huxley 1936, „daß es so etwas wie Liebe mit einem großgeschriebenen ‚L' nicht gibt".[55] Der neue Begriff der „Kameradschaftsehe", den der Amerikaner Ben Lindsey geprägt hatte, klang weniger romantisch als solide und alltäglich, nach einer fairen Beziehung zwischen Gleichen. Die ebenfalls gängigen Schlagworte „Probeehe" und „Zeitehe" liefen auf eine Relativierung der lebenslangen Monogamie hinaus. Sie standen im Widerspruch zur Institutionenidee der Ehe, knüpften vielmehr an der Vorstellung von der Ehe als einem Privatvertrag zwischen zwei Individuen an, der eben grundsätzlich auch gekündigt werden könne – ein Gedanke, mit dem bereits in der Aufklärung gespielt worden war. So hatte der französische Schriftsteller Nicolas Chamfort 1795 in seinen „Maximen und Gedanken" das Konzept der „Zeitehe" vorgestellt: „Herr von L. sagte mir, daß man für die Ehe dieselbe Regelung hätte treffen sollen wie für Häuser, die man durch eine Pacht für drei, sechs oder neun Jahre mietet, mit der Vollmacht, das Haus zu kaufen, wenn es einem gefällt."[56] Auch in Goethes „Wahlverwandtschaften" (1809) tauchte die „Ehe auf Zeit" als fortschrittliches Gedankenexperiment auf: ein Vertragsverhältnis, das alle fünf Jahre gekündigt werden kann. „Zwei, drei Jahre wenigstens gingen vergnüglich dahin. Dann würde doch wohl dem einen Teil daran gelegen sein, das Verhältnis länger dauern zu sehen, die Gefälligkeit würde wachsen, je mehr man sich dem Termin der Aufkündigung näherte. Der gleichgültige, ja selbst der unzufriedene Teil würde durch ein solches Betragen begütigt und eingenommen. Man vergäße . . ., daß die Zeit verfließe, und fände sich aufs angenehmste überrascht, wenn man nach verlaufendem Termin erst bemerkte, daß er schon stillschweigend verlängert sei."[57]

Die Einführung einer Zeitehe schlug in Deutschland 1928 Charlotte Buchow-Hohmeyer vor: Sie sollte fünf Jahre dauern, sich aber, wenn ein Kind geboren würde, um weitere acht Jahre verlängern. Neben der „Zeitehe" sollte die Dauerehe weiterbestehen bleiben; „Zeitehen" sollten jederzeit in „Dauerehen" umgewandelt werden können, nicht jedoch umgekehrt. Charlotte Buchow-Hohmeyer versprach sich von ihrem Plan eine gleichzeitige Lösung mehrerer aktueller Probleme: Bei dem kriegsbedingten Männermangel hätten so mehr Frauen die Chance, Ehe und Mutterschaft zu erleben, ohne sich auf ungeschützte Liebesverhältnisse einlassen zu müssen, und die Männer, mit ihrem Hunger nach Abwechslung, würden nicht auf die Prostitution verwiesen. Bei der Kündigung eines Verhältnisses sollte der Mann (sie ging davon aus, daß es im allgemeinen die Männer sein würden, die die Beziehungen aufkündigten) weiterhin seinen Kindern, nicht aber der früheren Frau unterhaltsverpflichtet sein. Dadurch, meinte Charlotte Buchow-Hohmeyer, würde die Frau zur ökonomischen Selbständigkeit erzogen, und je freier die Ehe von „ökonomischen Fesseln" sei, desto „menschlich-schöner" werde sie.[58] Mit diesem Konzept der „Zeitehe" nahm sie gewissermaßen die Entwicklung zur „sukzessiven Monogamie" vorweg, die heute unsere Ehewirklichkeit ist – allerdings als Aufeinanderfolge zweier oder mehrerer geschiedener Ehen und nicht in Form eines festen Termingeschäfts.

Noch größere Verbreitung – sowohl in den USA als auch in mehreren europäischen Ländern – fand das Buch des amerikanischen Jugendrichters Ben Lindsey über die „Kameradschaftsehe".[59] Lindseys Vorschlag, zwei Formen der Ehe nebeneinander gelten zu lassen, die leicht scheidbare „Kameradschaftsehe" und die schwer zu scheidende „Familienehe", war eine Reaktion auf das veränderte Sexualverhalten, das er bei den amerikanischen Jugendlichen beobachtete. Die jungen Frauen und Männer würden früher als in der Vergangenheit Geschlechtsbeziehungen aufnehmen; sie seien im allgemeinen recht monogam und heirateten, wenn ein Kind unterwegs sei. Bei ihrer frühen Partnerwahl würden sie allerdings manches Mal Fehler machen, die später kaum mehr zu korrigieren seien, insbesondere wenn es zu einer Schwangerschaft komme, weil die jungen Leute keine Ahnung von Empfängnisverhütung hätten. Die Folgen seien zu früh durch Kinder belastete Ehen, unglückliche Ehen und steigende Scheidungsziffern. Dieser negativen Entwicklung sollte die „Kameradschaftsehe" entgegenwirken. Darunter verstand Lindsey „eine rechtskräftig geschlossene Ehe mit gesetzlich anerkannter Geburtenkontrolle und dem Recht für kinderlose Paare, sich mit beiderseitiger Einwilligung jederzeit scheiden lassen zu können, ohne daß für gewöhnlich Unterhaltsbeiträge zu zahlen sind".[60] Entscheidend bei seinem Konzept war die Tatsache, daß die

Frau in der Kameradschaftsehe weiter erwerbstätig bleiben, also ihre ökonomische Selbständigkeit beibehalten sollte, und daß das Paar mit Hilfe einer guten sexuellen Aufklärung und freiem Zugang zu Kontrazeptiva imstande sein sollte, bewußte Familienplanung zu betreiben. Auf diese Weise hätten jüngere Leute eine längere oder kürzere kinderlose Phase in einer legalen Lebensgemeinschaft, mit der Möglichkeit herauszufinden, ob sie sich so gut verständen, daß sie eine Familie gründen könnten. Andernfalls könnten sie sich relativ problemlos wieder trennen. Lindsey forderte konkret eine entsprechende Änderung der Scheidungsgesetze und die Aufhebung des Verbots der Geburtenkontrolle. Dabei verstand er sich keineswegs als Vertreter der „freien Liebe", obwohl er sich für eine insgesamt tolerantere Sexualmoral aussprach. Nicht jeder Ehebruch müsse gleich eine Ehe zerstören; für gefährlich hielt er allerdings heimliche Seitensprünge und sexuelle Heuchelei. Offenheit zwischen Mann und Frau sei die beste Voraussetzung für eine glückliche Ehe. Die Monogamie sei durchaus ein Ideal, aber nur dann, wenn sie von beiden Gatten freiwillig gewählt und nicht Teil einer Ehekonvention sei. Das waren Gedanken, die bereits die Diskussion um die „offene Ehe" in den siebziger Jahren des 20. Jahrhunderts vorwegnahmen, ähnlich wie sich sein Konzept der „Kameradschaftsehe" (allerdings in nicht-legalisierter Form) in den vorehelichen Lebensgemeinschaften der Gegenwart verwirklicht hat. Wie die Verfechterinnen und Verfechter der freien Liebe um die Jahrhundertwende war auch Lindsey davon überzeugt, daß die Mehrzahl der Menschen ohne gesetzlichen Zwang ganz von selbst monogame Geschlechtsbeziehungen entwickeln würde: ‚‚‚Sie glauben also', sagte ich, ‚wenn die Schranken fielen, so würde sich niemand mehr einfallen lassen, über Zäune zu springen, sondern ruhig auf seiner Weide bleiben?' ‚Jeder würde sich die richtige Weide suchen, und zwar deshalb, weil ihm das Futter nirgendwo so gut schmecken würde. Warum nicht?' "[61]

Lindseys Ideen fanden in den USA und Europa eine kleine, engagierte Anhängerschaft, aber sie wurden auch massiv von Kirchen und Konservativen angefeindet. Unter anderen unterstützten Bertrand Russell („Ehe und Moral", 1929) und seine zweite Frau Dora Russell („The right to be happy", 1927) seine Gedanken und sprachen sich ebenfalls für eine Tolerierung vorehelichen Geschlechtsverkehrs und größere sexuelle Freizügigkeit innerhalb der Ehe aus. Sie selbst versuchten in ihrer Ehe, die von 1921 bis 1935 dauerte, sich nach dieser

Überzeugung gegenseitig Freiheit zu lassen, was ihnen auch einige Jahre gelang. Doch als Dora, nachdem sie zwei Kinder von Bertrand zur Welt gebracht hatte, zwei weitere von einem anderen Mann bekam, wurde die Belastung für die Beziehung so groß, daß die beiden sich trennten.[62]

Was die Diskussion der zwanziger Jahre von der der Jahrhundertwende unterschied, war nicht nur eine gewisse Nüchternheit, eine größere Konkretheit. Erstmals zeichnete sich auch ab, welch große Bedeutung der Empfängnisverhütung und der Familienplanung im Zusammenhang mit der Sexualmoral zukommen würde. „Zeitehe", „Probeehe", „Kameradschaftsehe" waren nicht nur Modelle, die den Idealtyp der lebenslang unauflöslichen Monogamie relativierten; es waren auch paarzentrierte Modelle. Deutlicher als früher wurde nun zwischen dem aus Mann und Frau bestehenden Paar einerseits, der aus Frau, Mann und Kindern bestehenden Familie andererseits unterschieden. Noch bevor wesentlich verbesserte Methoden der Empfängnisverhütung (wie etwa die „Anti-Baby-Pille") zur Verfügung standen, hatten individualistische Zeitströmungen die Paarbeziehung um ihrer selbst willen in den Mittelpunkt gerückt.

10. Das Ende der bürgerlichen Ehe: Eheideal und Ehewirklichkeit heute

Noch heute heißt die juristische Form der Ehe, die das BGB uns vorgibt, die „Bürgerliche Ehe". Doch die Ehenorm von einst und die von heute sind nicht mehr dieselbe, ebensowenig wie die gegenwärtige Ehewirklichkeit der des 19. Jahrhunderts entspricht. Der Individualisierungsprozeß, der in Mitteleuropa vor vielen Jahrhunderten in Gang gekommen ist, hat sich in den letzten Jahrzehnten beschleunigt und einerseits auf die weitere Emanzipation des Individuums, andererseits auf die Akzentuierung des Paars hingewirkt.

In unserem heutigen Familientyp mischen sich Elemente, die im 19. Jahrhundert für die proletarische Familie typisch waren, mit solchen, die die bürgerliche Ehe kennzeichneten: Die Ehe ist nicht mehr an die Voraussetzung einer ausreichenden Existenzgrundlage gebunden; ein Mann muß nicht mehr „Frau und Kind ernähren können", bevor er heiratet; statt dessen sind heute meist Mann und Frau zu Beginn der Ehe erwerbstätig, wie es früher in der Arbeiterehe war. Die Ehe- und Familienideologie dagegen, die Vorstellungen über die Beziehung zwischen den Eheleuten, über Kindererziehung und Häuslichkeit, ist weitgehend eine bürgerliche, ebenso wie die Norm, daß die Ehefrau nach der Geburt von Kindern zu Hause bleiben, sich um die Erziehung und den Haushalt kümmern sollte. Dieses Muster ist in traditionell denkenden Kreisen der Mittelschicht, aber auch in der Unterschicht ausgeprägt, sofern man es sich dort finanziell leisten kann.

Die Partnerwahl ist heute ausschließlich Sache des Individuums. Die Eltern können zwar Ablehnung oder Mißbilligung zum Ausdruck bringen und so ihr Kind in seiner Wahl verunsichern, aber sie können es nicht an der Heirat hindern. Oft lernen sich zukünftige Eheleute in gesellschaftlichen Bereichen kennen, zu denen ihre Eltern keinen Zutritt haben: in jugendlichen Subkulturen, am Arbeitsplatz, bei Freizeitaktivitäten. Das „Feld der Wählbaren", in der Regel auf die eigene soziale Schicht beschränkt, ist größer als in früheren Zeiten. Immer häufiger – vor allem, wenn Männer und Frauen über das jugendliche

Alter hinaus sind und für sich allein leben, bekommen die jeweiligen Eltern die Lebensgefährtin oder den Lebensgefährten erst präsentiert, wenn die Heirat für das Paar schon eine beschlossene Sache ist oder wenn es bereits in einer gemeinsamen Wohnung lebt.

Diese letzte Phase im Individualisierungsprozeß der Partnerwahl hängt mit der frühen Ablösung der Jugendlichen von ihrem Elternhaus zusammen – früh, was die äußere Dimension der Selbständigkeit angeht. Junge Männer und Frauen verfügen eher über eigenes Geld, und sie leben öfter für sich allein, als Singles oder mit Gleichaltrigen, und selbst wenn sie noch bei ihren Eltern wohnen, können sie weniger kontrolliert eigene Wege gehen, Freunde und Freundinnen und auch Liebesbeziehungen haben. Diese Form der Unabhängigkeit war früher eher in der städtischen Unterschicht als in der Mittelschicht und fast nur bei Männern zu finden; heute erstreckt sie sich über alle Schichten und gilt für beide Geschlechter.

Ein bemerkenswertes Ergebnis des sozialen Wandels in den familiären Verhältnissen ist die neue Betonung des Paars. Die Mann-Frau-Beziehung, in alten Zeiten fest in die Familie eingebunden, tritt jetzt als eine eigene soziale Einheit immer deutlicher hervor. Natürlich hängt die gewachsene Bedeutung der Ehe in erster Linie mit der individualisierten Liebeswahl zusammen. Doch auch der veränderte Familienzyklus – seinerseits wieder ein Ergebnis veränderter Einstellungen und veränderten Verhaltens – trägt dazu bei, die Paarbeziehung zu betonen. Paare sind heute oft längere Zeit zusammen, bevor sie Kinder bekommen, sie haben insgesamt weniger Kinder, und es verbleibt ihnen, wegen der höheren Lebenserwartung, noch eine längere Zeit der „nachelterlichen Gefährtenschaft".[1] Seit der Jahrhundertwende haben die Kinderzahlen kontinuierlich weiter abgenommen: Gab es um 1900 in jeder Ehe durchschnittlich vier Kinder, so sind es heute nur noch ein bis zwei. Jedes fünfte Ehepaar hat keine (oder noch keine) Kinder.[2] Dazu kommt die große Zahl der kinderlosen nichtehelichen Lebensgemeinschaften. Ehe und Familie fallen nicht mehr unbedingt zusammen: Es gibt Ehen, die sich nicht zu Familien erweitern, und zugleich immer mehr Familien Alleinerziehender, die keine Ehen einschließen.

Die weitere Reduzierung der Kinderzahlen ist nicht, wie oft vereinfacht behauptet wird, Ausdruck eines Desinteresses am Kind oder sogar der Kinderfeindlichkeit, sondern der veränderten Bedeutung, die Kinder heute für ihre Eltern haben. Die Mehrzahl der objektiven Gründe, die es früher unbedingt erforderlich machten, Kinder zu haben, besteht nicht mehr: Kinder werden nicht mehr als Arbeitskräfte im Familienbetrieb oder als Stütze im Krankheitsfall und im Alter gebraucht. Die Alterssicherung wird jetzt durch die staatliche Sozialversicherung übernommen. Damit gibt es eigentlich nur noch psychische Motive für eine Elternschaft: Kinder als Selbstbestätigung, als Lebenssinn, um sich gebraucht zu fühlen, weil die eigene Familie vielleicht das einzige eigene ist, das manche Menschen aufbauen können, die Freude, mit Kindern zu leben, sie heranwachsen zu sehen.

Die neuen und zuverlässigeren Methoden der Empfängnisverhütung haben dazu geführt, daß Elternschaft nicht mehr quasi-automatische Folge des Geschlechtsverkehrs, sondern mehr oder minder das Ergebnis bewußter Entscheidung ist. Entscheiden zu können bedeutet, Verantwortung für die Folgen der eigenen Handlungen zu übernehmen. Es ist deswegen nur allzu verständlich, wenn der Realisierung des Kinderwunsches häufig ein stärkeres Zögern vorangeht. Manche Menschen fühlen sich der Elternrolle erst spät und andere gar nicht gewachsen, was wiederum mit der größeren Bedeutung von Mutterschaft und Vaterschaft zusammenhängt. In den letzten Jahrzehnten hat sich der Prozeß der Intensivierung der Kindererziehung fortgesetzt; immer mehr Sozialisationsarbeit wurde auf immer weniger Kinder konzentriert, und dadurch wurde Elternschaft anspruchsvoller, anstrengender und problematischer. Es wäre sehr verzerrt, den angeblich egoistischen Beweggründen der kinderlosen Paare die vermeintlich edleren der Paare mit Kindern gegenüberzustellen. Die Motive, die Frauen und Männer bewegen, Kinder in die Welt zu setzen, sind vielfältig – aber gewiß nicht selbstlos und bestimmt nicht in erster Linie am gesellschaftlichen Bedürfnis nach Nachwuchs, sondern an erwarteten psychischen Belohnungen orientiert. Der Entwicklung zur Liebesehe entsprach die Tendenz zum Wunschkind. Die Tatsache, daß die Mehrzahl der Kinder heute in Ein- und Zweikindfamilien und nicht mit vielen Geschwistern heranwächst, verstärkt den Individualisierungsprozeß weiter. Außerdem erhöht es die Wahrscheinlichkeit, daß auch diese Generation nur ein bis zwei Kinder in die Welt setzen wird.

Die verbesserten technischen Mittel zur Empfängnisverhütung und Geburtenplanung haben die zunehmende Trennung von Sexualität und Fortpflanzung herbeigeführt, die früher, so weit sie überhaupt möglich war, nur für außereheliche Liebesbeziehungen galt. In der alten Gesellschaft waren eheliche Sexualität und Fortpflanzung zwei Aspekte ein und derselben Sache, was auch durch das kirchliche Verbot der Lust um ihrer selbst willen gefördert wurde. Nur in außer- und nebenehelichen Beziehungen, die um des bloßen Vergnügens willen eingegangen wurden, strebte man Sex ohne Zeugung und Empfängnis an. In der heutigen Ehe ist die sexuelle Beziehung Teil der personalen Liebe zwischen Mann und Frau, Ausdruck der Zärtlichkeit und Zuneigung und, abgelöst vom Fortpflanzungszweck, eine wichtige Dimension der Kommunikation. In den sechziger Jahren hatte die Verbreitung der „Pille" als relativ sicherem Empfängnisschutz eine große Zunahme des vorehelichen Geschlechtsverkehrs bewirkt, eine gewisse Liberalisierung der Sexualmoral und in kleinen Gruppen der Bevölkerung teilweise auch eine vorübergehende Überbewertung der Sexualität um ihrer selbst willen. Für die sexuelle Selbstbestimmung der Frau und damit für die Frauenemanzipation überhaupt war der freie Zugang zu relativ sicheren Antikonzeptiva von unschätzbarer Bedeutung – wenn auch, wie wir bereits sahen, die entscheidenden Einstellungsveränderungen nicht etwa eine Folge des technischen Fortschritts waren, sondern ihm weitgehend voraufgegangen sind. (Auch jetzt, wo die anfängliche „Pillen"-Euphorie einer verbreiteten Skepsis gewichen ist und sehr viel weniger Frauen jahrelang bedenkenlos hormonelle Antikonzeptiva schlucken, ist die Geburtenrate keineswegs wieder gestiegen.)

Die Emanzipation der Frau, die sich in der Gegenwart verstärkt fortsetzt und tiefgreifende Auswirkungen auf die Paarbeziehung hat, ist eine weitere Facette des Individualisierungsprozesses. Die Aufwertung der Frau in der bürgerlichen Familie war parallel zur Aufwertung der Mutterrolle erfolgt. Je deutlicher die Tendenz zu bewußter Mutterschaft, desto wertvoller wurden Kinder und desto mehr Wichtigkeit erlangten Frauen als Mütter. Das ist nur scheinbar paradox: So lange Schwangerschaften und ihre Folgen das gesamte Leben der Frauen ausfüllten und ihnen (von Gott oder der Natur gewollt) immer wieder einfach zustießen, ohne daß sie sich dafür oder dagegen hätten entscheiden können, konnte die Mutterschaft keine Quelle von Selbstbewußtsein und Macht werden – jedenfalls nicht im heutigen individualistischen Sinne. Erst die Freiheit, die Mutterrolle ganz zurückweisen oder auch als Mutter über die Zahl der eigenen Kinder entscheiden zu können, verlieh der Mutterschaft ihre heutige Bedeutung: „‚Wahl' ist eines der Schlüsselkonzepte der Modernität".[3]

Ganz entscheidend für diese Wahlfreiheit ist die ökonomische Emanzipation der Frau. Früher gab es für sie keine attraktiven Alternativen zur Ehe und in der Ehe keine Alternative zur Mutterschaft. In den letzten Jahrzehnten hat die formaljuristische Gleichberechtigung im Verein mit einer verbesserten Allgemein- und Berufsbildung ihren Spielraum vergrößert und verschiedene Kombinationen von Erwerbstätigkeit und Mutterschaft wenigstens ansatzweise möglich gemacht. Insbesondere haben die Frauen heute mehr Freiheit bei der Partnerwahl; sie müssen nicht mehr den ersten nehmen, der überhaupt als Ehepartner in Frage kommt. Auch ihre Position in der Ehe wird durch eine eigene Erwerbstätigkeit (oder zumindest die Möglichkeit ökonomischer Eigenständigkeit) gestärkt: Die Mehrzahl der Frauen ist nicht mehr, wie ihre Mütter oder Großmütter, gezwungen, auch in unerträglich gewordenen Ehen auszuharren. Der größeren Macht der Frau in der Ehe entspricht eine Schwächung der männlich-väterlichen Autorität; der feministische Slogan „Die Ohnmacht der Frauen ist die Macht der Männer" trifft nicht nur auf die physische Gewalt zu, sondern hat auch sehr viel allgemeiner verstanden seine Berechtigung.

Natürlich ist die abnehmende Bedeutung der Ehe als Versorgungsanstalt ein Grund für ihre zunehmende Instabilität. Die enorm gestiegenen Scheidungsziffern sind – neben den niedrigen Kinderzahlen und der gelockerten Sexualmoral – das Krisensymptom, das Kirchen und konservative Familienpolitiker am meisten beunruhigt. Trotz der restriktiven Scheidungsgesetzgebung des BGB von 1900 stieg die Zahl der Scheidungen langsam, aber kontinuierlich immer weiter, mit Aufwärtssprüngen nach den beiden Weltkriegen. In den letzten Jahrzehnten hat sich der Anstieg der Kurve erheblich beschleunigt: Zwischen 1961 und 1985 verdoppelte sich die Zahl der Ehescheidungen.[4] Etwa jede dritte Ehe wird geschieden. Weil das Scheitern einer Ehe nie auszuschließen ist, müssen Frauen sich verstärkt um ihre ökonomische Unabhängigkeit bemühen, und die Möglichkeit der Unabhängigkeit wird wiederum ihre Bereitschaft vermindern, in unbefriedigenden Beziehungen zu bleiben.

Doch ähnlich wie die gesunkenen Kinderzahlen dürfen auch die gestiegenen Scheidungsziffern nicht einseitig interpretiert werden. „Bedeutet", fragt René König, „die Zunahme der gerichtlichen Scheidungen, daß auch die Ehezusammenbrüche zugenommen haben? ... Oder bedeutet sie vielmehr nicht nur, daß heute viel mehr Menschen als früher zugeben, daß ihre Ehe gescheitert ist, weil sie kein soziales Stigma mehr zu befürchten haben, wenn sie dies Scheitern legalisieren?"[5] Die Scheidungshäufigkeit ist nur insofern ein Krisensymptom für die Ehe, als sie die Zahl der tatsächlichen Ehezusammenbrüche spiegelt. Früher verdeckte eine rigidere Scheidungsgesetzgebung diesen Zusammenhang und täuschte heile Verhältnisse auch da vor, wo sie nicht bestanden. Heute hat die Scheidung nicht mehr den Geruch des Asozialen, der ihr bei uns noch in den fünfziger Jahren anhaftete, so daß die meisten Paare, die ihre Beziehung als hoffnungslos ansehen, sich auch scheiden lassen.

Die rapide Zunahme der Scheidungen ist jedoch sicher nicht nur durch die Liberalisierung der Scheidungsgesetze zu erklären. Die sinkende Bereitschaft von Männern und Frauen, Beziehungen formal weiterzuführen, die sie als gescheitert betrachten, hängt auch mit den erhöhten Glückserwartungen an die Ehe zusammen. Außerdem gibt es eine Reihe von Umständen, die die Ehe heute objektiv schwieriger machen und erhöhte Anforderungen an Frau und Mann stellen. Früher gaben relativ starre Geschlechtsrollen, eine klare Arbeitsteilung nach Geschlecht und die patriarchalische Autoritätsstruktur Orientierungsmuster ab, die heute nicht mehr gültig sind; das Paar muß dadurch sehr viel mehr untereinander aushandeln und mehr Konflikte individuell lösen.

Scheidung und Wiederverheiratung, Trennung und neue Lebensgemeinschaft werden immer verbreitetere Lebensmuster. Was früher die exotische „Hollywood-Ehe" kennzeichnete, ist jetzt auch ein Merkmal ganz durchschnittlicher Lebensläufe geworden: die „sukzessive Monogamie" (oder je nach Sichtweise auch „sukzessive Polygamie"). Etwa zwei Drittel der Geschiedenen heiraten wieder, und auch von denen, die nicht noch einmal eine formale Ehe eingehen, leben viele in nichtehelichen Lebensgemeinschaften mit Partnerin oder Partner zusammen.[6] Paare mit kleinen Kindern lassen sich seltener scheiden als kinderlose Paare, aber der steigende Anteil der „Altehen" an den geschiedenen Ehen deutet darauf hin, daß in dieser Familienphase die Entscheidung zur legalen Trennung oft nur aufgeschoben wird.[7] Manchmal leben in einer Zweitehe Kinder aus einer ersten Ehe mit. Die Waisen- und Halbwaisenkinder, die in der vorindustriellen Gesellschaft sehr häufig waren, sind nahezu verschwunden, statt dessen gibt es als neues soziales Phänomen eine relativ große Zahl sogenannter „Scheidungswaisen". Zweitehen (und weitere) bleiben öfter kinderlos als Erstehen; hier steht die Paarbeziehung schon deswegen im Vordergrund, weil häufig gar keine (weitere) Familiengründung geplant ist.

In den letzten Jahrzehnten haben sich einerseits die im 19. Jahrhundert noch sehr verschiedenen schichtspezifischen Familientypen einander angenähert, gleichzeitig ist der Anteil der „Normalfamilien", der Vater-Mutter-Kind-Familien, zurückgegangen und der Anteil der Alleinerziehenden sehr angestiegen: 1982 waren schon 14 % aller Familien mit minderjährigen Kindern Ein-Eltern-Familien (ein Sechstel davon mit alleinerziehenden Vätern).[8]

Die individuellen Lebensmuster sind vielfältiger und komplizierter geworden: Die einen heiraten früh, die anderen spät; die einen heiraten nur einmal, die anderen mehrmals; was für die eine die Erstheirat, ist für den anderen die Zweitheirat; wenn Kinder aus einer ersten Ehe erwachsen sind, haben Mann oder Frau womöglich noch kleine Kinder in einer zweiten Ehe. Auf Familienphasen folgen Phasen des Alleinlebens oder des Alleinlebens mit Kind und dann vielleicht wieder Familienphasen oder Phasen des Lebens zu zweit. Nichteheliche Lebensgemeinschaften werden in Ehen umgewandelt, lösen sich wieder auf oder bleiben als Alternative zu einer Ehe bestehen. Die vielfältige gelebte Ehe- und Familienwirklichkeit hat sich inzwischen weit vom Ideal der bürgerlich-christlichen Hochehe entfernt.

Dennoch halten die Kirchen, hält vor allem die katholische Kirche starr an alten Leitbildern fest, die ihre prägende Kraft verloren haben und nicht mehr allgemein als moralischer Maßstab akzeptiert sind. Auch dem Staat gelingt es offenbar nur sehr allmählich und nur teilweise, von einem Ehekonzept Abschied zu nehmen, das vom sozialen Wandel längst überholt worden ist. Die zentralen Punkte, um die es dabei geht, sind die Scheidung, die Geburtenplanung und der Institutionencharakter der Ehe.

Unverändert sieht die katholische Kirche in der Ehe ein Sakrament, ein „heiliges Band", das „im Hinblick auf das Wohl der Gatten und der Nachkommenschaft sowie auf das Wohl der Gesellschaft nicht mehr menschlicher Willkür [unterliegt]".[9] Sexualität, die nicht nur „leibliche", sondern auch „personale Ganzhingabe" sein soll, muß auf die Ehe beschränkt bleiben, in der Frau und Mann „sich bis zum Tod vorbehaltlos einander verpflichten".[10] In die Verurteilung jeder Form von außerehelicher Sexualität sind ausdrücklich auch die nichtehelichen Lebensgemeinschaften einbezogen.[11]

Die Ehescheidung ist mit dem katholischen Glauben unvereinbar. Auch Männer und Frauen, deren Ehe zivil geschieden worden ist, bleiben durch das Band des Sakraments weiter untrennbar mit dem Ehegatten bzw. der Ehegattin verbunden; in dem Augenblick, in dem sie eine zweite (zivile) Ehe schließen, begehen sie eine Todsünde und werden exkommuniziert.

Die katholische Kirche steht nicht nur, was die Ehescheidung, sondern auch, was die Geburtenkontrolle angeht, im schroffen Gegensatz zu den tiefgreifenden Einstellungsveränderungen, die sich in den Ländern Nord- und Mitteleuropas wie auch in Nordamerika in den letzten Jahrhunderten und insbesondere in den letzten drei Jahrzehnten vollzogen haben. Auf dem Hintergrund der als untrennbar empfundenen Einheit von Ehe und Familie, von Sexualität und Fortpflanzung bedeutet jede Form der Empfängnisverhütung einen Vorbehalt gegen die „personale Ganzhingabe", die auch die Bereitschaft zur Fruchtbarkeit einschließt. 1968 verkündete Paul VI. in der Enzyklika „Humanae Vitae", daß jeder eheliche Akt, der „absichtlich unfruchtbar gemacht werde", unsittlich sei – gegen die mehrheitliche Meinung der Bischöfe der westlichen Industrieländer. Die einzige erlaubte Form der Geburtenkontrolle ist immer noch die Zeitwahl, das heißt die Orientierung am Zyklus der Frau und die Meidung des Geschlechtsverkehrs während der fruchtbaren Tage.

Im Apostolischen Schreiben „Familiaris Consortio" von 1981 hat sich Papst Johannes Paul II. zur gegenwärtigen Situation der Familie geäußert, die seiner Ansicht nach positive und negative Aspekte aufweist. Als positiv erwähnt er unter anderem: ein erhöhtes Bewußtsein für die persönliche Freiheit, eine erhöhte Aufmerksamkeit gegenüber der Qualität der zwischenmenschlichen Beziehungen in der Ehe und in bezug auf die Würde der Frau, außerdem mehr Bewußtsein für verantwortete Elternschaft und für die Erziehung der Kinder. Doch gleichzeitig kritisiert er „Anzeichen einer besorgniserregenden Verkümmerung fundamentaler Werte", wie etwa die „irrige theoretische und praktische Auffassung von der gegenseitigen Unabhängigkeit der Eheleute; ... die steigende Zahl der Ehescheidungen; das weit verbreitete Übel der Abtreibung; die immer häufigere Sterilisierung; das Aufkommen einer regelrechten empfängnisfeindlichen Mentalität".[12] Der Papst lobt also die Früchte des Individualisierungsprozesses, kritisiert aber zugleich dessen Voraussetzungen. Die von ihm als positiv bezeichneten Phänomene hätten ohne die negativ gewerteten gar nicht zustandekommen können.

In der jüngeren Vergangenheit hat die katholische Kirche, was ihre Ehelehre betrifft, nur in zwei Bereichen Zugeständnisse an den sozialen Wandel gemacht: Zum einen zeigt sie eine größere Toleranz gegenüber sogenannten „Mischehen", zum anderen beginnt sie, den Rollenwandel der Frau auf mehr Gleichberechtigung hin in Ansätzen zu billigen, allerdings unter ausdrücklicher Betonung der zentralen Bedeutung ihrer Familienaufgaben und der „verschiedenen Berufung von Mann und Frau".[13]

Im Gegensatz zur katholischen Ehelehre hat die lutherische von Anfang an „darauf verzichtet, von einem dem geschichtlichen Wandel nicht unterworfenen und stets mit sich selbst identischen Begriff der Ehe auszugehen".[14] Damit wäre prinzipiell die Möglichkeit verbunden, ethische Maßstäbe im sozialen Wandel zu reflektieren. Doch auch die evangelische Kirche hält am Prinzip der Dauermonogamie fest: In Grenzfällen allerdings, „wenn die eheliche Gemeinschaft offenbar zerstört ist und eine rechtlich erzwungene Fortsetzung der Ehe die Betroffenen schwerer gefährden würde als die Scheidung",[15] ist dieser zuzustimmen. Nach protestantischem Verständnis ist die Ehescheidung eine Angelegenheit des Staats; eine kirchliche Zweit-Trauung ist im allgemeinen nicht möglich; sie kann aber vorkommen, denn sie ist grundsätzlich in das Ermessen des einzelnen Pfarrers gestellt. In der 1981 gemeinsam von der katholischen Deutschen Bischofskonferenz und dem Rat der Evangelischen Kirche in Deutschland herausgegebenen Erklärung „Ja zur Ehe" hat sich auch die evangelische Kirche zur Ehe als Institution und zur Notwendigkeit des öffentlichen Eheversprechens bekannt. Die eheliche Beziehung müsse objektiven und verbindlichen Charakter behalten. „Ohne die so verstandene institutionelle Verfassung der Ehe bleibt die Lebensgemeinschaft einer zerstörerischen Unsicherheit ausgesetzt",[16] heißt es in der gemeinsamen Erklärung der Kirchen. An anderer Stelle hat die EKD (Evangelische Kirche in Deutschland) noch einmal ausdrücklich zu den nichtehelichen Lebensgemeinschaften Stellung genommen: „Die Ehe ist die Grundgestalt für das Zusammenleben von Mann und Frau, gegen deren Entwertung oder Relativierung sich die Kirche wendet", erklärte sie 1985. „Nichteheliche Lebensgemeinschaften sind der Ehe nicht gleichzustellen und nicht zu verrechtlichen."[17]

Im Prinzip halten also beide Kirchen an der alten bürgerlich-christlichen Hochehe, jedenfalls am Institutionengedanken, fest. Allerdings ist die evangelische Kirche der Scheidung gegenüber etwas toleranter eingestellt, und in der Frage der Familienplanung und Empfängnisverhütung ist sie deutlich liberaler, indem sie beides der Gewissensentscheidung von Frau und Mann überläßt.

Neben den Kirchen hat der Staat der Ehe ihre heutige Gestalt gegeben, und durch das Ehe- und Familienrecht beeinflußt er sie noch stärker als die Kirchen mit ihrem Wertesystem. Die „Bürgerliche Ehe" ist im BGB in den Paragraphen 1297 bis 1588 geregelt. Dieser Abschnitt des BGB hat sich seit dessen Inkrafttreten im Jahre 1900 grundlegend geändert, wobei die entscheidenden Reformen nach dem Zweiten Weltkrieg erfolgt sind. Die Veränderungen zielen auf einen Abbau der patriarchalischen Struktur der Ehe, auf eine Liberalisierung des Scheidungsrechts und auf eine Aufhebung der Diskriminierung des nichtehelichen Kindes: alles Zugeständnisse an den sozialen Wandel, der sich teils im Bewußtsein der Menschen, teils auch in ihrem Verhalten, in der Ehewirklichkeit vollzogen hat.[18] Ein Teil dieser Reformen wurde aufgrund von Bestimmungen des Grundgesetzes der Bundesrepublik Deutschland erforderlich, das 1949 in Kraft trat: Nach Art. 3 II GG sind Mann und Frau gleichberechtigt, auch was Ehe und Familie angeht, und nach Art. 6 V GG ist der Gesetzgeber verpflichtet, den nichtehelichen Kindern die gleichen Bedingungen für ihre leibliche und seelische Entwicklung, ihre Stellung in der Gesellschaft zu verschaffen wie den ehelichen Kindern. Der Gleichheitsgrundsatz von Mann und Frau war auch schon in der Weimarer Verfassung enthalten, aber er blieb allgemein und hatte für das Familienrecht keine Konsequenzen. Deswegen wurde im Grundgesetz der Bundesrepublik Deutschland festgesetzt, daß alle ehe- und familienrechtlichen Bestimmungen auf ihre Vereinbarkeit mit dem Gleichheitsgrundsatz hin überprüft und gegebenenfalls neu formuliert werden müßten (Art. 117 I GG). Dies ist in zwei großen Reformetappen Mitte der fünfziger und Mitte der siebziger Jahre geschehen.

Das Gleichberechtigungsgesetz von 1956 (1957 in Kraft getreten) hob die Entscheidungsgewalt des Mannes in gemeinsamen persönlichen Angelegenheiten auf – ein erster wichtiger Schritt auf dem Weg zur partnerschaftlichen Ehe. Die „väterliche Gewalt" über das Kind wurde zur gemeinsamen „elterlichen Gewalt"; 1979 wurde dieser autoritäre Begriff in „elterliche Sorge" umbenannt (im Gesetz zur Neuregelung der elterlichen Sorge). Bis 1959 existierte noch ein Rest patriarchalischer Vormachtstellung im sogenannten „Stichentscheid", demzufolge bei elterlichen Meinungsverschiedenheiten das letzte Wort dem Vater zukam. 1959 erklärte das Bundesverfassungsgericht ihn für unvereinbar mit dem Gleichheitsgrundsatz – die Eltern müssen sich untereinander einigen.

Nach der alten Fassung des BGB war die Hausfrauenehe gesetzlich als normale Form der Arbeitsteilung zwischen Mann und Frau vorgeschrieben; nach § 1356 BGB war die Ehefrau zur Ausübung einer Erwerbstätigkeit nur berechtigt, wenn dies mit „ihren Pflichten in Ehe und Familie vereinbar war". Das wurde im Jahre 1956 noch nicht als Widerspruch zum Gleichheitsgrundsatz aufgefaßt. Erst 1976 setzte das Erste Gesetz zur Reform des Ehe- und Familienrechts (1977 in Kraft getreten) dies außer Kraft und verfügte, daß die Eheleute ihre Arbeitsteilung, die Art der Haushaltsführung ebenfalls im Einvernehmen regeln müssen; die Frau hat das gleiche Recht zur Erwerbstätigkeit wie der Mann: ein weiterer wichtiger Schritt zur partnerschaftlichen Beziehung.

Die ökonomische Basis der Ehe, die Regelung des ehelichen Güterrechts, hat große Bedeutung für das Verhältnis der Eheleute untereinander, vor allem für die soziale Situation der Frau, wenn die Ehe durch Scheidung gelöst wird. 1956 wurde als entscheidende Neuerung die „Zugewinngemeinschaft" eingeführt: Was Mann und Frau im Laufe der Ehe dazuerwerben, gehört beiden gemeinsam; bei der Auflösung der Ehe muß der Zugewinn geteilt werden, und der Frau steht die Hälfte auch dann zu, wenn sie nicht erwerbstätig war.

Im Namensrecht, das die patrilineare und patriarchalische Ordnung unserer Ehe widerspiegelt, hat ebenfalls eine gewisse Korrektur stattgefunden: Das BGB von 1900 bestimmte den Namen des Mannes zum Familiennamen. Das Gleichberechtigungsgesetz von 1956 gestattete immerhin, daß die Ehefrau ihren Mädchennamen an den Namen des Mannes anhängen durfte. Das Erste Ehereformgesetz von 1976 überläßt es dem Paar, ob es den Namen des Mannes oder der Frau zum Familiennamen wählt; der jeweils nicht gewählte Name kann von der Person, die ihn trägt, vorangestellt werden.

Eine besonders wichtige Reform, die das Verhältnis der Ehe zur nichtehelichen Lebensgemeinschaft berührte, betraf die Stellung des nichtehelichen Kindes. Nach der ursprünglichen Fassung des BGB galten das „uneheliche Kind und dessen Vater . . . nicht als verwandt" (§ 1589 II). Eine Korrektur erfolgte erst 1969, nachdem das Bundesverfassungsgericht den Gesetzgeber darauf hingewiesen hatte, daß es sich bei Art. 6 V GG um einen bindenden Verfassungsauftrag handele, und ihm eine Frist zur Reform gesetzt hatte. Das Gesetz über die Stellung des nichtehelichen Kindes von 1969 sicherte dem ledigen Kind in bezug auf den väterlichen Unterhalt und das väterliche Erbe weitgehend dieselben Rechte wie dem ehelichen. Es verbesserte auch das Sorgerecht der ledigen Mutter, die jetzt die Aufhebung der früher obligatorischen Amtsvormundschaft über ihr Kind beantragen kann.

Das neue Scheidungsrecht, das mit dem Ersten Gesetz zur Reform des Ehe- und Familienrechts 1977 in Kraft trat, enthielt die wohl umfassendsten Neuerungen. Mit der Formulierung des Zerrüttungsprinzips nahm es Gedanken auf, die über ein Jahrhundert lang immer wieder in der kritischen Ehediskussion aufgetaucht waren. „Eine Ehe kann geschieden werden, wenn sie gescheitert ist", heißt es jetzt im Gesetzestext (§ 1565 I BGB). Sie gilt als gescheitert, „wenn die Lebensgemeinschaft der Ehegatten nicht mehr besteht und nicht erwartet werden kann, daß die Ehegatten sie wieder herstellen". Das Gericht muß jetzt nicht mehr über die Schuldfrage entscheiden; das unerfreuliche öffentliche Schmutzige-Wäsche-Waschen entfällt ebenso wie die Konstruktion von Scheidungsgründen („Ehebruch" oder „böswilliges Verlassen") bei der früheren einvernehmlichen Scheidung. Damit die Gerichte nicht entscheiden müssen, wann eine Ehe gescheitert ist, legt das neue Gesetz ein objektives Merkmal für die Zerrüttung fest: sie wird „unwiderlegbar vermutet", wenn die Lebensgemeinschaft des Paares seit längerer Zeit nicht mehr besteht. Wünschen beide die Scheidung, dann reicht eine Frist von einem Jahr, um die Zerrüttung zu vermuten; wünscht nur eine Seite die Scheidung, dann wird die Zerrüttung erst nach dreijähriger Trennung angenommen (§ 1566). In § 1568 ist eine „Härteklausel" formuliert, die die Scheidung in besonderen Fällen erst nach fünf Jahren der Trennung möglich macht. Interessanterweise ist gleichzeitig mit der Erleichterung der Scheidung ein ausdrückliches Bekenntnis zur lebenslänglichen Ehe ins Gesetz aufgenommen worden: „Die Ehe wird auf Lebenszeit geschlossen" (§ 1353 I, 1 BGB).

Das Ehescheidungsfolgenrecht, das auch die Unterhaltsregelung von der Frage des Verschuldens ablöste und den Versorgungsausgleich einführte, war schon bei seinem Inkrafttreten umstritten und ist inzwischen teilweise wieder korrigiert worden. Das Reformgesetz von 1976 ging von dem Gedanken aus, daß aufgrund des Lebenszeitprinzips der Ehe die Solidargemeinschaft zwischen Mann und Frau auch über das Scheitern der Ehe hinaus wirksam bleiben muß: Es verpflichtete also den wirtschaftlich stärkeren Teil zu Ausgleichszahlungen an den wirtschaftlich schwächeren. Meist ist es die Frau, der der Mann nach der Scheidung Unterhalt gewähren muß: wegen Betreuung eines Kindes

(§ 1571 BGB), wegen Krankheit oder Gebrechen, die eine eigene Erwerbstätigkeit unmöglich machen (§ 1572 BGB), bis zur Erlangung einer angemessenen Erwerbstätigkeit (§ 1573 BGB) oder aus Billigkeitsgründen (§ 1576 BGB). Durch diese Bestimmung sollten vor allem die Frauen geschützt werden, die sich – im Vertrauen auf die Dauer der Ehe – in die wirtschaftlich schwächere Position der Nur-Hausfrau begeben hatten. Vor allem gutverdienende Männer in Hausfrauenehen, die sich vor den erheblichen finanziellen Konsequenzen einer Scheidung fürchteten, haben deswegen gegen das neue Unterhaltsrecht protestiert. Derzeit kann unter Berufung auf die „Einzelfallgerechtigkeit" der geschiedenen Ehegattin (seltener: dem Ehegatten) der Unterhalt versagt werden, unter anderem bei „grob ehewidrigem Verhalten". Damit ist das Verschuldensprinzip teilweise wieder in das Ehescheidungsfolgenrecht zurückgekehrt, denn die Zahlung von Unterhalt an den wirtschaftlich schwächeren Ehegatten (meist: die Frau) wird jetzt wieder von dessen Wohlverhalten abhängig gemacht.[19]

In der Entwicklung des Eherechts der Bundesrepublik Deutschland sind hier und da Ansätze erkennbar, das neue Beziehungsverständnis aufzunehmen, das sich in den letzten Jahrzehnten bei uns verbreitet hat. So verzichtet das Gesetz an verschiedenen Stellen darauf, im Sinne des alten Institutionengedankens allgemein verbindlich vorzugeben, wie bestimmte Aspekte der ehelichen Beziehung geregelt werden sollen, und überläßt es dem Paar selbst, sie zu regeln: etwa bei der Wahl des Familiennamens, bei der Einigung über Haushaltsführung und Erwerbstätigkeit oder – schon 1956 bzw. 1959 – wenn es um gemeinsame persönliche Angelegenheiten oder Erziehungsentscheidungen geht. Hier wird dem Paar vom Gesetz eine größere Autonomie in seinen eigenen Angelegenheiten zugebilligt, als das früher der Fall war.[20]

11. „Sexuelle Dauerbeziehung auf Zeit" und Liebe als Lernprozeß: die neue Diskussion um die Ehe

1933 brach in Deutschland die kritische Diskussion um die Ehe abrupt ab. Das familienkonservative Denken erfuhr eine massive Stärkung durch den Nationalsozialismus, dem ebenso wie der katholischen Kirche daran gelegen war, daß ein unauflöslicher Zusammenhang zwischen Ehe, Sexualität und Fortpflanzung erhalten bliebe und so dem „zersetzenden" Individualisierungsprozeß Einhalt geboten würde. Erst in den späten sechziger und während der siebziger Jahre wurden Ideen wieder laut, die an die Ehediskussion der zwanziger Jahre und der Jahrhundertwende erinnerten, und in den Achtzigern erhielt schließlich das Ideal der Liebesehe einen neuen Akzent: die Lebensgemeinschaft als Lernprozeß.

Anders als der Erste hatte der Zweite Weltkrieg keine anhaltende Lockerung der Sexualmoral ausgelöst. Zwar schnellte zunächst die Zahl der Scheidungen in die Höhe, aber es handelte sich dabei um ein kurzfristiges Phänomen, das die Ehen betraf, die durch Kriegserfahrung und -entfremdung unhaltbar zerrüttet waren. Die Scheidungsziffer sank dann rasch wieder auf ein niedrigeres Niveau, um von dort allmählich zu steigen und den Stand von 1950 erst in den siebziger Jahren wieder einzuholen.[1] Insgesamt konstatierten familiensoziologische Studien der Nachkriegszeit eine erstaunliche Stabilität von Ehe und Familie. „Betrachtet und beurteilt man den Zustand des Familienlebens . . . unter dem Gesichtspunkt der Stabilität oder Unstabilität, so kann man deutlich bemerken, daß die schweren sozialen Schicksale und die Not jeder Art den Zusammenhalt und das Familienleben . . . durchschnittlich keineswegs erschüttert und geschwächt, sondern gesteigert und gestärkt haben. Persönliche Spannungen, die vorher die Ehe gefährdeten, oder die Gleichgültigkeit des Nebeneinanders von Ehegatten oder Kindern und Eltern sind einem erhöhten und wiedergewonnenen Zusammengehörigkeitsgefühl gewichen", stellte Helmut Schelsky 1953 fest.[2] Der Zusammenbruch der staatlichen und wirtschaftlichen Ordnung, der Bankrott einer Ideologie, Flucht, Vertreibung, Tod und soziale Entwurzelung hatten weit tiefer in das persönliche Schicksal und das alltägliche Leben der Bevölkerung eingegriffen, als es nach dem Krieg 1914–1918 der Fall gewesen war. Wahrscheinlich bewirkte genau diese Erschütterung die einstweilige Stabilisierung: Vielen Menschen erschien in dieser Zeit die Familie als das letzte noch intakte Netz der Sozialbeziehungen, der einzige zuverlässige Halt. In den ersten Jahren des Mangels und der Not wie auch in den folgenden Jahren des raschen Wiederaufbaus und Wirtschaftswunders nahm vermutlich die Ehe für viele noch einmal Züge der alten „Sachehe" an: Das Ehepaar sah sich in erster Linie als Arbeitsgemeinschaft, die Familie als Solidargemeinschaft, jeder an seinem, jede an ihrem Platz bemüht, die gemeinsame „Karre aus dem Dreck zu ziehen", hart zu arbeiten, das Nötigste zu organisieren, anzuschaffen – bis erst das Häuschen oder sein materielles Äquivalent wieder stand. Auf diesem Hintergrund wurde in der Bevölkerung verbreitet die konservative Familienpolitik der CDU gutgeheißen, die auf den Erhalt der Institution Ehe und Familie ausgerichtet war. „Jede Erleichterung der Scheidung bedroht ... die in den Familien gegebenen Grundfesten für den Fortbestand von Staat und Gesellschaft", äußerte beispielsweise 1953 der Familienminister Franz-Josef Wuermeling[3] und damit gab er sicher einer Mehrheitsmeinung Ausdruck.

Das psychische Elend vieler dieser Kriegs- und Nachkriegsehen wurde erst später in den Angriffen der 68er Generation gegen ihre Eltern wie in einem Spiegel sichtbar. Viele der noch im Krieg oder unmittelbar in der Nachkriegszeit Geborenen empfanden die zwar äußerlich stabil gebliebenen, aber innerlich leeren Ehen ihrer Eltern als erstickend. Auch die rapide Zunahme der Frühehen, die in den sechziger Jahren als Problem empfunden wurde, ist gewiß zum Teil auf das Bedürfnis vieler junger Menschen zurückzuführen, sich ihren Elternhäusern so bald wie möglich zu entziehen. Eine eigene Heirat, in der sie es besser zu machen hofften als ihre Altvorderen, schien dabei die einzige Möglichkeit, denn die Alternativen, allein, in freien Paarbeziehungen, Zweckgemeinschaften oder Wohngruppen zu leben, existierten damals noch nicht.

Mitte der sechziger Jahre schwappte, von Skandinavien kommend, die sogenannte „Sex-Welle" über die Bundesrepublik. Ingmar Bergmans Film „Das Schweigen", 1963 in schwedischen Kinos, schockierte ein Jahr später die bundesrepublikanische Öffentlichkeit. Einige Jahre danach zogen Oswald Kolles Aufklärungsfilme („Deine Frau, das unbekannte Wesen" (1969), „Dein Mann, das unbekannte Wesen"

(1970)) ein riesiges Publikum an, das begierig war, den dunklen Kontinent der Sexualität auf der Leinwand zu erforschen. Mitte der sechziger Jahre hatte auch die „Pille" ihren Siegeszug durch die Bundesrepublik begonnen. Sie war in den USA von einem katholischen Gynäkologen als zufälliges Nebenprodukt der Fertilitätsforschung entdeckt worden. 1966 waren die hormonellen Ovulationshemmer von einer Expertenkommission der Weltgesundheitsorganisation (WHO) gesundheitlich für unbedenklich erklärt worden, aber in der Bundesrepublik weigerte sich ein Teil der Ärzteschaft noch längere Zeit, die „Pille" zu verschreiben. Die „Ulmer Denkschrift" vom Herbst 1965, von 400 Ärzten unterschrieben, verurteilte sie, weil sie die „Schöpfungsordnung störe".[4] Von ihrer Verbreitung wurde der Beginn einer totalen Promiskuität gefürchtet. „Sex-Welle" und „Pille" trafen zeitlich zusammen und bewirkten langfristig eine Liberalisierung der Sexualmoral, vor allem des vorehelichen Geschlechtsverkehrs – aber die befürchtete allgemeine sexuelle Zügellosigkeit blieb aus.

Mit der „Sex-Welle" begannen zwei Entwicklungen, die sich in den folgenden Jahren auf die Einstellung zur Sexualität auswirkten. Zum einen entstand – in der Tradition van de Veldes – eine breite sexualwissenschaftliche Literatur: Vor allem in den Vereinigten Staaten wurden Umfragen und empirische Untersuchungen durchgeführt, deren Ergebnisse in zahlreichen „Reports" auf den Markt kamen: die Kinsey-Reporte, 1948 und 1953 in den USA erschienen, waren 1954 übersetzt worden; eine enorme Verbreitung erreichten sie jedoch erst jetzt, ebenso wie Gieses und Schmidts „Studenten-Sexualität" (1968), Masters und Johnsons „Die sexuelle Reaktion" (deutsch 1967), ihr später erschienenes „Spaß an der Ehe" (dt. 1976) oder der (zunächst auf die weibliche Sexualität konzentrierte) „Hite-Report" (dt. 1977).[5]

Eine zweite Zeitströmung, die eng mit dem Interesse an dieser Aufklärungsliteratur und deren massenhaftem Verkauf zusammenhing, war die Kommerzialisierung von Sex, Erotika, Pornographie. Eine Welle der sogenannten „Schweden-Filme" ergoß sich in der zweiten Hälfte der sechziger Jahre über das Land. Illustrierte, durchaus auch seriösere Zeitschriften, gingen dazu über, ihre Titelseiten mit nackten und halbnackten Schönen zu schmücken; nach und nach wurden Sex und Pornographie zu einem regulären Bestandteil der Werbung in fast allen Branchen. Sex-Shops und Sex-Kinos schossen wie die Pilze aus dem Boden.

Dieser Boom der kommerzialisierten Sexualität, das Interesse an den technischen Aspekten einer aus den zwischenmenschlichen Beziehungen abgelösten Sexualität, Ergebnis der Entfremdung, hält bis heute an. Viele Menschen, überwiegend Männer, sind offensichtlich trotz der gelockerten Sexualmoral nicht in der Lage, ihre sexuellen Bedürfnisse innerhalb personaler Beziehungen zu befriedigen, wahrscheinlich weil sie nicht bereit oder fähig sind, sich auf das damit verbundene seelische Engagement einzulassen. Der alte Traum aufgeklärter Sexualreformerinnen und -reformer, die noch um die Jahrhundertwende davon überzeugt waren, daß mit einer freieren Sexualmoral auch die Prostitution ganz verschwinden würde, blieb unerfüllt.

Die Sex-Welle war bereits in vollem Gang, als in der zweiten Hälfte der sechziger Jahre durch die Studentenbewegung eine neue Phase der Kritik an der bürgerlichen Ehe eingeleitet wurde. Der theoretische Hintergrund dieser Ehekritik stammte interessanterweise zumindest teilweise aus den dreißiger Jahren, er baute auf den Erfahrungen und der Diskussion der zwanziger Jahre auf, wurde aber hierzulande von der Intelligenz erst jetzt rezipiert: so etwa Wilhelm Reichs Arbeiten „Der Einbruch der sexuellen Zwangsmoral" (1932) und „Die sexuelle Revolution" (1936) oder Max Horkheimers Studie über „Autorität und Familie" (1936).[6]

Wilhelm Reich (1897–1957), Psychoanalytiker, Marxist und zugleich Häretiker beider Bewegungen (1933 war er aus der Kommunistischen Partei Deutschlands und 1934 aus der Internationalen Psychoanalytischen Vereinigung ausgeschlossen worden), wurde zu einem Klassiker der Studentenbewegung. Dabei bezogen sich die Studenten allerdings nur auf einen Teil seines vielschichtigen Werks, und zwar auf den, dem er selbst in seinem späteren Leben am kritischsten gegenüberstand.[7] 1930 hatte sich Wilhelm Reich in Berlin im Rahmen seiner Parteiarbeit in der KPD mit Sexualökonomie und Politik, mit „Sex-Pol", befaßt. „Sex-Pol" war der theoretische Versuch, den marxistischen und den psychoanalytischen Ansatz zu verbinden, und war aus seiner praktischen ärztlichen und therapeutischen Tätigkeit an einer Sexualberatungsstelle entstanden, wo vor allem Jugendliche aus der Arbeiterschicht Rat und Hilfe für Empfängnisverhütung, Schwangerschaftsabbruch und ähnliches suchten. Reich war davon überzeugt, daß sich die Unterdrückungsmechanismen der kapitalistischen Gesellschaft auch in einer sexuellen Verdrängung niederschlügen. In primitiven Gesellschaften wird das Sexualleben seiner Ansicht nach nur vom Lust-Unlust-Prinzip geregelt; erst wenn sich wirtschaftliche und politische Macht in den Händen einer Gesellschaftsklasse konzentrieren, beginnt diese, eine „Zwangsmoral" zu produzieren, die von den Gesellschaftsmitgliedern bei ihrer Erziehung verinnerlicht und später an die eigenen Kinder weitergegeben wird. Die Sexualverdrängung besteht vor allem darin, die Entwicklung zur „vollen Genitalität", die Fähigkeit zum Lustgewinn beim Orgasmus zu unterdrücken, Schuldbewußtsein und Sexualangst einzupflanzen. Sexualunterdrückung und kapitalistische Gesellschaftsordnung stützen sich gegenseitig, die repressive, lustfeindliche, sexualverneinende Erziehung bringt Menschen hervor, die angepaßt und autoritätsgläubig sind, die bereitwillig entfremdete Arbeit leisten und sich in die bestehenden Produktions- und Herrschaftsverhältnisse frag- und kritiklos einordnen. Auf solche Menschen ist die kapitalistische Wirtschafts- und Gesellschaftsordnung angewiesen. Der Ort, an dem die Sexualunterdrückung von früher Kindheit an vollzogen wird, ist die Kleinfamilie der bürgerlichen Gesellschaft. Die Eltern, selbst sexuell unterdrückt und eingeschränkt durch das Gebot der ehelichen Treue und der Dauermonogamie, erziehen ihre Kinder zur Verdrängung ihrer sexuellen Bedürfnisse und produzieren so die bürgerlichen Tugenden: Leistung, Disziplin, Ordnung, Gehorsam. Die Frauen, doppelt unterdrückt wegen ihrer ökonomischen Abhängigkeit von den Männern in der Ehe, üben auf diese aus Selbsterhaltungstrieb einen Anpassungsdruck aus, legen ihnen nahe, sich mit Rücksicht auf sie und die Kinder nicht mit Vorgesetzten, Unternehmern, staatlichen Autoritäten anzulegen.

Wilhelm Reich hatte der „Zwangsehe" des Kapitalismus das Modell der „sexuellen Dauerbeziehung auf Zeit" entgegengestellt, das sich seiner Ansicht nach in einer freien Gesellschaft entwickeln werde. Der zur vollen Genitalität befreite Mensch sei zur „sexualökonomischen Selbststeuerung" in der Lage und aufgrund dieser Selbststeuerung werde er ganz von allein das Interesse sowohl an der neurotischen Polygamie als auch an der (ebenso neurotischen) lebenslangen Monogamie verlieren. Statt dessen würden sich monogame Beziehungen für eine gewisse Zeit herausbilden, die solange erhalten blieben, bis eine „natürliche Abstumpfung" eintrete und die Partnerin bzw. der Partner an sexueller Attraktivität verliere. In diesem Falle könne oder solle das Paar freundlich auseinandergehen oder vielleicht auch durch vorübergehende Beziehungen zu Dritten die sexuelle Spannung wieder neu beleben. „Die Grundschwierigkeit jeder sexuellen Dauerbeziehung", sagte Reich, „ist der Konflikt aus der (zeitweiligen oder endgültigen) Abstumpfung des sinnlichen Verlangens einerseits und der mit der Dauer wachsenden zärtlichen Bindung an den Partner andererseits".[8] „Treue aus Gewissen" schade auf Dauer jedem Verhältnis; sie führe zu unterdrückten negativen Gefühlen gegenüber der Partnerin bzw. dem Partner und könne sogar neurotische Erkrankungen, Potenzstörungen und ähnliches zur Folge haben. Gegen die Abstumpfung helfen keine guten Vorsätze, auch keine neuen Liebestechniken; es sei besser, sexuelle Reize, die von anderen Menschen ausgehen, nicht zu verdrängen und sich ohne Schuldgefühle auf alternative oder zusätzliche Beziehungen einzulassen. Wilhelm Reich selbst hat in seinem Leben das Modell der „sukzessiven Monogamie", also mehrerer aufeinander folgender legalisierter und nicht legalisierter Ehen verwirklicht: Zwischen seinem 24. Lebensjahr und seinem Tod mit 60 Jahren hat er vier Ehen geführt.

In der linken Bewegung waren es Ende der sechziger Jahre vor allem die Kommune I und das Aktionszentrum Unabhängiger und Sozialistischer Schüler (AUSS), die die sexuelle Revolutionierung der Gesellschaft als ein Mittel im Kampf gegen den Kapitalismus ansahen. Das AUSS erregte in der ersten Zeit seines Bestehens großes öffentliches Aufsehen mit der Forderung, allen geschlechtsreifen Jugendlichen solle der freie Zugang zur „Anti-Baby-Pille" gestattet werden (eine Forderung, die heute weder besonders spektakulär noch revolutionär klingt). Die 1966 in Berlin gegründete Kommune I entwickelte sich zu einer Schaubühne, auf der die revolutionären Sexualbeziehungen als medienwirksames Spektakel gelebt wurden und auf die die braven Durchschnittsbürgerinnen und -bürger gleichermaßen fasziniert und angewidert starrten.

Von Wilhelm Reichs Ansatz übernahm die Kommune I die Kritik an der „bürgerlichen Zwangsehe" und der Dauermonogamie, weitete sie aber generell auf alle „Zweierbeziehungen" aus. Jede Zweierbeziehung galt als repressiv: „Falsch ist das bürgerliche und illusionäre Eingehen eines Zweier-Verhältnisses, das eben als Unerträgliches nur zwei Leichen produziert";[9] sie sollte durch programmatische Promiskuität ersetzt werden. Einigen Kommunarden kamen die lockeren, unproblematischen Sexualkontakte entgegen, ohne daß sie dazu viel repressive Erziehung hätten überwinden müssen. So erzählt der spätere Terrorist Bommi Baumann, der eine Zeitlang in der Kommune I lebte: „. . . bei uns [er meint: im Arbeitermilieu] war das sowieso sehr einfach. Da haste mal mit der Braut gepennt, denn mal mit der, du warst sowieso immer hinter Bräuten her, und zu der Zeit sind dir soviel Bräute hinterhergerannt, daß du so ein Ding [er meint: eine Zweierbeziehung] nie druff hattest. Wenn du lange Haare hattest und bist irgendwo hingekommen, da haben unheimlich viel Bräute auf dir gestanden, gerade die ganzen Fabrikmiezen ... Die Kisten [=,,Beziehungskisten''] haben mich dabei nicht interessiert, das waren ja bürgerliche Probleme.''[10] Seinen studentischen Genossen allerdings bescheinigt Bommi Baumann ,,Psychodramen'' und ,,heavy (laufende) Liebesgeschichten'': ,,Die Typen waren ja auch irgendwie noch verklemmt, mit Bräuten haben sie es ja immer nich gebracht, weil sie immer gleich noch so einen Anspruch mit aufgebaut haben.''[11] Sicher war es kein Zufall, daß es in der Kommune I weniger Frauen als Männer gab, zeitweilig nur eine Frau, dafür aber offensichtlich einen Schwarm neugieriger Schulmädchen, die unverbindlich kamen und gingen.

Was bei Bommi Baumann naiv-unbekümmerte Promiskuität war, die sich selbstverständlich ergab, wurde von den Theoretikern der Kommune als Programm formuliert und erhielt dabei menschenverachtende Züge. So gab Kunzelmann 1967 in der Zeitschrift ,,Pardon'' zu Protokoll, wie die ,,Befreiung'' der Frauen von der bürgerlichen Sexualmoral vollzogen werde: ,,Es ist wie bei der Pferdedressur. Erst muß einer das Tier einreiten, dann steht es allen zur Verfügung. Erst ist es Liebe oder so etwas ähnliches, nachher nur noch Lust. Der Trick ist schrecklich einfach: Man macht ein Mädchen verliebt, schläft mit ihr und markiert nach einer Weile den Enttäuschten oder Desinteressierten. Dann überläßt man sie der Aufmerksamkeit der anderen und das Ding ist gelaufen. So ist sie ein vollwertiges Mitglied.''[12] Auf dem Hintergrund der Verklemmtheit, die der Hilfsarbeiter Bommi Baumann bei den Mittelschichtssöhnen der Kommune konstatierte, wirkt die chauvinistische Sexualprotzerei dieser Aussage besonders unangenehm. Offensichtlich mißlang die programmatische Promiskuität im allgemeinen. Reimut Reiche, der sich wie andere Linke von der Kommune I distanzierte (1967 wurde sie aus dem SDS ausgeschlossen), äußerte die Ansicht, es sei dort nur gelungen, ,,sexuelle Beziehungen herzustellen, die durch noch größere Repression als durchschnittliche Zweierbeziehungen gekennzeichnet sind, und daß diese zudem von dem regelmäßigen Schicksal ereilt wurden, daß sich immer wieder *zwei* Kommunarden fanden und liebten und aus der Kommune auszogen''.[13] Reiche bezeichnete den Versuch der Kommune I, die repressive bürgerliche Sexualmoral zu zerschlagen, als „terroristisch nach innen".

In der Kommune I wurde – demonstrativ und überzogen – eine Sexualmoral vertreten, die in abgeschwächter Form Ende der sechziger und Anfang der siebziger Jahre die Studentenbewegung und von ihr beeinflußte Kreise prägte. Damals entstand der berühmte Slogan: „Wer zweimal mit derselben pennt, gehört schon zum Establishment." In einigen Zügen erinnerte diese Sexualmoral an die der kommunistischen Revolutionärinnen und Revolutionäre während der zwanziger Jahre in Rußland: da war dieselbe Betonung der Sexualität als einer psychohygienischen Notwendigkeit bei gleichzeitiger Abwertung ihrer zwischenmenschlichen Bedeutung und die gleiche Abwehr gegen das Gefühl, gegen romantische Überhöhung und zärtliche Impulse. „Sexualität wollten wir entmystifizieren. sie sollte eine leicht zu nehmende angelegenheit sein, nicht mehr der höhepunkt der begegnung mit einem andern menschen, sondern eine schwerelose möglichkeit, sich kennenzulernen", schrieb Verena Stefan in ihrem Roman „Häutungen", der im Milieu der Studentenbewegung spielt und die Kritik der erstarkenden feministischen Bewegung an der Neuen Linken zum Ausdruck brachte: „der taumel der ersten liebe weit zurück mißlungen, in hass verendet. nie mehr wollte ich mich so nahe mit einem menschen einlassen! an heirat dachte ich schon lange nicht mehr, das war ‚bürgerlich'."[14] Ganz wie in der Zeit der „Glas-Wasser-Theorie" galt es als ein wenig verächtlich, Gefühle zu zeigen, von Liebe zu reden. „‚Ich habe dich schrecklich gern'. Ein halbes jahr, nachdem wir stumm miteinander geschlafen hatten, fiel das erste karge zugeständnis, am abend bevor samuel in urlaub fuhr . . . dave hatte spöttisch aufgelacht, als ich ihm sagte, daß ich ihn mochte. ‚liebe, das ist doch für kinder', sagte er."[15]

„Besitzanspruch" blieb bis weit in die siebziger Jahre hinein ein bedeutsames Schlagwort, das auch für weite Kreise der progressiven Mittelschicht Gewicht erhielt. „Besitzanspruch" konnte sich gelegentlich schon in der „emotionalen Besetzung" einer Beziehung äußern, in dem heimlichen Wunsch oder der geäußerten Absicht, daß sie dauern möge; keine Besitzansprüche zu haben, galt – vor allem in den Augen der Männer, wenn sie Frauen meinten – als Tugend.

Die feministische Bewegung, die in der ersten Hälfte der siebziger Jahre entstand, führte die Diskussion um Sexualität und Liebe fort und gab ihr entscheidende neue Akzente. Da eine ihrer Wurzeln in der

Studentenbewegung lag, stand von Anfang an die Auseinandersetzung mit dem einseitig männlichen Modell sexueller Befreiung im Vordergrund. Was für die männlichen Genossen die „zur vollen Genitalität befreite" sexualrevolutionäre Moral war, stellte sich aus feministischer Sicht als „sozialistischer Bumszwang" dar.[16] Dem Protest der Studentenbewegung gegen Zwangsehe und Dauermonogamie folgte der Protest der Frauenbewegung gegen das Primat der „Penetration", gegen die Unterdrückung der weiblichen sexuellen und emotionalen Bedürfnisse im Patriarchat. Nicht nur durch den kommerzialisierten Sex und die Schein-Aufklärung würden Frauen in eine Objektrolle gedrängt, sondern auch durch die angeblich progressive, aber chauvinistische Sexualmoral der linken Männer. Verena Stefan beschrieb das Ausmaß der weiblichen Fremdbestimmung sehr eindrucksvoll: „Der eine küßte leidenschaftlich und wild, so daß ich zähne spürte, nichts als zähne – und ich küßte leidenschaftlich und wild. der andere küßte sanft und fand alles andere unreif und unerwachsen – und ich küßte sanft und erwachsen. Der eine mochte die beine geschlossen, der andere offen und flach, der nächste offen und um seinen rücken – und ich hielt die beine geschlossen oder offen und flach oder offen und um seinen rücken. Der eine wollte die ganze Nacht durchmachen, der andere konnte nur einmal – und ich machte die ganze nacht durch oder konnte nur einmal . . ."[17] Und Anja Meulenbelt, deren autobiographischer Roman in der Amsterdamer linken und antiautoritären Szene Ende der sechziger, Anfang der siebziger Jahre spielt, brachte die unterschiedlichen Erwartungen von Männern und Frauen an Liebesbeziehungen auf eine einfache Formel: „Es ist . . . eine Absprache, sage ich. Wir bezahlen mit Sex, um Wärme zu bekommen, sie bezahlen mit Wärme, um Sex zu bekommen."[18]

Damit waren in der Diskussion um Sexualität und Liebe, um die heterosexuelle Zweierbeziehung neue Töne angeschlagen. Die Frauenbewegung, Anwältin der weiblichen Selbstverwirklichung im umfassenden Individualisierungsprozeß, entlarvte das sexualrevolutionäre Befreiungsprogramm der Linken als eine Facette der Männerherrschaft. „Früher konnten Frauen sich aus Prüderie oder Angst vor unerwünschter Schwangerschaft wenigstens verweigern, wenn sie keine Lust hatten, heute haben sie dank Aufklärung und Pille zur Verfügung zu stehen."[19] Wirkliche Liebe zwischen Frau und Mann – das war die zentrale Aussage von Alice Schwarzers „Der kleine Unterschied und seine Folgen" (1975) – könne es in der patriarchalischen

Gesellschaft nicht geben, weil jede Mann-Frau-Beziehung ein Herrschaftsverhältnis sei. Diese Herrschaft beruhe nicht nur auf der ökonomischen Abhängigkeit der Frau in der Ehe, sondern auch auf der Institution der „Zwangsheterosexualität", die mit der Institution Ehe fest verknüpft sei. In der patriarchalischen Gesellschaft könnten die Männer den Frauen eine von männlichen Bedürfnissen bestimmte Sexualität (am „Mythos vom vaginalen Orgasmus" und an der „Penetration" orientiert) aufzwingen, weil die „Zwangsheterosexualität" ihnen zugleich mit dem „Sexmonopol" über Frauen auch ein emotionales Monopol (Frauen verlieben sich nur in Männer), ein soziales Monopol (Frauen sind zur sozialen Anerkennung auf die Ehe oder zumindest eine Männerbeziehung angewiesen) und ein ökonomisches Monopol sichere.[20] Dem „Mythos vom vaginalen Orgasmus" und dem Primat der „Penetration" setzte Alice Schwarzer und mit ihr eine Strömung der Frauenbewegung die authentische weibliche Sexualität entgegen, wie sie ohne Gefahr der Verformung nur in der lesbischen Frauenbeziehung gefunden werden könne.

Einerseits war damit wieder ein neues Programm aufgestellt, das – wenn es von der Mehrzahl der Frauen befolgt worden wäre – eine Fremdbestimmung durch die nächste ersetzt hätte. Andererseits bewirkte die Analyse, auf der es aufbaute, und die Polemik, mit der es vorgetragen wurde, daß in den folgenden Jahren die Sensibilität vieler Männer für die Andersartigkeit der sexuellen Bedürfnisse von Frauen zunahm – wenn auch nach einer anfänglichen Phase der Verunsicherung und Unruhe bei vielen Männern und Frauen, die wohl unvermeidlich war. Natürlich ging aus der Frauenbewegung auch die Forderung hervor, gleichgeschlechtliche Liebespaare und Lebensgemeinschaften sozial und rechtlich in jeder Hinsicht den heterosexuellen Paaren gleichzustellen.

Einige Ideen der Studenten- und der Frauenbewegung, zunächst auf kleine elitäre, meist studentische und akademische Zirkel beschränkt, fanden Mitte der siebziger Jahre eine weite Verbreitung. Vor allem Paare aus der Mittelschicht zeigten sich empfänglich für eine freizügige Sexualmoral. Wilhelm Reich und die Studentenbewegung hinterließen insofern Spuren, als es üblich wurde, an der Möglichkeit und am Wert der Dauermonogamie laut zu zweifeln, und die feministische Bewegung trug dazu bei, daß nun auch den Frauen im allgemeinen ein Recht auf sexuelle Selbstbestimmung zugebilligt wurde. In dieser Zeit nahm die Häufigkeit des vorehelichen Geschlechtsverkehrs zu; Paare,

die ohne Trauschein zusammenlebten, verloren den Geruch des Asozialen, und Wohngemeinschaften, die in der Öffentlichkeit anfangs
alle in die Nähe linker Zellen und terroristischer Vereinigungen gerückt wurden, entwickelten sich zu einer ganz alltäglichen Lebensform
vor allem bei den Zwanzig- bis Dreißigjährigen.

1975, im selben Jahr, in dem Alice Schwarzers „Der kleine Unterschied und seine Folgen" erschien, kam in der Bundesrepublik auch
das Buch „Die offene Ehe" von Nena und George O'Neill heraus –
ebenfalls ein großer Verkaufserfolg. Unter diesem Titel plädierte das
Autorenpaar für „einen neuen Typus der Monogamie". Sie sprachen
sich nicht grundsätzlich gegen die Institution Ehe und für die freie
Lebensgemeinschaft aus; im Gegenteil, sie gingen von einem „ange-
borenen Bedürfnis des Menschen nach einem festen sozialen Gefüge"[21] aus und sahen im „Trauschein immer noch die wichtigste Vorbedingung für das Entstehen eines Vertrauensverhältnisses zwischen
Mann und Frau".[22] Aber sie waren der Ansicht: „Wenn die Ehe über-
leben soll, muß sie offen und frei sein, statt geschlossen und einengend."[23] Hinter dieser Forderung stand ein radikal-individualistischer
Ansatz: Frau und Mann sollten in der Ehe deutlich voneinander getrennte, eigenständige Persönlichkeiten bleiben; sie sollten einander
das Recht auf eine eigene Entwicklung zubilligen. Die Autoren kritisierten das traditionelle Eheideal, das eine Verschmelzung der beiden
Eheleute erwarte, von ihnen verlange, möglichst viel gemeinsam zu
machen, überall zusammen aufzutreten und die Selbstverleugnung als
Tugend darstelle, nach dem Motto: wenn Du auf diese Sache verzich-
test, dann bin ich bereit, in jenem Punkt zurückzustecken. Auf diese
Weise würden beide in ihrer persönlichen Entwicklung stagnieren und
die Beziehung selbst würde immer langweiliger. Den traditionellen
Prinzipien: „Besitz des Partners, Selbstverleugnung, nur als Paar auf-
treten, starre Rollenverteilung, absolute Treue, völlige Ausschließlich-
keit" stellten die O'Neills die Prinzipien der partnerschaftlichen „offenen Ehe" gegenüber: „Unabhängiges Leben, persönliche Entwicklung,
individuelle Freiheit, flexible Rollenteilung, gegenseitiges Vertrauen,
erweiterte und vertiefte Beziehung durch Öffnen nach außen".[24] Das
Konzept der „offenen Ehe" beinhaltete nicht notwendig sexuelle Beziehungen zu Dritten, hielt sie aber durchaus für möglich und bewer-
tete sie keinesfalls als Katastrophe, an der eine Ehe zerbrechen müsse.
Der Mensch sei schließlich nicht von Natur aus monogam, argumentierten Nena und George O'Neill, und „die sexuelle Treue ist der

falsche Götze der traditionellen Ehe. . . . In der offenen Ehe erfährt der Begriff Treue eine neue Deutung. . . . . Es ist keine sexuelle oder psychologische Abhängigkeit, die die Partner aneinanderschmiedet, sondern Loyalität und Verantwortungsgefühl gegenüber dem Wachstum des Partners, der Integrität des Ich und der gegenseitigen Achtung."[25] Nur von Fall zu Fall könne entschieden werden, ob eine Beziehung nach außen auch sexuelle Kontakte einschließen dürfe; das könne sich gelegentlich als positiv für die Beziehung erweisen, in anderen Fällen auch als schädlich, je nach der Qualität der (Haupt-)Beziehung, nach dem Befinden des Partners oder der Partnerin. Auf jeden Fall sei Offenheit eine ganz wichtige Voraussetzung dafür, daß solche „Seitensprünge" richtig verarbeitet werden könnten.

Manches in der Argumentation der O'Neills entsprach Gedanken, die schon 1929 Ben Lindsey über die „Kameradschaftsehe" geäußert hatte; in beiden Modellen wurde sexuelle Untreue nicht unbedingt negativ gewertet, in beiden wurde zentraler Wert auf die offene Kommunikation innerhalb der Ehe gelegt. Die „offene Ehe" wurde zum Ideal vieler jüngerer und nicht mehr ganz junger aufgeklärter, liberaler Paare der Mittelschicht. Die „Pille" hatte nicht nur den vorehelichen Geschlechtsverkehr risikoärmer gemacht, sie ermöglichte auch „Außen-" und „Mehrfachbeziehungen", ohne daß Schwangerschaften hätten befürchtet werden müssen. Das gelungene oder mißlingende Jonglieren mit „Haupt-" und „Nebenbeziehung" wurde zu einem Lieblingsthema der „Swinging Seventies". Eine Zeitlang galt der verheimlichte Seitensprung als ebenso verpönt und spießig wie die Eifersucht, die nur „Besitzansprüche" verriet. Manches an dieser Sexualmoral erinnerte an die Zeit der „erotischen Bewegung" vor dem Ersten Weltkrieg – nur daß jetzt viel breitere Kreise davon berührt waren. Das „Ausleben" sexueller Beziehungen wurde als Steigerung des Lebensgefühls, als Entwicklungschance gesehen; Erotik und Sinnlichkeit waren Werte an sich. Dabei waren die „Nebenbeziehungen" im allgemeinen keine abgespaltenen nur-sexuellen Kontakte, sondern vorzugsweise eingebettet in personale, freundschaftliche Beziehungen – jedenfalls entsprach es so dem Konzept der „offenen Ehe". Auf diese Weise wucherten die „Beziehungskisten". Viele Frauen und Männer überforderten sich in dieser Zeit, indem sie sich zu einer Toleranz zwangen, zu der sie psychisch nicht in der Lage waren. Einige Paare kehrten nach einer Phase des Experimentierens zu den alten Treue-Vorschriften zurück; in anderen wurde wieder zum heimlichen Seitensprung Zuflucht genommen, noch andere überstanden die Krisen nicht und gingen auseinander. Es schien, als hätte der größte Teil der Anhängerinnen und Anhänger der „offenen Ehe" zwar begierig die eine Seite der Botschaft aufgenommen: in einer Ehe soll niemand für den anderen oder die andere zurückstecken müssen, beide sollen sich weiterentwickeln können, aber um so schlechter mit der anderen Seite der Botschaft umgehen können: was erlaubt ist und was nicht, kann immer nur aus dem Zustand der Beziehung, der Befindlichkeit des Partners bzw. der Partnerin abgeleitet werden.

1975 lief in den bundesrepublikanischen Kinos Ingmar Bergmans Film „Szenen einer Ehe". Als er zwei Jahre vorher an fünf Abenden im schwedischen Fernsehen gezeigt wurde, sollen die Straßen nahezu menschenleer gewesen sein: etwas, das gewöhnlich nur bei Fußballweltmeisterschaften eintritt. In Schweden wie bei uns fanden offensichtlich viele Tausende von Paaren eigene Erfahrungen in diesem Film gespiegelt, der das Scheitern einer Mittelschichtsehe darstellte. Johan und Marianne sind eigentlich ein ideales Paar, gutsituiert, beide erwerbstätig in akademischen Berufen, sie haben zwei offensichtlich wohlgeratene Töchter im jugendlichen Alter. Die Ehe zerbricht weniger an Johans Verhältnis mit einer anderen Frau, das nur als Symptom seines Wunsches nach einem anderen Leben, einem neuen Anfang erscheint; sie zerbricht an einer Langeweile, die vielleicht gerade deswegen entstanden ist, weil alles so glatt und harmonisch ist, so geordnet und so wohlanständig. Die brutale Offenheit, mit der Johan Marianne von seinem Verhältnis zu Paula unterrichtet, bevor er mit dieser auf- und davongeht, entspricht ganz dem Stil der siebziger Jahre. Doch selbst in den später folgenden zermürbenden und qualvollen Auseinandersetzungen erscheinen beide, Johan und Marianne, sympathisch und umeinander bemüht, und noch später, nach Jahren, als sie mit jeweils anderen verheiratet sind, können sie miteinander freundschaftlich-nahe, beinahe zärtliche Gespräche führen. Der Film ist resignativ, seine Grundstimmung Ausweglosigkeit; keine auch noch so gute Ehe erscheint gefeit gegen dieses Schicksal: „Die These der ‚Szenen einer Ehe' lautet, wenn man sie denn zur Thesenhaftigkeit vergewaltigen will: Die Ehe ist unmöglich. . . . Wer mit den eigenen Erfahrungen . . . ehrlich verfährt . . ., könnte leicht entdecken, daß er die Ehe nur darum für möglich hält, weil er sich in der Kunst geübt hat, die Bergmans Demonstrationspaar in den ersten beiden Sequenzen so perfekt beherrscht: der Kunst, die Schwierigkeiten unter den Teppich zu kehren."[26]

In den siebziger Jahren versuchten sich viele Paare darin, möglichst wenig „unter den Teppich zu kehren". Auseinandersetzungen wurden für immer wichtiger gehalten: „Streiten verbindet"[27] hieß der Titel eines Ehe-Ratgebers. Die psychologische Literatur zu Ehe und Partnerschaft florierte – eine Tendenz, die bis heute anhält. Gleichzeitig begann der Therapie-Boom: In Kreisen der Mittelschicht wurde es üblich, nicht nur in extremen Notsituationen therapeutische Hilfe zu suchen, sondern sie auch als Selbsterfahrung und Sinnsuche zu betrachten, als sporadischen Trip zur Intensivierung des Lebensgefühls. Die meisten Menschen nutzen therapeutische Angebote für sich selbst, als Individuen, aber auch Paar- und Familientherapien, zum Teil im Rahmen von Eheberatungsstellen, sind häufiger geworden, und es gilt nicht mehr als verächtlich, sie aufzusuchen. Auch unverheiratete Paare gehören zunehmend zur Klientel von Eheberatungsstellen und Paar-Therapeuten, und in der Ratgeberliteratur für das Leben zu zweit wird kaum mehr ein Unterschied zwischen ehelichen und nichtehelichen Lebensgemeinschaften gemacht.

1980 erschien bei uns ein Buch, das schon wenig später und dann für lange Zeit auf der Bestsellerliste stand, obwohl es eine Neuauflage aus dem Jahre 1956 war: Erich Fromm, „Die Kunst des Liebens". Sicher trug schon der Titel zum Verkaufserfolg bei, denn er gab einer neuen Zeitstimmung Ausdruck: Liebe muß gelernt werden. Fromm kritisierte den Verfall der Liebesfähigkeit des westlichen Menschen. In der kapitalistischen Gesellschaft, die jedes Gut und jeden Menschen nur nach seinem Tauschwert einschätze, herrsche der verbreitete Irrtum, man könne Liebe kaufen und sie wie andere Güter einfach konsumieren. Liebe, so Fromm, ist ein Versuch des Menschen, „seine Abgetrenntheit zu überwinden und aus dem Gefängnis seiner Einsamkeit herauszukommen".[28] Sie sei seine einzige Chance, denn andere Versuche – Sex, Drogen, konformes Verhalten – schüfen nur vorübergehend die Illusion des Einsseins mit anderen, mit der Welt. Liebesfähigkeit, die „Kunst des Liebens" zu erlernen, bedeute dasselbe wie menschliche Reife erlangen, immer höhere Stufen der Individuation, der Selbstwerdung erreichen. Wirkliche Liebe für einen anderen Menschen könne nur empfinden, wer sich selbst akzeptiert habe, mit sich selbst im reinen sei. „Infantile Liebe folgt dem Prinzip: ‚Ich liebe, weil ich geliebt werde'. Reife Liebe folgt dem Prinzip: ‚Ich werde geliebt,

weil ich liebe'. Unreife Liebe sagt: ‚Ich liebe dich, weil ich dich brauche'. Reife Liebe sagt: ‚Ich brauche dich, weil ich dich liebe'.''²⁹ Die
reife Liebe sei nicht symbiotische Vereinigung, Verschmelzung, sondern eine Vereinigung, bei der die eigene Integrität und Individualität
erhalten bleibe.³⁰ Lieben lernen bedeute, sich konzentrieren zu können, im Hier und Jetzt zu leben, lebendig zu bleiben; es erfordere
,,intensive Wachheit und gesteigerte Vitalität''.³¹ ,,Liebe ist nur möglich, wenn sich zwei Menschen aus der Mitte ihrer Existenz heraus
miteinander verbinden, wenn also jeder sich selbst aus der Mitte seiner
Existenz heraus erlebt.... Die so erfahrene Liebe ist eine ständige
Herausforderung; sie ist kein Ruheplatz, sondern bedeutet, sich zu
bewegen, zu wachsen, zusammenzuarbeiten.''³²

Der Erfolg von Erich Fromms zweieinhalb Jahrzehnte altem Essay
markierte eine Wende in der Einstellung zu Liebe und Ehe. ,,Offene
Ehe'' und Mehrfachbeziehungen, die Betonung der Sexualität um ihrer selbst willen traten in den Hintergrund; statt dessen war so etwas
wie eine Renaissance des romantischen Liebesideals zu verzeichnen.
Dafür waren einerseits wieder erstarkende konservative Strömungen
verantwortlich, die in der Bundesrepublik wie anderswo auf vielen
Gebieten dem Zeitgeist der sechziger und siebziger Jahre entgegentra-
ten.³³ Andererseits standen auch wirkliche Einsichten dahinter, Lern-
erfahrungen, die die Menschen in den vergangenen Jahren mit der
freizügigen Sexualmoral gemacht hatten. Man ging jetzt vorsichtiger
mit den seinerzeit euphorisch proklamierten Freiheiten um; die Generation in den mittleren Jahren, weil sie genügend experimentiert hatte,
die Jüngeren wahrscheinlich, weil sie den Versuchen der vorangehen-
den Generation wie so oft skeptisch gegenüberstanden. Doch die neue
Zeitstimmung war nicht durch und durch restaurativ und nostalgisch
in dem Sinne, daß man sich die alten Grundlagen der bürgerlichen Ehe
und Familie zurückwünschte. In die neue Idealisierung der Liebe
mischte sich die Überzeugung, daß Beziehung Arbeit bedeutet – ein
Gedanke, der dem früheren Verständnis von romantischer Liebe ganz
fremd war.

Bis in die zwanziger und dreißiger Jahre hinein war die Diskussion
noch von dem alten abendländischen Begriff der romantischen Liebe
als Passion, als Leidenschaft bestimmt gewesen, die in unversöhnli-
chem Gegensatz zur Ehe stand. Noch Denis de Rougemont hatte 1939
emphatisch vor dieser Spielart der Liebe gewarnt, weil er sie im Kern
für destruktiv hielt: ,,[Die Treue in der Ehe] gründet sich ... auf die

gleich zu Anfang durch einen Eid bekräftigte Weigerung, die Illusionen der Leidenschaft zu ‚kultivieren‘, ihnen einen heimlichen Kult zu widmen und von ihnen einen geheimnisvollen Zuwachs an Leben zu erwarten".[34] Auch Ricarda Huchs Warnung vor der „romantischen Ehe" war von dem unauflöslichen Widerspruch zwischen Leidenschaft und Ehe ausgegangen. „Sollte jemals diese Mauer [die Ehe] . . . ganz fallen, so würde die Hochflut der Leidenschaft, welche sie eingerissen, bald zurückebben und schließlich im Sande verlaufen. Zur Erweckung der Leidenschaft müßte man wieder aufrichten, was man zur Befriedigung der Leidenschaft umgeworfen hätte."[35] Beide sind von der prinzipiellen Unvereinbarkeit der Ehe mit der leidenschaftlichen Liebe überzeugt. Doch während Denis de Rougemont die Ehe vor der Zerstörung durch die Leidenschaft retten will, scheint es, als ob Ricarda Huch das Gebäude der Ehe erhalten wolle, damit die (außerehelichen) Leidenschaften nicht verflachen. „Gerade das Schöne und Große der menschlichen Natur hängt mit Druck, Zwang und Widerstand zusammen."[36]

In dieser Dichotomisierung zeigten sich noch die Reste der alten Konzepte von Ehe und Liebe, die im Laufe der letzten zweihundert Jahre immer mehr unterhöhlt wurden und heute ihre Kraft verloren haben. „Seit dem 18. Jahrhundert . . . tendiert die Gesellschaft dazu, die beiden traditionell gegensätzlichen Formen der Liebe einander anzunähern. Im Westen entstand nach und nach ein Eheideal, das es den Ehegatten zur Pflicht macht, einander wie Verliebte zu lieben – oder wenigstens so zu tun."[37] Unser heutiges Ideal ist das einer dauerhaften romantischen Liebe, eine Vorstellung, die früher als in sich widersprüchlich empfunden worden wäre. In einem der erfolgreichen Liebe-und-Ehe-Bücher der Gegenwart wird das Ideal der romantischen Liebe definiert als „leidenschaftliche, umfassend geistig-gefühlsmäßig-sexuelle Zuneigung zwischen Mann und Frau, die auf hoher Wertschätzung der Person des Partners beruht".[38] Das Buch, das mit seinen zentralen Gedanken stellvertretend für viele andere stehen kann, heißt im amerikanischen Original „The psychology of romantic love" und in der deutschen Übersetzung „Liebe für ein ganzes Leben". Wir finden darin die von der Romantik geprägte Idee der Liebesehe wieder und die Überzeugung des Autors, daß sie dauern kann, wenn Frau und Mann sich ernsthaft darum bemühen. Daß sein Verfasser Nathaniel Branden Psychologe und Ehetherapeut ist, hat dieses Buch mit den meisten anderen Veröffentlichungen seines Genres gemeinsam. Nicht mehr die Theologen und die Philosophen sind federführend, wenn es um die Ehe geht, sondern die Psychologen und Therapeuten: auch das ist ein Symptom des Wandels.

Zweihundert Jahre hatte es gedauert, bis im Zuge des Individualisierungsprozesses die neue abendländische Errungenschaft der Liebesehe die alte Sachehe ganz verdrängt hatte. Kaum hatte die Liebesehe sich durchgesetzt, da sah es so aus, als könnte der Individualisierungsprozeß durch sie hindurch und über sie hinweg weitergehen. 1975 hatte Edward Shorter prophezeit: „Die Kernfamilie zerfällt – um, wie ich glaube, durch das freischwebende Paar ersetzt zu werden, eine eheliche Dyade, die dramatischen Spannungen und Fusionen ausgesetzt ist."[39] Welcher Art diese Spannungen und Fusionen sein könnten, das hat die Diskussion der späten sechziger und der siebziger Jahre gezeigt, in denen es auf einmal nicht mehr vorrangig um die Befreiung der Liebe aus dem Korsett der Institution zu gehen schien, sondern um die Lösung der Sexualität vom Gefühl, um die Lösung der Frau vom Mann, um die Lösung des Individuums aus stets als einengend empfundenen Bindungen überhaupt. Der – männliche oder weibliche – „Single" wurde als neues Phänomen entdeckt: der für sich allein lebende Mensch, weitgehend autark, der nur Beziehungen auf Distanz unterhält oder eine kurzfristige Liebesbeziehung nach der anderen hat.[40] Konservative Stimmen konstatierten „Bindungsangst" und „Lösungssucht" und warnten vor Selbstverwirklichungsegoismus und Hyperindividualismus.[41] Sie malten das Bild einer gespenstischen Zukunft, in der auch die Intimbeziehungen des Menschen von den Gesetzen des Marktes beherrscht sein würden, von einer Tausch- und Konsummentalität, die die Jungen und sozial Attraktiven zu bloßen „Wegwerfbeziehungen" auf Kosten der weniger Attraktiven und in jeder Hinsicht Schwächeren verführen würde – so lange, bis das Spiel auf ihre eigenen Kosten getrieben würde, und dann sei es zu spät.

Gewiß ist eine Tendenz zur Vereinzelung zu beobachten, doch ich glaube nicht, daß sie aus einer hedonistischen Grundhaltung entsteht. Viel häufiger isolieren sich Menschen, weil sie überhöhte Erwartungen an Lebensgemeinschaften haben, weil sie enttäuscht oder verletzt worden sind und sich nicht wieder enttäuschenden und verletzenden Erfahrungen aussetzen wollen, jedenfalls für eine gewisse Zeit. Das Single-Dasein scheint – jedenfalls bei jüngeren Menschen – häufiger ein Übergangsphänomen als ein dauerhafter Lebensstil zu sein, eine kürzere oder längere Phase nach Trennungen, bevor neue dauerhafte

Verbindungen eingegangen werden. Das Paar, die dauerhafte Zweier-beziehung, ist noch immer das Lebensideal der meisten Menschen, und dem raschen Partnerwechsel wirken starke Tendenzen entgegen, die im Individuum selbst und in der Natur der Zweierbeziehung lie-gen.

Was die Zweierbeziehungen dauerhaft macht – und zwar in der Regel so dauerhaft, daß sie nicht einmal den von Wilhelm Reich als zwingend beschriebenen Prozeß der „sexuellen Abstumpfung" be-fürchten müssen –, ist jedoch nicht der letzte Überrest institutionellen Beiwerks, der der Ehe noch anhaftet. Derselbe Individualisierungspro-zeß, der die Ehe als Institution gefährdet, hat auch psychische und soziale Mechanismen hervorgebracht, die sie als auf Dauer angelegte Beziehung schützen: In einer länger andauernden Lebensgemeinschaft wird die Partnerin bzw. der Partner zum wichtigsten anderen Men-schen überhaupt. „Spezifisch für die moderne Situation ist . . ., daß der Ehepartner kulturell als der signifikanteste andere im Erwachse-nenleben definiert wird. Diese kulturelle Definition stellt natürlich eine der radikalen Innovationen des bürgerlichen Ethos dar."[42] Auch in der traditionellen Sachehe war die Frau für den Mann, der Mann für die Frau wichtig, aber es ging dabei in erster Linie um die Arbeit, die nur gemeinsam bewältigt werden konnte. Während in der alten Ge-sellschaft eine Übereinstimmung der Eheleute in bezug auf ihre Werte und Einstellungen, ihre Rollen in der Ehe als gegeben vorausgesetzt werden konnte, weil sie aus demselben Milieu kamen und ihre Bezie-hung fest in eine übergreifende Sozialstruktur eingebaut war, müssen Frau und Mann einander heute erst im Prozeß der Beziehung kennen-lernen. Indem sie sich gegenseitig ihre Gedanken über sich selbst und ihre Sicht der Welt mitteilen, entsteht so etwas wie ein „privates Universum", das sie und nur sie miteinander teilen. „Aus den grund-legenden Affinitäten und komplementären Unterschieden, aus denen romantische Liebe erwächst, bauen wir uns eine eigene Welt. Mein Selbst und das meines Partners haben sich gefunden: Unser beider Persönlichkeit, unser beider Lebensgefühl, unser beider Bewußtsein beginnen sich zu durchdringen und einen Raum zu schaffen, in dem wir wohnen werden, so lange unsere Beziehung dauert."[43] Dieser neu geschaffene Raum, das „gemeinsame Selbst" des Paares, wird in der Gegenwart um so wichtiger, als unser sonstiges Leben weitgehend von unpersönlichen, formalisierten und fragmentarischen Beziehungen bestimmt ist, in denen nur ein Teil unserer Person mit anderen Men-

schen bzw. Teilen dieser Menschen in Kontakt tritt. In eine Liebesbeziehung bringen wir unsere ganze, ungeteilte Person ein, und wir
bekommen von unserem Partner oder der Partnerin ein ganzheitliches
Bild von uns zurückgespiegelt. Die Zweierbeziehung – falls sie glücklich ist – ist also nicht nur der Ort, wo ein Mensch Geborgenheit,
Bestätigung, sexuelle Befriedigung, Zärtlichkeit erfährt, sondern auch
der Ort, wo er eher als anderswo ganz er selbst sein kann, und zu
diesem Bild des eigenen Selbst trägt die Partnerin bzw. der Partner
entscheidend bei. ,,Was man als Liebe sucht, was man in Intimbeziehungen sucht", sagt Niklas Luhmann, ,,wird somit in erster Linie dies
sein: Validisierung der Selbstdarstellung."[44] Sich verstanden fühlen,
einer der höchsten Werte in Partnerschaften heute, bedeutet ja nichts
anderes, als in der Selbstwahrnehmung bestätigt und so angenommen
zu werden, wie man ist.

Wenn man sich neu verliebt, wird, so lange dies Gefühl besteht, eine
dritte Person zum ,,signifikanten Anderen". Das Bild, das sie uns von
der eigenen Person zurückwirft, fügt dem schon vertrauten, das sich
im Laufe einer längerdauernden Lebensgemeinschaft gebildet hat,
vielleicht neue aufregende Facetten hinzu, lang vergessene Möglichkeiten, verschüttete Fähigkeiten. Wahrscheinlich ist es viel öfter die
Sehnsucht nach einem solchen Erlebnis der vorübergehenden Identi-
tätserweiterung und Steigerung des Lebensgefühls, die Männer und
Frauen zum ,,Fremdgehen" veranlaßt, als das Bedürfnis nach sexueller
Abwechslung.

Ein zentraler Grund, der die Mehrzahl der Menschen daran hindert,
ständig neue Liebesbeziehungen einzugehen, ist ihr Bedürfnis nach
einer stabilen Identität. Wenn ich mich um einer neuen Liebesbeziehung willen aus einer alten Lebensgemeinschaft löse, gewinne ich
nicht nur dazu, sondern ich verliere mit der alten Beziehung auch Teile
meines Selbst, Teile meiner Geschichte, die mit der Person des alten
Partners verwoben sind und mir mit ihm verlorengehen. Je unsicherer
die Welt um uns her, je instabiler unsere sonstigen Sozialbeziehungen,
desto stärker sind wir auf eine beständige Beziehung, eine verläßliche
Partnerschaft angewiesen. Die meisten Menschen werden sich deshalb
erst dann aus einer Lebensgemeinschaft lösen, wenn ihnen aufgrund
einer schon lange gestörten Kommunikation ein verzerrtes und er-
starrtes Bild ihrer selbst zurückgespiegelt wird.

,,Treue bedeutet so letztlich auch Treue zu sich selbst und seiner
Geschichte, als einem in sich zusammenhängenden, sinnvollen Pro-

zeß, dessen Zukunft immer aus der Vergangenheit hervorgeht", meint der Paartherapeut Jürg Willi.[45] In seinem Buch „Koevolution. Die Kunst gemeinsamen Wachsens" hat er das Modell einer „bezogenen Selbstverwirklichung" entwickelt, die nicht in kurzfristigen, vielleicht intensiven Begegnungen, sondern nur im Laufe eines längeren Zusammenlebens, eines andauernden Kommunikationsprozesses erreicht werden kann: „Jeder muß in eigener Verantwortung zur Entfaltung des dyadischen Selbst beitragen. Gemeinsames Wachstum heißt ein dauerndes Ringen miteinander, heißt dauernde gegenseitige Herausforderung und gegenseitigen Widerstand. Gemeinsames Wachstum ist alles andere, als sich für den Partner oder die Partnerschaft aufzugeben, zu fusionieren oder sich aufzuopfern. Yin und Yang verschmelzen nicht miteinander, sie lassen sich gegenseitig entstehen."[46] Jürg Willi sieht die Zweierbeziehung und die Familie als kleine soziale Systeme, die sich aus sich selbst heraus steuern und regulieren, die imstande sind, sich selbst ihre Normen zu setzen und sich selbst zu erneuern und die erst dann zerbrechen, wenn die Kommunikation total gestört und die Belastung zu groß geworden ist.

Dieses Konzept der auf Liebe gegründeten Lebensgemeinschaft ist historisch neu; es hat mit dem alten Begriff der romantischen Liebe nicht mehr viel zu tun. Allerdings paßt es auch nicht zur Idee der Ehe als Institution, denn es geht nicht von allgemeinverbindlichen, der individuellen Willkür entzogenen Strukturen, Normen und Werten aus, sondern – ganz im Gegenteil – von der Beziehung als einem Prozeß, aus dem heraus die jeweils eigenen Strukturen, Normen und Werte entstehen. „Lieben als Lernprozeß":[47] wenn das Ehepaar der alten Gesellschaft über die gemeinsame materielle Existenzgrundlage untrennbar miteinander verbunden war, so muß sich das heutige Paar seine gemeinsame immaterielle Basis selbst schaffen und kann dann seine Lebensaufgabe analog definieren – als Beitrag zum Wachstum des gemeinsamen Selbst.

12. Die Mündigkeit des Paars:
nichteheliche Lebensgemeinschaften heute

Für die 68er Generation waren Simone de Beauvoir und Jean-Paul Sartre das ideale Paar. Lange Zeit hat ihre Beziehung das Bild der neuen freien Lebensgemeinschaft, der „Ehe ohne Trauschein", bestimmt, die sich in den letzten Jahren immer mehr verbreitete. Simone de Beauvoir (1908–1986) und Jean-Paul Sartre (1905–1980) lehnten die Ehe als Lebensform bewußt ab. „Die Ehelosigkeit", so schrieb Beauvoir, „war für uns selbstverständlich. Nur übermächtige Gründe hätten uns zu dem Entschluß bringen können, uns Konventionen zu beugen, die wir verabscheuten."[1] Ein halbes Jahrhundert lang waren sie füreinander die wichtigsten Menschen. Sie blieben sich auf ihre Weise treu, was gelegentliche leidenschaftliche Verhältnisse zu Dritten nicht ausschloß. Beide waren bedeutende Schriftsteller und über Jahrzehnte hinweg produktiv; ihre Beziehung, in der das Gespräch einen wichtigen Platz hatte, trug zu dieser Fruchtbarkeit nicht unwesentlich bei. Beide waren politisch aktiv und stimmten in ihren grundlegenden Werten, ihrem Weltbild überein. Obwohl sich zwischen ihnen eine tiefe, lebenslange Vertrautheit entwickelte, hatten sie niemals einen gemeinsamen Haushalt; sie lebten jeweils für sich, doch nah beieinander. Jahrelang schliefen sie nur in ihren gemeinsamen Ferien im gleichen Bett; erst später, als Sartres Bewegungsfreiheit durch seine Sehschwäche eingeschränkt war, übernachtete er häufiger in Simone de Beauvoirs Wohnung. Die Balance zwischen Nähe und Distanz schien immer wieder zu gelingen, wenn auch von Zeit zu Zeit Probleme auftraten. Trotz der grundsätzlich einander zugestandenen Freiheit war die Eifersucht – besonders für Beauvoir – nur mit Anstrengungen zu überwinden. Häufig stellten die beiden die Intensität ihrer Beziehung dadurch her, daß sie einander Einzelheiten ihrer Verhältnisse zu Dritten mitteilten, was natürlich in gewisser Weise eine Ausbeutung der anderen Männer und Frauen bedeutete. „Es gibt viele Paare", schrieb Simone de Beauvoir, „die mehr oder weniger das gleiche Abkommen treffen wie Sartre und ich: trotz aller Seitensprünge ‚eine gewisse Treue' zu wahren ... Das Unterfangen ist riskant. Es kann passieren, daß der eine Partner die neue Beziehung der alten vorzieht."[2] Es muß für sie schmerzlich gewesen sein, als der 54jährige Sartre eine Zeitlang ernstlich erwog, die 34 Jahre jüngere Arlette El- kaim zu heiraten. Statt dessen adoptierte er sie einige Jahre später.

Simone de Beauvoir und Jean-Paul Sartre blieben bewußt kinderlos. Beauvoir hat die Mutterschaft als „böse Falle" bezeichnet.[3] Es liegt auf der Hand, daß sie unter den gegenwärtigen gesellschaftlichen Verhält- nissen ein soziales Ungleichgewicht zwischen Frau und Mann mit sich bringen kann. Doch Simone de Beauvoir war der Ansicht, daß erst die Ehe mit ihrer traditionellen Arbeitsteilung die Weichen für die wach- sende Abhängigkeit der Frau stelle. Deswegen warnte sie in erster Linie vor der Ehe: „wenn Frauen trotz alledem ein Kind wollen, sollen sie es besser bekommen, ohne zu heiraten. Denn die Ehe, das ist die größte Falle."[4]

Simone de Beauvoir und Jean-Paul Sartre hatten sich als Lehramts- kandidaten im Jahre 1929 kennengelernt, und ihre Beziehung dauerte bis zu seinem Tod im Jahre 1980; Beauvoir überlebte Sartre um sechs Jahre. Schon im existentialistischen Paris der Nachkriegsjahre waren sie ein bekanntes Paar, und die Studenten- wie die Frauenbewegung brachte sie erneut ins Rampenlicht. Diese Berühmtheit hat zeitweise zu einer Idealisierung der Beziehung zwischen den beiden geführt, die den Blick auf auch vorhandene Probleme trübte. Beide setzten ihr Leben ständig kommentierend in Literatur um, und unter den Augen einer kritischen Öffentlichkeit ergab sich die Notwendigkeit der Selbstrechtfertigung, eine ständige tendenzielle Selbstüberforderung. Simone de Beauvoirs Romane und Erzählungen mit autobiographi- schem Hintergrund legen jedenfalls die Vermutung nahe, daß der „ungeschriebene Pakt" zwischen den beiden auch mit hohen psychi- schen Kosten verbunden war.[5] Trotzdem hatten sie offenbar für sich die ihnen gemäße Synthese aus Freiheit und Bindung gefunden. Sie waren der Prototyp des „freischwebenden Paars" und lebten nach dem Ideal der „offenen Ehe", das in den siebziger Jahren viele Paare, un- verheiratete wie verheiratete, beeindruckte. Außerdem hatten sie die Lebensform der „living-apart-together-Beziehung"[6] gewählt, das Zu- sammenleben in getrennten Haushalten, bei dem die Unabhängigkeit einen besonders hohen Stellenwert hat. Natürlich waren sie in jeder Hinsicht ein ungewöhnliches Paar, zu dem auch ein ungewöhnlicher Lebensstil paßte. Aber im Zusammenhang mit dieser Beziehung wer- den alle Probleme sichtbar, um die es auch in den weniger prominenten, den ganz gewöhnlichen nichtehelichen Lebensgemeinschaften heute geht: das Verhältnis zwischen Selbstverwirklichung und der Verpflichtung durch die Beziehung, die Frage nach der Treue und der Stabilität der Beziehung, die große Bedeutung der Offenheit, der Kommunikation überhaupt, die Notwendigkeit und die Folgen der Frauenemanzipation, die Implikationen, die ein Kind für solch eine Beziehung hat.

In der Bundesrepublik leben gegenwärtig über zwei Millionen Frauen und Männer in nichtehelichen Lebensgemeinschaften. Ihre Zahl hat sich zwischen 1972 und 1982 verdreifacht. Fast zwei Drittel von ihnen sind unter dreißig Jahren alt, aber sie stammen keineswegs alle aus dem studentischen Milieu oder auch nur aus der Mittelschicht.[7] 1983 wurde im Auftrag des Bundesministeriums für Jugend, Familie und Gesundheit (BMJFG) eine repräsentative Studie über nichteheliche Lebensgemeinschaften durchgeführt. Dabei ging es um die längst fällige Bestandsaufnahme: Wer sind die Menschen, die in dieser Form zusammenleben, und welches sind ihre Beweggründe? Hinter dem staatlichen Interesse stand natürlich auch die Sorge um die „Krise der Ehe": Was wäre, wenn immer mehr Menschen auf die Idee kämen, ihre Lebensgemeinschaft nach dem Modell von Simone de Beauvoir und Jean-Paul Sartre zu gestalten? Zur großen Erleichterung der Auftraggeber im BMJFG kam die Studie zu dem Ergebnis, daß eine große Zahl der befragten Frauen und Männer ihre Lebensgemeinschaft nicht als andauernde Alternative, sondern als Vorstufe zu einer späteren Ehe ansahen. Immerhin ein Drittel (33%) von ihnen erklärte, sie hätten die feste Absicht zu heiraten, ein gutes Drittel (38%) war sich darüber noch im Unklaren, und nur etwas mehr als ein Viertel wollte nicht heiraten (28%).[8] Demnach wären viele nichteheliche Lebensgemeinschaften eigentlich „voreheliche Lebensgemeinschaften", eine Art „Ehe auf Probe", die sich als neue Phase zwischen Jugend und eigentliche Familiengründung in den Familienzyklus schiebt. Sie wären damit Alternative zu den zahlreichen Frühehen, die in den sechziger Jahren wegen ihrer hohen Scheidungsanfälligkeit als Problem galten. Für diese Vermutung spricht die Tatsache, daß das lange Zeit sinkende Durchschnittsalter bei der Erstheirat in den siebziger Jahren wieder angestiegen ist.

Nach wie vor nehmen Männer und Frauen relativ früh sexuelle Beziehungen auf. Sie gehen auch im allgemeinen recht früh stabile Bindungen ein. Statt aber zu heiraten, ziehen sie heutzutage „erst einmal so" zusammen. Das wird ihnen durch eine gewisse materielle Unabhängigkeit vom Elternhaus und eine veränderte Einstellung der Öffentlichkeit erleichtert. Vielleicht plant das Paar eine spätere Heirat, vielleicht wird das bewußt offengelassen, zumal häufig noch beide, Mann und Frau, in der Ausbildung sind. Einstweilen leben sie mit ihrer Beziehung in der Gegenwart; sie streben individuelle und gemeinsame Ziele an: Prüfungen, Jobs, Reisen, gemeinsame Erlebnisse, Anschaffungen. Kinder werden für die erste Phase solcher Lebensgemeinschaften meist bewußt nicht ins Auge gefaßt; es wird also eine konsequente Empfängnisverhütung betrieben. Das Thema der Paarbeziehung ist die Beziehung selbst. In diesem Typ der „Ehe auf Probe" ist im Zuge des sozialen Wandels von selber Wirklichkeit geworden, was dem Richter Ben Lindsey in den zwanziger Jahren als „Kameradschaftsehe" vorschwebte: eine paarbezogene Eheform vor der eigentlichen „Familienehe". Sie sollte relativ leicht zu scheiden und jedenfalls nicht durch Unterhaltsansprüche erschwert werden, da die Frau ihre ökonomische Unabhängigkeit behielte.[9]

In ihrer Funktion als „Vorehe" ist die nichteheliche Lebensgemeinschaft in der Öffentlichkeit weitgehend akzeptiert, trotz der nach wie vor ablehnenden Haltung der Kirchen, trotz der wiederholten Warnungen staatlicher Instanzen vor angeblichen und tatsächlichen juristischen Nachteilen dieser Lebensform.[10] Zusammenleben „auf Probe" wird heute bereits als der normale Weg angesehen, eine dauerhafte Lebensgemeinschaft zu beginnen. Schon im Jahre 1976 hielten zwei Drittel der unter Dreißigjährigen in der Bundesrepublik diese Lebensform für sich selbst für denkbar.[11] Es ist nicht auszuschließen, daß es schon in naher Zukunft als „leichtsinnig" gelten wird, einen Menschen zu heiraten, mit dem man nicht vorher eine Zeitlang zusammengelebt hat[12] – so wie es früher umgekehrt als leichtsinnig galt, für Frauen zumal, sich vor der Ehe auf sexuelle Beziehungen einzulassen.

Viele unverheiratete Paare gehen irgendwann wieder auseinander. Wie viele das genau sind, wie lang sie im Durchschnitt zusammengelebt haben, ist, anders als bei den legalisierten Ehen, unmöglich zu sagen. Andere Paare heiraten nach einigen Jahren. Bei wieder anderen entwickelt sich die Beziehung zur langfristigen Alternative zur Ehe. Je länger das Zusammenleben andauert, desto geringer wird die Wahrscheinlichkeit, daß überhaupt noch geheiratet wird.[13] Im allgemeinen bleiben langjährige freie Lebensgemeinschaften kinderlos, doch gelegentlich erweitern sie sich auch zu nichtehelichen Familien.[14]

Es lassen sich nur begrenzt Aussagen darüber machen, welche Menschen endgültig auf eine Legalisierung ihrer Beziehung verzichten. Stellt man in der BMJFG-Studie die Befragten „mit fester Heiratsabsicht" denen „ohne Heiratsabsicht" gegenüber, dann ergeben sich einige interessante demographische Unterschiede: Die Frauen und Männer ohne Heiratsabsicht sind im Durchschnitt älter, sie haben häufiger Scheidungserfahrung und Kinder aus früheren Beziehungen.[15] Für sie ist die nichteheliche Lebensgemeinschaft also oft Alternative zur Zweitehe, die abzulehnen es eine Reihe von Gründen geben kann. Geschiedene Frauen haben ihre frühere Ehe möglicherweise als Abhängigkeitssituation erlebt, die sie nicht wiederholen wollen. Männer, die noch Kinder aus einer geschiedenen Ehe und eventuell die frühere Ehefrau unterhalten müssen, scheuen vielleicht die materiellen Belastungen einer zweiten Ehe und ziehen die finanziell gleichberechtigte freie Lebensgemeinschaft vor. Ohnehin kann sich selbst ein gutverdienender Mann selten eine Zweitehe mit Kindern nach dem Muster der Hausfrauenehe leisten.[16] Doch auch dann, wenn sie keine ökonomischen Nachteile befürchten, ziehen geschiedene Männer und Frauen nicht selten ein Zusammenleben ohne Trauschein der Ehe vor: Wer die Erfahrung einer Trennung gemacht hat, braucht oft eine gewisse Zeit, bis er oder sie sich wieder auf eine feste Bindung einlassen kann, und die nichteheliche Lebensgemeinschaft erscheint zunächst weniger verpflichtend. Finanzielle Nachteile durch eine Zweitehe befürchten nicht nur die Geschiedenen, sondern gelegentlich auch die Verwitweten; vor allem verwitwete Frauen wollen bei einer Wiederheirat nicht Versorgungsansprüche aus der früheren Ehe verlieren. Dieses Motiv lag den „Onkelehen" der Nachkriegszeit zugrunde und spielt auch heute hier und da noch eine Rolle. Jedenfalls sinkt die Wiederverheiratungsquote der Geschiedenen wie der Verwitweten.

Die nichteheliche Lebensgemeinschaft kann also „Vorehe" oder „Alternative zur Ehe" sein – doch die beiden Motivmuster lassen sich nicht sauber voneinander trennen. Potentiell ist jedes Zusammenleben ohne Trauschein sowohl das eine wie auch das andere. Erst, wenn ein Paar sich entscheidet, seine Beziehung zu legalisieren, wird sozusagen im nachhinein aus einer nichtehelichen eine voreheliche Lebensgemeinschaft. Auf jeden Fall ist es vorschnell – und entspricht vermutlich eher einem Wunschdenken – wenn das BMJFG in seiner Repräsentativstudie die Paare mit „fester" und die mit „unklarer" Heiratsabsicht (33% und 38%) zusammengefaßt als „voreheliche Lebensgemeinschaften" bezeichnet: „Die meisten nichtehelichen Lebensgemeinschaften können als eine neue Form des ‚Verlöbnisses‘ aufgefaßt werden. Sie sind eine Form vorehelichen Zusammenlebens, das nicht als Alternative zur Ehe geplant ist (bei bis zu 71% der Partner).‘‘[17] Diese Aussage ist schlicht falsch. Die Wahrscheinlichkeit, daß aus einer nichtehelichen Lebensgemeinschaft eine legale Ehe wird, ist weit geringer als die frühere Wahrscheinlichkeit, daß ein Verlöbnis in eine Ehe mündete. Im Gegensatz zu Verlobten haben sich die betreffenden Männer und Frauen eben kein verbindliches Eheversprechen gegeben, und auch wenn sie ursprünglich einmal vorhatten zu heiraten, gehen sie vielleicht doch eines Tages auseinander. Außerdem leben sie, solange sie zusammen sind, bereits in einer faktischen Ehe; sie haben andauernde sexuelle Beziehungen und führen einen gemeinsamen Haushalt.

Wir wissen nur wenig darüber, wann nichteheliche Lebensgemeinschaften tatsächlich in Ehen umgewandelt werden; wir kennen aber die Anlässe, von denen Paare mit „fester Heiratsabsicht" ihre spätere Eheschließung abhängig machen wollen: Kinder spielen die wichtigste Rolle, aber auch die Beendigung der Ausbildung, die Sicherung eines Arbeitsplatzes werden häufig genannt. Es gibt darüber hinaus zahlreiche andere Gründe, innere und äußere, die ein Paar zur formalen Heirat veranlassen können, auch wenn es das vielleicht ursprünglich nicht so geplant hatte. Manche Menschen finden es störend, wenn sie noch im fortgeschrittenen Alter den Lebensgefährten bzw. die Lebensgefährtin als „mein Freund" oder „meine Freundin" bezeichnen müssen. Andere lernen im Laufe der Jahre den Symbolwert der Heirat schätzen und wünschen sie herbei als eine Geste, die die Absicht der Dauer ausdrücken soll. In vielen gesellschaftlichen Bereichen wird der Druck der Konvention wieder stärker: Manche Arbeitgeber, vor allem in konfessionellen Institutionen, bereiten unverheiratet Zusammenlebenden zunehmend Schwierigkeiten. Lehrerinnen und Lehrer können durch eine formale Ehe der Versetzung in die Provinz entgehen. In wirtschaftlichen Führungspositionen ist es vorteilhafter, „anständig" verheiratet zu sein. Manche Paare wünschen eine Sozialwohnung, die sie nur als Eheleute bekommen. Vielleicht beginnt auch die eine oder der andere, an das Alter zu denken, an die steuerlichen Vorteile der Ehe und die Übertragbarkeit von Rentenansprüchen, die nur unter Ehegatten möglich ist.

In der Bundesrepublik scheint die Zahl der „explizit Eheunwilligen" verhältnismäßig niedrig zu sein.[18] Um so größer ist allerdings die Gruppe der Zögernden und Unentschlossenen. Man lehnt die Ehe nicht grundsätzlich ab, aber man kann ihr, zumindest in der gegenwärtigen Lebenssituation, auch nichts sonderlich Positives abgewinnen, das den Gang zum Standesamt lohnend erscheinen ließe. In Schweden, dem Land, das hinsichtlich des Zusammenlebens ohne Trauschein die Zukunftstendenz anzeigen könnte, ist die Gruppe der Indifferenten noch viel größer als bei uns.[19] ,,In einer Zeit, in der a) die zunehmende Permissivität der Gesellschaft das Heiraten oder Nichtheiraten tendenziell dem privaten Belieben der Liebespaare anheimgibt, b) ein explizit-positiver Sinn für Heiraten und Ehe plausibel immer weniger zur Hand ist, c) das Heiratszeremoniell selbst zur Äußerlichkeit und bloßen Formalität abgeblaßt ist ... und d) man ... auch vor und außerhalb der Ehe (fast) alles haben kann, was man traditionell nur in ihr haben konnte, könnte es für die Art und Qualität der Beziehung immer unerheblicher werden und teilweise schon geworden sein, ob zusammenlebende Paare geheiratet haben oder nicht. Hier kann es dann sein, daß die Frage des Heiratens oder Nicht-Heiratens dann mehr und mehr ganz pragmatisch etwa nach finanziellen und/oder steuerlichen Gesichtspunkten entschieden wird.''[20]

Einstweilen wird allerdings bei uns die Auseinandersetzung um Heirat oder Nicht-Heirat vorwiegend auf ideologischer Ebene und mit gefühlsbesetzten Argumenten geführt: von denjenigen, die die Ehe als Institution schützen und verteidigen zu müssen glauben – voran die Kirchen und die konservativen Parteien –, wie auch von denjenigen, die in der nichtehelichen Lebensgemeinschaft eine positive Herausforderung sehen.[21] Im Selbstverständnis der meisten nichtverheirateten Paare spielt die kritische Abgrenzung von den verheirateten Paaren noch eine wichtige Rolle. Das äußert sich unter anderem in dem einigermaßen trostlosen Bild, das sie von der Ehe haben:[22] Ihrer Ansicht nach ,,lähmt'', ,,erdrückt'', ,,zerstört'' die formale Ehe eine Zweierbeziehung. Die Ehen der eigenen Eltern und der Bekannten werden häufig als Negativ-Vorbilder erlebt. Das Schreckbild der ganz alltäglichen Ehe ist gekennzeichnet von gestörter Kommunikation, Desinteresse aneinander, Isolation von der Außenwelt: ,,,Die Frau gibt den Beruf auf und wartet auf den Mann', ,dann sitzen sie abends vor dem Fernseher' und ,haben kein Gesprächsthema'. Nachts schließlich ,gehen sie in ihr Zimmer, machen die Tür zu und legen sich in so 'ne Kiste'''[23] – Langeweile, Leere, Erstarrung. Viele der unverheirateten

Paare glauben sich vor solch einer Entwicklung ihrer Beziehung schützen zu können, indem sie sie nicht (oder vorerst nicht) legalisieren. Sie sind auch davon überzeugt, daß der Trauschein sie nicht vor Trennung schützt, sondern im Gegenteil einer Beziehung schaden könne, weil er das Paar in falscher Sicherheit wiege und vorzeitig erschlaffen ließe im Bemühen umeinander.

Mehr oder weniger ausgeprägt, den unverheirateten Paaren mehr oder weniger bewußt, spiegelt sich hier ein Stück Ideengeschichte der „freien Liebe" aus den vergangenen zwei Jahrhunderten. Vor allem die Frauen und Männer, die ihr Zusammenleben von vornherein als dauerhafte Alternative zur Ehe planen, können mit der legalen Ehe nur materielle und äußerliche Vorteile assoziieren, während ihrer Meinung nach alle ideellen Argumente für ein informelles Zusammenleben sprechen. In ihren Wertvorstellungen spielt die Selbstverwirklichung von Mann und Frau eine besonders wichtige Rolle. Gleichzeitig sind sie auch sehr beziehungsorientiert und stellen hohe Anforderungen an die Qualität der Partnerschaft. Sie sind überzeugt davon, daß die Wahrung der Individualität und eine gewisse Unabhängigkeit voneinander ihrer Beziehung zugute kommen. Paare, die auf Dauer eine nichteheliche Lebensgemeinschaft vorziehen, sehen sich häufig als Teil einer Avantgarde, als Träger des neuen Ehe- oder Beziehungsideals, das in jeder Hinsicht dem traditionellen Ideal der bürgerlich-christlichen, patriarchalischen Ehe entgegengesetzt ist. Allerdings beeinflussen die neuen Wertvorstellungen längst auch die verheirateten Paare, jedenfalls die jüngeren. Die BMJFG-Studie ergab, daß nichtverheiratete Paare der individuellen Selbstverwirklichung von Frau und Mann und einer eigenständigen Erwerbstätigkeit der Frau mehr Wert beimessen als verheiratete Paare. Doch die Fähigkeit, offene und faire Auseinandersetzungen führen zu können, wurde von beiden Gruppen als gleich wichtig eingeschätzt.[24]

Übrigens scheinen sich vor allem die Frauen von den nichtehelichen Lebensgemeinschaften eine gleichberechtigte Partnerschaft zu erhoffen.[25] Traditionell waren sie es, die den Schutz der Ehe besonders nötig hatten; auch heute noch sind ihre Chancen auf dem Arbeitsmarkt und damit ihre sozialen Alternativen geringer als die der Männer. Trotzdem hat gerade der Anteil der jungen Frauen, die unverheiratet mit Männern zusammenleben, enorm zugenommen – zwischen 1972 und 1982 hat sich ihre Zahl verzehnfacht.[26] Der Aufschub (bzw. die Verweigerung) der Heirat erleichtert es jüngeren Frauen, sich noch innerhalb einer festen Beziehung eine eigene berufliche Identität aufzubauen. Unverheiratet zu sein signalisiert die Selbständigkeit der Frau nach außen und nach innen zugleich. Das hat – eine gewisse Qualifikation vorausgesetzt – Auswirkungen auf ihr Selbstbewußtsein und das Aushandeln von Rollen innerhalb der Zweierbeziehung, vor allem in den ersten Jahren des Zusammenlebens, in denen die Weichen für die Entwicklung der Partnerschaft gestellt werden. Frauen, die ohne Trauschein mit Männern zusammenleben, entwickeln nicht ohne weiteres die Erwartungshaltung, vom Mann miternährt zu werden und sich auf die Ehe als Versorgungsinstitut zu verlassen – eine Lebensplanung, die bei einer Ehescheidung fatale Folgen haben kann. Im allgemeinen legen jüngere Frauen allerdings auf eine gewisse finanzielle Unabhängigkeit um ihrer selbst willen Wert und nicht etwa, weil sie ein Scheitern der Beziehung antizipieren.

Zwar überwiegt auch in nichtehelichen Lebensgemeinschaften die herkömmliche geschlechtsspezifische Arbeitsteilung, doch scheint sie hier weniger ausgeprägt als bei gleichaltrigen verheirateten Paaren. Die Entscheidungsmacht ist in Ehen ohne Trauschein besonders gleichgewichtig verteilt; jedenfalls findet sich hier seltener einseitige männliche Dominanz im Außen- oder weibliche Dominanz im Innenraum als in legalisierten Ehen.[27] Selbstverständlich ist ein gleichgewichtiges Verhältnis zwischen Mann und Frau in einer kinderlosen Beziehung noch vergleichsweise einfach aufrechtzuerhalten; eine starke Asymmetrie entsteht oft erst dann, wenn Kinder da sind. Von der relativen Kinderarmut der nichtehelichen Lebensgemeinschaften war bereits die Rede. Sie ergibt sich in erster Linie daraus, daß viele Paare heiraten, sobald die Geburt eines Kindes zu erwarten ist. In der Bundesrepublik ist nach wie vor die Überzeugung verbreitet, daß der Familiengründung eine „richtige" Heirat vorangehen sollte. Nach einer Emnid-Studie von 1981 begrüßten zwar sieben von zehn Befragten die „Ehe auf Probe" und noch die Hälfte billigte das dauerhafte Zusammenleben ohne Trauschein als Alternative zur Ehe – aber nur ein knappes Drittel befürwortete die nichteheliche Lebensgemeinschaft mit Kind.[28]

In Schweden und Dänemark, wo nichteheliche Lebensgemeinschaften sehr verbreitet und selbstverständlicher sind als bei uns, ist auch der Anteil der unverheirateten Paare mit Kindern inzwischen recht hoch.[29] Es ist nicht auszuschließen, daß auch bei uns der Trend in diese Richtung geht. Jedenfalls steigt seit einigen Jahren die Zahl der nichtehelichen Geburten wieder, die bis Mitte der siebziger Jahre eine sinkende Tendenz aufwies. Während 1970 die ledigen Mütter im Durchschnitt etwa 20 Jahre alt waren, sind sie gegenwärtig um 30 Jahre alt, „ein Hinweis auf eine vermehrte bewußte Mutterschaft bzw. Elternschaft ohne Heirat".[30]

Einstweilen ist die öffentliche Meinung und sind die Paare selbst hierzulande noch größtenteils der Ansicht, daß im Interesse des Kindes geheiratet werden solle, weil es sonst Nachteile zu befürchten habe. Tatsächlich ist das aber kaum noch der Fall. Seit 1969 entspricht die rechtliche Stellung des nichtehelichen Kindes weitgehend der des ehelichen.[31] Der Staat hat also, unabhängig von der Beziehung der Eltern zueinander, die materiellen Rechte des Kindes gesichert. Auch die soziale Diskriminierung nichtehelicher Kinder hat, mit der größeren Verbreitung von Scheidungen und Ein-Eltern-Familien, sehr nachgelassen. Juristische Nachteile entstehen allerdings derzeit dem nichtehelichen Vater, der seinem Kind gegenüber zwar unterhaltsverpflichtet ist, nicht aber das Recht der elterlichen Sorge mit der Mutter teilen kann. Der Mutter muß heute im allgemeinen das Sorgerecht ohne weiteres zugestanden werden, es sei denn, dies verstieße ausdrücklich gegen das Kindeswohl. Bei unverheirateten Paaren entsteht also, wenn sie Kinder haben, ein rechtliches Ungleichgewicht zuungunsten des Vaters; seine Beziehung zum Kind ist formaljuristisch nicht abgesichert, wenn die nichteheliche Lebensgemeinschaft scheitert. (Manche Frauen, die sich bewußt zur Mutterschaft ohne Trauschein entscheiden, sehen dies keineswegs nur als Nachteil an, denn häufig verstärkt es das persönliche Engagement des Vaters für sein Kind bzw. seine Kinder.) Ein ökonomisches Ungleichgewicht zuungunsten der Mutter entsteht, wenn sie eine eigene Erwerbstätigkeit aufgibt und sich nach dem traditionellen Hausfrauenmodell ausschließlich um das Kind kümmert. Falls sie nicht besondere vertragliche Vereinbarungen mit dem Vater des Kindes trifft, gerät sie damit in eine unsicherere Situation als die legale Ehefrau.

Die nichteheliche Familie – vor deren juristischen Nachteilen das Bundesministerium für Jugend, Familie, Frauen und Gesundheit (BMJFFG) und das Bundesministerium für Justiz (BMJ) unlängst in einer gemeinsam herausgegebenen Broschüre gewarnt haben[32] – muß nicht mit Defiziten für das Kind verbunden sein. Das Recht des Kindes auf Familie, auf Mutter und Vater und auf ein positives Verhältnis zwischen diesen beiden, wird auch durch die formale Eheschließung nicht garantiert. Gute Voraussetzungen für das Heranwachsen eines Kindes können in nicht-legalisierten Beziehungen ebenso gegeben sein, wie sie in legalisierten fehlen können. Die vielbeschworene Sicherheit und Geborgenheit, die Kinder ohne Zweifel brauchen, erwächst aus der Art, wie ihre Eltern mit ihnen und miteinander umgehen, und nicht aus dem formaljuristischen Status der Beziehung.

In der Ideengeschichte der „freien Liebe" war immer wieder die Stellung des nichtehelichen Kindes als das entscheidende Kriterium für den sozialen Fortschritt herausgestellt worden. Die Voraussetzungen für eine „freie Ehe" seien in dem Augenblick gegeben, wo keine Unterschiede mehr zwischen legitimen und illegitimen Kindern gemacht würden.[33] Das setzt voraus, daß sich der Staat – wie es bei uns der Fall ist – zum Garanten der Rechte des Kindes macht. Noch haben unverheiratete Paare in der Bundesrepublik sehr viel seltener Kinder als verheiratete Paare der gleichen Altersgruppe. Dabei ist offen, ob sie ohne Trauschein zusammenleben, weil sie ohnehin (noch) keine Kinder wollen; ob sie keine Kinder haben, weil sie sich nicht (oder noch nicht) zur Ehe entscheiden können, oder ob das eine nichts mit dem anderen zu tun hat. „Häufig wird deutlich, daß die Vorbehalte gegenüber einem Kind streckenweise mit den Vorbehalten gegenüber einer Ehe identisch sind", stellte die Repräsentativbefragung des BMJFFG fest.[34] Daß dies nicht notwendig so sein muß, zeigt die große Zahl der nichtehelichen Familien in Schweden und Dänemark.

Wahrscheinlich ist es die vermutete oder tatsächliche Haltung zur Elternschaft, die die nichtehelichen Lebensgemeinschaften für Anhänger einer konservativen Familienideologie suspekt macht. Kirchenvertreter, konservative Moralisten und Politiker halten die legale Ehe vor allem deswegen für unverzichtbar, weil sie der Meinung sind, daß Menschen sich nur in diesem Rahmen auf das Wagnis der Elternschaft einlassen können und sollen. Für sie garantiert der Institutionencharakter der Ehe noch immer Verbindlichkeit und Dauer der Beziehung. „Institutionen sind sozial sanktionierte Verhaltensmuster, durch die in allen Gesellschaften grundlegende Probleme des menschlichen Zusammenlebens auf verbindliche Weise geregelt werden. Indem sie Bündel von Verhaltensregeln, Handlungsmustern und Einstellungen formulieren, die für die Handlungspartner gegenseitige Erwartungen darstellen, schaffen sie für den einzelnen einen geordneten und verläßlichen Orientierungsrahmen, der das innere und äußere Geschehen kalkulierbar und vorhersehbar macht. – Insoweit die Institution Ehe die sozialen Rollen von Ehemann und Ehefrau definiert, können die Partner, die miteinander die Ehe eingehen, wissen, was sie voneinander zu erwarten haben."[35] Es ist jedoch die Frage, wieweit die legale Ehe in diesem Sinn noch soziale Institution sein kann, denn die allgemeinverbindlichen Handlungsmuster und Wertorientierungen sind, was das Verhältnis der Geschlechter zueinander und das Verständnis von Liebe und Ehe betrifft, in einem grundlegenden Wandel begriffen. Wenn sich gegenwärtig so etwas wie ein neuer Konsens über das Wesen der Ehe abzeichnet, dann hat dieses neue Ehebild eher anti-institutionelle und prozeßorientierte Züge. Das Ehegesetz andererseits definiert einen ökonomischen und juristischen Rahmen, der mit dem eigentlichen Inhalt der ehelichen Beziehung nur wenig zu tun hat, insofern also auch kaum Orientierungsrahmen und Handlungshilfe darstellen kann. „Die Ehegatten sind einander zur ehelichen Lebensgemeinschaft verpflichtet", heißt es im § 1353, Abs. 1 BGB. In der traditionellen Gesellschaft verbanden sich damit ganz konkrete Vorstellungen über die Rollen von Mann und Frau in der Ehe; heute muß ein Paar selbst herausfinden, was es unter „ehelicher Lebensgemeinschaft" verstehen will. Frau und Mann informieren sich im Verlauf ihrer Beziehung wechselseitig darüber, was sie voneinander erwarten und zu erwarten haben. Natürlich „erfinden" sie ihre Normen nicht, sondern sie finden sie gesellschaftlich vor, irgendwo auf dem breiten Spektrum zwischen dem „alten" und dem „neuen" Ideal – und damit sind grundsätzlich alle Möglichkeiten offen.

Max Wingen hat zutreffend bei unverheirateten Paaren einen „unverkennbaren anti-institutionellen Affekt" festgestellt, einen „Argwohn gegenüber allem Institutionellen als einer die freie persönliche Entfaltung einschränkenden und belastenden Auflage", mit dem allerdings „im Einzelfall durchaus ein ethischer Impuls verbunden sein" könne.[36] Allerdings zielt der Anti-Institutionalismus nicht (oder nur „im Einzelfall") auf *individuelle* Befreiung, sondern es geht darum, die *Beziehung* aus der Bevormundung durch die Institution zu befreien. Die Institutionenauffassung von der Ehe suggeriert, daß bereits der legale Akt der Eheschließung eine gemeinsame Grundlage herstelle. Nichteheliche Lebensgemeinschaften, die als dauerhafte Alternative zur Ehe angelegt sind, weisen genau diese Annahme als gefährlich zurück und betonen, indem sie die Formalität ablehnen, den Prozeßcharakter ihrer Beziehung. Auch voreheliche Lebensgemeinschaften, in denen die formale Heirat nur aufgeschoben wird, haben einen anti-institutionellen Zug. Durch die Verschiebung der Trauungszeremonie bedeuten sich Frau und Mann gegenseitig, daß nicht sie es ist, die die gemeinsame Lebensgrundlage herstellt, sondern der gelingende Kommunikationsprozeß.

Soziale Institutionen haben die Funktion, Menschen psychisch zu entlasten, indem sie ihre Zukunftserwartungen stabilisieren. Die legale Ehe kann diese Funktion nicht mehr erfüllen; sie vermittelt als solche weder ökonomische noch psychische Sicherheit für die Zukunft. Solange die Ehe prinzipiell unscheidbar war, konnte sie zumindest eine gesicherte ökonomische und soziale Perspektive bieten. Die Demontage der Ehe als Institution begann in dem Augenblick, als Glückserwartungen an sie gestellt wurden, und sie schritt in dem Maße fort, wie ihr Bestand zunehmend von der individuellen Zufriedenheit von Frau und Mann abhängig gemacht wurde. Natürlich wünschen sich die meisten von uns stabile, dauerhafte Zweierbeziehungen – aber mit der Stabilität allein gäbe sich niemand mehr zufrieden; wir wollen zugleich glücklich sein, was immer das heißt. Doch soziale Institutionen können uns keine Handlungsmuster vorgeben, die Glück und Zufriedenheit für die Zukunft sichern. Stabilität qua Institution war nur in der traditionellen Sachehe möglich; der psychische Preis für die größere Intensität der Liebesehe ist die Instabilität ihrer Grundlage.

Die Ablehnung der Ehe als Institution wird in der konservativen Literatur häufig mit mangelnder Bereitschaft zur Bindung gleichgesetzt, mit Bindungsunlust oder -unfähigkeit. Der Gang zum Standesamt oder zum Traualtar symbolisiert demnach die Bereitschaft, sich auf eine Beziehung einzulassen. Wo das öffentliche Eheversprechen fehlt, muß diese Bereitschaft erst einmal bezweifelt werden.

Es ist sicher richtig, daß heute oft Bindungsängste eine große Rolle spielen, wenn der Ehe die nichteheliche Lebensgemeinschaft vorgezogen wird. Doch diese Bindungsangst hat viele Facetten und darf nicht einfach als bedauerliche Charakterschwäche des modernen Menschen abgetan werden. Sie hat viel mit der veränderten Qualität von Liebesbeziehung und Lebensgemeinschaft zu tun. Die alte Sachehe verpflichtete Ehemann und Ehefrau zu konkreten, recht klar umrissenen Verhaltensweisen – nicht aber zu bestimmten Gefühlen gegeneinander. Auch in einer korrekt geführten Ehe herrschte früher eine große seelische Distanz zwischen den Eheleuten, die sich im förmlichen Umgang miteinander bis hin zur Ebene des Geschlechtsverkehrs ausdrückte; selbst sexuelle Handlungen konnten ohne Emotionen vollzogen werden. In Kants Definition der Ehe als „Verbindung zweier Personen verschiedenen Geschlechts zum lebenswierigen wechselseitigen Besitz ihrer Geschlechtseigenschaften"[37] ist von Gefühlen noch keine Rede. Bei einem solchen Verständnis von Ehe mußte man keine Angst vor dem Verlust der Identität durch die Verschmelzung mit der anderen Person haben. Heute gehört es zum Wesen der Paarbeziehung, daß sie eher über gegenseitige Gefühle als über bestimmte Verhaltensweisen definiert ist.[38] So kommen sich Männer und Frauen heute emotional viel näher als früher. Weil ihre Liebesbeziehung zur Lebensgemeinschaft wird (und nicht wie die frühere leidenschaftliche außereheliche Beziehung abrupt abbricht), müssen sie auch lernen, sich zeitweise oder in bestimmten Bereichen wieder voneinander zu distanzieren. Die psychischen und sozialen Räume, in denen sie Gemeinsamkeit und Nähe oder Fremdheit und Distanz wünschen oder brauchen, sind nicht von außen vorgegeben, sondern müssen im Prozeß der Beziehung definiert werden. Das ist schwierig, oft schmerzhaft und mit Angst verbunden. Der Wunsch nach Distanzierung hat seine direkte Entsprechung im Wunsch nach Verschmelzung. Die Vorbehalte und die Vorsicht, die viele Menschen nach einer Phase heftiger Verliebtheit gegenüber einer festen Bindung zeigen, hängen auch mit der Totalität der anfänglichen Gefühle zusammen, die die eigene Identität gefährden.

Solche Vorbehalte, die sich oft erst allmählich mit dem Wachsen der Beziehung auflösen, haben wohl auch die Funktion, vor Enttäuschungen zu schützen, die ein mögliches Ende mit sich bringen würde; indem man sich nur nach und nach, in kleinen Schritten, auf den anderen Menschen und die Beziehung zu ihm einläßt, glaubt man den Schmerz der möglichen Trennung sozusagen vorbeugend unterlaufen zu können – ein unbewußtes Kalkül, das natürlich nicht aufgeht. Der Angst vor Enttäuschung wäre allerdings mit einer Zeremonie wie der Trauung gedient, wenn sie die gewünschte psychische Sicherheit noch vermittelte – und wenn es den Menschen wirklich nur darum ginge, Sicherheit zu erlangen.

Die Bindungsangst oder Bindungsunlust hat nämlich noch einen weiteren Aspekt, der in direktem Widerspruch zum Sicherheitsbedürfnis steht: das Bedürfnis, der Veralltäglichung der Beziehung, die in der Sicherheit schneller voranschreitet, entgegenzuwirken. Früher hatte die romantische, die leidenschaftliche Liebe ihre große Zeit, bevor die Frau den Mann „erhörte". Sie erlosch mit der sexuellen Erfüllung oder bald danach, im gemeinsamen Alltag. Heute findet der Geschlechtsverkehr meist schon in einer sehr frühen Phase der Liebesbeziehung statt. Damit wird die Sexualität profanisiert, ent-romantisiert (und nicht etwa übertrieben aufgewertet, wie oft von konservativer Seite behauptet). Der eigentliche Prozeß des Sich-Kennenlernens, der Aufbau der Beziehung setzt erst danach ein. Nach der ersten Verliebtheit, die das Gefühl des Einssein vermittelte, steht jetzt die Abgrenzung im Vordergrund. Damit beginnt der Prozeß des Werbens, der Bemühung umeinander noch einmal, auf einer anderen psychischen Ebene. Wie früher erneuert sich die romantische Liebe an der Unsicherheit, an den Hindernissen – nur daß es sich jetzt nicht mehr um äußere, soziale oder ökonomische Hindernisse handelt, sondern um Unwägbarkeiten, die in den Persönlichkeiten der beiden Beteiligten und der Dynamik ihrer Beziehung liegen. So bleibt die Spannung in der Beziehung auch nach der sexuellen Erfüllung erhalten. Dadurch, daß die förmliche Heirat nicht am Anfang steht, kann der Zeitpunkt herausgezögert werden, zu dem sich die „romantische" in die ruhigere und dauerhafte „eheliche" Liebe verwandelt.

Vermutlich gehen nichteheliche Lebensgemeinschaften häufiger auseinander als Ehen. Das hängt einerseits mit dem großen Anteil der jüngeren Menschen in dieser Lebensform zusammen; es versteht sich von selbst, daß juvenile Beziehungen passager sind, weil sie die Suchbewegungen einer erst im Entstehen begriffenen Identität spiegeln. Doch nichteheliche Lebensgemeinschaften würden wahrscheinlich auch dann als weniger stabil erscheinen, wenn vergleichbare Altersgruppen verheirateter und nichtverheirateter Paare gegenübergestellt würden. Schließlich bilden Paare, die ohne Trauschein zusammenleben, keine homogene Kategorie: Es gibt keine Kriterien, nach denen man von vornherein kurzfristige Liebesverhältnisse von dauerhaften Lebensgemeinschaften unterscheiden könnte.

Natürlich verändert sich auch in nichtehelichen Lebensgemeinschaften, wenn sie dauern, allmählich die Qualität der Liebe. Eine dauerhafte Gemeinschaft entsteht dann, wenn es den beiden Menschen gelingt, in der Anfangsphase aus ihren komplizierten und widersprüchlichen Bedürfnissen nach Nähe und Distanz, nach Verschmelzung und Abgrenzung ein sich selbst tragendes soziales System zu bauen. Nicht anders als in der legalisierten Beziehung entwickelt sich dann eine „eheliche" Liebe im soziologischen und psychologischen Sinn. Nichtverheiratete Paare, die länger zusammenleben, erkennen irgendwann, daß viele der Phänomene, die ursprünglich zu ihrem (Negativ-)Bild der formalen Ehe gehörten, in Wirklichkeit Begleiterscheinung dauerhaften Zusammenlebens überhaupt sind. Auch in nichtehelichen Lebensgemeinschaften entstehen „Kollusionen" aus dem unbewußten Zusammenspiel von Frau und Mann,[39] das heißt, daß beide einander unbewußt auf komplementäre psychische Positionen und Rollen festlegen, was sowohl die Ursache einer befriedigenden „Arbeitsteilung" auf der Gefühlsebene als auch die Ursache von Spannungen und Konflikten werden kann, je nachdem, wie lebendig die Beziehung ist.

Mehr und mehr zerfließen so die Grenzen zwischen Ehe und freier Lebensgemeinschaft. Langdauernde nicht-legalisierte Verbindungen unterscheiden sich kaum noch von langjährigen legalisierten Ehen. Wer noch an prinzipielle Unterschiede glaubt, geht meist von dem alten Eheverständnis aus, das immer mehr an Boden verliert. So behauptet etwa Hartmann Leitner, daß Ehe und nichteheliche Lebensgemeinschaft einen gänzlich anderen „Zeithorizont" hätten: die Zukunftsperspektive der Ehe sei „bestimmt", während die der nichtehelichen Lebensgemeinschaft „unbestimmt" bliebe. Nicht-legalisierte Beziehungen stünden „unter dem Vorbehalt jederzeitiger Kündbarkeit", da Mann und Frau die Fortsetzung ihres Zusammenlebens davon abhängig machten, ob es weiterhin bestimmten „emotional-affektiven Ansprüchen" genüge. „Deshalb kehrt sich auch hier die Handlungslage um: nicht mehr wie in der Ehe die Auflösung, sondern der Bestand der Gemeinschaft wird . . . begründungsbedürftig, vor allem vor sich selbst; die Partner müssen sich sozusagen ihr Ja-Wort täglich neu geben."[40] Daraus resultiert seiner Ansicht nach psychische Verunsicherung und ein immenser Leistungsdruck für das Paar. Diese Aussage verkennt nicht nur die innere Dynamik der nichtehelichen Lebensgemeinschaft, sondern auch die gewandelten Grundlagen der Ehe. Längst ist auch der Zeithorizont der Liebesehe unbestimmt: „Man heiratet, weil man sich liebt, und man bleibt verheiratet, solange man sich liebt. Wenn man sich nicht mehr liebt, läßt man sich scheiden. Die Liebe ist stillschweigend als die Bedingung der Ehe anerkannt."[41] Die Bedeutung der Hochzeit nimmt immer mehr ab, nicht nur, weil Scheidung und Wiederverheiratung häufiger werden, sondern weil man sich Liebe immer nur für die Gegenwart und nicht für die Zukunft versprechen kann. Man kann höchstens seinem Wunsch nach Dauer Ausdruck geben – so wie es schon Klaus Mann 1930 in seiner „Nicht gehaltenen Rede beim Hochzeitsessen einer Freundin" formulierte: „Was gelobt Ihr Euch heute? Doch nicht, daß der eine dem anderen ewig gehören muß? Wie könntet Ihr das? Und was bedeutet Besitz? Was Ihr Euch gelobt ist nur, daß Ihr es beide möglichst lange versuchen wollt, Euch möglichst nahe zu bleiben, so innig es geht. Dieses Gelöbnis unterstreicht Ihr feierlich und scherzhaft durch die Zeremonie am Standesamt und ladet Eure Eltern dazu ein."[42] Nicht die Zeremonie garantiert den Bestand der Beziehung, sondern die Beziehung stabilisiert sich aus sich selbst heraus, wenn sie dauert. Genau der gleiche Prozeß findet in der nichtehelichen Lebensgemeinschaft statt: Die Verbindlichkeit wächst mit der faktischen Dauer, besonders dann, wenn sie als befriedigend erlebt wird. Je länger eine Beziehung andauert, desto schwieriger wird es, sich zu trennen.

Auf diesem Hintergrund erscheint die Behauptung, daß eine nichteheliche Lebensgemeinschaft von jedem der beiden Beteiligten jederzeit, sozusagen fristlos, gekündigt werden könne, völlig absurd; sie verrät eine Überbewertung formalistischer Ordnungsprinzipien, die der intimen Zweierbeziehung völlig fremd sind. In der nichtehelichen Lebensgemeinschaft wie in der Ehe vollzieht sich ein etwaiger Zerfall der Beziehung, ein Scheitern, über einen längeren Zeitraum, in dem das Gespräch, die Kommunikation allmählich abstirbt. Es kommt nicht aus heiterem Himmel zur „Kündigung". Auch in der psychischen Bewältigung einer Trennung gibt es keine grundsätzlichen Unterschiede; der einzige Unterschied ist, daß die nichtehelichen Lebensgemeinschaften im allgemeinen auskommen, ohne die Gerichte zu bemühen.

Philippe Ariès hat die Vermutung geäußert, daß die Dauer in den heutigen Lebensgemeinschaften eine ganz neue Bedeutung gewinne, die sie in der alten Gesellschaft nicht hatte: „Ein Paar zu werden braucht lange Zeit, und jedes Stück zusätzlicher Zeit bringt die Gatten einander ein wenig näher ... Heute zählen Ursprung und Art der Bindung wenig; worauf es ankommt, ist ihre *Dauer*. Letztlich ... kommt eine wirkliche Ehe, die sich übrigens kaum von einer dauerhaften freien Verbindung unterscheidet, nicht durch einen Akt auf dem Standesamt oder in der Kirche und auch nicht durch eine vorgängige und anfällige Entscheidung zustande, sondern durch die Tatsache der Dauer. Die wirkliche Ehe ist eine dauerhafte Gemeinschaft, eine lebendige und fruchtbare Dauer, die dem Tode trotzt – eine untergründige Revanche der dynamischen Kontinuität in einer Gesellschaft, die dem Augenblick und dem Bruch huldigt."[43]

Sicher kann auch eine legalisierte Verbindung lebendig und fruchtbar bleiben, und sicher ist die freie Lebensgemeinschaft nicht vor Erstarrung geschützt. Doch das Entstehen einer gemeinsamen Geschichte ist dann besonders befriedigend, wenn sie fließend, wie von selbst wächst. Zusammenbleiben gewinnt da eine besondere Bedeutung, wo – zumindest anfangs – die Trennung leicht gewesen wäre. Ein fortgesetztes Ja hat den größten Wert, wo auch ein Nein möglich wäre. Und die wechselseitige persönliche Bestätigung, die eine Lebensgemeinschaft mit sich bringt, ist um so größer, je weniger materielle Abhängigkeit und pragmatische Vorteile dabei eine Rolle spielen.

Schluß: Von der Ehe ohne Liebe zur Liebe ohne Ehe?

In den letzten Jahrhunderten haben sich die gesellschaftlichen Grundlagen und unser Verständnis von Ehe und Familie tiefgreifend verändert. Die zunehmende Verbreitung und die öffentliche Billigung der nichtehelichen Lebensgemeinschaften sind ein Symptom dieses Wandels. Soziologisch gesehen ist die nichteheliche Lebensgemeinschaft eine Ehevariante, nämlich eine informelle faktische Ehe. Unserem offiziellen Ehekonzept, das nur die kirchlich und staatlich (bzw. nur die staatlich) sanktionierten Lebensgemeinschaften anerkennt, liegt ein verengter, historisch relativ junger Ehebegriff zugrunde.

Informelle Ehen hat es auch in früheren Gesellschaften gegeben: Für reiche und mächtige Familienverbände waren förmlich eingegangene Eheverbindungen wichtig zum Aufbau von sozialen Beziehungen, die der wechselseitigen Sicherung von Vermögen und politischem Einfluß dienten. Daneben existierten fast immer mehr oder weniger informelle Ehevarianten bei standesungleichen Verbindungen oder in den Unterschichten. Bevor die christliche Kirche im Mittelalter die lebenslange monogame Ehe durchsetzte, gab es bei den Germanen – wie bei den Griechen und Römern – verschiedene Eheformen nebeneinander. Die Konkubinate, die Friedelehen und andere „Ehen minderen Rechts" sind in gewisser Weise die Vorläufer der heutigen nichtehelichen Lebensgemeinschaft. Dennoch sind sie nur bedingt mit ihr vergleichbar, weil inzwischen die Übergänge zwischen Ehe und dauerhaftem Zusammenleben fließend geworden sind.

Als die christliche Eheauffassung römisches Recht und germanische Ehewirklichkeit durchdrang, entstand nach und nach die Norm der lebenslangen unauflöslichen Einehe. Zunehmend wurden alle Lebensgemeinschaften, die nicht kirchlich gebilligt waren, diskriminiert. Die sinnen- und frauenfeindliche Einstellung der mittelalterlichen christlichen Kirche äußerte sich in einer gewissen Geringschätzung der Ehe gegenüber dem Zölibat und in der Verdammung aller Formen des außerehelichen Geschlechtsverkehrs. In dieser Zeit entwickelte sich auch die Vorstellung von der Grundverschiedenheit der ehelichen und der außerehelichen Liebe, die das abendländische Denken bis in die jüngere Vergangenheit geprägt hat. Nach und nach eignete sich die Kirche die Kontrolle des gesamten Eherechts an. Sie machte das beiderseitig freiwillig gegebene Ja-Wort und das Sakrament zur Basis der Ehe. Mit der Einführung des Konsensprinzips schwächte die Kirche zugleich die Autorität der Herkunftsfamilie bezüglich der Partnerwahl und der Eheanbahnung und setzte damit den allmählichen Prozeß der Individualisierung der Ehe und der Emanzipation des Paars von seinen Eltern in Gang. In der Neuzeit begann der Staat mit der Kirche um die Vorherrschaft über die Ehe zu konkurrieren. Den ideengeschichtlichen Hintergrund dafür bildeten der Protestantismus, der die Ehe als weltliche Angelegenheit ansah, und die Aufklärung, die ihr Vertragscharakter zuschrieb. Doch der Konservativismus des 19. Jahrhunderts trat dem Individualisierungsprozeß entgegen und versuchte, mit der Entwicklung des Institutionengedankens den Verlust der sakralen Dimension zu kompensieren: So wurden die legalisierte Ehe und die auf ihr gründende Familie zu wichtigen Bausteinen der Gesellschaftsordnung erklärt, und der Staat ernannte sich selbst zu ihrem Hüter und Beschützer vor der Willkür der Individuen und dem vermeintlichen Anarchismus der Liebe.

Einen wichtigen Einschnitt stellt die Entstehung der bürgerlichen Ehe Ende des 18. Jahrhunderts dar. Sie markiert den Übergang von der alten Sachehe, die fest mit bestimmten sozioökonomischen Grundlagen verbunden war, zur modernen, nurmehr psychisch begründeten Liebesehe. – Die traditionellen Normen der Sachehe prägten bis weit ins 19. Jahrhundert hinein die Ehewirklichkeit in allen Schichten der Bevölkerung. Vor allem bei den Bauern, den Handwerkern und den Adligen herrschte die Standes- oder Konventionsehe vor, bei der ökonomische und standespolitische Gesichtspunkte die Partnerwahl bestimmten und den individuellen Gefühlen von Braut und Bräutigam nur geringe Bedeutung beigemessen wurde. In den neu entstehenden Schichten der Heimwerker und der Industriearbeiter gewann die Liebe bei der Partnerwahl ein größeres Gewicht. Doch erst im geschützten Binnenraum der bürgerlichen Familie entwickelte sich das emotionale Klima, das das Ideal der Liebesehe hervorbrachte.

Der Idealtyp der bürgerlichen Ehe, der heute noch das konservative Eheverständnis prägt, ist selber ein Konstrukt des Übergangs. Auf der Schwelle zwischen traditioneller und moderner Eheauffassung versuchte er, die neue psychisch-emotionale Ehekomponente in die alte sachliche Ehestruktur zu integrieren – eine Balance zwischen widersprüchlichen Elementen, die notwendig labil bleiben mußte. Die Basis der Ehe bilden weiterhin materielle Voraussetzungen, doch Mann und Frau sollen einander als Personen lieben; die Partnerwahl ist weiterhin von Vermögens- und Standesgesichtspunkten geleitet, aber es sollen sich auch innige Gefühle zwischen den Eheleuten entwickeln; die Braut wird immer noch gewählt und kann nicht selber wählen, doch sie soll ihren Ehemann lieben; die Frau erfährt eine ideelle Aufwertung als Ehegattin und Mutter, doch sie bleibt ökonomisch und juristisch abhängig.

Während das Ideal der bürgerlich-christlichen Hochehe sich verallgemeinerte und aufgrund der wachsenden Vormachtstellung des Bürgertums und des von ihm geprägten Eherechts für alle gesellschaftlichen Schichten verbindlich wurde, gab es noch immer eine große Zahl von Menschen, denen das Privileg der Ehe verwehrt blieb: Arme, denen die materiellen Voraussetzungen für die Eheerlaubnis fehlten; Frauen und Männer, die durch Standesunterschiede an der Heirat gehindert waren; Menschen, die schon einmal geheiratet hatten und die noch legal bestehende Ehe nicht auflösen konnten, obwohl sie neue Verbindungen eingegangen waren; ganze Berufsgruppen, denen die Heirat offiziell versagt oder erschwert war. Auch in der agrarisch-handwerklichen Gesellschaft war die Ehe ein Privileg der Besitzenden gewesen, so daß ein Großteil der Bevölkerung immer unverheiratet blieb. Doch nun, da sich mit der Französischen Revolution Ideen von Freiheit und Gleichheit, vom Anspruch aller Menschen auf persönliches Glück verbreiteten, wurden solche Beschränkungen zunehmend als Unrecht empfunden. Die „wilden Ehen" des 19. Jahrhunderts entwickelten sich zu einem gesellschaftlichen Problem. Nach und nach wurden die legalen Ehehindernisse beseitigt, so daß zu Beginn des 20. Jahrhunderts fast alle Ehewilligen auch heiraten konnten.

Weder der alte Orient noch die klassische Antike, weder das christliche Mittelalter noch die frühe Neuzeit hatten eine Liebesheirat als normal angesehen. Erst in der bürgerlichen Gesellschaft begann der Siegeszug der Liebesehe, die allmähliche Ablösung der subjektiven von der objektiven Ehekomponente, die allmähliche Angleichung der Vorstellungen von der ehelichen und der außerehelichen Liebe. Eine wichtige Rolle in diesem Prozeß spielte die ideengeschichtliche Auseinandersetzung um die Ehe, die seit dem späten 18. Jahrhundert in immer neuen Wellen auflebte: um die Wende vom 18. auf das 19. Jahrhundert, in der Zeit des Vormärz, zu Ende des 19. Jahrhunderts, in den zwanziger Jahren dieses Jahrhunderts und, nah an der Gegenwart, im Gefolge der 68er Bewegung. Romantik, Sozialismus und Feminismus bildeten den weltanschaulichen Hintergrund für die immer heftigere Kritik an der alten Sachehe, der Standes- und Konventionsehe und der bürgerlichen Ehe. Es ging um die Befreiung der Liebe aus dem Korsett der ökonomischen und juristischen Zwänge, aus dem Gefängnis einer vorab geschworenen Lebenslänglichkeit. Manchmal wird nur eine bestimmte rechtliche Ausgestaltung der Ehe kritisiert – so etwa, wenn die Frauenbewegung der Jahrhundertwende sich gegen die juristische Unmündigkeit und die vermögensrechtliche Enteignung der Ehefrau wendet. Manchmal wird der Grundsatz der lebenslangen Monogamie in Frage gestellt – angefangen bei den Frühsozialisten bis hin zur Ehediskussion in der jüngsten Vergangenheit. Manchmal wird die Verrechtlichung der persönlichsten und privatesten menschlichen Beziehung abgelehnt – eine Tradition, die bereits auf die Romantik zurückgeht, von den Anarchisten in den Vordergrund gestellt wurde und auch heute noch von großer Bedeutung ist.

„Freie Liebe" kann also keineswegs einfach mit Promiskuität gleichgesetzt werden, wie es in den letzten Jahrhunderten von konservativer Seite gern getan wurde. Der Begriff hatte sehr viele verschiedene Bedeutungen, war je nachdem Absage an die elternarrangierte Ehe, an die Mitgift- und Versorgungsehe, an die prinzipiell unscheidbare Ehe, an das institutionelle bzw. rechtliche Gerüst der Ehe.

Die kritische Diskussion um die Ehe begleitete, interpretierte und verstärkte den Siegeszug der Liebesehe, der sich parallel zu dem dramatischen Wandel ihrer ökonomischen und sozialen Grundlagen vollzog. Die Individualisierung der Partnerwahl, die bereits im Mittelalter eingesetzt und den Typ der bürgerlichen Ehe hervorgebracht hatte, schritt immer weiter voran. Das Paar, das sich mit Hilfe der Kirche aus der Vormundschaft des Verwandtschaftsverbandes emanzipiert hatte, löste sich nun mit Unterstützung des Staates aus der Vormundschaft der Kirche und hat inzwischen auch begonnen, die Kontrolle des Staates über seine Intimbeziehung zurückzuweisen. Die romantische Liebe, eine ganzheitliche, die ganze Person des oder der anderen meinende, sinnlich-sexuelle und seelisch-geistige Liebe wurde immer mehr zur Voraussetzung der Ehe.

Parallel zur Zentrierung auf das Paar lief die Zentrierung auf die Kleinfamilie. Durch bewußt vollzogene Geburtenkontrolle sanken die Kinderzahlen: immer mehr Gefühl wurde immer weniger Kindern entgegengebracht. Mit der Verdichtung des emotionalen Familienklimas wuchsen auch die Glückserwartungen von Frauen und Männern an ihre Geschlechts- und Lebensgemeinschaften. Vor allem die Frauen des Bürgertums, die sich, von der Erwerbsarbeit freigestellt, zu Gefühlsspezialistinnen entwickelten, wurden zu Anwältinnen der Liebesforderung an die Ehe. Ihr neues, in dieser Rolle gewachsenes Selbstbewußtsein war die Grundlage der Frauenbewegung des 19. Jahrhunderts. Die Frauenemanzipation wiederum, der allmählich von den Frauen erkämpfte Zugang zu Bildung und Beruf, der ihnen zumindest potentielle Alternativen zur Versorgungsehe schaffte, ging Hand in Hand mit der tatsächlichen Durchsetzung der Liebesehe.

Inzwischen regiert die Liebe die Ehe. Sie ist nicht nur Voraussetzung für eine Heirat, sondern sie rechtfertigt auch den Fortbestand der Beziehung. Das Absterben der Liebe ist heute hinreichender Grund zur Trennung. Selbst gemeinsame Kinder sind, wenn die Ehe als gescheitert erlebt wird, häufig kein Grund mehr für die Eltern zusammenzubleiben. Von dem ursprünglichen ökonomischen und juristischen Korsett, den sozialen Zwängen der bürgerlichen Ehe sind nur noch Reste geblieben. Ein Faktor, der entscheidend zur De-Institutionalisierung der Ehe und der Familie beiträgt, ist die zunehmende Entkoppelung von Paarbeziehung und Elternschaft. Aus einer Zweierbeziehung, legalisiert oder nicht, wird nicht mehr notwendig eine Familie. Einer faktischen Familie muß nicht mehr notwendig eine legalisierte Ehe vorangehen. Die Zahl der Ein-Eltern-Familien wächst. Im selben Maße, wie mit den biologischen auch die ökonomischen und juristischen Zwänge entfallen, die die Ehe mit der Familie verklammerten, wird sichtbar, daß die Bedürfnisse, die Menschen zum Aufbau dauerhafter Liebes- und Lebensgemeinschaften bewegen, nicht notwendig mit dem Bedürfnis nach Mutterschaft bzw. Vaterschaft verknüpft sind.

Die nichteheliche Lebensgemeinschaft ist nichts anderes als eine weitere Etappe in dem sich bereits seit Jahrhunderten vollziehenden Individualisierungsprozeß, also eine notwendige Konsequenz der Liebesehe. Im 19. Jahrhundert war diese Lebensform die einzige Ehechance der Armen und die häufig nicht ganz freiwillige Wahl einer kleinen künstlerischen und intellektuellen Avantgarde. Heute ist sie selbstverständlich und als faktische Ehe in allen Schichten der Bevölkerung verbreitet.

Dennoch berufen sich konservative und kirchlich geprägte Kreise auf unser historisch überkommenes Eheideal, dessen Grundlagen inzwischen unwiederbringlich dahin sind. Das juristische Konstrukt Ehe, an dem sich die Politik orientiert, ist einerseits noch in der Vorstellung der bürgerlichen Ehe verhaftet, versucht aber andererseits, wenigstens hier und da dem inzwischen erfolgten sozialen Wandel Rechnung zu tragen.

In den nächsten Jahren wird sich immer dringlicher die Frage nach dem Verhältnis von Staat und Gesetz zur Ehe mit und ohne Trauschein stellen. Nichteheliche Lebensgemeinschaften sind in vieler Hinsicht gegenüber Ehen benachteiligt: Es gibt keine vom Lebensgefährten (oder der Lebensgefährtin) abgeleiteten Renten- oder Pensionsansprüche wie in der Ehe – das trifft vor allem Frauen, die keine eigene Altersversorgung haben. Bei Schenkungen und Erbschaften zwischen unverheiratet Zusammenlebenden sind die Steuern um ein Vielfaches höher als zwischen Ehegatten – so hoch, als würde an beliebige Fremde geschenkt oder vererbt. Wenn die beiden Lebensgefährten kein Testament gemacht haben, erben ohnehin andere, eventuell ganz entfernte Verwandte. Es gibt kein gemeinsames elterliches Sorgerecht für nichteheliche Kinder – obwohl geschiedene Eltern es sich beispielsweise teilen können. – Das sind Nachteile, die sich nicht durch Privatverträge ausgleichen lassen.[1]

Die materielle Privilegierung der Ehe, abgeleitet aus dem verfassungsrechtlich verankerten „besonderen Schutz", ist mit der bloßen Tatsache des Verheiratetseins verknüpft und unabhängig von der Dauer der Lebensgemeinschaft. Vom Steuersplitting können auch Ehepaare profitieren, deren Lebensgemeinschaft de facto gar nicht mehr besteht, sondern nur noch wegen des Steuervorteils aufrechterhalten wird.

Welche sozialethische Legitimationsbasis gibt es noch für den Staat, zwischen registrierten und förderungswürdigen Ehen einerseits und nicht registrierten und deswegen auch nicht förderungswürdigen Verbindungen andererseits zu unterscheiden? Die Geschichte der Ehe, mit ihrem fortschreitenden Trend zur Individualisierung und Privatisierung, legt dem Gesetzgeber nahe, die Zweierbeziehung ganz aus seiner Kontrolle zu entlassen. Sofern eine Gesellschaft dauerhaftes Zusammenleben als einen förderungswürdigen sozialen Tatbestand ansieht – und wahrscheinlich ist es das auch –, sollte sie materielle Privilegien an der faktischen Dauer der Lebensverhältnisse und nicht an der erklärten Absicht festmachen. Außerdem gibt es keinen Grund, zwischen verschiedenen Arten von Lebensgemeinschaften zu unterscheiden. Gleichgeschlechtliche Beziehungen haben in diesem Zusammenhang genau denselben Stellenwert wie ungleichgeschlechtliche, und Wohngemeinschaften wären nicht anders zu behandeln als Familien.

Früher bezog der Staat seine Legitimation zur Registrierung des Paars aus dem engen Zusammenhang zwischen Ehe und Familie. Aus diesem Geist heraus entstand der Artikel 6 des Grundgesetzes. Inzwischen ist aber die Entkoppelung von Ehe und Familie immer weiter fortgeschritten. Während es zunehmend umstritten sein wird, wieweit die Zweierbeziehung als solche überhaupt Gegenstand der staatlichen Gesetzgebung sein kann, wird wohl niemand bezweifeln, daß nicht nur ein gesellschaftliches Interesse, sondern auch eine gesellschaftliche Verantwortung gegenüber Kindern – und damit gegenüber Familien – besteht. Es ist die Aufgabe des Staates, all denjenigen Frauen und Männern, die sich zur Elternschaft entscheiden, die bestmöglichen Rahmenbedingungen für diese Aufgabe zu verschaffen und ganz besonders dafür zu sorgen, daß ihnen aus dem Leben mit Kindern keine materiellen Nachteile entstehen. Doch gerade auf diesem Hintergrund erscheint es unverantwortlich, das bloße Verheiratetsein zu prämiieren, also etwa die kinderlose Hausfrauenehe gegenüber der nichtehelichen Lebensgemeinschaft mit Kind zu privilegieren bzw. die nichterwerbstätige Ehefrau mit dem alleinverdienenden Mann in bezug auf ihre Alterssicherung besser zu stellen als die alleinerziehende Mutter. Der Schutz der Familie sollte an der faktischen Familie orientiert sein, und die materielle Privilegierung sollte ausschließlich an der konkreten Erziehungsleistung festgemacht werden – unabhängig davon, in welcher Lebensform sie erbracht wird. Gerade weil sich heute weniger Menschen in der Lage fühlen, Verantwortung für Kinder zu übernehmen, kann unsere Gesellschaft, kann der Staat es sich nicht leisten, zwischen ehelichen und nichtehelichen Kindern, zwischen verheirateten und nicht verheirateten Eltern zu unterscheiden. „Die Bundesregierung warnt vor dem Leben ohne Trauschein – warum schafft sie die Benachteiligungen nicht einfach ab?", fragt Eva-Maria Münch zu Recht. [2]

Natürlich kann der Staat versuchen, ausgeprägter als bisher durch steuerliche Privilegierung (oder andere gesetzliche Mittel) auf den Heiratswillen der nichtverheirateten Paare Einfluß zu nehmen. Vielleicht könnte so die Zahl der Eheschließungen auch gesteigert werden. Aber die Ehe würde dadurch nicht stabiler – im Gegenteil: Wo aus pragmatischen Gründen geheiratet wird, da geht der noch verbliebene

Rest der symbolischen Bedeutung der Hochzeit gänzlich verloren, und wenn zugleich die legale Scheidung erschwert würde, dann nähmen nur die informellen Trennungen und mit ihnen die nichtehelichen Lebensgemeinschaften wieder zu. – Der Wandel unseres Eheverständnisses ist so grundsätzlich, daß solche Maßnahmen es nur wenig berühren würden.

Die Liebe als Basis der dauerhaften Lebensgemeinschaft verträgt sich nicht mit dem statischen Charakter der Institution. Liebesehe und Geburtenplanung haben in den letzten zweihundert Jahren einen völlig neuen Familientyp hervorgebracht; mit ihm veränderte sich auch die psychische Struktur des Menschen. Heute ist die „dynamische Kontinuität",[3] die Lebendigkeit in der Zeit, entscheidend für das Gelingen einer Lebensgemeinschaft. Beziehung hat Prozeßcharakter, und sowohl die formale Absichtserklärung zu Beginn als auch die legale Struktur verlieren an Bedeutung. Die miteinander lebenden Menschen müssen ihre gemeinsamen Normen (die für ihre und nur für ihre Lebensgemeinschaft gelten) selbst entwickeln, sich selbst ein verbindliches System von gegenseitigen Verhaltenserwartungen und Rollenmustern schaffen. Der Staat sollte sie bei dem dazu erforderlichen Lernprozeß nicht behindern und ihnen den nötigen Freiraum lassen.

Sicher stellt die so verstandene Ehe weit höhere Anforderungen an das Individuum als die alte Sachehe. Sicher hängt das Scheitern von Lebensgemeinschaften auch damit zusammen, daß viele Menschen überfordert sind. Doch erstens bleibt uns nichts anderes übrig, als die neuen Grundlagen der Liebesehe zu akzeptieren. Und zweitens: Wer würde schon, selbst wenn es möglich wäre, sie wieder gegen die traditionelle Ehe vertauschen wollen?

Anmerkungen

Einleitung: Die „wahre" und die „wilde" Ehe (S. 9–15)

1. Vgl. Bundesministerium für Jugend, Familie und Gesundheit (Hg.), 1985, S. 8; Eva-Maria von Münch, 1987.
2. Vgl. Hartmann Tyrell, 1985, S. 112.
3. Allensbach-Umfrage, zitiert nach Sibylle Meyer und Eva Schulze, 1983, S. 754; außerdem bei Max Wingen, 1984, S. 39 ff.
4. Hartmann Tyrell, 1985, S. 115.
5. In den skandinavischen Staaten gibt es ein gemeinsames Sorgerecht unverheirateter Eltern, desgleichen in Italien. Nach amerikanischem Recht können Lebensgefährten einer freien Lebensgemeinschaft am Nachlaß oder Vermögen des Partners oder der Partnerin beteiligt werden. In Frankreich wird die „union libre" im Familienrecht berücksichtigt; vgl. Eva-Maria von Münch, 1983, S. 158–167.
6. Inzwischen existieren bereits eine Reihe von Rechtsratgebern für unverheiratete Paare: Eva-Maria von Münch, 1983; Toni Ihara und Ralph Warner, 1982; Siegfried de Witt und Johann-Friedrich Huffmann, 1984. – Speziell mit den juristischen Aspekten des nichtehelichen Zusammenlebens beschäftigt sich die Aufsatzsammlung von Götz Landwehr (Hg.), 1978; außerdem Wilfried Schlüter, 1981. – Das zunehmende staatliche Interesse am Problem der nichtehelichen Lebensgemeinschaft belegen zwei ministerielle Veröffentlichungen der jüngsten Zeit: Bundesministerium für Jugend, Familie und Gesundheit (Hg.), 1985, sowie: Bundesministerium für Jugend, Familie, Frauen und Gesundheit und Bundesministerium für Justiz (Hg.), 1986.

1. Förmliche und formlose Ehen: die soziologische Definition der Ehe (S. 19–28)

1. Hermann Gukenbiehl, 1986.
2. René König, 1985, S. 27 f.
3. Michael Mitterauer, 1983, S. 13.
4. Ein analoges Phänomen findet sich auch bei einigen sozial lebenden Tieren, wo ranghöhere gelegentlich rangtiefere Tiere an der Fortpflanzung hindern und sie statt dessen zu sozialen Hilfeleistungen gegen-

über der Gruppe oder Horde verpflichten; vgl. W. Wickler und U. Seibt, 1984, S. 62, zitiert nach René König, 1985, S. 29.

5. Vgl. Michael Mitterauer, 1983, S. 38 ff.
6. Vgl. Richard Thurnwald, 1932, S. 95.
7. René König, 1985, S. 31.
8. Vgl. Robert Michels, 1928, S. 46.
9. Michael Mitterauer, 1983, S. 16.
10. Max Wingen, 1984, S. 13.
11. Ergebnisse der Umfrage zitiert nach Sibylle Meyer und Eva Schulze, 1983, S. 745.
12. Nach § 122 BSHG (Bundessozialhilfegesetz) zum Beispiel dürfen „Personen, die in eheähnlicher Gemeinschaft leben, hinsichtlich der Voraussetzungen wie des Umfangs der Sozialhilfe nicht besser gestellt werden als Ehegatten". Das heißt, wer unverheiratet zusammenlebt, bekommt nur dann Sozialhilfe, wenn auch sein Partner bzw. seine Partnerin so wenig verdient, daß er bzw. sie nicht für beide aufkommen kann. – Dies ist die einzige Stelle im Gesetz, wo die nichtehelichen Lebensgemeinschaften ausdrücklich beim Namen genannt werden; vgl. Eva-Maria von Münch, 1983, S. 56.
13. Cees J. Straver, 1980, berücksichtigt in seiner niederländischen Untersuchung ausdrücklich auch die gleichgeschlechtlichen Paare. Diese sind interessanterweise auch im § 122 BSHG (vgl. Anm. 12) mitgemeint; vgl. dazu Eva-Maria von Münch, 1983, S. 57.

2. Ehe und Ehen minderen Rechts bei Griechen, Römern und Germanen (S. 29–44)

1. Sarah B. Pomeroy, 1985, S. 54.
2. Sarah B. Pomeroy, 1985, S. 55.
3. Sarah B. Pomeroy, 1985, S. 102–104. Frauen waren nicht nur durch das Kindbett gefährdet, sondern es wurden wahrscheinlich auch mehr weibliche als männliche Säuglinge ausgesetzt und getötet.
4. Vgl. Michael Mitterauer, 1983, S. 38 ff.: die weibliche „Reinheit" in patrilinearen Kulturen mit Ahnenkult ist deswegen besonders wichtig, weil Kinder aus ehebrecherischen Beziehungen Blutsfremde sind. Die Männer müssen ganz sicher sein können, daß alle Kinder ihrer Frauen von ihnen stammen; wenn Blutsfremde den Hausgöttern bzw. Ahnen opferten, würde das diese beleidigen. Deswegen müssen alle Männer einer Sippe streng über die Ehre aller Frauen wachen.
5. Sarah B. Pomeroy, 1985, S. 237.
6. Dacre Balsdon, 1979, S. 200.

7. „Es ist zu beachten, daß nach Auffassung der Römer die Ehe kein Rechtsverhältnis, sondern ein von bestimmten rechtlichen Voraussetzungen abhängiger sozialer Tatbestand, ein faktisches Verhältnis war". (Hans-Jürgen Becker, 1978, S. 15) – „Hieraus erklärt sich, daß für die Eheschließung kein zwingender Formalakt vorgesehen war. Es war nur erforderlich, daß die eheliche Lebensgemeinschaft in dem Bewußtsein beider Partner hergestellt wurde, ihre Gemeinschaft solle eine Ehe sein. Privatrechtliche Wirkungen entfaltete sie nur in Form von Rechtsreflexen, wobei sie nicht als juristische, sondern nur als tatbestandsmäßige Voraussetzung galt." (Wilfried Schlüter, 1981, S. 10, Fußnote.)

8. Dacre Balsdon, 1979, S. 211.

9. Nach den Gesetzen des Augustus wurden Ehefrau und Liebhaber auf getrennte Inseln verbannt; die Frau mußte die Hälfte ihrer Mitgift und ein Drittel ihres Vermögens Strafe zahlen; sie galt von nun an als kriminell, und niemand durfte sie mehr heiraten. Unter Kaiser Constantin wurde für Männer und Frauen die gleiche Strafe vorgesehen: die Todesstrafe für die verheiratete Frau und den Liebhaber; außerdem drohte die Todesstrafe jeder freien Frau, die sich mit einem Sklaven einließ.

10. Um dieser Praxis einen Riegel vorzuschieben, wurde später ein Gesetz erlassen, das es Frauen aus Senatorenfamilien verbot, sich als Prostituierte registrieren zu lassen.

11. Vgl. Hans-Jürgen Becker, 1978, sowie Wilfried Schlüter, 1981. Davon abweichend behauptet Dacre Balsdon, 1979, S. 200, daß ein Paar bekunden mußte, daß es in einer Ehe lebte, wenn nicht das Konkubinat vermutet werden sollte.

12. Andreas Wacke, 1985, S. 250.

13. Sie bekam ein Sechstel des Vermögens, falls es keine legitime Ehefrau und legitime Kinder gab.

14. Hans-Jürgen Becker, 1978, S. 15.

15. Sarah B. Pomeroy, 1985, S. 299.

16. Ruth Schmied-Wiegand, 1985, S. 266.

17. Norbert Elias, 1978, S. 243.

18. So heißt es im „Sachsenspiegel", der um 1230 entstand, aber Rechtsbräuche enthält, die vermutlich viele Jahrhunderte älter sind; vgl. Ute Gerhard, 1978, S. 109.

19. Edith Ennen, 1985, S. 48.

20. Edith Ennen, 1985, S. 49.

21. Wilfried Schlüter, 1981, S. 13.

22. Hans-Jürgen Becker, 1978, S. 19, bezeichnet Muntehe und Friedelehe als „Vollehen". Wilfried Schlüter, 1981, S. 12, bezeichnet die Friedelehe als „Ehe minderen Rechts". Edith Ennen, 1985, S. 35 f., sieht es

als fraglich an, daß die Friedelehe jemals wirklich eine ebenbürtige Ehevariante gewesen sei.

23. Edith Ennen, 1985, S. 57.
24. Edith Ennen, 1985, S. 37.

3. Christliche Ehe und „offentlich zur unee sitzen" im Mittelalter und in der frühen Neuzeit (S. 45–64)

1. Hinkmar von Reims, zitiert nach Philippe Ariès, 1984, S. 182.
2. Philippe Ariès, 1984, S. 188.
3. Jack Goody, 1986, vertritt die Hypothese, daß das gesamte Ehedogma der mittelalterlichen Kirche unter dem Gesichtspunkt einer sehr langfristigen Strategie der Bereicherung gesehen werden muß; nicht nur das Priesterzölibat sollte bewirken, daß das Vermögen des einzelnen Priesters zurück an die Kirche ging (statt an leibliche Nachkommen), sondern auch das Verbot von Verwandtenehen wirkte der Vermögenskonzentration innerhalb eines Geschlechts entgegen und machte im Verein mit dem Verbot von Scheidung und Wiederheirat das Aussterben von Linien wahrscheinlicher – womit wiederum Vermögen an die Kirche fiel.
4. Ute Gerhard, 1978, S. 111.
5. Norbert Elias, 1978 (1969), S. 243.
6. Jean-Louis Flandrin, Le sexe et l'occident, Paris 1981, zitiert nach Philippe Ariès, 1984, S. 189.
7. Zitiert nach Wilfried Schlüter, 1981, S. 13 (Fußnote 39); vgl. auch Hans-Jürgen Becker, 1978, S. 17.
8. Hans-Jürgen Becker, 1978, S. 24.
9. Hans-Jürgen Becker, 1978, S. 26.
10. Hans-Jürgen Becker, 1978, S. 25.
11. Hans-Jürgen Becker, 1978, S. 25.
12. Hans-Jürgen Becker, 1978, S. 26f. Vgl. auch Michael Mitterauer, 1983, S. 14–16. Andere Beispiele finden sich bei G. Ruttray Taylor, 1957, S. 30: In England erlaubte die Verfassung von Howel dem Guten im 10. Jh. eine zehnjährige Versuchsehe, und in Schottland gab es noch bis zur Reformation eine einjährige Probeehe.
13. Norbert Elias, 1978 (1969), S. 251.
14. B. Greiff, Tagebuch des Lucas Rem aus den Jahren 1494–1541, Augsburg 1861, zitiert nach Thomas Schuler, 1982, S. 28–60.
15. Norbert Elias, 1978 (1969), S. 252; vgl. auch Shulamith Shahar, 1983, S. 115–123.
16. Michael Mitterauer, 1983, sieht einen engen Zusammenhang zwischen

der Rigidität der Sexualnormen und der Knappheit der Ressourcen: „Die geringe Diskriminierung von vorehelicher Sexualität sowie unehelich Gebärenden und unehelich Geborenen in manchen großbäuerlichen Gebieten im Vergleich etwa zum städtischen Handwerk könnte sich aus dieser Problematik der Subsistenzmittel erklären lassen. Ähnliches gilt für die diesbezüglichen Verhältnisse in den adeligen Oberschichten" (1983, S. 20).

17. Vgl. Klaus Suppan, 1971.
18. Ute Gerhard, 1978, S. 108.
19. Ute Gerhard, 1978, S. 108.
20. Vgl. Hans Jürgen-Becker, 1978, S. 30–35.
21. Eine Ausnahme machte lediglich Augustinus (354–430), der die Abtreibung bis zum 40. Tag nach der Empfängnis für statthaft hielt, da der Fötus bis zu diesem Tage noch keine Seele habe; ähnlich argumentierten noch Johannes von Neapel im 14. und Antonius von Florenz im 15. Jh., vgl. Shulamith Shahar, 1983, S. 126f., sowie John Th. Noonan, 1965.
22. Vgl. G. Ruttray Taylor, 1957, Kap. III, „Das sexuelle Ideal im Mittelalter"; außerdem Barbara Beuys, 1984 (1980), S. 73–97.
23. Vgl. Jean-Louis Flandrin, 1984, S. 153f.; außerdem Barbara Beuys, 1984 (1980), S. 115.
24. Jean-Louis Flandrin, 1984, S. 153f.; G. Ruttray Taylor, 1957, Kap. III, „Das sexuelle Ideal im Mittelalter".
25. G. Ruttray Taylor, 1957, Kap. III.
26. Dieser Gedanke spielt noch bei der Definition der Ehe von Immanuel Kant (1724–1804) eine Rolle: In der „Metaphysik der Sitten" definiert er die Ehe als „Verbindung zweier Personen verschiedenen Geschlechts zum lebenswierigen wechselseitigen Besitz ihrer Geschlechtseigenschaften".
27. Jean-Louis Flandrin, 1984, S. 151; Flandrin ist der Ansicht, daß die theologische Forderung, die Frau habe ebenfalls ein Recht auf den Geschlechtsverkehr mit ihrem Mann, den herrschenden Sitten des Mittelalters widersprach und sich deswegen auch nur zögernd durchsetzen konnte.
28. Zahlreiche Beispiele hierfür bringt G. Ruttray Taylor, 1957.
29. Flugschrift „Von dem ehelichen Stande", Mitte des 15. Jh., bis ins 16. und 17. Jh. häufig wieder aufgelegt; abgedruckt im „Insel-Buch der Ehe", 1986, S. 70–76.
30. Vgl. Philippe Ariès, 1984, S. 165.
31. Hieronymus, zitiert nach Jean-Louis Flandrin, 1984, S. 155. Auch Augustinus, der viel zur christlichen Ehelehre beigetragen hat, äußert die Ansicht, daß verbotene Sexualpraktiken (wie etwa Oral- oder Analverkehr) weniger schlimm seien, wenn sie nicht mit der eigenen Ehefrau,

sondern mit einer anderen Frau getrieben würden, vgl. Barbara Beuys, 1984 (1980), S. 90.

32. Michel de Montaigne, zitiert nach Jean-Louis Flandrin, 1984, S. 160 f.

33. Pierre de Brantôme, zitiert nach Jean-Louis Flandrin, 1984, S. 161.

34. Niklas Luhmann, Liebe als Passion. Zur Codierung von Intimität, Frankfurt: Suhrkamp 1982.

35. Denis de Rougemont, 1966 (1939), S. 50.

36. Denis de Rougemont, 1966 (1939), S. 325.

37. Héloïse an Abelard, abgedruckt in „Das Insel-Buch der Ehe", 1986, S. 37.

38. G. Ruttray Taylor, 1957, S. 66.

39. Iwan Bloch, 1912, S. 731.

40. Norbert Elias, 1978 (1969), S. 242; vgl. auch Iwan Bloch, 1912, sowie Regina Schulte, 1979.

41. Augustinus, zitiert nach G. Ruttray Taylor, 1957, S. 25 f.

42. Jacques Solé, 1979, S. 99. Der Aufbau einer repressiven Moral, von erhöhten Schamschwellen in allen Bereichen des Alltagslebens, ist Gegenstand von Norbert Elias' großer Abhandlung „Über den Prozeß der Zivilisation", 1978 (1969).

43. Diese Hypothese vertreten sowohl G. Ruttray Taylor (1957) als auch Jacques Solé (1979), wobei Taylor den Beginn der Umbruchsperiode, in der sich solche Symptome zeigten, bereits früher ansetzt als Solé: Seiner Ansicht nach wandelte sich der Charakter des Mittelalters mit den Reformpäpsten, insbesondere mit Gregor VII., der das Priesterzölibat forcierte. Im 12. und 13. Jh. traten Geißelprozessionen als Massenerscheinungen auf; Nonnen hatten in Klöstern mystische Erlebnisse und hysterische Krämpfe als Ergebnis angestauter erotischer Gefühle; sexuell-religiöse Phantasien mehrten sich. Solé bringt zahlreiche Beispiele aus der frühen Neuzeit.

44. Mätressen gab es im 18. Jh. u. a. am dänischen, sächsischen, hannoverschen, bayerischen, württembergischen, kurhessischen, hessischen, mecklenburgischen und sogar am sittenstrengen preußischen Hof; vgl. Iwan Bloch, 1912, 15. Kap.

45. Reinhard Sieder, 1977, S. 157.

46. Ein Zitat des französischen reformierten Pastors Drélincourt aus dem 17. Jh., zitiert nach Jacques Solé, 1979, S. 97.

4. Die Vorherrschaft der Sachehe: Ehewirklichkeit im 18. und 19. Jahrhundert (S. 67–83)

1. Vgl. Lawrence Stone, 1981, sowie Thomas Schuler, 1982.
2. Vgl. Michael Mitterauer, 1977.
3. Lawrence Stone, 1960/1, in: Heidi Rosenbaum, 1978, S. 465.
4. Wilfried Schlüter, 1981, S. 13.
5. Hans-Jürgen Becker, 1978, S. 35.
6. Vgl. Joachim Kühn, 1968; außerdem Joanna Richardson, 1968.
7. Edward Shorter, 1977 (1975), S. 171.
8. Das „European Marriage Pattern" bildete sich in Mittel-, Nord- und Westeuropa irgendwann im Mittelalter heraus, in denselben Regionen, wo überwiegend die Zwei- statt der Dreigenerationenfamilie und der „Dienst im fremden Haus" verbreitet war. Der andere Familientypus, der sich vor allem in Süd- und Osteuropa ausbreitete, ist die patriarchalische Dreigenerationenfamilie; vgl. Michael Mitterauer, 1983.
9. Für die Institution des Kiltgangs vgl. auch zahlreiche Beispiele bei Edward Shorter, 1977 (1975). Auch der Kiltgang bzw. Formen des sozial gebilligten vorehelichen Geschlechtsverkehrs finden sich nur im mittleren, westlichen und nördlichen Europa, nicht dagegen im südlichen und östlichen Europa, vgl. Michael Mitterauer, 1983.
10. Edward Shorter, 1977 (1975), S. 167.
11. A. Ilien und U. Jeggle, 1978, zitiert nach Heidi Rosenbaum, 1982, S. 87.
12. Edward Shorter, 1984 (1982), S. 28.
13. Der sogenannte „Dienst im fremden Haus" ist wiederum ein Merkmal der Familienstruktur Mittel-, Nord- und Westeuropas, das vermutlich mit der sozialen Organisation der Feudalgesellschaft im frühen Mittelalter entstand, vgl. Michael Mitterauer, 1983.
14. Edward Shorter, 1977 (1975), S. 76.
15. Teilweise haben sich ähnliche wie die hier geschilderten Verhältnisse bis ins 20. Jh. erhalten, wie u. a. in dem zum Bestseller gewordenen Roman „Herbstmilch. Lebenserinnerungen einer Bäuerin" von Anna Wimschneider, 1984, belegt.
16. Zitiert nach Heidi Rosenbaum, 1982, S. 151.
17. Im Hochmittelalter gab es zahlreiche Frauen- und gemischtgeschlechtliche Zünfte, vgl. Wilhelm Behaghel, 1910; zur Verdrängung der Frauen aus den Zünften vgl. Gabriele Becker u. a., 1977, S. 11–128.
18. Michael Mitterauer, 1983, S. 20.
19. Heidi Rosenbaum, 1982, S. 161.

20. Zur Situation in Heimarbeit bzw. Hausindustrie vgl. Heidi Rosen-
    baum, 1982, S. 189–250.
21. Max Hodann, 1932, S. 120 f.
22. Edward Shorters Sozialgeschichte des weiblichen Körpers („Der weib-
    liche Körper als Schicksal"), 1984 (1982), belegt drastisch und an-
    schaulich, welche Bedeutung Schwangerschaft, Fehlgeburten, Gebären
    und Frauenkrankheiten in der Zeit zwischen dem 17. Jh. und der Wen-
    de zum 20. Jh. hatten. Seine zentrale These lautet, daß die unterlegene
    Stellung der Frau auch und vor allem damit zusammenhing, daß die
    negative Bindung an ihre Körperlichkeit ihr weder physische noch
    psychische Energien ließ, um für eine bessere Position im Verhältnis
    zum Mann zu kämpfen. Frauenbewegung, so Shorter, wurde erst
    möglich, als das Bündnis zwischen Frau und moderner Gynäkologie
    den Frauen bessere Ausgangsbedingungen brachte.
23. Vgl. Heidi Rosenbaum, 1982, S. 388; außerdem Ingeborg Weber-Kel-
    lermann, 1974, S. 136.
24. Vgl. Ingeborg Weber-Kellermann, 1974, S. 143–145.
25. August Bebel, 1974, S. 160 (25. Aufl., 1895, Orig. 1879).

5. „Festgemauert in der Erden": Ideal und Wirklichkeit der
   bürgerlichen Ehe im 19. Jahrhundert (S. 84–100)

1. Vgl. Heidi Rosenbaum, 1982, S. 251–380.
2. Vgl. Michael Mitterauer, 1977, S. 13–37.
3. Edward Shorter, 1977 (1975).
4. „Kabale und Liebe", 1. Akt, 2. Szene, Vater Miller zum Sekretär
   Wurm.
5. Thomas Mann, Buddenbrooks, 3. Teil, 2. Kap.; der Roman erschien im
   Jahre 1900, setzt aber mit der Erzählung im Jahr 1835 ein.
6. In Bremen gab es vier große Kaufmannsfamilien, die über zwei Jahrhunderte immer nur untereinander heirateten; vgl. E. Brandes, 1963,
   zitiert nach Heidi Rosenbaum, 1982, S. 333.
7. Adolph Freiherr von Knigge, 1788; der Abschnitt „Von dem Umgange
   unter Eheleuten" (S. 114–160) ist abgedruckt bei Ute Gerhard, 1978,
   S. 361–368; hier S. 367.
8. Wilhelm Heinrich Riehl, 1855, S. 89.
9. Peter Gay, 1986 (1984), S. 123.
10. Peter Gay, 1986 (1984), S. 299; vgl. auch Regina Schulte, 1979.
11. Lily Braun, 1909, S. 13. „Sie" ist die Mutter der Erzählerin, und die
    Ehe, von der die Rede ist, wurde im Jahre 1863 geschlossen.
12. Zitiert nach Robert Michels, 1928, S. 134.

13. Peter Gay, 1986 (1984), S. 291 f.
14. Lida Gustava Heymann, 1972 (1941), S. 50. – Das geheime Doppelleben des englischen Mittelschichtsmannes analysiert Steven Marcus 1979 (1964).
15. Ein besonders absurdes Beispiel ist Diederich Heßling aus Heinrich Manns Roman „Der Untertan" (1918), der die Weigerung, seine Geliebte Agnes Göppel zu heiraten, deren Vater gegenüber damit begründet, daß sein „moralisches Empfinden" ihm verbiete, ein Mädchen zu heiraten, „daß mir seine Reinheit nicht mit in die Ehe bringt" – obwohl er der einzige Mann war, der mit ihr Geschlechtsverkehr hatte.
16. Ein literarisches Beispiel für die unterdrückte Frau mit niedrigem Selbstbewußtsein ist die Figur der Mutter in Helene Böhlaus Roman „Halbtier!" (1899).
17. § 38 II, 1 ALR. Die Mehrzahl der in diesem Abschnitt erwähnten Paragraphen des ALR sind auszugsweise in William H. Hubbard, 1983, S. 45–61, abgedruckt und den entsprechenden BGB-Paragraphen gegenübergestellt.
18. Ute Gerhard, 1978, S. 166.
19. Vgl. §§ 668, 670, 677, 699, 703, 708, 716 ALR.
20. Zitiert nach Ute Gerhard, 1978, S. 169.
21. Wilhelm Heinrich Riehl, 1855, S. 69. Im vollständigen Wortlaut heißt das Zitat: „Vordem war man fatalistischer, oder, wenn man will, gottergebener, biß die Zähne zusammen und hielt die einmal geschlossene Ehe als eine in Gottes Rathschluß vollendete Thatsache fest; und so gab es keine communistischen Männer und nur wenige emancipierte Frauen. Das ist ja eben das eigentliche Salz der Ehe, daß man, wenn man einmal Ja gesagt hat, nicht wieder Nein sagen kann." – Es sind also die „communistischen Männer" und die „emancipierten Frauen", die die Stabilität der Ehen gefährden.
22. Vgl. Ute Gerhard, 1978, S. 176 f.; es handelte sich um die §§ 1027 bis 1050 ALR.
23. Friedrich August Ludwig von der Marwitz, 1836, zitiert nach Carl Jantke und Dietrich Hilger, 1965, S. 137. Das vollständige Zitat lautet: „Denn da unsere Gesetze über fleischlichen Umgang nur im Sinne haben, die Schande geschwächter Mädchen zu mindern, da sie sie vor jedem Vorwurf schützen, und da selbst jede Allerwelts-Hure jeden beliebigen Mann durch ihre bloße Versicherung zum Vater ihres Kindes machen kann, von dem sie selbst nicht weiß, von wem sie es empfangen, so bequemen die Männer sich desto leichter zur Heirat, als sie, wenn sie sich dessen weigern, zu Alimenten verurteilt werden, die ihr Vermögen weit übersteigen."
24. William H. Hubbard, 1983, S. 42.
25. Dieter Schwab, 1976, S. 900.

26. Heidi Rosenbaum, 1982, S. 277.
27. Wilhelm Heinrich Riehl, 1855, S. 114.
28. Wilhelm Heinrich Riehl, 1855, S. 115.
29. Wilhelm Heinrich Riehl, 1855, S. 12.
30. Wilhelm Heinrich Riehl, 1855, S. 20.
31. Wilhelm Heinrich Riehl, 1855, S. 22.
32. Dieter Schwab, 1976, S. 900f.
33. Wilhelm Heinrich Riehl, 1855, S. 282.
34. Diese These vertritt Ute Gerhard, 1978.
35. Ute Gerhard, 1978, S. 154.

6. Im Schatten der bürgerlichen Ehe: wilde Ehen im 18. und 19. Jahrhundert (S. 101–122)

1. Michael Mitterauer, 1983, zeigt, daß diese Entwicklung auf das Verbreitungsgebiet des European Marriage Patterns in Mitteleuropa beschränkt ist. Sie hat mit einer grundsätzlichen Veränderung des Heiratsverhaltens zu tun, die andernorts als „sexuelle Revolution" (Shorter 1977) bezeichnet worden ist. Es handelt sich aber wohl weniger um eine Veränderung der Einstellung zur Sexualität als um die Ablösung der Ehe von den sozioökonomischen Bedingungen, an die sie in der agrarisch-handwerklichen Gesellschaft gebunden war.
2. Zum Pauperismus vgl. Carl Jantke und Dietrich Hilger, 1965.
3. Friedrich August Ludwig von der Marwitz, zitiert nach Carl Jantke und Dietrich Hilger, 1965, S. 136f.
4. Zitiert nach Michael Mitterauer, 1983, S. 132f.
5. Zitiert nach Michael Mitterauer, 1983, S. 138.
6. Zitiert nach Michael Mitterauer, 1983, S. 142.
7. Zitiert nach Ute Gerhard, 1978, S. 116.
8. Klaus-Jürgen Matz, 1980, S. 13 und S. 175.
9. Wilhelm Heinrich Riehl, 1855, S. 229.
10. Zitiert nach Heilwig Schomerus, 1977, S. 105.
11. Zitiert nach Heilwig Schomerus, 1977, S. 230f.
12. Zwischen 1852 und 1863 wurden in Württemberg von 133699 Heiratsgesuchen 8158 (das sind 6,1%) abschlägig beschieden; vgl. Klaus-Jürgen Matz, 1980, S. 206. Hinzu kommt natürlich noch die nicht bekannte Zahl der Paare, die gar nicht erst einen Antrag stellten, weil sie antizipierten, daß dies ohne Erfolg sein würde.
13. Vgl. Heilwig Schomerus, 1977, sowie Klaus-Jürgen Matz, 1980, S. 217.
14. Zitiert nach Klaus Tenfelde und Helmut Trischler, 1986, S. 121f.

15. Zitiert nach Michael Mitterauer, 1983, S. 141.
16. Zitiert nach Michael Mitterauer, 1983, S. 142.
17. Vgl. Ute Gerhard, 1978, S. 113.
18. Zitiert nach Klaus-Jürgen Matz, 1980, S. 217f.
19. F. Thudichum, 1886, zitiert nach Klaus-Jürgen Matz, 1980, S. 218.
20. Die Beratungsprotokolle sind auszugsweise abgedruckt bei Ute Gerhard, 1978, S. 351–360.
21. 1890 wurde in Berlin der Allgemeine Deutsche Lehrerinnenverein gegründet, eine sehr aktive Organisation innerhalb der bürgerlichen deutschen Frauenbewegung.
22. Max Hirsch, 1908, zitiert nach Robert Michels, 1928, S. 57.
23. Iwan Bloch und Georg Loewenstein, 1925, S. 425.
24. Ernst Dronke, 1974 (1846), S. 35.
25. Ernst Dronke, 1974 (1846), S. 38.
26. Ernst Dronke, 1974 (1846), S. 89.
27. Ernst Dronke, 1974 (1846), S. 71.
28. Ernst Dronke, 1974 (1846), S. 91.
29. Zitiert nach Georg Holmsten, 1972, S. 59.
30. Zitiert nach Georg Holmsten, 1972, S. 143.
31. Diese Tendenz ist besonders in älteren Biographien ausgeprägt. So etwa bei Friedrich Gundolf, 1917, wenn er über Christiane Vulpius schreibt: „ . . . ein gut gewachsenes, kräftiges Animal, dabei klug und tüchtig, kurz, was er für Bett, Tisch und Haus bedurfte", S. 424, und: „Die Begründung eines dauernden Lebensverhältnisses auf das Bedürfnis eines vergänglichen Lebenszustands hat Goethe schwer gebüßt", S. 424. Bei Albert Bielschowsky, 1911, heißt es: „Wer den Briefwechsel zwischen Goethe und Christiane liest, kann sich eines schmerzlichen Mitgefühls mit dem großen Manne nicht erwehren", 2. Bd., S. 9.
32. Vgl. Klaus Udo Szudra im Nachwort zu „Die Mühle am Floss" 1970.
33. Dieser Brief vom 18. 6. 1884 befindet sich im Institut für Marxismus-Leninismus in Moskau, vgl. Olga Meier, 1983, S. 204; im Wortlaut zitiert nach Ruth Zimmermann, 1984, S. 165.
34. Vgl. Renate Wiggershaus, 1978 und 1982.
35. Vgl. Thilo Ramm, 1955 und 1968.
36. „Frühe Essays über Ehe und Scheidung", etwa 1830 geschrieben, erstmals 1851 veröffentlicht, abgedruckt in Hannelore Schröder, 1976, S. 45–70.
37. Vgl. Hannelore Schröder, 1976, S. 7–43.
38. George Bernard Shaw, 1972 (1908), S. 9. Vorrede zum Theaterstück „Getting Married".

7. Die Herausforderung der Ehe durch die Liebe: Kritik an der bürgerlichen Ehe (S. 123–141)

1. „Woldemar'' erschien zunächst 1777 als Fragment unter dem Titel „Freundschaft und Liebe'' und wurde 1794 abgeschlossen.
2. Fritz Martini, 1965, S. 208.
3. Ferdinand Josef Schneider, 1952, S. 330.
4. Friedrich Schlegel, Lucinde, 1985 (1799), S. 91.
5. Friedrich Schlegel, Lucinde, 1985 (1799), S. 91.
6. Friedrich Schlegel, Lucinde, 1985 (1799), S. 61.
7. Friedrich Schlegel, Lucinde, 1985 (1799), S. 20.
8. Friedrich Schlegel, Lucinde, 1985 (1799), S. 14.
9. Friedrich Schlegel, Lucinde, 1985 (1799), S. 50.
10. Friedrich Schlegel, Lucinde, 1985 (1799), S. 36.
11. Friedrich Schlegel, Lucinde, 1985 (1799), S. 116.
12. Friedrich Schlegel, Lucinde, 1985 (1799), S. 38.
13. Friedrich Schlegel, Lucinde, 1985 (1799), S. 23.
14. Friedrich Schlegel, Lucinde, 1985 (1799), S. 58.
15. Friedrich Schlegel, Lucinde, 1985 (1799), S. 58.
16. Friedrich Schlegel, Lucinde, 1985 (1799), S. 106.
17. Friedrich Schlegel, Lucinde, 1985 (1799), S. 108 f.
18. Ernst Behler, 1978 (1966), S. 68.
19. Ernst Behler, 1978 (1966), S. 64.
20. Für die verschiedenen Romantiker-Biographien vgl. Ricarda Huch, 1925.
21. Ricarda Huch, 1925, S. 164.
22. Vgl. etwa Max Wingen, 1984.
23. Für die Biographien der Frauen des Jungen Deutschland und der ersten Generation der Frauenbewegung vgl. Gisela Brinker-Gabler u. a., 1986; Renate Möhrmann, 1977; Daniela Weiland, 1983.
24. Daniela Weiland, 1983, S. 124.
25. Daniela Weiland, 1983, S. 141.
26. Jan Cattepoel, 1979, S. 67.
27. (1843), zitiert nach Thilo Ramm, 1968, S. 432; für die Ansätze der anderen Frühsozialisten vgl. Thilo Ramm, 1968 und 1955.
28. Zitiert nach Thilo Ramm, 1968, S. 172.
29. Zitiert nach Thilo Ramm, 1968, S. 185 f.
30. Vgl. Daniela Weiland, 1983, S. 232–235.
31. MEW, Bd. 1, S. 149.
32. MEW, Bd. 1, S. 149.
33. MEW, Bd. 4, S. 479.

34. Zwischen 1883 und 1890 erschienen allein 6 Auflagen à 2500 Exemplare; vgl. Richard Evans, 1979, S. 40.
35. Friedrich Engels lehnte sich dabei an Lewis H. Morgans (1877) historische Stufenfolge der Familienformen (Gruppenehe – Paarungsehe – monogame Ehe) an, die nach dem heutigen Kenntnisstand der Soziologie nicht haltbar ist.
36. August Bebel, 1974 (1879), S. 149.
37. Friedrich Engels, 1974 (1884), S. 82.
38. August Bebel, 1974 (1879), S. 207.
39. August Bebel, 1974 (1879), S. 515. – Bebel übersieht dabei allerdings, daß dieser Privatvertrag meist nicht zwischen zwei Individuen, sondern deren Familienverbänden geschlossen wurde, falls es sich überhaupt um einen förmlichen Eheschluß handelte.
40. Friedrich Engels, 1974 (1884), S. 94.
41. Friedrich Engels, 1974 (1884), S. 88f.
42. Robert Michels, 1928, S. 59.

8. Die Dimensionen des sozialen Wandels: von der Sachehe über die bürgerliche Ehe zur Liebesehe (S. 145–157)

1. Brigitte Berger und Peter L. Berger, 1984 (1983), S. 130.
2. Vgl. Lawrence Stone, 1978 (1960), S. 444f.
3. Da spricht der Vater im Zweiten Gesang („Terpsichore") zu seinem Sohn Hermann:
   „Ja, mein Hermann, du würdest mein Alter höchlich erfreuen,
   Wenn du mir bald ins Haus ein Schwiegertöchterchen brächtest
   Aus der Nachbarschaft her, aus jenem Haus, dem grünen.
   Reich ist der Mann fürwahr! sein Handel und seine Fabriken
   Machen ihn täglich reicher: denn wo gewinnt nicht der Kaufmann?
   Nur drei Töchter sind da, sie teilen allein das Vermögen.
   Schon ist die Älteste bestimmt, ich weiß es; aber die zweite
   Wie die dritte sind noch, und vielleicht nicht lange, zu haben."
4. Manchmal hatten Witwen die Möglichkeit, bei der Wahl des zweiten Ehemannes selbst zu entscheiden; so etwa in Rom und in einigen Gegenden im frühen und hohen Mittelalter; vgl. auch den „Prolog des Weibes von Bath" bei Geoffrey Chaucer (14. Jh.).
5. Vgl. u. a. Norbert Elias, 1978; Jürgen Habermas, 1962; Philippe Ariès, 1978 (1960).
6. Vgl. Arthur E. Imhof, 1981, S. 165.
7. Vgl. vor allem Edward Shorter, 1977 (1975); Elisabeth Badinter 1981 (1980).

249

8. Zitiert nach Arthur E. Imhof, 1981, S. 44. Imhof vertritt auch die These, daß die nachlässige Säuglingspflege die Funktion einer „nachträglichen Familienplanung" hatte.
9. Vgl. Philippe Ariès, 1978 (1960).
10. Jean-Louis Flandrin, 1978 (1976), S. 279.
11. Vgl. Arthur E. Imhof, 1981.
12. Vgl. Jos van Ussel, 1977 (1970), sowie John Th. Noonan, 1965.
13. Diese Vermutung äußert Arthur E. Imhof, 1981.
14. In der sozialistischen Literatur, in der marxistisch beeinflußten Soziologie und in sozialistisch-feministischen Strömungen wird der Verlust der produktiven Funktionen oft einseitig nur als Machtverlust für die Frauen interpretiert und die aktive Rolle der Frauen bei der Entstehung der bürgerlichen Weiblichkeitsideologie m. E. unterschätzt.
15. Vgl. Jacques Donzelot, 1980.
16. Vgl. Edward Shorter, 1984 (1982). Shorter vertritt die These, daß die Frauen überhaupt erst anfingen, sich für ihre Rechte einzusetzen, als die Entstehung und der Fortschritt der Gynäkologie sie von der physischen Beeinträchtigung durch ständige Schwangerschaften, Geburten und den eng damit zusammenhängenden Frauenkrankheiten befreit hätten. Vorher hatten sie seiner Meinung nach das Gefühl ihrer eigenen Minderwertigkeit selbst verinnerlicht, weil ihr Leben zu einem großen Teil aus körperlichen Schmerzen und Lasten bestand.
17. Vgl. Olive Banks, 1981.
18. „Über die bürgerliche Verbesserung der Weiber" war der Titel der berühmten pro-feministischen Schrift von Theodor Gottlieb von Hippel, 1793.
19. Martin Luther, 1978 (1522), S. 41.

9. Die Gefährdung der Ehe durch die Liebe: Ehekritik zu Beginn des 20. Jahrhunderts (S. 158–177)

1. Vgl. Jos van Ussel, 1977 (1970), S. 200 f.
2. Helene Böhlau, 1896, S. 298.
3. Gabriele Reuter, zitiert nach Albert Soergel, 1911, S. 307.
4. Jacques Mesnil, 1906 (1903), S. 29.
5. Jacques Mesnil, 1906 (1903), S. 37.
6. Edward Carpenter, 1901 (1896), S. 65 f.
7. Edward Carpenter, 1901 (1896), S. 69, S. 94, S. 115.
8. Ellen Keys wichtigste Veröffentlichungen waren: „Mißbrauchte Frauenkraft", 1898; „Das Jahrhundert des Kindes", 1902; „Über Liebe und Ehe", 1905; „Die Frauenbewegung", 1909 – jeweils mit dem Datum der deutschen Erstveröffentlichung.

9. Ellen Key, 1905, S. 20.
10. Ellen Key, 1905, S. 52.
11. Ellen Key, 1905, S. 41.
12. Helene Stöcker, in einem Aufsatz von 1903, in: Helene Stöcker, 1905, S. 103.
13. Vgl. Helene Stöcker (Hg.), 1916.
14. Ellen Key, 1905, S. 94.
15. George Bernard Shaw, 1908, S. 148.
16. George Bernard Shaw, 1908, S. 113.
17. Ellen Key, 1905, S. 25.
18. Edward Carpenter, 1901 (1896), S. 142.
19. George Bernard Shaw, 1908, S. 145.
20. Edward Carpenter, 1901 (1896), S. 143.
21. Ellen Key, 1905, S. 168 f. Ellen Key sah es auch als „unsittlich" an, wenn Menschen keine Kinder bekommen, die „für geschlechtliche Aufgaben geeignet sind"; bei ihr mischen sich in zeittypischer Weise individualistische mit sozialdarwinistisch-rassenhygienischen Gesichtspunkten.
22. Iwan Bloch, 1912; der zweite Band wurde erst posthum veröffentlicht: Iwan Bloch und Georg Loewenstein, 1925.
23. Einige der Bücher von Havelock Ellis wurden in den USA bis in die 30er Jahre hinein nur an Mediziner verkauft, weil sie als „pornographisch" angesehen wurden.
24. Martin Green, 1976 (1974), S. 194. – Green schildert Lebensgeschichten und Atmosphäre dieser Zeit, ausgehend von der Biographie der beiden Richthofen-Schwestern.
25. Robert Michels, 1928, S. 208.
26. Robert Michels, 1928, S. 113.
27. Klaus Mann, 1931 (1930), S. 265.
28. Theodor Hendrik van de Velde, 1965 (1926), S. 21.
29. Ute Ranke-Heinemann in: „Zeit-Bibliothek der 100 Sachbücher", Nr. 6, Nov. 1982.
30. Helene Lange, 1924, S. 85.
31. Agnes von Zahn-Harnack, 1928, S. 37.
32. Marianne Weber, 1929, S. 44. Marianne Weber war schon 1907 mit einem großen Werk „Ehefrau und Mutter in der Rechtssprechung", einer Geschichte der Stellung der Frau im Eherecht, hervorgetreten. In ihren späteren Arbeiten zum Thema Ehe stand sie der „freien Liebe" noch kritischer gegenüber: „Die Idee der Ehe und die Ehescheidung" (1929), „Die Ideale der Geschlechtergemeinschaft" (1930), „Die Frauen und die Liebe" (1938).
33. Marianne Weber, 1929, S. 42 f.
34. Edward Carpenter, 1901 (1896), S. 128.

35. Hermann Graf von Keyserling, 1925, S. 7.
36. Hermann Graf von Keyserling, 1925, S. 30.
37. Ricarda Huch, Romantische Ehe, 1925.
38. Thomas Mann, 1925, S. 225, S. 218.
39. Klaus Mann, 1931 (1930), S. 264.
40. Vgl. René König, 1974 (b), S. 153; Walter Schmieding, 1979; Marianne Weber, 1907, S. 352. Auch in Dostojewskis Romanen, so etwa „Schuld und Sühne", 1866, werden die „freien Ehen" in der russischen Intelligenz häufiger erwähnt.
41. Vgl. René König, 1974 (b), S. 167: Er erwähnt die Schweiz, Schweden sowie das Frankreich der Dritten Republik.
42. Das Gesetz von 1926, zitiert nach René König, 1974 (b), S. 174.
43. Die wichtigsten Werke Alexandra Kollontais sind: „Soziale Grundlagen der Frauenfrage" (1909); „Die Gesellschaft und die Mutterschaft" (1913); „Wem nützt der Krieg?" (1916); „Die neue Moral und die Arbeiterklasse" (1920); „Wege der Liebe" (1925); „Autobiographie: Memoiren einer sexuell emanzipierten Kommunistin" (1926).
44. Alexandra Kollontai, 1925, S. 61.
45. Alexandra Kollontai, 1925, S. 67.
46. Alexandra Kollontai, 1925, S. 58.
47. Vgl. René König, 1974 (b), S. 167 ff.
48. Pantelejmon Romanow, 1926, abgedruckt in Johann Kobetz (Hg.), 1961, S. 117–137; Zitat S. 122.
49. Wladimir I. Lenin in einem Brief an Inès Armand vom 17. 1. 1915, zitiert nach Franz Filser, 1978, S. 45; vgl. auch René König, 1974 (b), S. 170.
50. Clara Zetkin, Erinnerungen an Lenin, zitiert nach Max Hodann, 1931, S. 226.
51. Wladimir I. Lenin, zitiert nach Bernice Glatzer Rosenthal, 1977, S. 383.
52. Vgl. Max Hodann, 1931, und René König, 1974 (b). – Die Scheidungsraten stiegen nach 1926 beispielsweise in Petersburg um 450 %, in Moskau um 300 %, vgl. Bernice Glatzer Rosenthal, 1977, S. 384.
53. René König, 1974 (b), vertritt die These, daß die kommunistische Familienpolitik nach 1917 zwar darauf gerichtet gewesen sei, den kirchlichen Einfluß auf die Ehe zurückzudrängen, nie aber daran interessiert gewesen sei, die Solidarstrukturen zwischen Mann und Frau, Eltern und Kindern zu schwächen oder gar abzubauen.
54. Max Hodann, 1931, S. 226.
55. Aldous Huxley, 1936, S. 108.
56. Sébastien-Roch Nicolas Chamfort (1740/1741–1795), aus „Pensées, maximes et anecdotes" (1795), zitiert nach „Insel-Buch der Ehe", S. 116.

57. Johann Wolfgang Goethe, Wahlverwandtschaften (1809), Erster Teil, Zehntes Kapitel. Ende des 18., Anfang des 19. Jahrhunderts sprachen sich auch C. A. Peschek, „Versuch über die Ausartung des Begattungstriebes unter den Menschen" (1789), und die Schriftstellerin Auguste Fischer (1764–1834) für eine Probe- oder Zeitehe aus.

58. Charlotte Buchow-Hohmeyer, 1928, S. 123.

59. Benjamin B. Lindsey entwickelte sein Konzept der Kameradschaftsehe schon in seinem 1925 erschienenen Buch „The Revolt of Modern Youth", später ausführlich in „Companiate Marriage" (dt. „Die Kameradschaftsehe", 1929).

60. Benjamin B. Lindsey, 1929, S. 9.

61. Benjamin B. Lindsey, 1929, S. 84.

62. Später schrieb Bertrand B. Russell in seiner Autobiographie: „Ich entwickelte darin (in seinem Buch „Marriage and Morals", 1929) die Ansicht, daß völlige Treue in den meisten Ehen nicht zu erwarten sei, daß aber Mann und Frau trotz Affären fähig sein sollten, gute Freunde zu bleiben. Ich behauptete jedoch nicht, daß eine Ehe erfolgreich weiter geführt werden könne, wenn die Frau eines oder mehrere Kinder habe, deren Vater nicht ihr Gatte sei; in diesem Fall hielt ich die Trennung für wünschenswert. Ich weiß nicht, was ich jetzt zu diesem Thema denke. Mir scheint, es gibt unüberwindliche Einwände gegen jede verallgemeinernde Theorie." Autobiographie, Bd. II, 1973 (1968), S. 236.

10. Das Ende der bürgerlichen Ehe: Eheideal und Ehewirklichkeit heute (S. 178–190)

1. Vgl. Arthur E. Imhof, 1981, S. 168.

2. Vgl. Dritter Familienbericht, 1979, S. 100; der Anteil kinderloser Ehen ist von 17% im Jahre 1961 auf rund 20% im Jahre 1977 gestiegen.

3. Brigitte Berger und Peter L. Berger, 1984, S. 84.

4. Zwischen 1961 und 1985 hat die Scheidungshäufigkeit in absoluten Zahlen sich verdoppelt, und zwar von 60000 auf 130000. Außerdem hat sich im Zeitraum zwischen 1961 und 1982 auch die Scheidungsziffer verdoppelt (das ist die Zahl der Ehescheidungen eines Jahres, bezogen auf 10000 Einwohner); vgl. Max Wingen, 1984, S. 30; Vierter Familienbericht, 1986, S. 19.

5. René König, 1974 (a), S. 119.

6. Vgl. Max Wingen, 1985, S. 17. 1982 heirateten 63% der geschiedenen Männer und 66% der geschiedenen Frauen wieder.

7. Vgl. Vierter Familienbericht, 1986, S. 35.

8. Vgl. Vierter Familienbericht, 1986, S. 38.
9. Zweites Vatikanisches Konzil, zitiert nach Heinrich Ebel, Rolf Eickelpasch und Eckehard Kühne, 1984, S. 319.
10. Papst Johannes Paul II., 1981, S. 14.
11. Papst Johannes Paul II., 1981, S. 87f.
12. Papst Johannes Paul II., 1981, S. 10.
13. Papst Johannes Paul II., 1981, S. 26–29.
14. Dietrich Rössler, 1979, S. 37.
15. Evangelische Kirche in Deutschland, 1985 (1981), S. 20.
16. Katholische Deutsche Bischofskonferenz und Rat der Evangelischen Kirche in Deutschland, 1981 (abgedruckt in EKD, 1985, S. 26).
17. Evangelische Kirche in Deutschland, 1985, S. 17.
18. Für einen Überblick über das Familienrecht vgl. Heinrich Ebel, Rolf Eickelpasch und Eckehard Kühne, 1984, S. 399–488; Karl-Heinz Schwab, 1979, S. 99–116; Dieter Schwab, 1980 (3. Aufl. 1984).
19. Vgl. Barbelies Wiegmann, 1984.
20. Vgl. Dritter Familienbericht, 1979, S. 101.

11. „Sexuelle Dauerbeziehung auf Zeit" und Liebe als Lernprozeß: die neue Diskussion um die Ehe (S. 191–210)

1. Die Scheidungsziffer (Zahl der Ehescheidungen auf 10 000 Einwohner) betrug 1950 16,9; im Jahre 1961 8,8; im Jahre 1970 12,6; im Jahre 1974 15,9; im Jahre 1975 17,3. Nach Einführung des neuen Scheidungsrechts sank sie zunächst, lag aber 1981 wieder bei 17,8 und 1982 und 1983 bei 19,2 bzw. 19,8. Vgl. Max Wingen, 1985, S. 11.
2. Helmut Schelsky, 1953, S. 63.
3. Zitiert nach Dietrich Haensch, 1973, S. 365.
4. Vgl. Ernest Bornemann, 1984, S. 428.
5. A. C. Kinsey; W. B. Pomeroy und C. H. Martin, 1954 (1948); A. C. Kinsey, W. B. Pomeroy; C. E. Martin und P. H. Gebhard, 1954 (1953); Hans Giese und Gunter Schmidt, 1968; William H. Masters und Virginia E. Johnson, 1970 (1966); William H. Masters und Virginia E. Johnson, 1976 (1970); Shere Hite, 1977 (1976).
6. Wilhelm Reich, 1972 (1932); Wilhelm Reich, 1966 (1936).
7. Vgl. Bernd A. Laska, 1981, S. 65.
8. Wilhelm Reich, 1966 (1936), S. 132.
9. Kunzelmann in Pardon, 1967/8, S. 21; zitiert nach Reimut Reiche, 1968, S. 157.
10. Bommi Baumann, 1975, S. 19.
11. Bommi Baumann, 1975, S. 19, S. 23.

12. Pardon, 1967/8, S. 22; zitiert nach Reimut Reiche, 1968, S. 156.
13. Reimut Reiche, 1968, S. 155 f.
14. Verena Stefan, 1975, S. 27 f.
15. Verena Stefan, 1975, S. 50.
16. Aus dem Flugblatt des Frankfurter „Weiberrats", auf der 24. Delegier-
    tenkonferenz des SDS im November 1968 von den Frauen verteilt;
    abgedruckt im Frauenjahrbuch '75, 1975, S. 17.
17. Verena Stefan, 1975, S. 42.
18. Anja Meulenbelt, 1976, S. 170.
19. Alice Schwarzer, 1975, S. 179.
20. Alice Schwarzer, 1975, S. 205.
21. Nena und George O'Neill, 1975 (1972), S. 12.
22. Nena und George O'Neill, 1975 (1972), S. 15.
23. Nena und George O'Neill, 1975 (1972), S. 16.
24. Nena und George O'Neill, 1975 (1972), S. 44.
25. Nena und George O'Neill, 1975 (1972), S. 144.
26. Dieter E. Zimmer, 1975, S. 17.
27. George R. Bach und Peter Wyden, 1970 (1969).
28. Erich Fromm, 1980 (1956), S. 19.
29. Erich Fromm, 1980 (1956), S. 52.
30. Erich Fromm, 1980 (1956), S. 31.
31. Erich Fromm, 1980 (1956), S. 141.
32. Erich Fromm, 1980 (1956), S. 115.
33. Eine Darstellung dieser Zeitströmung in den USA findet sich bei Bri-
    gitte Berger und Peter L. Berger, 1984 (1983).
34. Denis de Rougemont, 1966 (1939), S. 364. Vgl. auch Kap. 3.
35. Ricarda Huch, 1925, S. 169.
36. Ricarda Huch, 1925, S. 169.
37. Philippe Ariès, 1986 (1982), S. 173.
38. Nathaniel Branden, 1985 (1982), S. 12.
39. Edward Shorter, 1977 (1975), S. 316.
40. Vgl. u. a. Jürgen von Scheidt, 1979; Hermann Schreiber, 1980 (1978).
41. Stellvertretend für viele vgl. Barbara von Wulffen, 1980.
42. Brigitte Berger und Peter L. Berger, 1984 (1983), S. 200.
43. Nathaniel Branden, 1985 (1982), S. 179.
44. Niklas Luhmann, 1982, S. 208.
45. Jürg Willi, 1981, S. 29.
46. Jürg Willi, 1985, S. 145.
47. So der Titel eines Ehe-Ratgebers von Dieter Wyss, 1975.

12. Die Mündigkeit des Paars: nichteheliche Lebensgemeinschaften heute (S. 211–228)

1. Simone de Beauvoir, In den besten Jahren, 1960, zitiert nach Axel Madsen, 1982 (1977), S. 45.
2. Simone de Beauvoir, Der Lauf der Dinge, 1963, zitiert nach Axel Madsen, 1982 (1977), S. 151.
3. Im Gespräch mit Alice Schwarzer, vgl. Emma 6/1986, S. 30.
4. Vgl. Emma 6/1986, S. 30.
5. So etwa „Sie kam und blieb", 1943, oder „Eine gebrochene Frau", 1967. Die gleiche Vermutung äußert auch Axel Madsen, 1982 (1977), in seiner Doppelbiographie Beauvoir-Sartre.
6. Dieser Ausdruck wurde von Cees J. Straver, 1980, geprägt.
7. Vgl. BMJFG, 1985, S. 8; Eva-Maria von Münch, 1987. Für die ausländischen Zahlen vgl. Sibylle Meyer und Eva Schulze, 1983.
8. Die Frage lautete: „Haben Sie vor zu heiraten, oder ist die Frage zwischen Ihnen und Ihrem Partner noch unklar?" – Vgl. BMJFG, 1985, S. 175, S. 29ff.
9. Vgl. Benjamin B. Lindsey, 1929; außerdem vgl. Kap. 9.
10. Vgl. „Ja zur Ehe", gemeinsame Erklärung der katholischen Deutschen Bischofskonferenz und der Evangelischen Kirche in Deutschland, 1981; außerdem BMJ und BMJFFG, Gemeinsam leben ohne Trauschein, 1986.
11. Vgl. Sibylle Meyer und Eva Schulze, 1983, S. 745.
12. In einer schwedischen Untersuchung aus dem Jahre 1979 erklärten fast alle jung verheirateten Paare, daß sie bereits vor der Trauung eine Zeitlang zusammengelebt hätten; J. Trost, 1979, zitiert nach Hartmann Tyrell, 1985, S. 111.
13. Vgl. Max Wingen, 1984, S. 30.
14. In der Bundesrepublik hatten 1983 5% der unverheiratet Zusammenlebenden gemeinsame Kinder; bei 25% gab es Kinder aus früheren Partnerschaften, von denen wiederum etwa zwei Drittel in der jetzigen Beziehung mitlebten; vgl. BMJFG, 1985.
15. Von den Paaren „mit fester Heiratsabsicht" ist die Hälfte unter 24 Jahre alt und nur 17% sind älter als 30 Jahre; nur 10% sind schon einmal geschieden und 14% haben Kinder aus einer früheren Partnerschaft. – Dagegen sind bei den Paaren „ohne Heiratsabsicht" zwei Drittel älter als 30 Jahre, 30% sind schon einmal geschieden und 43% haben Kinder aus früheren Beziehungen. Vgl. BMJFG, 1985, S. 30–32.
16. Diese Problematik wurde vermutlich durch das neue Scheidungsrecht von 1977 verschärft. Allerdings ist die Entwicklung zur nichtehelichen

Lebensgemeinschaft auch in Ländern zu beobachten, die ein völlig anderes Scheidungsrecht haben; vgl. Max Wingen, 1984, S. 49 ff.

17. BMJFG, 1985, S. 8.
18. In der BMJFG-Studie von 1983 äußerte nur knapp jede/r Zehnte eine grundsätzliche Ablehnung der Institution Ehe (BMJFG, 1985, S. 30). In einer Befragung des Bundesinstituts für Bevölkerungsforschung (BiB) aus dem Jahre 1980 sagten immerhin 25%, sie seien grundsätzlich gegen die Institution Ehe; vgl. Hartmann Tyrell, 1985, S. 110 f.
19. J. Trost, 1979, zitiert nach Hartmann Tyrell, 1985, S. 111.
20. Hartmann Tyrell, 1985, S. 102.
21. Stellvertretend für viele z. B. Helga Frisch, 1983.
22. Nach den Ergebnissen der qualitativen Vorstudie zur BMJFG-Repräsentativbefragung im Jahre 1983; vgl. BMJFG, 1985, S. 39–42.
23. BMJFG, 1985, S. 41.
24. BMJFG, 1985, S. 56 f.
25. Vgl. Sibylle Meier und Eva Schulze, 1983, sowie Max Wingen, 1984.
26. Vgl. Eva-Maria von Münch, 1987.
27. BMJFG, 1986, S. 60 ff. Auch eine Studie des Deutschen Jugendinstituts „Familien in den 80er Jahren" kommt zu dem Ergebnis, daß bei nichtverheirateten Paaren mehr Gleichberechtigung herrsche als bei verheirateten; vgl. Klaus Marbach u. a. 1987, S. 10.
28. Emnid-Informationen, 1981/4, zitiert nach BMJFG, 1985, S. 82.
29. Vgl. Max Wingen, 1984, S. 43 f.
30. BMJFFG, 4. Familienbericht, 1986, S. 34.
31. Was das Erbrecht angeht, so besteht ein geringfügiger Unterschied, wenn der Vater außerdem noch eheliche Kinder hat; in diesem Falle hat das nichteheliche Kind nur einen Erbersatzanspruch in Höhe des Erbes.
32. Gemeinsame Broschüre des BMJ und des BMJFFG, Gemeinsam leben ohne Trauschein, 1986.
33. Vgl. u. a. Jacques Mesnil, 1906 (1903), S. 36.
34. BMJFG, 1985, S. 77.
35. Heinrich Ebel, Rolf Eickelpasch und Eckehard Kühne, 1984, S. 284.
36. Max Wingen, 1984, S. 55 f.
37. Immanuel Kant, Die Metaphysik der Sitten; zitiert nach: „Das Insel-Buch der Ehe", 1986, S. 106.
38. 1966 befand der Bundesgerichtshof in einem Scheidungsurteil, daß es eine Eheverfehlung sei, wenn die Frau den Geschlechtsverkehr nur teilnahmslos über sich ergehen lasse. Denn die Ehe „fordert . . . von ihr . . . eine Gewährung in ehelicher Zuneigung und Opferbereitschaft und verbietet es, Gleichgültigkeit oder Widerwillen zur Schau zu tragen". Zitiert nach Ute Gerhard, 1978, S. 148.
39. Dieser Begriff stammt von Jürg Willi, 1975.

40. Hartmann Leitner, 1980, S. 93, S. 94, S. 101.
41. Sebastian Haffner, 1968, S. 16.
42. Klaus Mann, 1931 (1930), S. 267.
43. Philippe Ariès, 1986 (1982), S. 174.

Schluß: Von der Ehe ohne Liebe zur Liebe ohne Ehe?
(S. 229–236)

1. Zur rechtlichen Situation der nichtehelichen Lebensgemeinschaften vgl. Götz Landwehr, 1978; Wilfried Schlüter, 1981; Rainer Scholz, 1981; Toni Ihara und Ralph Warner, 1982; Eva-Maria von Münch, 1983; Siegfried de Witt und Johann-Friedrich Huffmann, 1984; Max Wingen, 1984, S. 69–76; BMJ und BMJFG, 1986; Uwe Behringer und Wolfram Bortfeldt, 1987.
2. Eva-Maria von Münch, 1987.
3. Philippe Ariès, 1986 (1982), S. 174.

Bibliographie

(In Klammern jeweils das Datum der Erstveröffentlichung)

Albert, Charles, Die freie Liebe, Leipzig 1900 (1899).

Ariès, Philippe, Geschichte der Kindheit, München: Hanser 1975 (1960).

Ariès, Philippe; André Béjin; Michel Foucault u. a., Die Masken des Begehrens und die Metamorphosen der Sinnlichkeit. Zur Geschichte der Sexualität im Abendland, Frankfurt: Fischer 1986 (1982).

Ariès, Philippe, Liebe in der Ehe, in: Ariès, Philippe; André Béjin; Michel Foucault u. a., 1986 (1982), S. 165–175.

Ariès, Philippe, Die unauflösliche Ehe, in: Ariès, Philippe; André Béjin, Michel Foucault, 1986 (1982), S. 176–196.

Bach, George R. und Peter Wyden, Streiten verbindet. Spielregeln für Liebe und Ehe, Gütersloh: Bertelsmann 1970 (1969).

Badinter, Elisabeth, Die Mutterliebe. Geschichte eines Gefühls vom 17. Jh. bis heute, München: Piper 1981 (1980).

Balsdon, Dacre, Die Frau in der römischen Antike, München: Beck 1979 (1962).

Banks, Olive, Faces of Feminism, Oxford: Martin Robertson 1981.

Bataille, Georges, Der heilige Eros, Darmstadt: Luchterhand 1969.

Baumann, Michael („Bommi"), Wie alles anfing, München: Trikont 1975.

Beauvoir, Simone de, Sie kam und blieb. Roman, Reinbek: Rowohlt 1972 (1943).

Beauvoir, Simone de, In den besten Jahren, Reinbek: Rowohlt 1969 (1960).

Beauvoir, Simone de, Der Lauf der Dinge, Reinbek: Rowohlt 1970 (1963).

Beauvoir, Simone de, Eine gebrochene Frau. Erzählungen, Reinbek: Rowohlt 1972 (1967).

Beauvoir, Simone de, Ich habe mich radikalisiert. Interview mit Alice Schwarzer, in: Der Spiegel, 1976, Heft 15; abgedruckt in: Emma, 1986, Heft 6, S. 26–30.

Bebel, August, Die Frau und der Sozialismus, 9. (63.) Aufl. Berlin: Dietz 1974 (1879).

Becker, Gabriele; Helmut Brackert; Sigrid Brauner; Angelika Tümmler, Zum kulturellen Bild und zur realen Situation der Frau im Mittelalter und in der frühen Neuzeit, in: Gabriele Becker u. a., Aus der Zeit der Verzweiflung. Zur Genese und Aktualität des Hexenbildes, Frankfurt: Suhrkamp 1977.

Becker, Hans-Jürgen, Die nichteheliche Lebensgemeinschaft (Konkubinat) in der Rechtsgeschichte, in: Götz Landwehr (Hg.), 1978, S. 14–38.

Behagel, Wilhelm, Die gewerbliche Stellung der Frau im mittelalterlichen Köln, Berlin und Leipzig: Rothschild 1910.

Behler, Ernst, Friedrich Schlegel, Reinbek: Rowohlt 1978 (1966).

Behringer, Uwe und Wolfram Bortfeldt, Wilde Ehen: Liebe, die der Staat bestraft, in: Stern, 1987, H. 29, S. 52–58.

Béjin, André, Ehen ohne Trauschein heute, in: Ariès, Philippe; Béjin, André; Foucault, Michel, 1986 (1982), S. 197–208.

Bell, Robert (Hg.), Studies in Marriage and the Family, New York 1968.

Berger, Brigitte und Peter L. Berger, In Verteidigung der bürgerlichen Familie, Frankfurt: Fischer 1984 (1983).

Berger, Peter L. und H. Kellner, Die Ehe und die Konstruktion der Wirklichkeit, in: Soziale Welt, 1965, Heft 3, S. 220–235.

Bernard, Jessie, Remarriage: A Study of Marriage, New York: Dryden Press 1956.

Bernard, Jessie, The Future of Marriage, Harmondsworth: Penguin 1976 (1972).

Beuys, Barbara, Familienleben in Deutschland, Reinbek: Rowohlt 1980.

Bielschowsky, Albert, Goethe. Sein Leben und Werk, München: Beck 1911.

Blieweis, Theodor, Ehen, die zerbrachen. Bekenntnisse Geschiedener, 2. Aufl. Wien 1960.

Bloch, Iwan, Das Sexualleben unserer Zeit, Berlin: Louis Marcus 1906.

Bloch, Iwan, Die Prostitution, Bd. 1, Berlin: Louis Marcus 1912.

Bloch, Iwan und Georg Loewenstein, Die Prostitution, Bd. 2, Berlin: Louis Marcus 1925.

Böckle, Franz; Norbert Greinacher; Felicitas Betz, Ehe in der Diskussion, Freiburg: Herder 1970 (1969).

Böckle, Franz und Josef Köhne, Geschlechtliche Beziehungen vor der Ehe, Mainz: Matthias Grünewald-Verlag 1967.

Böhlau, Helene, Halbtier! Roman, Berlin: Fontane & Co. 1899.

Borneman, Ernest, Das große Lexikon der Sexualität, Herrsching: Manfred Pawlak 1984.

Branden, Nathaniel, Liebe für ein ganzes Leben. Psychologie der Zärtlichkeit, Reinbek: Rowohlt 1985 (1982).

Die Braut. Geliebt – verkauft – geraubt. Zur Rolle der Frau im Kulturvergleich. Hg. von Gisela Völger und Karin von Welck, 2 Bde, Köln: Rautenstrauch-Joest-Museum 1985.

Braun, Lily, Memoiren einer Sozialistin, Bd. 1, Lehrjahre, München 1909.

Brinker-Gabler, Gisela, Karola Ludwig und Angela Wöffen, Lexikon deutschsprachiger Schriftstellerinnen 1800–1945, München: dtv 1986.

Buchow-Hohmeyer, Charlotte, Zeitehe, Berlin/Köln: A. Marcus & E. Weber's Verlag 1928.

Bundesministerium für Jugend, Familie und Gesundheit (BMJFG), Zweiter Familienbericht. Familie und Sozialisation, Bonn 1975.

Bundesministerium für Jugend, Familie und Gesundheit (BMJFG), Dritter Familienbericht. Die Lage der Familie in der Bundesrepublik Deutschland, Bonn 1979.

Bundesministerium für Jugend, Familie und Gesundheit (BMJFG) (Hg.), Nichteheliche Lebensgemeinschaften in der Bundesrepublik Deutschland, Schriftenreihe des BMJFG, Bd. 170, Stuttgart: Kohlhammer 1985.

Bundesministerium für Jugend, Familie, Frauen und Gesundheit (BMJFFG), Vierter Familienbericht. Die Lage der älteren Menschen in der Familie, Bonn 1986.

Bundesministerium für Justiz (BMJ) und Bundesministerium für Jugend, Familie, Frauen und Gesundheit (BMJFFG), Gemeinsam leben ohne Trauschein, Bonn 1986.

Burgess, Ernest W. und Harvey Locke, The Family: From Institution to Companionship, New York: American Book Co. 1945.

Calverton, Victor F. Der Bankrott der Ehe, Dresden 1931.

Carpenter, Edward, Wenn die Menschen reif zur Liebe werden, Leipzig: Hermann Seemanns Nachf. 1901 (1896).

Cattepoel, Jan, Der Anarchismus, München: Beck, 3. Aufl. 1979.

Chamfort, Sébastien-Roch Nicolas, Pensées, maximes et anecdotes, 1795, in: Das Insel-Buch der Ehe, Frankfurt: Insel 1986, S. 116.

Changhi, René, Immoralité du mariage, Paris 1904.

Chaucer, Geoffrey, Der Prolog des Weibes von Bath, aus: Die Canterbury Tales, in: Das Insel-Buch der Ehe, Frankfurt: Insel 1986, S. 41–66.

Dallapiazza, Michael (Hg.), Wie ein Mann ein fromm Weib soll machen. Mittelalterliche Lehren über Ehe und Haushalt, Frankfurt: Insel 1984.

Dieckmann, Albrecht, Rechtsprobleme der nichtehelichen Lebensgemeinschaft, in: Loccumer Protokolle, 3, 1980, S. 120–131.

Dölle, Hans, Familienrecht, Karlsruhe: C. F. Müller 1964.

Dombois, Hans, Unscheidbarkeit und Ehescheidung in der Tradition der Kirche, München: Christian Kaiser Verlag 1976.

Dombois, Hans, Kirche und Eherecht, Stuttgart: Ernst Klett 1974.

Donzelot, Jacques, Die Ordnung der Familie, Frankfurt: Suhrkamp 1980.

Dreikurs, Rudolf, Die Ehe – eine Herausforderung, Frankfurt: Ullstein 1982.

Dronke, Ernst, Berlin, 1848. Neu herausgegeben von Rainer Nitsche, Darmstadt: Luchterhand 1974.

Ebel, Heinrich; Eickelpasch, Rolf und Eckehard Kühne, Familie in der Gesellschaft, Opladen: Leske und Budrich 1984.

(Ehe). Das Insel-Buch der Ehe, ausgewählt von Christoph und Ulrike Groffy, Frankfurt: Insel 1986.

Ehe – Institution im Wandel. Zum evangelischen Eheverständnis heute, Hamburg: Lutherisches Verlagshaus 1974.

(Ehe). Ja zur Ehe, gemeinsame Erklärung der katholischen Deutschen Bischofskonferenz und der Evangelischen Kirche in Deutschland, Köln/Hannover, 15. Okt. 1981, in: EKD-Texte 12, 1985, S. 24–27.

(Ehe). Von dem ehelichen Stande, Mitte des 15. Jh., abgedruckt in: Das Insel-Buch der Ehe, Frankfurt: Insel 1986, S. 70–76; auch abgedruckt in: Michael Dallapiazza, 1984, S. 97–106.

Eheverständnis und Ehescheidung. Empfehlungen des Interkonfessionellen Arbeitskreises für Ehe- und Familienfragen, Mainz: Matthias Grünewald-Verlag und München: Christian Kaiser Verlag 1971.

Evangelische Kirche in Deutschland (EKD), (Kirchenamt der EKD), Ehe und nichteheliche Lebensgemeinschaften, EKD-Texte Heft 12, Hannover 1985.

Elias, Norbert, Über den Prozeß der Zivilisation, Bd. 1. Wandlungen des Verhaltens in den weltlichen Oberschichten des Abendlandes, Frankfurt: Suhrkamp 2. Aufl. 1978.

Ellis, Havelock, Rassenhygiene und Volksgesundheit, Würzburg: Kabitzsch 1912.

Ellis, Havelock, Studies in the Psychology of Sex, Bd. 4, Sex in Relation to Society, New York 1936 (1910).

Engels, Friedrich, Der Ursprung der Familie, des Privateigentums und des Staates, Marx-Engels-Werke, Ausgewählte Schriften, Bd. 2, Berlin: Dietz 1974 (1884).

Ennen, Edith, Frauen im Mittelalter, München: Beck 1984.

Evans, Richard J., The Feminist Movement in Germany 1894–1933, London: Sage Publ. 1976.

Evans, Richard J., Sozialdemokratie und Frauenemanzipation im deutschen Kaiserreich, Berlin/Bonn: Dietz 1979.

Filser, Franz (Hg.), Einführung in die Familiensoziologie (mit Quellentexten), Paderborn: Ferdinand Schöningh 1978.

Filser, Franz (Hg.), Familie und Gesellschaft, Stuttgart 1979.

Flandrin, Jean-Louis, Das Geschlechtsleben der Eheleute in der alten Gesellschaft: Von der kirchlichen Lehre zum realen Verhalten, in: Ariès, Philippe u. a., 1986 (1982), S. 147–164.

Flandrin, Jean-Louis, Le sexe et l'occident, Paris 1981.

Flandrin, Jean-Louis, Familien – Soziologie, Ökonomie, Sexualität, Frankfurt: Ullstein 1978 (1976).

Frauenjahrbuch 1975, hrsg. von Frankfurter Frauen, Frankfurt: Verlag Roter Stern 1975.

Friedberg, Emil, Das Recht der Eheschließung, Leipzig 1865.

Friedrich-Naumann-Stiftung (Hg.), Nichteheliche Lebensgemeinschaften, Dokumentation, Bonn 1982.

Frisch, Helga, Ehe? Eine Pastorin plädiert für neue Formen der Partnerschaft, Frankfurt: Fischer 1983.

Fromm, Erich, Die Kunst des Liebens, Frankfurt: Ullstein 1980 (1956).

Fuchs, Anneliese, Ist die Familie noch zu retten? Woran sie krankt – wie sie zu heilen ist. Mit einem Vorwort von Christa Mewes, Freiburg: Herder 1981.

Gay, Peter, Erziehung der Sinne. Sexualität im bürgerlichen Zeitalter, München: Beck 1986 (1984).

Gerhard, Ute, Verhältnisse und Verhinderungen. Frauenarbeit, Familie und Rechte der Frauen im 19. Jh., Frankfurt: Suhrkamp 1978.

Giese, Hans und Gunter Schmidt, Studenten-Sexualität, Reinbek: Rowohlt 1968.

Glatzer Rosenthal, Bernice, Women in the Russian Revolution and After, in: Bridenthal, Renate und Koonz, Claudia (Hg.), Becoming Visible. Women in European History, Boston: Houghton Mifflin Co. 1977, S. 370–399.

Görres, Ida Friederike, Was die Ehe auf immer bindet, Berlin 1971.

Goethe, Johann Wolfgang, Hermann und Dorothea, 1798.

Goethe, Johann Wolfgang, Die Wahlverwandtschaften, 1809.

Gondonneau, Jean, Freiheit in der Ehe. Zur Soziologie der Treue, Zürich/Köln: Benziger 1972.

Goode, William J., After Divorce, New York 1956.

Goode, William J., World Revolution and Family Patterns, New York, 1963.

Goody, Jack, Die Entwicklung von Ehe und Familie in Europa, Berlin: Dietrich Reimer 1986 (1983).

Green, Martin, Else und Frieda, die Richthofen-Schwestern, München: Kindler 1976 (1974).

Greiff, B., Tagebuch des Lucas Rem aus den Jahren 1494–1541, Augsburg 1861.

Gukenbiehl, Hermann, Ehe, in: Hermann Schäfer (Hg.), Grundbegriffe der Soziologie, Opladen: Leske und Budrich 1986, S. 55–58.

Gumplowicz, Ladislaus, Ehe und freie Liebe, 2. Aufl. Berlin 1902.

Gundolf, Friedrich, Goethe, Berlin: Georg Bondi 1917.

Habermas, Jürgen, Strukturwandel der Öffentlichkeit, 5. Aufl. Neuwied: Luchterhand 1971 (1962).

Haensch, Dietrich, Repressive Familienpolitik. Sexualunterdrückung als Mittel der Politik, Reinbek: Rowohlt 1969.

Haensch, Dietrich, Zerschlagt die Kleinfamilie?, in: Dietrich Claessens und Petra Milhoffer (Hg.), Familiensoziologie, Frankfurt: Athenäum 1973, S. 363–374.

Haffner, Sebastian, Das Sterben der Ehe, in: Christa Rotzoll (Hg.), 1968, S. 11–31.

Harsch, Helmut (Hg.), Das neue Bild der Ehe, München: Christian Kaiser 1969.

Hausen, Karin, Familie als Gegenstand historischer Sozialwissenschaft, in: Geschichte und Gesellschaft, 1, 1975, S. 171–209.

Havas, Laszlo und Louis Pauwels, Die letzten Tage der Monogamie. Die Geschlechtsmoral von morgen, Wien: Molden 1970 (1969).

Heinsohn, Gunnar und Rolf Knieper, Theorie des Familienrechts, Geschlechtsrollenaufhebung, Kindesvernachlässigung, Geburtenrückgang, Frankfurt: Suhrkamp 1974.

Hege, Albrecht, Die Entstehung des lutherischen Eheverständnisses, in: Ehe – Institution im Wandel, 1979, S. 21–35.

Heymann, Lida Gustava und Anita Augspurg, Erlebtes – Erschautes. Deutsche Frauen kämpfen für Recht, Frieden und Freiheit, Meisenheim a. Glan: Anton Hein 1972 (1941).

Hippel, Theodor Gottlieb von, Über die Ehe, Stuttgart: Deutsche Verlagsanstalt 1972 (1774).

Hippel, Theodor Gottlieb von, Über die bürgerliche Verbesserung der Weiber, Frankfurt: Syndikat 1977 (1793).

Hirsch, Max, Das geschlechtliche Elend der Frau, in: Sexual-Probleme, 4. Jg. Jan. 1908.

Hite, Shere, Hite-Report. Das sexuelle Erleben der Frau, München: Bertelsmann 1977 (1976).

Hodann, Max, Sowjetunion. Gestern. Heute. Morgen, Berlin: Universitas 1931.

Hodann, Max, Geschlecht und Liebe, Berlin: Büchergilde Gutenberg 1932.

Holmsten, Georg, Jean-Jacques Rousseau, Reinbek: Rowohlt 1972.

Horkheimer, Max, Autorität und Familie. Allgemeiner Teil, in: Erich Fromm, Max Horkheimer, Hans Mayer, Herbert Marcuse u. a., Autorität und Familie, Paris: Félix Alcan 1936.

Horkheimer, Max, Die Zukunft der Ehe, in: Johannes Schlemmer (Hg.), Krise der Ehe, München: Piper 1966, S. 207–224.

Hubbard, William H., Familiengeschichte. Materialien zur deutschen Familie seit dem Ende des 18. Jh., München: Beck 1983.

Huch, Ricarda, Romantische Ehe, in: Keyserling, Hermann Graf von (Hg.), 1925, S. 147–169.

Humboldt, Wilhelm W., Ideen zu einem Versuch, die Grenzen der Wirksamkeit des Staates zu bestimmen, Stuttgart: Reclam 1967 (1792).
Huxley, Aldous, Fashions in Love, in: Aldous Huxley, Do what you will. Essays, London: Watts & Co., 1936, S. 104–114.

Ihara, Toni und Ralph Warner, Ehe ohne Trauschein, Reinbek: Rowohlt 1982 (1978).
Imhof, Arthur, Die gewonnenen Jahre, München: Beck 1981.
Institut für Ehe- und Familienwissenschaft (Hg.), Die Zukunft der Monogamie, Bern: Paul Haupt 1972.

Jantke, Carl, Zur Deutung des Pauperismus, in: Jantke, Carl und Dietrich Hilger, 1965, S. 7–48.
Jantke, Carl und Dietrich Hilger (Hg.), Die Eigentumslosen. Der deutsche Pauperismus und die Emanzipationskrise in Darstellungen und Deutungen der zeitgenössischen Literatur, Freiburg/München: Karl Alber 1965.
Johannes Paul II., Familiaris consortio. Über die Aufgaben der christlichen Familie in der Welt von heute, Aschaffenburg: Pattloch 1982 (1981).
Jürgens, Hans. W. (Hg.), Partnerwahl und Ehe, Hamburg: Wissenschaftl. Verlag Altmann 1973.

Katholische Deutsche Bischofskonferenz/Rat der Evangelischen Kirche in Deutschland, Ja zur Ehe, Okt. 1981, abgedruckt in EKD-Texte 12, Hannover 1985, S. 24–27.
Katte, Dieter, Ohne Trauschein?, München: Don Bosco 1982.
Key, Ellen, Mißbrauchte Frauenkraft, München: Langen 1898.
Key, Ellen, Das Jahrhundert des Kindes, München: Langen 1902.
Key, Ellen, Über Liebe und Ehe, Berlin: Fischer 1905 (1903).
Key, Ellen, Die Frauenbewegung, Frankfurt: Rütte und Loening 1909.
Keyserling, Hermann Graf von (Hg.), Das Ehe-Buch. Eine neue Sinngebung im Zusammenklang der Stimmen führender Zeitgenossen, Celle: Niels Kampmann 1925.
Keyserling, Hermann Graf von, Das richtig gestellte Eheproblem, in: Keyserling, Hermann Graf von (Hg.), 1925, S. 13–47.
Kinsey, A. C.; W. B. Pomeroy; C. H. Martin, Sexual Behavior in the Human Male, Philadelphia/London 1954 (1948).
Kinsey, A. C.; W. B. Pomeroy; C. H. Martin; P. H. Gebhard, Sexual Behavior in the Human Female, Philadelphia/London 1954 (1953).
Knigge, Adolph Freiherr von, Über den Umgang mit Menschen, Bd. 1, Hannover 1788. (Auszug „Von dem Umgange unter Eheleuten", in: Das Insel-Buch der Ehe, 1986, S. 130–134.)

Koch, Traugott, Ehe und „nichteheliche Lebensgemeinschaft" als Thema der Ethik, in: Landwehr, Götz (Hg.), 1978, S. 39–60.

König, René, Die Familie der Gegenwart, München: Beck 1974 (a).

König, René, Entwicklungstendenzen der Familie im neueren Rußland, in: René König, Materialien zur Soziologie der Familie, Köln: Kiepenheuer & Witsch, 1974 (b), S. 151–199.

König, René, Hochzeit als Ausgangspunkt zur Darstellung der Rolle der Frau im interkulturellen Vergleich, in: Gisela Völger und Karin von Welck (Hg.), Die Braut, Bd. 1, 1985, S. 26–36.

Kollontai, Alexandra, Die neue Moral und die Arbeiterklasse, Berlin 1920.

Kollontai, Alexandra, Wege der Liebe (auch: Die Liebe der drei Generationen) 1925, in: Alexandra Kollontai, Wassilissa Malygyna. Erzählungen, Frankfurt: Verlag Roter Stern 1973.

Kollontai, Alexandra, Autobiographie einer sexuell emanzipierten Kommunistin, Wien: Steiner 1975 (1926).

Korczak, Dieter, Neue Formen des Zusammenlebens, Frankfurt: Fischer 1979.

Koschorke, Martin, Formen des Zusammenlebens in Deutschland, in: Kölner Zeitschrift für Soziologie und Sozialpsychologie, 1973, 24, S. 531–563.

Kühn, Joachim, Ehen zur linken Hand in der europäischen Geschichte, Stuttgart: K. F. Koehler 1968.

Landwehr, Götz (Hg.), Die nichteheliche Lebensgemeinschaft, Göttingen: Vandenhoeck und Rupprecht 1978.

Lange, Helene, Die Frauenbewegung in ihren gegenwärtigen Problemen, 3. umgearb. Aufl. Leipzig: Quelle und Meyer 1924.

Laska, Bernd A., Wilhelm Reich, Reinbek: Rowohlt 1981.

Leitner, Hartmann, Zeithorizont und Lebensführung in ehelicher und nichtehelicher Lebensgemeinschaft, in: Partnerschaft und Identität, Loccumer Protokolle, 1980, 3, S. 93–104.

Lindsey, Benjamin B., The Revolt of Modern Youth, New York 1925.

Lindsey, Benjamin B. und Wainwright Evans, Die Kameradschaftsehe, Stuttgart: Deutsche Verlags-Anstalt 1929.

Luhmann, Niklas, Liebe als Passion. Zur Codierung von Intimität, Frankfurt: Suhrkamp 1982.

Luther, Martin, Vom ehelichen Leben (und andere Schriften über die Ehe), Stuttgart: Reclam 1978 (1522).

Madsen, Axel, Jean-Paul Sartre und Simone de Beauvoir. Die Geschichte einer ungewöhnlichen Liebe, Reinbek: Rowohlt 1982 (1977).

Mann, Heinrich, Der Untertan. Roman, München: Deutscher Taschenbuch Verlag 1964 (1918).

Mann, Klaus, Nicht gehaltene Rede beim Hochzeitsessen einer Freundin, 1930, in: Klaus Mann, Auf der Suche nach einem Weg. Aufsätze, Berlin: Transmore Verlag 1931.

Mann, Thomas, Buddenbrooks. Roman, Frankfurt: Fischer 1922 (1900).

Mann, Thomas, Die Ehe im Übergang, in: Hermann Graf von Keyserling (Hg.), 1925, S. 212–226.

Marbach, Jan; Verena Mayr-Kleffel; Jutta Stich; Klaus Wahl, Familien in den 80er Jahren. Erste Ergebnisse der Repräsentativbefragung, in: DJI (Deutsches Jugend-Institut)-Bulletin 1987, H. 3, S. 8ff.

Marcus, Steven, Umkehrung der Moral. Sexualität und Pornographie im Viktorianischen England, Frankfurt: Suhrkamp 1979 (1964).

Martin, Fritz, Deutsche Literaturgeschichte, Stuttgart: Kröner 1965.

Marwitz, Friedrich August Ludwig von der, Von der Schrankenlosigkeit, (aus der Denkschrift: Von den Ursachen der überhandnehmenden Verbrechen), 1836, in: Carl Jantke und Dietrich Hilger, 1965, S. 134–148.

Marx, Karl, Der Ehescheidungsgesetzentwurf, 1843, in: Marx-Engels-Werke, Bd. 1, Berlin: Dietz 1964, S. 148–151.

Marx, Karl und Friedrich Engels, Manifest der Kommunistischen Partei, 1848, in: Marx-Engels-Werke, Bd. 4, Berlin: Dietz Verlag 1964, S. 459–493.

Masters, William H. und Virginia E. Johnson, Die sexuelle Reaktion, Reinbek: Rowohlt 1970 (1966).

Masters, William H. und Virginia E. Johnson, Spaß an der Ehe, München: Heyne 1981 (1970).

Matz, Klaus-Jürgen, Pauperismus und Bevölkerung. Die gesetzlichen Ehebeschränkungen in den süddeutschen Staaten während des 19. Jh., Stuttgart: Klett/Cotta 1980.

Mesnil, Jacques, Die freie Ehe, Schmargendorf-Berlin: Renaissance Verlag 1906 (1903).

Métral, Marie O., Die Ehe. Analyse einer Institution, Frankfurt: Suhrkamp 1981 (1977).

Meyer, Sibylle und Eva Schulze, Nichteheliche Lebensgemeinschaften, in: Kölner Zeitschrift für Soziologie und Sozialpsychologie, 1983, Heft 4, S. 735–754.

Meier, Olga (Hg.), Die Töchter von Karl Marx. Unveröffentlichte Briefe, Frankfurt: Fischer 1983 (1979).

Meulenbelt, Anja, Die Scham ist vorbei. Eine persönliche Erzählung, München: Frauenoffensive 1978 (1976).

Michels, Robert, Die Grenzen der Geschlechtsmoral, München und Leipzig: Duncker & Humblot 1911.

Michels, Robert, Sittlichkeit in Ziffern. Kritik der Moralstatistik, München und Leipzig: Duncker & Humblot 1928.

Mill, John Stuart; Harriet Taylor Mill; Helen Taylor, Die Hörigkeit der

Frau. Texte zur Frauenemanzipation 1851–1869, hrsg. von Hannelore Schröder, Frankfurt: Syndikat 1976.

Mitterauer, Michael, Ledige Mütter. Zur Geschichte illegitimer Geburten in Europa, München: Beck 1983.

Mitterauer, Michael und Reinhard Sieder, Vom Patriarchat zur Partnerschaft. Zum Strukturwandel der Familie, München: Beck 1977.

Möhrmann, Renate, Die andere Frau. Emanzipationsansätze deutscher Schriftstellerinnen im Vorfeld der 48er Revolution, Stuttgart: Metzlersche Verlagsbuchhandlung 1977.

Münch, Eva-Maria von, Zusammenleben ohne Trauschein, München: Beck/dtv 1983.

Münch, Eva-Maria von, Wilde Ehe oder Vorehe?, in: Die Zeit, Nr. 2, 2. 1. 1987, S. 37.

Noonan, John T., Contraception. A history of its treatment by catholic theologians and canonists, Cambridge, Mass.: Harvard University Press 1965.

O'Neill, Nena und George, Die offene Ehe. Konzept für einen neuen Typus der Monogamie, Reinbek: Rowohlt 1975 (1972).

Ostermeyer, Helmut (Hg.), Ehe. Isolation zu zweit? Mißtrauensvotum gegen eine Institution, Frankfurt: Fischer 1979.

Partnerschaft und Identität – die nichteheliche Lebensgemeinschaft, Loccumer Protokolle, Heft 3, 1980.

Paungarten, Ferdinand Freiherr von (Hg.), Das Eheproblem im Spiegel unserer Zeit. Äußerungen bekannter Persönlichkeiten zu dieser Frage, München: Ernst Reinhardt Verlag 1913.

Peschek, C. A., Versuch über die Ausartung des Begattungstriebs unter den Menschen, Breslau 1789.

Pomeroy, Sarah B., Frauenleben im klassischen Altertum, Stuttgart: Kröner 1985 (1984).

Ramm, Thilo, Die großen Sozialisten als Rechts- und Sozialphilosophen, Bd. 1, Stuttgart: Gustav Fischer 1955.

Ramm, Thilo, Der Frühsozialismus. Quellentexte, Stuttgart: Alfred Kröner 1968.

Reich, Wilhelm, Der Einbruch der sexuellen Zwangsmoral, Köln/Berlin: Kiepenheuer & Witsch 1972 (1932).

Reich, Wilhelm, Die sexuelle Revolution, Frankfurt a. M.: Europäische Verlagsanstalt 1966 (1936).

Reiche, Reimut, Sexualität und Klassenkampf. Zur Abwehr repressiver Entsublimierung, Frankfurt: Verlag Neue Kritik 1968.

Reif, Heinz (Hg.), Die Familie in der Gesellschaft, Göttingen: Vandenhoeck & Ruprecht 1982.

Reif, Heinz, Westfälischer Adel 1770–1860. Vom Herrschaftsstand zur regionalen Elite, Göttingen: Vandenhoeck & Ruprecht 1979.

Reuter, Gabriele, Das Tränenhaus. Roman, 1909.

Rheinstein, Max, Marriage stability, divorce, and the law, Chicago/London 1972.

Richardson, Joanna, Die Kurtisanen. Die französische Demimonde im 19. Jh., Frankfurt: Fischer 1968.

Riehl, Wilhelm Heinrich, Die Naturgeschichte des Volkes als Grundlage einer deutschen Socialpolitik, Bd. 3: Die Familie, Stuttgart und Augsburg: Cotta 1855.

Ringeling, Hermann, Die nichteheliche Lebensgemeinschaft in der Sicht evangelischer Sozialethik, in: Partnerschaft und Identität, Loccumer Protokolle, 1980, Heft 3, S. 145–157.

Rössler, Dietrich, Grundlagen und Aspekte des gegenwärtigen lutherischen Eheverständnisses, in: Ehe – Institution im Wandel, 1979, S. 37–65.

Romanow, Pantelejmon, Ohne Rhamnazeenblüten. Erzählung, 1926, in: Das Gesetz des Apfels. Liebesgeschichten aus Rußland, hrsg. von Johann Kobetz, München: Anton Pustet 1961, S. 117–137.

Rosenbaum, Heidi, Familie als Gegenstruktur zur Gesellschaft, Stuttgart: Enke 1973.

Rosenbaum, Heidi (Hg.), Seminar: Familie und Gesellschaftsstruktur. Materialien zu den sozioökonomischen Bedingungen von Familienformen, Frankfurt: Suhrkamp 1978.

Rosenbaum, Heidi, Formen der Familie. Untersuchungen zum Zusammenhang von Familienverhältnissen, Sozialstruktur und sozialem Wandel in der deutschen Gesellschaft des 19. Jh., Frankfurt: Suhrkamp 1982.

Rotzoll, Christa (Hg.), Emanzipation und Ehe, München: Delp 1969.

Rougemont, Denis de, Die Liebe und das Abendland, Köln: Kiepenheuer & Witsch 1966 (1939).

Rühle, Otto, Illustrierte Kultur- und Sittengeschichte des Proletariats, Bd. 1, Berlin: Neuer Deutscher Verlag 1930.

Rühle, Otto, Illustrierte Kultur- und Sittengeschichte des Proletariats, Bd. 2, Lahn-Gießen: Focus 1977.

Russell, Dora, The Right to be Happy, London 1927.

Russell, Bertrand, Ehe und Moral, Stuttgart: Kohlhammer 1951 (1929).

Russell, Bertrand, Autobiographie II (1914–1944), Frankfurt: Suhrkamp 1973 (1968).

Ruthe, Reinhold, Ist die Ehe überholt?, München: Claudius 1970.

Ruthe, Reinhold, Glück in der Ehe. Zusammenleben will gelernt sein, Freiburg: Herder 1984.

Scheidt, Jürgen von, Singles. Alleinsein als Chance des Lebens, München: Heyne 1979.

Schelsky, Helmut, Wandlungen der deutschen Familie in der Gegenwart, 5. Aufl. Stuttgart: Enke 1967 (1953).

Schelsky, Helmut, Soziologie der Sexualität, Reinbek: Rowohlt 1963 (1955).

Schenk, Herrad, Die feministische Herausforderung. 150 Jahre Frauenbewegung in Deutschland, München: Beck 1980.

Schenk, Herrad, Frauen kommen ohne Waffen. Feminismus und Pazifismus, München: Beck 1983.

Schiller, Friedrich, Kabale und Liebe. Ein bürgerliches Trauerspiel, 1784.

Schiller, Friedrich, Das Lied von der Glocke, 1799.

Schlegel, Friedrich, Lucinde. Ein Roman, Frankfurt: Insel 1985 (1799).

Schlemmer, Johannes (Hg.), Krise der Ehe?, München: Piper 1966.

Schlüter, Wilfried, Die nichteheliche Lebensgemeinschaft, Berlin: De Gruyter 1981.

Schmidt, Wolf-Rüdiger (Hg.), So weit die Liebe trägt. Partnerschaft heute, Gütersloh: Gerd Mohn 1984.

Schmied-Wiegand, Ruth, Hochzeit, Vertragsehe und Ehevertrag in Mitteleuropa, in: Gisela Völger und Karin von Welck (Hg.), 1985, Bd. 1, S. 264–273.

Schmieding, Walter, Der Aufstand der Töchter. Russische Revolutionärinnen im 19. Jh., München: Kindler 1979.

Schneider, Ferdinand Josef, Die deutsche Dichtung der Geniezeit, Stuttgart: Metzlersche Verlagsbuchhandlung 1952.

Scholz, Rainer, Die nichteheliche Lebensgemeinschaft – ein Problem für den Gesetzgeber?, in: Zeitschrift für Rechtspolitik, 1981, 10, S. 225–230.

Schomerus, Heilwig, Die Arbeiter der Maschinenfabrik Esslingen, Stuttgart: Klett-Cotta 1977.

Schreiber, Hermann, Singles. Allein leben – besser als zu zweit? Frankfurt: Ullstein 1980 (1978).

Schröder, Hannelore (Hg.), John Stuart Mill. Harriet Taylor Mill. Helen Taylor, Die Hörigkeit der Frau. Texte zur Frauenemanzipation, 1851–1869, Frankfurt: Syndikat 1976.

Schuler, Thomas, Familien im Mittelalter, in: Reif, Heinz (Hg.), 1982, S. 28–60.

Schulte, Regina, Sperrbezirke. Tugendhaftigkeit und Prostitution in der bürgerlichen Welt, Frankfurt: Syndikat 1979.

Schwab, Dieter, Grundlagen und Gestalt der staatlichen Ehegesetzgebung in der Neuzeit bis zum Beginn des 19. Jahrhunderts, Bielefeld 1967.

Schwab, Dieter, Zur Geschichte des verfassungsrechtlichen Schutzes von

Ehe und Familie, in: Habscheid, Walter (Hg.), Festschrift für Friedrich Wilhelm Bosch zum 65. Geburtstag, Bielefeld 1976, S. 893–908.

Schwab, Dieter, Familienrecht, 3. Aufl. München: Beck 1984 (1980).

Schwab, Karl Heinz, Der Wandel der Ordnung im Familienrecht, in: Ehe – Institution im Wandel, 1979, S. 98–116.

Schwägler, Georg, Soziologie der Familie. Ursprung und Entwicklung, Tübingen: J. C. B. Mohr 1970.

Schwarz, Karl, Die Bedeutung des Geburtenrückgangs in der Bundesrepublik Deutschland für Ehe und Familie, in: Ehe – Institution im Wandel, 1979, S. 83–97.

Schwarz, Karl, Die nichteheliche Lebensgemeinschaft in der Bundesrepublik Deutschland, in: Partnerschaft und Identität, Loccumer Protokolle, 1980, Heft 3, S. 2–17.

Schwarzer, Alice, Der „kleine Unterschied" und seine großen Folgen, Frankfurt: Fischer 1975.

Shahar, Shulamith, Die Frau im Mittelalter, Frankfurt: Fischer 1983.

Shaw, George Bernard, Der Aufstand gegen die Ehe. Vorrede zum Stück „Getting married", 1908, Frankfurt: Suhrkamp 1972.

Shorter, Edward, Die Geburt der modernen Familie, Reinbek: Rowohlt 1977 (1975).

Shorter, Edward, Der weibliche Körper als Schicksal. Zur Sozialgeschichte der Frau, München: Piper 1984 (1982).

Sieder, Reinhard, Ehe, Fortpflanzung und Sexualität, in: Michael Mitterauer und Reinhard Sieder, 1977, S. 144–168.

Siegmund, Georg, Warum heiraten? Die Ehe heute – Zweckgemeinschaft oder Lebensbindung, Stuttgart: Seewald 1974.

Sigusch, Volkmar und Gunter Schmidt, Jugendsexualität, Stuttgart: Enke 1973.

Soergel, Albert, Dichtung und Dichter der Zeit. Eine Schilderung der deutschen Literatur der letzten Jahrzehnte, Leipzig: Voigtländer 1911.

Solé, Jacques, Liebe in der westlichen Kultur, Frankfurt: Ullstein/Propyläen 1979 (1976).

Stefan, Verena, Häutungen. Autobiographische Aufzeichnungen, München: Frauenoffensive 1975.

Stöcker, Helene, Die Liebe und die Frauen. Aufsätze von 1893–1905, München: J. C. C. Bruns 1905.

Stöcker, Helene (Hg.), Petitionen des Bundes für Mutterschutz (1905–1916), Berlin: Geschäftsstelle des Bundes für Mutterschutz 1916.

Stone, Lawrence, Heirat und Ehe im englischen Adel des 16. und 17. Jh., 1960/1, in: Heidi Rosenbaum (Hg.), 1978, S. 444–479.

Stone, Lawrence, The family, sex, and marriage in England 1500–1800, New York: Harper & Row 1977.

Stone, Lawrence, Family History in the 1980s: Past Achievements and

Future Trends, in: Journal of Interdisciplinary History, 1981, 12, S. 51–88.

Straver, Cees J., Die nichteheliche Lebensgemeinschaft – Bericht über eine qualitative Untersuchung in den Niederlanden, in: Partnerschaft und Identität, Loccumer Protokolle, 1980, 3, S. 18–43.

Suppan, Klaus, Die Ehelehre Martin Luthers, Salzburg: Anton Pustet 1971.

Szudra, Klaus Udo, Nachwort zu „Die Mühle am Floss" von George Eliot, Berlin/Weimar: Aufbau Verlag 1970.

Taylor, G. Ruttray, Wandlungen der Sexualität, Düsseldorf: Eugen Diederichs 1957.

Tenfelde, Klaus und Helmut Trischler (Hg.), Bis vor die Stufen des Throns. Bittschriften und Beschwerden von Bergleuten im Zeitalter der Industrialisierung, München: Beck 1986.

Thudichum, F., Über die unzulässige Beschränkung des Rechtes der Verehelichung, Tübingen 1886.

Thurnwald, Richard, Werden, Wandel und Gestaltung von Familie, Verwandtschaft und Bünden, Berlin 1932.

Trost, J., Unmarried Cohabitation, Västeras 1979.

Tyrell, Hartmann, Literaturbericht, in: Bundesministerium für Jugend, Familie und Gesundheit, 1985, S. 93–140.

Ussel, Jos van, Sexualunterdrückung. Geschichte der Sexualfeindschaft, Gießen: Focus 1977 (1970).

Velde, Theodor Hendrik van de, Die vollkommene Ehe, 76. Aufl. Rüschlikon b. Zürich: Albert Müller 1965 (1926).

Verband alleinstehender Mütter und Väter e. V. (VAMV), Stellungnahme zum Referentenentwurf eines Gesetzes zur Änderung unterhaltsrechtlicher und anderer Vorschriften vom 19. 7. 1984, von Barbelies Wiegmann, Bonn 1984.

Völger, Gisela und Karin von Welck (Hg.), Die Braut. Geliebt – verkauft – geraubt. Zur Rolle der Frau im Kulturvergleich, 2 Bde 1985, Köln: Rautenstrauch-Joest-Museum 1985.

Wacke, Andreas, Aus dem bevölkerungspolitischen Reformprogramm des Kaisers Augustus: Die Heirat freigelassener Frauen nach dem römischen Recht, in: Gisela Völger und Karin von Welck, 1985, Bd. 1, S. 246–257.

Weber, Marianne, Ehefrau und Mutter in der Rechtsentwicklung, Tübingen: J. C. B. Mohr (Paul Siebeck) 1907.

Weber, Marianne, Die Idee der Ehe und die Ehescheidung, Frankfurt: Societäts-Druckerei 1929.

Weber, Marianne, Die Frauen und die Liebe, Königstein/Ts. und Leipzig 1950 (1938).

Weber-Kellermann, Ingeborg, Die deutsche Familie. Versuch einer Sozialgeschichte, Frankfurt: Suhrkamp 1974.

Weiland, Daniela, Geschichte der Frauenemanzipation, Düsseldorf: Econ 1983

Westermarck, Edward, History of Human Marriage, 3 Bde, 6. Aufl. London 1921.

Westermarck, Edward, A Short History of Marriage, London 1926.

Westermarck, Edward, The Future of Marriage in Western Civilization, London 1936.

Wiegmann, Barbelies, Das Ende der Hausfrauenehe. Plädoyer gegen eine trügerische Existenzgrundlage, Reinbek: Rowohlt 1980.

Wiegmann, Barbelies, Stellungnahme des Verbandes alleinstehender Mütter und Väter (VAMV) e. V. zum Referentenentwurf eines Gesetzes zur Änderung über unterhaltsrechtliche und andere Vorschriften vom 19. 7. 1984, Bonn 1984.

Wiegmann, Barbelies, Das neue Scheidungs-Un-Recht, in: Feministische Studien, Nov. 1986, S. 82 ff.

Wiggershaus, Renate, George Sand – Geschichte meines Lebens, Frankfurt: Insel 1978.

Wiggershaus, Renate, George Sand, Reinbek: Rowohlt 1982.

Willi, Jürg, Die Zweierbeziehung, Reinbek: Rowohlt 1975.

Willi, Jürg, Therapie der Zweierbeziehung, Reinbek: Rowohlt 1978.

Willi, Jürg, Treue heißt auch, sich selbst treu zu bleiben, in: Psychologie heute, 1981, 1, S. 23–29.

Willi, Jürg, Koevolution. Die Kunst gemeinsamen Wachsens, Reinbek: Rowohlt 1985.

Wimschneider, Anna, Herbstmilch. Lebenserinnerungen einer Bäuerin, München: Piper 1984.

Wingen, Max, Nichteheliche Lebensgemeinschaften. Formen – Motive – Folgen, Osnabrück/Zürich: Edition Interfrom 1984.

Wingen, Max, Wandlungen im Prozeß der Ehe- und Familienbildung – Sozialwissenschaftliche Befunde und familienpolitische Perspektiven zu den nichtehelichen Lebensgemeinschaften. Vortrag, gehalten auf der 3. Sozialrechtslehrertagung in Bamberg, unveröff. Ms. 1985.

Witt, Siegfried de und Johann-Friedrich Huffmann, „Wilde Ehen". Ein Rechtsratgeber für das Zusammenleben ohne Trauschein, Freiburg: Dreisam Verlag 1984.

Wulffen, Barbara von, Zwischen Glück und Ghetto. Familie im Widerspruch zum Zeitgeist?, Osnabrück/Zürich: Edition Interfrom, 2. Aufl. 1983 (1980).

Wyss, Dieter, Lieben als Lernprozeß, Göttingen 1975.

Zahn-Harnack, Agnes von, Die Frauenbewegung, Berlin: Deutsche Buch-
gemeinschaft 1928.
Zimmer, Dieter E., Analphabeten des Gefühls, in: Die Zeit, Nr. 12 vom
14. 3. 1975, S. 75.
Zimmermann, Ruth, Jenny Marx und ihre Töchter, Freiburg: Herder
1984.

Die Autorin

Herrad Schenk, geboren 1948 in Detmold, studierte Sozialwissenschaften
in Köln und York und promovierte 1975 mit einer sozialpsychologischen
Arbeit. Von 1972 bis 1980 war sie wissenschaftliche Assistentin für Sozialpsychologie an der Universität Köln, seitdem lebt sie als freie Schriftstellerin in Bonn.

Im Verlag C. H. Beck sind von ihr zwei Bücher zur Frauenbewegung
erschienen: ‚Die feministische Herausforderung. 150 Jahre Frauenbewegung in Deutschland' (1980, ³1983) und ‚Frauen kommen ohne Waffen.
Feminismus und Pazifismus' (1983). Außerdem hat sie mehrere Romane
und Erzählungen veröffentlicht: ‚Abrechnung' (1979), ‚Unmöglich ein
Haus in der Gegenwart zu bauen' (1980), ‚Die Unkündbarkeit der Verhei-
ßung' (1984), ‚Die Rache der alten Mamsell' (1986).

Frauen in der Geschichte

Dacre Balsdon
Die Frau in der römischen Antike
Aus dem Englischen übertragen von
Modeste zur Nedden-Pferdekamp. 1979. 388 Seiten mit
23 Abbildungen, davon 6 in Farbe, Leinen
Beck'sche Sonderausgaben

Edith Ennen
Frauen im Mittelalter
3., überarbeitete Auflage. 1987. 300 Seiten mit
24 Abbildungen, einer Karte und 2 Tabellen, Leinen

Georg Schwaiger (Hrsg.)
Teufelsglaube und Hexenprozesse
1987. 203 Seiten mit 15 Abbildungen. Paperback
Beck'sche Reihe Band 337

Ingeborg Weber-Kellermann
Frauenleben im 19. Jahrhundert
Empire und Romantik, Biedermeier, Gründerzeit
1983. 246 Seiten mit 265 Abbildungen, davon 16 in Farbe
Leinen

Herrad Schenk
Die feministische Herausforderung
150 Jahre Frauenbewegung in Deutschland
3. Auflage, 1983. 246 Seiten, Paperback
Beck'sche Reihe Band 213

Herrad Schenk
Frauen kommen ohne Waffen
Feminismus und Pazifismus
1983. 212 Seiten, Paperback
Beck'sche Reihe Band 274

Verlag C. H. Beck München

Liebe und Sexualität in der Geschichte

Peter Gay
Die zarte Leidenschaft
Liebe im bürgerlichen Zeitalter
Aus dem Englischen von Holger Fließbach.
1987. 526 Seiten mit 20 Abbildungen,
Leinen

Peter Gay
Erziehung der Sinne
Sexualität im bürgerlichen Zeitalter
Aus dem Englischen von Holger Fließbach.
1986. 572 Seiten und 60 Abbildungen auf Tafeln,
Leinen

Sudhir Kakar / John Ross
Über die Liebe und die Abgründe des Gefühls
Aus dem Englischen von Udo Rennert.
1986. 295 Seiten, Leinen

Günther Anders
Lieben gestern
Nachdruck der 1. Auflage, 1986. 138 Seiten
Broschiert

Hans-Georg Beck
Byzantinisches Erotikon
1986. 234 Seiten, Leinen

Kenneth J. Dover
Homosexualität in der griechischen Antike
Aus dem Englischen von Susan Worcester.
1983. 244 Seiten mit 108 Abbildungen, Leinen

Verlag C. H. Beck München